KB199214

조선/한국의
내셔널리즘과
소국의식

CHOUSEN KANKOKU NATIONALISM TO 'SHOUKOKU' ISHIKI
@ 2000 by Kan Kimura
All rights reserved

No part of this book may be used or reproduced in any manner
whatever without written permission except in the case of brief quotations
embodied in critical articles or reviews

Originally published in Japan by Kan Kimura
Korean translation copyright @ 2007 by Sanchurum
Korean edition is published by arrangement with Kan Kimura
through Book Cosmos Agency

이 책의 한국어판 저작권은 북코스모스 에이전시를 통한
저작권자와의 독점 계약으로 도서출판 산처럼에 있습니다. 저작권법에 의해
한국에서 보호를 받는 저작물이므로 무단 전재와 복제를 금합니다.

조선/한국의
내셔널리즘과

조공국에서 국민국가로

기무라 간 지음 | 김세덕 옮김

산처럼

일러두기

1. 이 책은 기무라 간의 『朝鮮/韓國のナショナリズムと'小國'意識—朝貢國から國民國家へ』(ミネルヴァ書房, 2000)를 완역한 것이다.
2. 본문에서 일련번호가 붙은 주는 지은이의 주이며 미주로 처리했다.
3. 옮긴이의 주는 본문 안에 괄호 ( )로 처리했다.
4. 일본의 인·지명은 모두 외래어표기법에 따라 표기했으며 해당 고유명사가 처음 나올 때 괄호 ( ) 안에 한자를 병기했다.
5. 그 밖의 외래어 인·지명 및 고유명사는 모두 외래어 표기법에 맞추어 표기했다.
6. 이 책에서 자료 등의 인용은 다음과 같은 원칙을 따르고 있다.

   (1) 한문 자료의 경우 한국식 한문, 중국식 한문, 일본식 한문을 구별하지 않고 한국식 한문으로 바꾸어 표기했다.

   (2) '한국'이나 '조선'이라는 용어는 다음과 같은 의미로 사용했다. 그러나 원자료나 문헌을 인용하거나 이를 이용해 논증할 경우, 그리고 특정 조직이나 기관에 이 용어가 사용됐을 경우에는 예외로 했다.

   조선 조선왕조시기 및 일제 치하의 국가, 사회, 왕조 등을 의미할 때 사용한다. 또한 일반적으로 Korea라는 의미로 사용하고도 있다.

   한국 대한제국시기 및 대한민국시기의 국가, 사회, 민족 등을 의미할 때 사용한다. 일반적으로 Korea라는 의미로 사용하고도 있으나 특히 현대 한국과 관련이 깊은 사건을 가리킬 때 사용한다.

   필자는 신중하게 이 두 단어를 나누어 사용할 생각이지만 그럼에도 불구하고 그 경계선은 애매하고 미흡하다는 점을 충분히 인식하고 있다. 만약 미비한 점이 있다면 미리 용서를 구하는 바이다.

한국어판 머리말

이 책은 2000년 필자가 처음으로 출간한 책이다. 독자의 이해를 돕기 위해 필자가 왜 이러한 연구를 시작했는지 소개하고자 한다.

필자가 한국에 대해 연구하기로 마음먹은 것은 1989년 8월 대학 4학년이었을 무렵이다. 당시 일본은 거품 경제의 최전성기로 내 친구들도 상당히 높은 월급을 주는 은행이나 증권회사에 앞다투어 취직을 했다. 이때 내가 연구대상으로 한국을 택한 것은 여타의 한국 연구자들 입장에서 볼 때 그리 바람직하지 않다고 볼 수도 있을 것이다.

필자의 학부시절은 1985년 플라자 합의로 엔이 급증한 직후였으며, 당시 일본은 굉장한 호경기를 누리고 있었다. 덕분에 필자와 같이 좋은 경제적 배경을 가지지 못한 극히 평범한 대학생들도 부담 없이 해외로 나갈 수 있었다. 이러한 분위기에 휩쓸려 필자도 대학 입학 직후부터 아르바이트를 시작하여 모은 저금으로, 태어나서 처음 해외여행을 가게 됐다. 당시 법학부 학생이었던 나는 본격적으로 사법시험 준비를 시작하기 전에 외국이란 곳에 가보고 싶었다. 이때가 바로 1987년 봄이었다.

행선지는 미국의 남부 캘리포니아였다. 그러나 내가 인상 깊게 보고 온 것은 정작 아름답고 풍요로운 캘리포니아의 경치가 아니라 당일치기 관광으로 미국 국경을 넘어 다녀온 멕시코의 티파나였다. 미국에서도 생활환경이 좋은 편인 캘리포니아의 그리 멀지 않은 곳에 너무나 가난한 삶들이 있었다. 어떻게 생각해보면 당연한 이 현실이 갓 스무 살이 된 나에게는 놀라운 충격으로 다가왔다.

그 충격은 일본에 돌아온 뒤에도 깊은 인상으로 남았다. 그리고 언젠가부터 나는 변호사가 되어 사회적 약자를 위해 일하는 것보다도 당시 일본에서는 거의 사라져가고 있던 '진정한 빈곤' 즉 극빈자들과 그 발생 원인에 대해 연구하는 것이 중요하다는 생각을 하게 됐다. 여기서 내가 한 일은 단순했다. 이번에는 개발도상국을 보고 오자고 마음먹은 것이다. 이어지는 1988~89년 2년 동안 나는 나름대로 성실하게 대학에서 관련 강의를 청강하고, 아르바이트를 해서 자금을 모았고, 몇몇 개발도상국에 각각 2개월씩 다녀올 수 있었다. 당시 다녀온 나라들이 타이, 방글라데시, 인도, 이집트, 요르단이었다. 이 여행에서 나는 '나'라는 존재가 얼마나 작고 무기력한가 실감하고 분한 감정을 느꼈다. 1980년대 개발도상국들은 오늘날보다 훨씬 가난했으며 정치적으로도 많은 문제를 안고 있었다. 이러한 거대한 문제 앞에서 당연히 나라는 작은 존재는 아무런 도움도 될 수 없었다. 지금도 나의 뇌리에는 인도 캘커타의 마더 테레사가 연 구호시설에서 자원봉사자로 일했던 날의 기억이 선명하게 남아 있다. 거기서 나는 절망적인 현실을 마주하고, 말 그대로 아무것도 할 수 없었다.

나는 이 문제를 좀더 생각해보고자 대학원에 진학했다. 그러나 막연한 필자의 생각은 다시 한번 벽에 부딪히게 된다. 대학원에서 본격적인 연구를 하기 위해서는 구체적인 연구대상이 필요했다. 특정한 발전이론이든지 아니면 특정 지역을 선택하여 지원서를 써오라는 은사님의 말씀을 듣고, 필자가 처음 택한 지역은 한국이 아니라, 여행을 통해 익숙해진 아랍 국가들이었음을 고백해야겠다. 그러나 이러한 나의 대답에 은사님은 냉정한 반응을 보이셨다. 아랍에 대한 연구를 하기 위해서는 당연히 아랍어를 할 줄 알아야 하는데, 아랍어란 언어는 쓰기와 말하기가 하늘과 땅 차이만큼이나 다르다는 것이다. 또한 유럽이나 미국의 연구자료도 방대하기 때문에 이를 다 읽기 위해서는 영어는 물론이고 프랑스어나 독일어도 능숙해야 한다고 하셨다. 게다가 역사를 본격적으로 분석하기 위해서는 오스만투르크 통치시기의 자료를 보아야 하기 때문에 그와 관련한 공부도 해야 한다는 말씀이셨다. 이 모든 것을 다 할 줄 알아야 일류 연구자가 될 수 있다는 은사님의 말씀에 나는 낙담했다. 프로 연구자가 되는 것이 그만큼 어렵고 또 뛰어난 능력을 요구한다고는 생각지도 못했다.

그 뒤 나는 2주 동안 고민에 고민을 거듭하여 연구대상을 정했다. 이제 한국의 독자들도 다 아셨겠지만 그것이 바로 한국이다. 나는 정치적 혼란이나 가난 등 지금도 세계의 많은 나라들이 안고 있는 문제를 경험한 나라 중에 내가 가장 효과적으로 연구할 수 있는 나라, 그리고 가장 연구가치가 있는 나라를 선택한 것이다. 그리고 그 결과가 당시에는 아직 한번도 가본 적이 없던 한국이었다. 다시 생각해보면 이유가 하나는 아니었다. 먼저 언어에 대한 부담도 비교적 적다고 할 수 있었다. 아시다시피 한국어와 일본어는 언어적인 연관성이 깊기 때문에 한국어는 일본인이 비교적 배우기 쉬운 언어이다. 또한 일제시대 공문서 중에는 일본어로 작성된 것들도 있기 때문에 일본인 연구자에게 유리한 편이다.

또 한국은 다른 나라들에 비해 일본의 연구사례가 비교적 많다. 이는 아마도 동남아시아나 남아시아의 여러 나라들도 그러하듯이 식민지통치를 했던 나라가 그 대상국에 대한 지역연구를 많이 남겼기 때문일 것이다.

세 번째 이유가 가장 중요하다. 당시 나는 1987년 민주화를 실현하고, 1988년에 서울 올림픽을 개최하여 NIES의 하나로 눈부신 발전을 하고 있던 한국의 모습에 주목했다. 한국은 어떻게 제2차 세계대전 이후 빈곤과 비민주주의체제 속에서 허덕이고 있는 다른 국가들과는 달리, 빠르고 눈부신 성장을 할 수 있었던 것일까. 이를 연구한다면 내가 궁구하던 문제들을 이해할 수 있지 않을까. 이를 위해서는 뜬구름 잡는 식의 연구는 안 된다. 하나의 의문점을 세우고 이에 입각해 연구를 전개하자. 나는 이렇게 생각했다.

한국의 강한 민족주의적 움직임은 세계도 이미 주목한 바 있다. 그 민족주의적인 한국이, 1960~70년대 식민지통치에서 독립한 많은 아시아 및 아프리카 나라들은 수입대체 공업화 전술을 채택하여 외자를 배제하기 위한 노력을 하고 있을 즈음, 적극적으로 외자를 유치했다. 민족주의적인 색채가 강한 한국이 왜 언뜻 보면 민족주의 즉 내셔널리즘에 반하는 개념으로 생각되는 외자유치에 적극적이었던 것일까. 외부에서 보면 모순으로 보이는 이 상황을 한국인들은 어떻게 생각하고 있을까. 그리고 이는 어떠한 논리를 통해 한국인들의 이해를 얻었으며 그 논리는 어떻게 만들어졌을까.

이는 어린 학생의 모자란 생각이었는지도 모른다. 그러나 한국의 독자들이 이 책을 읽을 때는 이 책이 어떠한 문제의식에서 시작된 책인지를 이해해주었으면 하는 바람이다. 바꿔 말하면 필자의 연구는 한국을 알고자 하는 목적에서가 아니라, '한국이라는 케이스를 분석함으로써 발전과 근대화에서 중요한 것은 무엇인지'를 알고자 하는 목적에서 시작됐다. 그러므로 한국의 독자들이 볼 때, 필자의 한국에 대한 '이해'는 불충분할 수 있다. 또한 필자가 이 책의 연구대상인 한국의 내셔널리즘에 대해 전반적이기보다는 국소적인 분석을 하고 있다고 여기거나, 한국인의 시각에서 볼 때 내셔널리즘과 어울리지 않는 인물들을 이 책에 포함하고 있다고 여긴 한국의 독자들은 불만을 가질 수도 있을 것이다.

물론 이 책이 불충분한 책임은 전적으로 필자에게 있다. 그러나 필자는 다음과 같은 점에 대해서는 강한 자신을 갖고 있다. 한국의 내셔널리즘이 여타의 국가와는 다른 고유의 논리를 가지고 있으며, 바로 그 점이야말로 제2차 세계대전 이후 한국이 강한 민족주의를 가지고 있으면서도 국제사회와의 협조체제를 잘 유지하고 자국의 발전을 이끌어낸 원동력이 됐을 거라는 것이다. 그것이 바로 필자가 말하는 한국 '소국의식'의 논리이다.

그러므로 이 책에서 사용하고 있는 '소국의식'이라는 용어도 결코 필자가 한국인을 나쁘게 이야기하려는 의도가 아님을 이해해주었으면 한다. 나는 일본인으로서 자기 몸에 맞지 않는 옷, 즉 자국에 맞지 않는 '대국의식'이 한 나라를 얼마나 위험에 빠트리고 파멸의 길로 이끌었는지를 일본의 역사를 통해 잘 알고 있다.

마지막으로 또 하나 말하고 싶은 것이 있다. 모자란 생각으로 시작한 연구이기는 하나, 한국을 연구대상으로 삼은 것은 지금 와서 생각해봤을 때 잘못된 판단이 아니었다는 점이다. 1989년 여름 한국을 연구하기로 결정한 날부터 나는 한국어를 배웠다. 그리고 1992, 1996,

2001, 2006년 네 번에 걸쳐 한국에서 생활했다. 한국에서 살면서 쌓아올린 많은 추억들은 지금도 내게 중요한 자산이다. 한국은 나에게 다양한 경험과 연구재료를 주었을 뿐만 아니라, 무엇보다 많은 친구들을 만나게 해주었고 나의 인생을 풍요롭게 해주었다. 이 책을 번역해준 김세덕 교수도 바로 그러한 친구들 중 하나이다.

　　모든 한국 사람들에게 감사하다는 말을 전하며, 한국어판 머리말을 마치고자 한다.

2007년 10월

고베의 아름다운 야경이 내려다보이는 연구실에서

기무라 간

머리말

조선/한국의 내셔널리즘.

이 말을 들었을 때 떠오르는 것은 무엇인가. 3 · 1운동으로 대표되는 독립투쟁이나 민족통일을 향한 조선/한국인의 정열. 그리고 1980년대 이후 전개된 민주화 투쟁과정에서 표출된 격렬한 반미감정, 오늘날의 종군위안부 문제나 독도 문제에서 볼 수 있는 증오에 가까운 반일감정. 일반적으로 조선/한국 내셔널리즘의 이미지는 대충 이러한 것들이 아닐까.

이러한 조선/한국의 내셔널리즘 이미지에서 우리들은 조선/한국의 내셔널리즘을 일반적으로 '격렬하고' '강렬한' 무언가로 인식하고 있음을 쉽게 파악할 수 있다. 그러나 이와 동시에 조금이라도 조선/한국의 내셔널리즘에 관심이 있는 사람이라면 여기에는 전혀 다른 측면도 있다고 지적할 것이다. 즉 표상적인 '격렬함'이나 '강렬함'에 상관없이 조선/한국은 '민족독립'이라는 내셔널리즘의 이상을 자신들의 손으로 실현하지 못한 몇 되지 않는 나라 중 하나이며, 또한 '민족통일'이라는 측면에서도—물론 이 배후의 국제정세를 간과해서는 안 되나—여전히 이를 실현하지 못한 분단국가이기도 하다. 더구나 조선/한국의 역사에 정통한 사람이라면 조선/한국의 근대사 중 많은 부분이 내셔널리즘의 이상과는 거리가 먼 일본파, 청나라파, 러시아파 등 외국세력과 손을 잡은 여러 세력들 사이의 권력투쟁으로 채워져 있다는 점을 지적할 것이다. 또한 일본 식민지시대에는 대량의 '친일파'— 일본지배의 협력자—들이 출현하여 일제가 패망한 이후 50년이 경과한 지금도 그 후유증에 시달리고 있다는 점도 지적할 것이다.

그렇다면 언뜻 모순되어 보이는 조선/한국 내셔널리즘의 제반 측면들을 우리들은 어떻게 이해해야 하는가. 두말할 나위 없이 우리는 조선/한국 내셔널리즘의 모든 측면을 살펴보고 이해해야만 비로소 머릿속에 올바른 그림을 그릴 수 있을 것이다. 그리고 이러한 측면들을 이해하지 않고는 놀라운 속도로 발전을 거듭하고 있는 오늘날의 한국을 이해할 수 없다. 이 책은 바로 이러한 문제의식에서 출발하고 있으며 필자는 언뜻 모순되어 보이는 조선/한국 내셔널리즘의 모든 측면들이 실은 '소국의식'이라는 하나의 요소로 귀결되는 표리일체의 존재임을 지적하고 싶다. 본문을 인용해 말하자면, 조선/한국의 내셔널리즘이란 우리나라는 '소국인 까닭에', '스스로의 힘만으로는 열강을 무찌를 수 없으며', '이 때문에 열강의 원조가 필수적이다', '소국은 소국인 까닭에 자국을 자력으로 지킬 수 없으며', '이 때문에 열강은 소국을 원조할 의무가 있다'는 논리를 포함하고 있다.

그렇다면 이러한 조선/한국의 내셔널리즘은 구체적으로 어떠한 것이며, 어떻게 탄생했고, 조선/한국사에서 어떤 의미가 있는 것일까. 그리고 조선/한국의 또 다른 문제인 근대화와는 어떤 연관성을 갖고 있을까. 또한 일반적으로 내셔널리즘이란 무엇이며, 조선/한국 내셔널리즘만의 특색은 어디에서 찾을 수 있을까. 우리들은 조선/한국의 내셔널리즘에서 내셔널리즘, 그리고 근대에 관해 어떤 시사점을 얻을 수 있을까.

　이 책은 위와 같은 관점에서 씌어진 책이다. 평가는 독자들의 현명한 판단에 맡기기로 하고, 주제로 들어가보도록 하자.

조선/한국의 내셔널리즘과 소국의식 ▪ 차례
조공국에서 국민국가로

서장 전제로서의 근대와 내셔널리즘

'내셔널리즘'이란 무엇인가

인류 중 일부는 서로 친근감을 느끼고 또 다른 일부는 그렇지 않을 때 친근감을 가진 일부는 민족을 구성한다고 말할 수 있다. 이러한 공통적인 친근감은 외부인들과 거리를 두어 구성원들이 서로 협력하도록 하며 동일한 정부의 산하에 들어가고 싶다는 소원을 낳는다. 그리고 더 나아가 정부는 그들만의 정부 또는 그들 일부만의 정부여야 한다는 염원을 낳는다.[1]

내셔널리즘. 정치학에서는 하나의 용어가 서로 다른 논자들에 의해 다양한 의미로 사용되는 경우가 흔한 일이지만 내셔널리즘만큼 다양한 의미로 사용되는 단어도 보기 드물다. 이러한 용어상의 혼란은 이 용어에 대한 다양한 일본어 또는 한국어 번역이 사용된다는 것만 보더라도 명백하다. 국민주의, 국가주의, 민족주의 등 이러한 번역들은 모두 어원의 일부분을 정확하게 파악하고는 있으나 동시에 본래의 의미에 담겨 있는 무언가 중요한 뉘앙스를 배제하고 있다. 내셔널리즘이란 본래 무엇인가.

　이 책에서는 이러한 내셔널리즘의 정의에 대해 직접적으로 운운할 생각이 없다. 그러나 이 책이 내셔널리즘의 정의와 관련이 있는 이상 이에 대한 필자 나름의―적어도 가정상의―정의를 내릴 필요가 있다. 다음에는 이를 기술함으로써 서장을 대신하고자 한다.

　잘 알려져 있다시피, 내셔널리즘에 관한 견해는 이를 인류역사의 보편적인 것으로 보는 견해와 근대 고유의 것으로 보는 견해로 크게 나눌 수 있다. 필자가 생각하는 것이기도 하거니와, 전자의 경우 내셔널리즘이라는 용어는 비교적 느슨한 의미로 파악되어 모든 '내셔널리즘적'인 것들이 모두 이에 포섭될 수 있다. 이에 반해 후자의 경우에는 근대라는 특수한 시대에 맞게 주의 깊게 선택된 비교적 한정된 '근대의 전유물인 내셔널리즘'만을 의미하는 것으로 사용될 수 있다. 이러한 내셔널리즘을 논할 때 이 책에서 필자가 분석 대상으로 삼고 있는 것은 양자 중 '근대의 전유물인 내셔널리즘'이라는 점을 우선 명확히 해두고 싶다. 그렇다고 해서 필자가 근대 이전의 '내셔널리즘'을 전적으로 부정하고 있는 것은 아니다. 단지 이 책에서는 혼란을 피하기 위해, 필자의 관심 영역인 개발도상국의 근대화에서 나타난 내셔널리즘을 이처럼 한정적인 의미에서만 사용하도록 하겠다. 때문에 이 책에서는 첫째, '내셔널리즘'적인 것일지라도 근대 고유의 것이 아닌 범위에 대해서는 우선 논의의 대상에서 제외한다. 둘째, 이 책에서 언급하는 내셔널리즘이란 첫 번째 전제의 당연한 귀결로 근대에 들어 새롭게 형성된 것으로 이해한다. 바꿔 말해 이 책이 말하는 '내셔널리즘'이란 만고불변의 원리가 아닌, 형성되고 변용하는 하나의 동태로 평가한다.

그렇다면 근대 고유의 내셔널리즘이란 무엇일까. 이를 밝히기 위해서는 이와는 다른 성질의 것을 열거할 필요가 있다. 우선 이는 단순한 향토애(patriotism)와 구별되어야 한다. 자신이 나고 자란 토지와 살고 있는 지역에 대한 소박한 애착은 아마도 인류역사에서 보편적으로 볼 수 있을 것이다. 이는 적어도 근대 고유의 것이 아니다. 둘째, 왕조와 국가에 대한 근왕주의(royalism)와도 구별해야만 한다. 분명 내셔널리즘에는 이러한 요소들이 포함되어 있지만 내셔널리즘을 주군에 대한 충성과 동일시해서도 안 된다. 셋째, 단순한 부족주의(tribalism)와도 선을 그어야 한다. 내셔널리즘을 고찰하는 데 자연발생적인 '부족(folk)'과 '네이션(nation)'을 동일시해서는 안 된다는 점은 상식이지만 공통점을 완전히 배제할 수도 없으므로 이 두 개념은 연장선상에서 생각할 문제이다. 넷째, 나와 다르다는 인식에서 비롯되는 소박한 배외주의나 우월주의(ethnocentrism)와도 다르다. 그리스의 '이방인' 정신에 단적으로 드러나듯이 자신과 다른 문화나 신체적인 특징을 지닌 사람들을 자신들의 집단과 구별하는 사고방식은 태곳적부터 있었으므로 이를 근대 고유의 내셔널리즘과 결부시키는 것은 무리라 하겠다. 이들은 모두 내셔널리즘을 구성하는 중요한 요소이긴 하지만 직접적으로 내셔널리즘이 될 수는 없다.

그렇다면 근대 고유의 내셔널리즘이란 과연 무엇일까. 위의 설명을 바탕으로 앞에서 언급한 존 스튜어트 밀의 해석을 다시 음미했을 때 민족은 "동일한 정부의 산하에 들어가고 싶다는 소원을 낳는다"는 어구가 새롭게 부각된다. 돌이켜 생각해보면 대부분의 내셔널리즘 사례에서 어떤 사람들이 스스로를 네이션이라 주장하기 시작한다는 것은 그들이 자력으로 자신들을 위한 주권국가를 세우기를 희망하고, 또한

〔그림 1〕 전근대사회

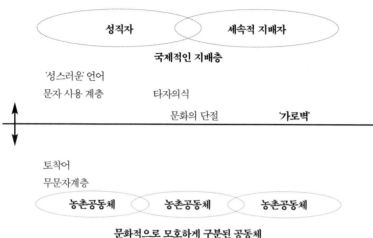
문화적으로 모호하게 구분된 공동체

이를 자신들의 당연한 권리로 인식하기 시작했다는 것을 의미한다. 주권국가라는 개념은 근대 고유의 개념이며, 다소의 예외를 감히 인정한다면 자신들의 정부, 자신들의 국가와 결부된 사고방식이야말로 실로 근대 고유의 것이라 말할 수 있다.

네 개의 시점

이상과 같은 관점에서 본다면 우리는 '한 집단이 존재하고 그 집단이 스스로 네이션임을 자각하여 그 귀결로서 당연한 권리인 주권국가를 추구하기 시작하는 것'이 바로 내셔널리즘이라는 결론을 내릴 수 있다. 그렇다면 이러한 근대 고유의 내셔널리즘이란 구체적으로 어떤 내용을 포함하고 있으며 어떻게 형성된 것일까. 이 점에 관해서는 우선 네 명의 저명한 내셔널리즘 논자들의 주장을 이용하여 간단히 정

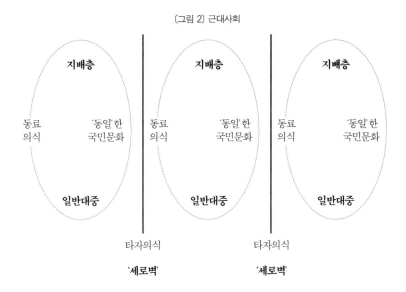

〔그림 2〕 근대사회

리해보고자 한다.

 내셔널리즘에 대해 전근대사회와 근대사회의 차이점에서 출발하여 명확한 도식을 그린 인물은 어네스트 겔너[2]였다. 겔너에 따르면 전근대사회란 고정적이고 계층적이며 국제적인 사회이다. 즉 사회계층의 상하가 명확히 구별되어 구성원 간의 교류나 대체는 거의 이루어지지 않는 반면 상위계층들은 고전적 교양을 기초로 오늘날 국민국가의 틀을 훨씬 뛰어넘은 광범위한 교류를 맺고 있었다.(그림 1) 하지만 근대사회는 이와는 전혀 다른 사회이다. 근대사회의 상하 계층은 지극히 유동적이어서 직업이나 사회적 역할 간의 이동이나 교류도 빈번하다. 이러한 사회적 유동성을 실현하기 위해서는 일정한 사회의 동질성이 필요하며 근대사회는 필요에 따라 이러한 집단을 형성하게 된다. 인간의 이동이 국경에 따라 일정한 제한을 받는 이상 이러한 집단은 국가의 틀에 가까운 형태를 띨 수밖에 없다. 그 결과 근대사회의 구성원들은 국민국가의 틀에 맞춰 구분된 세계를 낳게 된다.(그림 2) 전근대사회는 '횡적' 사회이며 이에 반해 근대사회는 '종적' 사회인 것이다.

겔너의 견해에 따르면 내셔널리즘의 형성과정에는 두 가지가 있다. 즉 이전까지 존재하지 않았던 '세로벽'을 형성하는 과정과 과거 중요했던 '가로벽'을 깨부수는 과정이다. 그러나 이것만으로는 내셔널리즘의 전제조건이 겨우 형성됐을 뿐이다. 다시 말해 미래의 네이션이라는 그릇은 형성됐지만 그 자신이 네이션일 수는 없다는 것이다. 왜냐하면 여전히 스스로가 네이션임을 주장하고 있지 않기 때문이다. 이러한 네이션 '의식'과 성립과정에 주목한 인물은 베네딕트 앤더슨[3]이다. 앤더슨은 네이션으로서의 의식은 자연스럽게 발생하지 않으며 어떤 시스템이 작용하면서 발생하는데 바로 이 시스템이 중요하다고 주장한다. 교육제도나 행정조직, 그리고 이를 총괄하는 개념인 '순례권'이 존재하는 방식이 중요하며 사람들은 그 속을 '순례'함으로써 점차 자신들이 같은 민족임을 자각하기에 이른다는 것이다.

그렇다면 이러한 의식은 단순한 동포의식으로 충분한가. 이 점에 대해 상이한 관점의 논의를 제시한 인물이 레아 그린페르도[4]이다. 그녀는 다음과 같이 주장하고 있다. 내셔널리즘의 각 부분을 고찰할 때 매우 두드러진 요소가 있는데, 어느 시대 어떤 내셔널리즘이든 반드시 스스로를 찬양하는 논리를 가진다는 것이다. 이에 대해 필자 나름의 주석을 덧붙이면 다음과 같다. 내셔널리즘이란 자력으로 자신들의 주권국가를 추구하는 주장이다. 다시 말해 이전까지 다른 이가 보유했던 '주권'을 자신들의 손으로 빼앗으려는 주장이기도 하다. 여기서는 당연히 왜 '다른 이'를 대체하여 '자신'이 주권을 장악할 필요가 있는지 설명되어야 한다. 만약 '자신'이 '다른 이'보다 열등하고 무능한 존재라면 이러한 의견은 설득력을 가질 수 없다. 주권을 빼앗기 위해서는 최소한 다양한 전통적 정통성을 통해 요란하게 치장한 전근대적인 '다른 이'보다 '자신'이 더 한층 위대하다는 점을 증명해야만 한다. 이 때문에 네이션에는 '자신'을 찬양하는 논리가 필요하다. 이는 내셔널리즘과 관련된 논리의 문제이며 또한 의식의 내용 문제라고도 할 수 있다.

후발국은 이와는 다른 문제도 떠안고 있다. 클리포드 기어츠(Clifford Geertz)[5]는 바로 이러한 점에 주목한다. 그는 영국과 같은 선발국가들과는 달리 후발국들은 내셔널리즘의 형성과정과 병행하여 근대화라는 또 하나의 작업을 추진해야만 하는 약점을 짊어지고 있었다고 지적한다. 내셔널리즘과 근대화라는 두 움직임은 반드시 정합적이라고 단언할 수 없으며 때로는 격렬하게 대립하기도 한다. 이러한 시련을 극복하며 내셔널리즘은 어떻게 발전해갈 것인가. 이 점도 조선/한국과 같은 후발국의 내셔널리즘을 고찰하는 데에 중요한 요점이 된다.

위의 견해들을 고려한다면 결국 내셔널리즘이란 사람들—전근대적인 '횡적' 존재가 아닌 '종적' 존재—사이에서 일정한 동질성을 가진 집단과 이에 부합한 의식이 형성되고, 이러한 친근감을 공유하는 집단 속에서 자신들이 국가를 짊어져야 한다는 주장과 이를 위한 논리가 근대화를 비롯한 역경들을 극복하여 생성됐을 때 형성되는 것이라 말할 수 있다. 정리해보자면, 내셔널리즘에는 (1)전근대에 존재했던 계층이라는 의미의 '가로벽'을 파괴하고, 국가를 통해 구분되고 한정된 '세로벽'을 형성함으로써 일정한 동질성을 가진 '종적' 집단이 형성되는 과정, (2)이러한 집단들이 의식적인 면에서도 하나의 네이션임을 자각하여 자신의 범위를 확정해가는 과정, (3)집단이 네이션으로서 주권국가를 짊어지기 위해 자신들을 찬양하는 논리를 획득해나가는 과정 등 세 개의 과정이 있다. 더 나아가 후발국의 경우에는 (4) 근대화라는 또 하나의 중요한 작업과 얼마나 정합성을 갖는가가 빼놓을 수 없는 요소가 된다.

이 책의 구성

이들 견해를 고려하면서 필자는 다음과 같이 논의를 전개해가고자 한다. 이 책의 목적은 이러한 논리적 전제 아래의 사례연구로서 조선/한국 내셔널리즘 형성을 살펴보는 것이다. 우선 제1부에서는 앞서 설명한 네 가지 과정 중 (1)과 (2)를 논의한다. 즉 조선/한국의 내셔널리즘 형성의 전제조건인 조선/한국의 동질집단이 어떻게 탄생했는가— 이는 '세로벽'의 형성과 '가로벽'의 파괴라는 두 가지 관점에서 논해진다—라는 점과 이를 통해 형성된 네이션 의식이 어떻게 확산되고 확정됐는지 가설을 섞어가면서 거시적인 관점에서 논하고자 한다.

나아가 제2부에서는 제1부의 내용을 전제로 조선/한국 내셔널리즘 특유의 논리와 형성과정을 구체적인 사례를 통해 상세히 살펴보고자 한다. 한국 내셔널리즘의 형성과정에서 노출된 문제는 무엇이고 이러한 문제가 내셔널리즘에 미친 영향은 무엇인지를 검토할 것이다. 이를 논의할 때 초점이 되는 것은 (3)과 (4) 즉 근대화와의 갈등 속에서 네이션으로서의 자긍심이 어떻게 형성됐는가 하는 문제이다. 그럼 본문으로 들어가보자.

제 1 부

한국 내셔널리즘의 형성

제1장 '덕치'의 논리와 '법치'의 논리

● 유교문화권의 국가와 정치

네이션의 형성과정에는 모체집단의 형성과정과 의식의 형성과정이 있으며, 이 두 과정에는 각각 '가로벽'이 파괴되는 과정과 '세로벽'이 형성되는 과정이 있다고 앞서 말한 바 있다. 그렇다면 조선/한국의 네이션 형성과정은 어떠했을까.

먼저 제1장에서는 조선/한국의 네이션의 형성과정을 조선/한국을 둘러싼 국제적 환경에 비추어 살펴보기로 하겠다.

제1절 '베스트팔렌 체제'의 종언과 동아시아

국가를 이루는 민족의 실체는 이상적이고도 현실적인 정신이라고 할 수 있다. 따라서 민족이란 지상의 절대적 권력이다. 즉 국가는 다른 국가에 대해 상호 독립적이다. 국가가 국가로서 다른 국가와는 구별되어 존재하는 것은 그 다른 국가로부터 자신이 국가임을 인정받는 것이며, 이는 국가 제일의 절대적 권한이라고 하겠다.[1]

"국가라는 전지전능한 신앙이 해체됐다."[2] 20세기는 공산주의와 파시즘이라는 두 전체주의로 얼룩져 있었으나 세기가 끝나갈 무렵 이는 청산되는 움직임을 보인다. 사회주의 신화를 실현시킨 사회주의 국가들이 붕괴된 것이다.

같은 시기에 추진된 EU통합과 일각에서 조심스레 거론된 세계의 블록화 움직임은 더욱 중요한 사실을 의미하고 있다. 이는 그야말로 '국가 이탈'[3]이라고 할 수 있는 상황이다. 국가를 초월한 거대한 국제기구, 그리고 민족주의 재등장의 흐름 속에서 눈뜨기 시작한 작지만 '문화적 개성을 지닌 지역자치제.'[4] 이 두 집단의 사이에서 국가는 상대적으로 작아진 것처럼 보인다. 최근 IMF의 주도로 이루어지는 경제 협상을 보면, 이러한 방향은 적어도 일정 부분 현실화됐다고 할 수 있겠다.

생각해보면 근대의 국가체제는 헤겔이 말하는 '지상에서의 절대적 권력', 즉 적어도 법 아래 동등한 권리와 의무를 갖는 각각 독립된 '주권국가'를 전제로 한 것이었다. '베스트팔렌(Westfalen) 체제'라 불리는 이 체제는 교묘하게도 로마교황과 신성로마황제라는 종교적이고도 세속적 권위를 부정한 것이었다. 즉 이 체제는 절대적 권력을 지닌 국가라는 전제 아래에 비로소 성립 가능한 것이었다. 각 국가들이 평등한 권리를 갖는다는 것을 논리적으로 전개하면 결국 '다른 어떠한 권력에도 종속되지 않는다'는 것이 된다.

절대적 권력을 의미했던 국가의 종언. 이는 그러한 국가를 전제로 성립되어온 베스트팔렌 체제의 종언이었다. 희미해진 국가의 존재는 외교 분야에서조차 온전히 자국의 국민을 대표하지 못할 것이다. 오늘날의 세계는 하루가 다르게 복잡해지고 끊임없이 변하며 국가 간의 상호의존도가 높아지고 있다. 이러한 세계에서는 국가가 비록 자국의 내정일지라도 자유자재로 움직이기가 힘들다. 각 국가들의 내정 결과는 상호의존적인 네트워크를 통해 다른 나라에 영향을 주게 되며, 이로 인해 불이익을 당하는 국가들은 해당국의 정책에 의구심을 나타나게 될 것이다.

근대세계는 다른 시대와 비교하여 국가와 정치의 역할이 비대화됐고, 또 국가의 역할에 큰 기대를 걸었다. 근대국가는 그러한 시대의 산물이자, 동시에 시대를 밀고 나가는 거대한 추진력이었다. 때문에 국가의 역할이 종언을 고하려고 하는 오늘날, 근대라는 시대 또한 종언으로 향하고 있다고 할 수도 있다. 그러면 국가는, 그리고 근대는 어디를 향하고 있는가.

중요한 것은 이러한 문제를 생각할 때, 근대라는 시대가 상대화 · 객관화되어야 한다는 점이다. 그리고 이러한 객관화에는 근대국가 및 이를 지탱하고 있던 베스트팔렌 체제에 필적할 만한 비교 대상이 필요하다.

이에 필자는 전근대의 동아시아 국제시스템에 주목하고자 한다. 우리가 이미 알고 있듯이 전근대의 동아시아세계에는 중화제국을 중심으로 한 지극히 세련된 국제시스템이 있었다. 우리는 바야흐로 그러한 국제시스템의 전환기에 접어들고 있다. 지금이야말로 우리는 이를 다시 한번 재검토할 필요가 있다.

오늘날까지 바람직한 동아시아의 전근대 국제시스템에 대해 다양한 형태의 논의가 이루어져왔다. 그러나 이는 모두 역사학이나 경제사학의 관점에서 이루어진 것으로, 이를 정치학 입장에서 정리하고 개관한 사례는 많지 않다. 이하는 그러한 동아시아세계에 입각한 필자의 시론(試論)이다. 본디 필자가 이러한 거시적 시점의 논의를 전개하기에 충분한 소양을 갖추고 있는 것은 아니다. 그러나 이러한 분석은 근대의 종언을 고려할 때, 또한 이 책의 과제인 조선/한국의 내셔널리즘이라는 문제를 고려할 때 빼놓을 수 없는 부분이다. 특히 앞서 언급한 '세로벽의 형성'과 관련하여 필수적인 논의라 하겠다.

이 책은 이상의 문제의식 아래에 전근대 동아시아의 국제시스템과 국가 본연의 모습을 정치학적인 관점에서 주로 '법치(法治)'와 '덕치(德治)'라는 개념을 도입하여 썼다. 또한 국제시스템이 과거에 시스템의 주변 국가들에 어떠한 영향을 미쳤으며, 이 점이 현대에 어떻게 작용하고 있는가에 대하여도 일정한 시사점을 제공하고자 했다.

서론은 이쯤에서 접기로 한다. 그러면 먼저 전근대 동아시아세계에서 국가와 국제시스템의 규정원리였던 유가와 동아시아의 고유 사상이었던 법가(法家)를 비교함으로써 국제시스템에 대한 생각을 간략하게나마 서술하고자 한다.

제2절 전근대 동아시아 국제시스템의 형성

유가사상과 법가사상

힘(力)으로써 인(仁)을 빌리는 자는 패(覇)인데 패는 반드시 대국(大國)을 두며, 덕으로써 인을 빌리는 자는 왕인데 왕은 큰 것을 기다리지 않는다. 탕(湯)은 70리로써 하고 문왕(文王)은 백 리로써 했다. 힘으로 굴복하게 하는 사람은 심복(心服)한 것이 아니니 힘이 녁

넉하지 못한 것이요, 덕으로 굴복시키는 사람은 진심으로 기뻐서 굴복하는 것이니, 칠십자(七十子. 공자의 제자 중 뛰어난 70명을 가르킨다―옮긴이)가 공자에게 굴복하는 것과 같다. 『시경』에 이르기를 "서로도 하고 동으로도 하며, 남으로도 하고 북으로도 하여 굴복하지 않는 것이 없다"고 한 것은 이런 것을 이른 것이다 했다.[5]

전근대 동아시아 국제시스템. 이는 중화제국이 압도적 중심을 차지하는 국제체제이며 여기에는 중화문명적 특성이 농후하게 드러나 있다. 특히 이러한 중화문명적 특성 가운데에서도 간과할 수 없는 것이 '유교'라는 사상체계이다. 유교는 이러한 국제체제에서 결정적인 역할을 수행해왔다. 유교에서는 사신교환 방식이나 외교문서 양식, 심지어는 주변 국가의 국왕이 중화제국 내부의 서열까지도 유교 경서와 유교적 수사법에 따라 이루어져왔다. 이는 국제시스템 그 자체가 유교로 인해 정당화되고 이념화된 것이었기에 어떤 의미에서 당연한 결과였다. 이 때문에 전근대의 동아시아 국제시스템, 즉 바꿔 말하면 조공(朝貢)체제[6]를 이해하기 위해서 우리는 먼저 이념적 기초인 유교에 대해 이해해야만 한다.

그러면 유교는 정치학적으로 볼 때 어떠한 성격을 갖는가. 먼저 이 점에 대해 간단하게 살펴보기로 하자.

우리가 먼저 주목해야 하는 것은 유교가 '왕도정치사상'[7]이라 할 수 있는 독특한 사상적 특징을 갖는다는 점이다. 이미 알려져 있듯이 공자나 맹자가 살았던 춘추전국시대는 본디 천하의 지배자였던 주왕(周王)의 권위가 무너지고, 혼란 속에서 대두한 여러 나라가 자국의 존망과 패권을 다퉈 격전을 벌이던 시대였다. 제자백가(諸子百家)는 결국 이 상황에서 각국이 스스로의 비호와 이상 실현을 추구하여 주저주저 세상을 헤쳐나간 사상가 집단에 지나지 않는다. 유가 또한 그러한 제자백가 중 하나이며, 다른 사상가 집단과 마찬가지로 스스로의 이념을 실현할 이상(理想)의 군주를 찾아 유랑했다. 『논어』와 『맹자』는 이 유랑의 기록이라 할 수 있다.

각국의 군주는 이러한 사상가를 적극적으로 비호하여 그들에게 활동의 장을 제공했다. 그들의 사상이 자국의 세력 확장에 현실적인 무기가 될 것이라 생각했기 때문이다. 이러한 군주들의 세력 확장에 가장 열심히 협력하고, 또한 유용한 수단을 제공하는 데 성공한 집단으로 법가를 들 수 있다. 『관자』(管子)나 『한비자』(韓非子)로 대표되는 이들의 사상은 현대어로 바꾸자면 '큰 국가'를 지향하는 사상이었으며, 여기에는 '법'을 엄격히 시행하여 질서를 확립하고 면밀한 계산을 바탕으로 경제정책을 세우는 등의 방법이 명확히 제시되어 있다. 예로부터 이르기를 천하에 패(霸)를 주창하기 위해서는 강대한 군사력이 필요하며 이를 위해서는 풍족한 국고(國庫)가 필수라고 했다. 법가는 국가가 이러한 목적을 위해 적극적으로 사회에 대해 행동하고 개입해야만 한다고 했으며, 이를 위해서는 강대하고 절대적인 군주가 필요하다고 했다. 또한 군주는 이러한 목적을 이루기 위해 적극적이고 근면해야 하며 풍부한 세속적 지식과 그 지식을 실천하기 위한 탁월한 능력이 필요하다고 했다.

이러한 법가의 사상적 특징은 첫째 현실주의적 실증주의의 입장과 둘째 객관적 기술주의(技術主義)라 할 수 있다.[8] 군주의 주관에 좌우되기 쉬운 온정주의를 배제하고 기술적으로 정치를 처리하고자 하는 태도가 나타나 있다. 이러한 특징을 살펴볼 때 근대에도 통용되는 인간 이성에 대한 신뢰가 나타나 있다고 할 수 있지 않을까.

반면 유가는 이와는 대조적인 사상이었다. 제2절의 앞부분에서 언급한 맹자의 말에서 엿볼 수 있듯이 그들이 제후에게 가르친 것은 물질적 방법에 의한 세력 확장이 아니라 오히려 군주의 '덕'이었다. 유가사상가들에 따르면 군주가 헛되이 부강을 꾀하여 군비증강에 힘쓰는 것은 결과적으로 백성을 괴롭히는 것이라고 했다. 폭정을 일삼는 군주에게 백성이 복종할 리 없으며, 백성의 지지를 얻지 못하는 군주는 결국 몰락할 수밖에 없다는 것이다. 이에 대해 백성을 괴롭히지 않는 군주, 즉 인정(仁政)을 베푸는 군주에게는 백성이 기꺼이 복종할 것이라 했는데 그럼에도 불구하고 이 세상에서는 모든 군주가 부국강병에 혈안이 되어 백성을 도탄에 빠뜨리고 있다고 했다. 만일 이 천하에 인정을 베푸는 군주가 단 한 명이라도 있다면 폭정에 시달린 백성들은 모두 자신의 군주를 떠나 그 단 한 명의 인군(仁君)에게 복종할 것임에 틀림없다는 것이다. 천하의 백성들이 한 사람의 인군에게 복종하게 되면 결국 천하는 이 인군의 손에 들어갈 것이다. 그러므로 군비확장과 부국강병에 의해 패자(覇者)가 된다는 논리는 맞지 않으며, 진정한 천하의 주인인 왕자가 되기 위해서는 군비확장이나 부국강병을 단념하고 인정을 베푸는 것이 그 첩경이라 했다.[9]

이는 정치적으로 보면 '작은 국가'를 주장하는 것이다. 인정을 베푼다는 것은 군주가 백성에게서 많은 것을 수탈하지 않음을 의미하고 있으며, 그 결과 군사적으로는 물론 다양한 의미에서 국가의 역할이 최소화되는 것을 의미한다. 그렇다면 그들은 국가의 역할을 축소시킬 때 사회질서를 어떻게 유지할 것인가.

법가의 경우 대답은 간단하다. 법가는 국가가 강한 것은 군사가 강하기 때문이며, 군사가 강한 것은 백성의 마음을 통합하고 있기 때문이라고 했다. 또한 백성의 마음을 통합할 수 있는 것은 백성이 법을 중시하고 있기 때문이며 백성이 법을 중시하는 것은 군주가 법을 엄격하고도 공평하게 시행하고 있기 때문이라고 했다. 중요한 것은 절대적인 통일 권력에 의해 국가의 기강을 강화하고 강제력에 바탕을 둔 강고한 지배체제를 만드는 것이며 그에 따라 현실의 혼란스런 사태를 법의 엄격한 시행에 따라 바로잡아 안정된 사회질서를 실현할 수 있다는 것이다.[10] 역시 법가의 '법(法)'을 논한 것이다. 이러한 법가의 '법'에 대항해 유가가 주장한 것은 '예(禮)'였다. 그러면 '법'과 '예'는 어떻게 다른가. 이 점에 대해서 한비(韓非)는 다음과 같이 말한다.

　　예(禮)는 의(義)에서 나오나, 의는 리(理)에서 나오지 않았으니, 리는 '의(宜)'에서 기인한 것이다. 법이란 이와는 달리 반드시 그러해야 하는 것이므로 금함으로써 그것이 달라지는 것이리라. 고로 살육을 금하기 위해서는 마찬가지로 죽여서 다스려야 한다.[11]

　　즉 예란 '의(宜)', 즉 '적절하다'에서 유래된 말이며, 국가가 이를 강요해서는 안 되는 것임에 비해 법이란 '반드시 그러해야 한다', 즉 어떠한 경우에도 그러해야 함에서 유래됐고 그렇기 때문에 국가가 무력을 써서 강제적으로라도 이를 시행해야 한다는 것이다. 여기에는 법가와 유가의 국가 역할에 대한 견해차가 여실히 드러나 있다.
　　강제해서는 안 되는 '예'를 어떻게 사람들에게 지키게 할 것인가. 이 모순을 해결하는 데 유가가 제시한 것이 바로 '덕치'의 논리이다. 즉 군주가 사악한 생각을 갖지 않고 오직 깨끗한 '예'를 실천한다면 제후를 비롯한 백성은 그러한 군주의 행동에 자연스레 감화되어 스스로도 적극적으로 '예'를 지키게 되며, 그 결과 '예'에 내포된 이상적인 질서가 실현된다고 주장한다. 여기에서 '예'의 실천이란 다름 아닌 '교화(敎化)'이다. 여기서 우리는 이러한 이상사회의 실현에 있어 후세의 유교와는 달리 교육 등에 의한 직접적인 훈육(訓育)에 무게를 두고 있지 않는 것에 주의를 해야 한다. 그런데 그것이 과연 가능한가. 즉 군주의 '덕'에 의한 감화만으로 사람들을 진정 '예'의 질서로 이끌 수 있는가에 대해서 의문을 품지 않을 수 없다. 유가는 이에 대해 언급하지 않고 있다. 왜냐하면 그러한 세속적인 것이 마음을 어지럽히는 것은 이미 '덕'을 벗어난 행동이기 때문이다. 유가에게 덕행을 행하면 백성은 반드시 따른다는 것은 예로부터 전해져 내려온 '선왕의 길(先王之道)'이며 의심할 여지가 없는 진실인 것이다.[12]

우리는 이러한 유가사상과 법가사상에 대해서 어떻게 생각해야 할까. 유교의 창시자인 공자와 맹자가 각각 노(魯)나라와 추(鄒)나라라는 소국에서 태어나 비교적 불우한 방랑자로서 삶을 살았던 데에 비해 법가의 대표적 인물인 관중(管仲)이나 한비, 상앙(商鞅)은 상대적으로 큰 국가의 출신이며, 실제로 패자(覇者)라 불리는 세력을 가진 대국에서 활약했다는 점은 시사하는 바가 크다. 즉 법가의 사상은 실제 패자에게 구체적인 노하우를 가르치는 데 유효한 것이었다. 그러나 그 같은 시책을 취할 능력이 없는 소국에서는 무자비한 전란의 현실을 논하고 있기에 수용하기 힘든 논리였다. 반면 유가의 사상은 너무도 현실과 동떨어져 있었다. 군사력을 갖고 천하를 얻고자 한 대국의 입장에서는 분명히 유가의 가르침을 수용하기 힘든 부분이 있었을 것이다. 가진 자가 이를 버리고 예의 길을 가는 것은 쉬운 일이 아니다.

그러나 소국의 입장에서 보면 그들의 목소리는 현실에서는 불가능한 '왕자(王者)'에 대한 가능성을 은밀히 제시하고 있으므로 나름대로 설득력이 있었다. 아니, 이는 본디 소국에 그러한 꿈을 안겨주기 위해 만들어진 사상일지도 모른다.

후세에 대한 영향력과는 상대적으로 실제 이 시대를 움직인 것은 현실적이고 물질적인 법가사상이며, 유가의 이상주의적 '덕'사상은 그저 이상의 수준에 머무를 수밖에 없었다. 결국 전란의 세상은 법가의 재상 이사(李斯)를 모시는 서방의 대국 즉 진(秦)나라에 의해 통일된다. 이때 유가를 기다리고 있는 것은 분서갱유(焚書坑儒)라는 시련이었다. 전근대의 동아시아 국제시스템은 진나라의 중국 통일 즉 중화제국의 등장으로 막을 열게 된다.

다음에서는 전근대 동아시아의 국제시스템이 이러한 두 가지 사상적 흐름과 함께 형성된 과정을 구체적으로 살펴보자.

법술주의의 좌절

긴 전란 후 중원(中原)을 통일한 것은 진(秦)이며 사실상 중화제국은 이 진에 의해 창시됐다는 견해가 일반적이다. 진나라는 법가 최대의 지지자였다. 진의 시황제 또한 한비의 영향을 많이 받았으며 재상 이사는 한비와 함께 순자 아래에서 훈도(薰陶)를 받았다. 진제국은 이른바 법가의 제국이었으며, 법가의 원리주의라고 할 수 있는 선예(先銳)적 법술주의(法術主義)정책이 추진됐다. 진의 승리는 법가의 승리이기도 했으며, 그 결과 다른 사상가들 그 중에서도 법가의 최대 경쟁상대였던 유가는 이러한 체제에서 탄압을 받지 않을 수 없었다. 유가는 패배한 것이다.

이러한 진제국 지배 아래의 모습을 상징하고 있는 것이 '황제(皇帝)'라는 칭호와 군현제(郡縣制)이다. 이미 기술했듯이 법가사상의 목적은 군주권력의 강화에 있었으며, 이 군주권력의 강화는 '법(왕명)'과 '술(術. 왕명 실행의 수단)'을 존중함에 따라 얻을 수 있는 것이라 여겨졌다.13) 법과 술을 자유롭게 다스릴 수 있는 군주는 절대적인 권위의 보호자이며 어떠한 권위도 이를 제약할 수 없다.

시황제는 바로 그러한 군주였다. 이는 무엇보다 시황제 스스로가 선택한 '황제'라는 칭호에 집약되어 있다. 이 시대의 '황제'라 함은 '천자(天子)', 즉 진정한 천하의 지배자인 상제(上帝)의 명을 받드는 대리인임을 의미하는 것이 아니라, 글자 자체에 나타나 있는 것처럼 '찬란한 상제' 그 자체를 의미한다는 점이다. 즉 시황은 신 그 자체인 것이다. 신은 전지전능하며 신의 권한은 무한하다. 천하는 그러한 천자에게 시간적으로도 영역적으로도, 직접적이고도 절대적으로 따라야만 하는 것이다.

법가는 군주 권위의 절대성과 관계없이 본디 그 권한에 대한 심오한 사색을 갖지 아니한다. '황제'호(號)와 그 논리, 이는 오히려 그러한 법가의 사상이 결과적으로 창출해낸 것이라 하겠다.14) 한편 이 황제사상을 제도적으로 구현한 것이 군현제이다. 진은 천하통일과 동시에 주나라의 봉건제도를 철폐하고 황제가 모든 나라와 국민을 평등하고 직접적으로 지배하는 군현제를 채택했다. 세습이 가능한 제후를 황제가 자유로이 임면할 수 있는 지방관이 대신했다. 또한 황제의 지배는 그러한 지방관을 통해 이루어지는 데 그치지 않았다. 황제는 적극적으로 지방을 순방하고 이를 통해 자신이 천하의 지배자임을 국민들의 가슴에 각인시키는 동시에 그들에게 직접 일률적인 작위를 부여했다. 그 결과 당시의 민중은 대부분 작위를 갖고 있었다. 촌락의 질서와 사람들의 서열은 황제의 행위에 의해 미묘하게 영향을 받았으며 황제 또한 이를 몹시 바랐다.[15)

황제가 천하를 일원적으로 지배한다. 그 지배는 인간은 물론이거니와 널리 소나 말에까지 미치지 않으면 안 된다. 만물은 황제의 지배 아래에 있어야만 하는 것이다. 앞에서 기술한 바와 같이 이러한 사상에서는 황제의 지배가 어떠한 제한된 영역에 머물러서는 안 됐다. 그리하여 황제는 '황제' 이념의 현세적 실현을 위해 적극적인 해외원정을 실시했다. 그러나 진의 이러한 확장정책은 흉노족의 완강한 저항과 이로 인한 재정 파탄, 나아가 재정적 부담을 이기지 못한 사람들의 반란으로 결국 종국을 맞이한다. 황제는 자신의 이념을 실현하는 데 실패한 것이다.

결국 '황제'의 논리는 사회의 현실적 상황을 무시하고 자신의 이념에 현실을 끼워 맞추려고 했기에 파탄났다고 할 수 있다. 여기에는 두 가지의 파탄이 있었다.

첫 번째는 그것이 현실 사회를 사는 전통적인 가족이나 공동체 등 자연적 요소에 지나치게 정면적으로 도전했다는 점이다. 이념적으로는 어찌됐든 현실에서는 황제가 사용할 수 있는 재원이 한정되어 있으며 이러한 자연적 요소를 전적으로 무시하고서 정치를 하는 것은 불가능했다. 그러한 의미에서 법술주의는 치명적인 결함을 갖고 있었다.[16)

두 번째로 지배의 외연적 확장에 실패한 것을 들 수 있다. 황제가 이용할 수 있는 재원이 한정되어 있다는 것은 즉 황제가 스스로의 통치 범위를 무한하게 확대해 천하를 널리 지배하는 것이 불가능함을 의미하고 있었다. 해외원정에 드는 막대한 지출은 결과적으로 황제가 통치하는 백성들에게 가혹한 부담을 강요했으며 이것이 결국 첫 번째 문제를 부각시키게 됐다.

즉 이념적으로 법가사상을 너무 중시한 나머지 현실세계와의 괴리가 생겨났던 것이다. 유가와는 다른 의미에서 법가사상 또한 하나의 이상에 지나지 않았던 것이다. 진의 멸망은 법술주의의 좌절이었다. 이는 현재에도 통용되는 인간 이성의 한계를 드러내고 있는지도 모른다. 어찌됐든 법가사상의 실패로 인해 이 시점에서 일단 패배했던 유교가 재등장하게 된다. 그리고 이 유교는 법가가 남긴 '황제' 이념이라는 유산과 갈등하면서도 그 후 2천 년에 걸쳐 중화제국의 정치적 체제를 형성해나가게 된다.

그러면 이러한 정치체제는 어떻게 구축되어왔는가. 다음에서는 이를 파악하기 위해 새로운 정치체제가 명확한 형태를 드러내기 시작한 한대(漢代)의 상황을 살펴보기로 하자.

'조공체제'의 성립

진의 뒤를 계승한 것은 한(漢)이었다. 한의 황제들은 황제라는 명칭을 진에게서 물려받았지만 전란으로 피폐된 국토와 다시금 강화된 제후의 강대한 세력 앞에서 시황제와 같은 강력한 권력을 발휘하기란 어려웠다. 당시 황제의 권한은 한정되어 있었으며 실제 지배하던 지역도 진의 영토보다 좁았다. 그 결과 그들은 어쩔 수 없이 법가적인 시책보다는 유가적인 휼민(恤民)정책을 채택한다. 후세에 이상적인 군주로서 칭송을 받게 되는 문제(文帝)의 정치는 어떤 의미에서 그러한 방향성의 발로라고 하겠다. 한은 이러한 시책을 시행하기 위해 그에 걸맞은 이상을 지닌 자들을 등용했다. 바로 이때 몰락해가던 유가 사상가들이 다시 등장했다.

다시 등장한 유가사상가들을 기다리고 있던 상황은 예전과는 사뭇 달랐다. 과거에 유가가 모시던 것은 '왕'이었으니, 이 '왕'이란 상제(上帝) 즉 하늘의 명을 받드는 군주이며, 덕으로써 지배하는 존재였다. 즉 왕의 권한은 한정된 것이었다.

이에 비해 황제란 하느님(上帝) 그 자체였다.[17] 이러한 황제 논리는 유가사상가들에게는 전혀 관계없는 논리였다. 한나라 초기 유가는 이러한 법가의 유산을 눈앞에 두고 명확한 자세를 취할 수 없었다. 이러한 '황제'와 유가의 논리 사이에 있었던 부정합은 한시대에 채용된 군국제(郡國制)라는 지배체제에 상징적으로 나타났다. 군국제란 마치 황제의 직접 또는 간접적 지배를 받는 군현제 국가와 내정 면에서 많은 자치가 허용되는 국가[18]가 동시에 존재하는 것과 같은 모순이 가득한 체제였다.

그렇다 하더라도 실질적으로 황제의 힘이 그다지 크지 않았던 시대에는 큰 문제가 없었다. 그러나 많은 정적(政敵)을 내몬 황제의 권력은 더욱 비대화됐고 한은 드디어 안정기에 돌입한다. 그리고 막강한 권력과 강력한 군사력을 다시 손에 넣은 황제들은 마침내 다시 해외 원정에 나서게 됐다. 황제는 자신이 황제인 이상 천하의 모든 사물의 지배자로 군림해야 하며 이에 따르지 않는 자는 토벌의 대상이 된다. 황제는 토벌의 재원을 마련해야 하는데, 재원의 기반이 되는 부국강병을 이루기 위해 이론을 추구하게 된다. 이 가운데 법가의 세력은 나날이 회복되어 법가와 유가는 다시 대립한다.

이번에는 유가의 승리로 끝났다. 유가가 승리한 배경에는 한이 군사적인 확대를 시도했다가 좌절했다는 사실이 있었다.[19] 황제는 다시 한번 패했다. 그리고 필연적으로 기존의 '황제'관이 크게 바뀐다.

'천하를 두루 지배하는 황제'라는 표면상의 모습과 이를 관철시켜야 하는 현실의 합리화. 유가는 분명 승리를 거두기는 했지만 이 승리에는 법가의 특색이 짙게 묻어난다. 조공의 논리는 이러한 현실을 정당화하기 위해서 만들어진 교묘한 이론이었다. 즉 한은 조공의 논리를 통해 직접적인 지배력이 미치지 못하는 주변국 국왕의 이해를 얻고, 황제의 지배 아래에 그들을 '조공'이라는 형식적 지배를 따르는 신하로 취급하여 주변국이 지배하는 영역을 이념적으로 자국 영토화하는 데 성공한다. 최초의 예는 고조(高祖)시대 남월왕(南越王) 무왕(武王)에게서 찾아볼 수 있다.[20] 조공은 한 황제에게 유리한 논리였으며 동시에 주변국 국왕들에게도 유용한 해결책이었다. 당시 동아시아에서는 한이 문화적으로 압도적인 우위에 있었기에 이러한 한과 우호관계를 유지하고 문화적·경제적 교류를 하는 것은 주변국에게도 큰 이익이 됐다. 그 결과 주변국은 빠짐없이 조공을 바치게 됐고 한은 대등한 관계를 요구하는 몇몇 나라를 제외하면 주변국을 보다 쉽게 자신들의 '영역'으로 만들 수 있었다. 그 후 한은 숙적인 흉노에게 군사력을 집중시킬 수 있었다.

한나라 초부터 이루어진 국제체제를 이 책의 제1장에서는 '조공체제'라고 부르고 있다. 그렇다면 이러한 '조공체제'의 모습을 이념에 비추어볼 때 우리는 어떻게 받아들여야 할 것인가. 지금부터 이 점에 대해서 살펴보도록 하자.

제3절 '조공=해금체제'의 완성

법치의 영역과 덕치의 영역

지금까지 기술해온 내용을 정리해보도록 하자. 중화제국이 탄생하기 전, 주된 정치사상은 법가와 유가였다.[21] 전자는 인위적이고 물질적인 방법을 통해 부국강병을 이루고자 했으며 이를 통해 전란이 계속되던 세상에서 패권을 차지하고자 했다. 법가에 따르면 그것만이 왕이 추구해야 할 길이며 힘으로 평화를 실현하는 것만이 진정한 '길'이었다. 국민의 평안은 강력한 권력을 가진 왕이 있기에 가능한 것이었다. 강력한 군주는 국민의 평안을 위한 도구이며 법가는 국민의 평안을 위해 보다 적극적으로 이상 속의 군주를 추구했다. 이는 대국에게 유리한 논리였으며 실제 전란에서 살아남기 위해서도 필요했다. 이에 비해 유가는 물리적인 국력 증강을 꺼렸다. 그들은 물리적인 개입보다 국왕의 '덕'—실제로 이는 예의 실천이다—을 통해 사람들을 감화시켜 자신들의 세력을 확장하는 것이 바람직하다고 주장했다. 군주의 권한은 최소한으로 축소되고 이로써 진정한 패권이 실현된다고 보는 것이다. 이는 현실적인 주장이라고 말하기 어렵지만, 그 결과 물리적으로 패권을 다툴 수가 없어 소국의 의지와 희망이 구현될 수 있었다.

법가와 유가의 대립에서 최초의 승리는 법가에게 돌아갔다. 유가는 치열한 전국에서 살아남을 수 있는 수단을 제공하지 못했고 결과적으로 몰락하고 만다. 이는 유가에게 쓰라린 경험이었다. 그러나 법가도 모든 능력을 가지고 있지는 않았다. 가장 큰 문제는 그들이 지나치게 군주 권력의 증강을 추구한 나머지 군주를 하느님과 동일시하게 됐다는 점이다. 하느님과 같은 위치에 서게 된 군주. 황제의 위신은 천하

에 널리 그리고 무한대로 퍼
져나가야 했지만 이는 사실
상 불가능했다.(그림 1-1) 아
무리 확대된다고 하더라도
일정한 자원밖에 가지고 있
지 않은 황제의 위신확장은
결국 영역적으로나 내용적
으로나 한계에 맞닥뜨리게
된다. 황제의 좌절은 즉 법

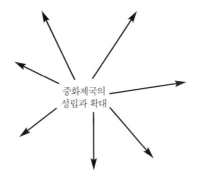

〔그림 1-1〕 중화제국의 물리적 확장
(진나라~전한(前漢)나라 전기)

중화제국의
성립과 확대

가의 좌절이기에 법가는 이와 함께 몰락한다.

　법가를 대신해 다시 등장하게 된 유가는 난제에 직면한다. 황제는
영역적·실질적으로 '천하를 널리 지배'하는 것에 실패했지만 이것이
황제가 황제의 자리를 포기한다는 의미는 아니었다. 황제는 일단 손
에 넣은 강력한 권력과 논리를 포기할 수 없었다.

　황제의 실제와 이념은 여기서 큰 괴리가 생겼다. 이러한 모순된 상
황을 이념적으로 정합화하기 위해 유교가 만들어낸 논리가 바로 조공
이었다. 분명히 '조공'이란 말 자체는 아주 오래 전부터 있었다. 여기
서 말하는 의미는 전혀 달랐다. 기존에 있었던 '조공'의 의미는 왕이
국내를 통치할 때 제후에게 요구한 충성의식에 지나지 않았다. 그러
나 여기서 말하는 '조공'이란 어디까지나 국내적인 것이었으며 '조
공'이야말로 국내 통치였다. 왕들이 직접 통치하는 것은 중앙부에 국
한된 동족 집단뿐이었으며, 국토의 대부분은 '조공'을 바치는 부족장
과 봉건영주들이 가지고 있었다.[22) 그리고 그보다 더 먼 곳에는 왕의
권력이 미치지 않는 야만족이 사는 영역이 있었다.

한에게는 '조공'의 의미가 크게 달랐다. 앞에서도 기술했듯이 '황제'가 '왕'과 가장 다른 점은 천하의 다른 누구도 얻지 못하는 절대적인 권한을 가진다는 것이다. 황제 아래에는 황제의 직접적인 통치에 따르는 방대한 영역이 있었으며 실제 통치를 하는 데도 그곳의 관료들을 황제가 임의로 임명했기에 가끔씩 그의 위엄이 최하위층인 민중들에게까지 미친다.

그러나 이러한 지배는 영역의 범위에서도, 그리고 지배 깊이의 의미에서도 한정되어 있었다. 전근대사회에서는 정치 지배층이 이용할 수 있는 자원이 한정되어 있어, 법가와 같이 전체주의와 유사한 위로부터의 완전한 통제를 관철하는 것은 바람직하지 않았다.[23]

법가의 이상과 현실은 일치하지 않았다. 진의 실패는 그야말로 이와 같은 이상과 현실의 괴리를 앞에 두고 있음에도 불구하고 현실을 이상에 끼워 맞추려다가 생겨난 것이었다. 한은 진의 경험에서 많은 것을 배웠다. 이념적으로 무한대의 힘을 지닌 황제와 실제로는 한정된 힘밖에 지니고 있지 않은 황제. 그것은 황제가 그 능력의 한계를 드러냈을 때 황제는 이미 황제가 아니라는 것을 의미하고 있다.

유교는 여기서 다시 한번 그 가치를 찾아낸다. 황제가 황제이기 때문에 갖는 모순을 드러내지 않게 하기 위해서는 황제가 자신의 한계를 넘지 않도록 사상 면에서 제동을 걸 필요가 있다. 이런 면에서 편리했던 것이 바로 유가의 자유방임주의적인 사상이었다. 자유방임이 바람직하다면 황제가 굳이 위험을 감수하면서까지 현실을 직접적으로 통제할 필요는 없다. 이로써 중화제국은 기존 법가의 지배원리와 유가의 지배원리가 복합적으로 작동하는 국가가 됐다. 황제는 언제부턴가 하느님과 같은 위치에 서 있는 존재가 아니라 하느님의 위임을

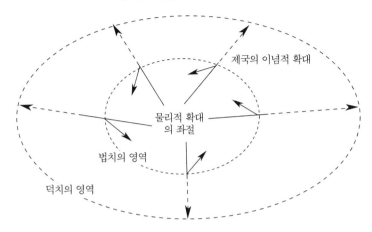

〔그림 1-2〕 중화제국의 이념적 확장

제국의 이념적 확대

물리적 확대
의 좌절

법치의 영역

덕치의 영역

받아 천하를 지배하는 '천자(天子)'로 등급이 내려가게 된다. 본디 황제란 하느님 즉 하늘과 같은 존재가 아니었다. 역시 유가들이기에 황제가 천하의 유일한 지배자라는 것을 부정하지 않았지만 이 시기에 결국 황제는 자신들이 자유롭게 '길'을 결정할 수 있는 존재에서 반대로 하늘에 의해서 결정된 '천도'에 따라야만 하는 존재가 된다.

'천도'란 유가가 주장하는 길이며, 그 안에서 황제는 법보다도 덕의 힘에 의해 통합되는 자유방임적인 존재가 바람직하다는 것이었다. 그후 황제의 권한은 유가로부터 항상 많은 간섭을 받게 된다. 그러나 이러한 경위가 있었기에 황제는 스스로 성장하여 거대한 존재가 됐으며 결국 파멸을 면한다.

위와 같이 우리는 한시대 이후의 '조공'에서 유가의 사상을 뚜렷하게 볼 수 있다. 황제는 유가사상을 통해 실제로 지배하지 않는 영역까지 이념적으로는 자신의 지배 아래에 둘 수 있었다.(그림 1-2) 주변국의 국왕들은 중화제국의 황제가 천하의 절대적인 권력자라는 것만 인정한다면 실제로는 거의 아무런 권익의 침해를 받지 않고 중화제국의 위협에서 벗어날 수 있었다. 그뿐 아니라 그들은 이념적으로는 중화제국의 신하였으므로 자신들이 외적의 침입을 받았을 경우, 신하로서 황제에게 원조를 받을 수 있는 권리까지 가지고 있었다.[24] 실제 조공국이 조공을 바치는 행위는 조공국의 기존 지배체제의 변화를 의미하는 것이 아니었으며 그들은 사회 고유의 법을 그대로 유지할 수 있었다. 다시 말해서 중화제국의 법이 조공국에서는 적용되지 않았던 것이다. 조공국의 국왕은 황제의 덕을 우러르고 황제를 따르는 존재이며, 이 때문에 국왕이야말로 중화황제의 '예'에 속박되지만 이것은 국왕이나 그곳 주민들이 중화황제의 '법'에 복종해야 한다는 의미가 아니었다. 이는 이른바 '덕'의 지배라고도 할 수 있는 것이며, 조공국은 이 '예'에 따르기만 하면 됐다.[25]

위와 같은 사실은 중화제국이 두 가지 영역으로 구성되어 있음을 의미한다. 즉 중화제국은 황제가 국가의 법을 통해서 물리적인 힘을 이용해 직접 통치하는 '법치의 영역'과 실제로는 아무런 개입도 하지 않지만 넓은 덕의 감화에 의해 이념적으로 통치하는 '덕치의 영역'으로 구성되어 있었다. '법치의 영역'은 한정된 지역에서 표면적인 침투력만을 발휘하지만, 그렇다 하더라도 주변국은 이에 압도되기에 충분했다. 중화제국을 제국으로 승화시킨 현실적인 힘은 바로 여기에서 유래한다. 이에 비해 중화제국을 제국으로 승화시킨 이념적인 힘은 '덕치의 영역'이다. 전자가 아무리 크다 하더라도 천하 그 자체는 될 수 없었다. 후자는 전자의 힘을 배경으로 제국을 이념적으로 확대한 것이며, 이것에 의해 중화제국은 다른 나라와 결정적으로 구별되는 동아시아의 '제국'이 된 것이다. 주변국이 먼저 중화제국을 따르게 되자 제국은 결국 이상적인 제국에 가까워지고 사상가들은 '조공' 자체의 해석을 교묘하게 이용하여 이상적인 측면이 현실적인 측면과 타협하도록 했다.[26]

조공국이란 중화제국의 입장에서 보면 비록 자신들의 '법치의 영역'에는 속하지 않지만 여전히 '덕치의 영역'에 속해 있는 확실한 제국의 일부였다. 조공국의 왕에게 거의 완전한 내정의 자유가 허용된 이유는 중화제국에 존재하는 두 가지 요소, 즉 법가적 요소와 유가적 요소 중 후자만이 미치는 지역이었기 때문이다. 다시 말하자면 조공국이란 중화민국의 두 가지 요소 중 하나인 법가적 요소가 빠지고, 순수하게 유교적 요소만이 남아 중화제국의 '통치'가 이루어졌던 지역이었던 것이다. 유교란 처음부터 '왕'이나 '황제'가 사회에 개입하는 것을 나쁘다고 정해놓고, 공동체나 가족과 같은 자연적 부분의 자치를 광범위하게 인정하는 사상이다. 이와 같이 유교만이 통치하는 지역에서 광범위한 '자치'가 허용되는 것은 어쩌면 당연한 일이었을 것이다.

중화황제와 중화제국에게 이러한 이중성격이 있었다는 것은 당시 사람들도 알고 있었다. 중화황제는 국내의 왕을 대할 때에는 대부분 자신이 법을 관리하는 존재라는 것을 나타내는 '황제'라는 칭호를 사용한 데 비해 조공국의 국왕들에게는 천하를 덕에 의해 지배한다고 하는 '천자'의 칭호를 사용했다.[27]

이와 같은 조공체제의 기본 원칙은 한시대 이후에도 그대로 이어져 근대 직전까지 동아시아 국제질서의 근본 원칙으로 기능했다. 그러나 이것은 동아시아의 국제체제가 한시대 이후 전혀 변하지 않았다는 것을 의미하지는 않는다. 결국 '조공체제'는 중화제국과 주변 국가들이 발전함에 따라 서서히 그 모습을 변화시켜간다. 이는 즉 '조공체제'의 성숙과정이며 결국 '해금(海禁)'이라는 부산물을 생산해내게 된다.

그렇다면 조공체제는 어떻게 변화해갔을까. 우선 이 점을 확인하기 위해서 중화제국의 제1차 완성기인 수·당시대의 변화과정에 대해서 살펴보기로 하자.

개방적 제국에서 폐쇄적 제국으로

앞서 말한 바와 같이 중화제국은 '법치'와 '덕치'의 두 가지 원칙을 가지고 있었지만 이 두 가지 원칙은 당초 그다지 엄격하게 적용되지 않았다.[28] 즉 그곳에는 제국의 두 영역 중 어느 쪽에도 해당되지 않는 애매한 영역이 있었다. 이러한 전형은 7세기에서 9세기에 걸쳐 일본에서 찾아볼 수 있을 것이다. 이미 알고 있듯이, 일본은 '왜오왕(倭五王)'시대에 중국과 조공관계에 있었다. 그러나 일본이 7~8세기부터 진정한 의미의 '조공관계'에 있었던 것은 아니다. 이를 상징하는 유명한 사료가 "태양이 뜨는 곳의 천자, 태양이 지는 곳의 천자에게 글을 보낸다. 서둘러야 한다"로 시작되는 수양제에게 보내는 편지이다. 당시 일본은 조선의 삼국에게 자신들의 우월성을 주장하기 위해 중화제국과 같은 '천자'라는 호를 사용했다.[29] 여기서 동서 두 명의 천자라는 개념 자체가 중국황제의 천하 지배 대원칙인 '중화황제란 천명에 의해 지상의 모든 것을 지배하라는 명을 받은 유일한 지배자(즉 '천자')이다'와 정면으로 부딪치는 개념이다. 다시 말해 '천하의 유일한 지배자'인 중화제국의 정통성에 대해 커다란 의구심을 제기한 것이었으며, 이 때문에 이 편지를 받은 황제가 격노했음은 당연했다.

중화제국의 원칙에서 보면 주변국의 국왕이란 덕치주의의 교의에 따라 내정까지 간섭하지는 않지만 어디까지나 황제의 승낙을 받아 일시적으로 그 지역의 지배권을 위임받은 존재에 지나지 않았다. 그의 지위는 신하이며 덧붙여 말한다면 같은 '왕'이라는 명칭을 사용하더라도 제국의 공식적인 지위로서 주변국 국왕의 지위는 황제와 대등하기는커녕 황제가 직접 통치하는 '법치의 영역' 내부에서 생활하는 '왕(즉 왕자 등)'들과 비교하더라도 월등히 낮은 지위에 있었다.[30]

이와 같은 관점에서 보면 중화황제에게 일본이 말한 '천자'의 존재는 용서할 수 없는 것이다. 그러나 일본의 '무례'[31]한 태도에도 불구하고 견수사(遣隋使)와 견당사(遣唐使)가 중화제국과 자유로이 왕래와 무역을 하고 있었으며 나아가 황제를 접견할 수 있도록 승낙까지 받았다. 뒤에 나올 명청시대의 조공에 대해 들어본 적이 있는 사람이라면 이 일이 얼마나 놀랄 만한 일인지 짐작하고도 남을 것이다. 즉 이러한 일본의 태도는 본래 의미인 '조공'이라고 말할 수 없다. 조공이란 본래 중화황제가 천하의 모든 것을 지배한다는 지배권을 인정하고 여기에 따르는 것을 약속하는 의식이며, 그 답례로 중화황제에게서 받는 책봉(冊封)은 주변국의 이러한 요청이 중화황제에게 인정을 받았고 정식으로 황제의 신하가 되어 그 지배 아래에 들어갔다는 증거가 된다. 그러나 이 시대의 일본은 중화제국에게서 한번도 책봉을 받은 적이 없었다. 다시 언급하지만, 그럼에도 불구하고 일본은 중화제국과 비교적 좋은 관계를 유지하는 데 성공한 것이다. 물론 이것이 중화제국이 일본을 자신과 대등한 존재로 인정했다는 의미는 아니다. 대등한 존재로 인정하는 일은 본디부터 중화제국이 '제국'인 이상 있을 수 없는 일이다.

그렇다면 우리들은 이를 어떻게 생각해야 할까. 한반도 정세 관계에서 고구려나 백제와 같은 적을 두고 있는 당나라가 굳이 일본과의 관계까지 악화시키고 싶지 않았다는 이유도 있을 것이다. 그러나 중국은 조공관계에 포섭되지 않았던 일본이라는 존재를 한반도 전란이 끝난 후에도 그대로 계속 허용했다. 이를 단순하게 일시적인 국제정치의 상황으로 설명하기란 쉽지 않다.

수나라의 기록을 보면 수 황제는 이러한 일본의 태도를 보고, 문언은 무례하지만 어렵게 먼 중화제국의 땅까지 '조공'을 바치러왔다며 선유(宣諭. 임금의 뜻을 널리 알리는 일—옮긴이)의 사신을 파견했다. 이는 일본과 수나라의 주장이 전혀 일치하지 않기에 조공제라는 최대공약수적인 부분을 이용한 미봉적 해결책이었다.[32] 그러나 바꿔 생각해보면 실은 이러한 조공원리의 탄력적인 해석이야말로 현실에서는 있을 수 없었던 '황제가 천하의 모든 것을 지배한다'는 픽션을 성립시키는 원동력이었다.

중화제국은 이 조공원리를 탄력적으로 해석해 광범위한 지역의 주변국을 자국 세력으로 규합하고 '중국의 평화'를 유지했다. 이는 앞서 언급한 내용을 인용하자면, 당시의 중화제국에서는 '덕치의 영역'의 경계선이 명확하지 않았다. 경계선은 해석에 따라 여러 가지로 변화했다.

더 지적하자면 이 시대에는 '법치의 영역'과 '덕치의 영역'의 구별도 애매했다. 예를 들어 신라와 발해, 그리고 그 후에 생긴 고려는 일본과 비교해보면 조공체제를 충실하게 따랐으며 중화제국 쪽에서도 이들에게 책봉을 주었지만 그들은 가끔씩 독자적인 원호(元號. 중국에서 시작된 군주의 재위에 따라 해를 세는 연도 표기방법, 연호라고도 함—옮긴이)를

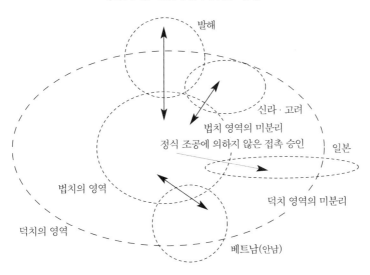

〔그림 1-3〕이념상의 중화제국(한~당대)

발해

신라·고려

법치 영역의 미분리

정식 조공에 의하지 않은 접촉 승인

일본

법치의 영역

덕치 영역의 미분리

덕치의 영역

베트남(안남)

채용한 적이 있었다.[33] 중화제국에게는 조공국이 독자적인 원호를 가
진다는 것이 중화제국의 '시대의 흐름을 지배하는 권한'에 대한 심각
한 위반 항목이며 결코 용서받을 수 없는 일이었다. 특히 발해의 경우
에 주목해야 한다. 왜냐하면 신라나 고구려, 고려의 경우는 독자적인
연호를 제정하고 폐지할 때에 중화제국과의 조공국 관계에서 그 상관
성을 찾아볼 수 있는 데 비해, 발해의 경우에는 발해가 독자적인 연호
를 사용한 시기에도 당이 발해 국왕에게 책봉을 주었기 때문이다.[34]

나중에 언급하겠지만 명청시대의 조공국 중에서 중화제국의 주된
적인 북방민족과 지리적으로 가깝게 위치한 한반도와 만주지방 민족
의 이러한 태도는 순식간에 그들과 중화제국과의 관계를 대립관계로
악화시켰다. 여기서 우리는 이 시대에는 주변국도 중화제국과의 관계
를 자유의사로 선택할 수 있었음을 알 수 있다. 중화제국과 각각의 경

계선은 애매했다. 이 시대의 중화제국은 후세와 비교하면 매우 개방적이었다. 장안(長安)에는 수많은 외국인이 거주하고 있어서 지배체제의 근간을 이루는 관료조직 중에도 신라인과 일본인, 서쪽지역의 만주족에 이르기까지 잡다한 사람들이 배치되어 있었다. 생각해보면 수나라와 당나라의 황제 계보에는 다양한 혈통이 있었다. 중화제국이 개방적이었다는 것은 오히려 당연한 일이었는지도 모른다.

　개방적이며 탄력적인 중화제국(그림 1-3). 여기에서 수당제국의 자신감을 읽을 수 있을 것이다. 그러나 이와 같은 성격은 결국 크게 변화하게 된다. 지금부터는 이질적인 존재로서 명청시대의 중화제국과 조공체제에 대해서 살펴보도록 하겠다.

'조공 ＝ 해금체제'의 성립

　수와 당은 결국 군사적으로 약했던 송나라시대[35]를 거쳐 원(元)에 이른다. 어떤 의미에서 원은 앞에서 언급한 바와 같은 개방성이 극단적으로 치달은 예라고 할 수 있다. 제국에 적대적인 태도를 보이지 않는 한, 제국 내부의 사람이든 그렇지 않든 국내외로 자유로이 왕래할 수 있었다. 이것은 몽골제국에서 '덕치의 영역'의 경계선이 애매했다는 것을 의미한다. 제국 내부의 영역 구별도 당연히 사라졌다. 본래대로라면 황제의 덕만이 미치는 지역이 있어야 한다. 그러나 그 영역이 모호해지자 주변 조공국에 대해서도 직접적이며 적극적인 간섭이 빈번히 발생했다.[36] 주변국의 국왕들은 형식상으로도 황제의 신하로 대접받을 뿐 아니라 실제로도 신하로서의 의무를 행할 수밖에 없었다.

　몽골제국에서는 오직 한 가지 즉 칭기즈칸을 따를 것인지 말 것인지만이 중요했다. 몽골은 이와 같이 전세계가 칭기즈칸을 따르도록 하기 위한 충분한 물리적 능력이 있었으며 한때는 세계의 주요 부분을 손안에 넣은 것처럼 보였다. 앞에서 언급한 법가의 '황제'의 이념이 가장 실현에 가까워진 시기였다. 절대적인 군사력을 가진 몽골제국에게 무력한 제국이 만들어낸 이념적 경계선(그림 1-3. 이념상의 중화제국)의 확장이 필요할 리 만무했다. 즉 '덕치'나 '조공'의 논리 등이 있을 여지조차 없었던 것이다.

이러한 성격의 몽골제국은 중국에서 빠져나와 오히려 폐쇄적이고 원리주의적인 명(明)나라 체제로 이어지게 된다. 그 이유는 몇 가지로 생각할 수 있다. 우선 첫 번째로 원과 명의 교체가 중국의 다른 왕조의 교체와는 달리 명이 원을 무너뜨린 결과로 이루어진 것이 아니라 원이 북방으로 밀려나는 형태로 이루어졌다는 점이다. 이미 알고 있듯이 중국 왕조의 교체는 전왕조가 쇠퇴하고 천명을 잃어버리면 새로운 왕조로 천명이 옮겨지는 역성혁명(易姓革命) 혹은 선양(禪讓)의 논리에 의해 전왕조가 멸망하고 난 후에 실현되는 것이 일반적이었다. 이는 중국의 왕조가 천하를 널리 지배하는 제국이라는 점으로 귀결된다. 그러나 이러한 중국적 사상을 소화하기에 원은 통치기간이 너무나 짧았다. 때문에 원은 뒤에도 위와 같은 일반적인 경로에서 벗어나 명에 대항하는 '제국'으로 계속해서 맞서는 길을 선택한다.

동시에 명은 왜구 때문에 힘들어하고 있었다. '북로남왜(北虜南倭)'라는 말은 이 시대 명나라 왕조가 놓여 있던 힘든 군사적 상황을 상징하고 있다. 즉 명은 조공체제를 만든 부모 격인 한나라와 마찬가지로 이념상으로는 천하의 모든 것을 지배했으나, 현실에서는 그렇지 못했다.[37] 명은 군사 면에서 북원(北元)에 대항하여 스스로를 지키고 빈발하는 왜구의 위협으로부터 치안을 유지하는 것이 고작이어서, 다른 조공국에 침략의 손을 뻗어 '법치의 영역'의 현실적인 확대를 이룰 여유가 없었다. 이는 명 태조의 유언, 이른바 '부정지국(不征之國)'에 전형적으로 나타나 있다.[38] 거기에 열거되어 있는 15개국은 모두 주변의 중소 국가이며 중화제국에서 보면 조공국의 범주에 속했다.[39] 이는 명이 그때까지의 '개방적'인 중화제국과는 달리 스스로 '법치의 영역'을 명확히 한정하고, 그 밖은 '덕치의 영역'에 속하는 영역으로 규정했다는 것을 의미한다.

이는 외교적인 색채를 갖는 유언이며, 동시에 스스로 국내를 통제하는 것이기도 했다. 그러나 주목해야 할 것은 이와 같은 '부정지국'의 설정과 거의 같은 시기에 명이 도입한 '해금제'이다. 명은 이에 의해 스스로 '법치의 영역' 안에 있는 백성이 해외로 나가는 것을 엄격히 금지했다. 이는 명이 스스로의 '법치'의 영역을, 앞서 말한 '부정지국'에 의해 이념적으로 확실히 한 것뿐만 아니라 나아가 현실적인 통제를 하고자 했다는 점을 의미한다. 이로써 중화제국은 '닫혀진' 제국이 된 것이다.

해금제가 어느 정도 국제적인 이동의 장애가 됐는가에 대해서는 다양한 이론이 있다. 그러나 그때까지 동남아시아 화교인구의 증가가 멈춘 시기가 이때와 일치한다는 점, 그리고 '중국인'이라는 호칭이 그 시대에 들어서서 처음으로 사용된 점 등은 역시 주목해야 할 점이다.[40] 그리고 이 점이 중요한 것은 이에 의해 중화제국과 조공국의 정치적 경계가 명확해지고 두 나라의 관료조직의 구성원과 지배하는 인간과의 관계가 단순화됐기 때문이다.

이 점에 대해 명·청대의 과거 합격자를 예로 들어 좀더 자세하게 살펴보도록 하자. 이미 지적했던 바와 같이, 원 이전 중화제국의 관료조직에는 많은 '외국인'이 있었다. 일본의 아베노 나카마로(阿倍仲麻呂)를 굳이 예로 들지 않아도 그곳에는 잡다한 사람들이 있었다. 또한 이러한 외국인 등용의 흐름은 송나라시대로 들어서면서 과거가 관료채용의 가장 큰 수단이 된 뒤부터 기본적으로 변하지 않고 계속된다. 본디 과거라는 것은 신분과 출신지역, 또한 문벌 등과 상관없는 평등한 시험이었다는 것이 가장 큰 특징이다. 그렇기 때문에 과거는 동아시아 전역 더 나아가서는 유럽에까지 그 영향을 미치게 된다.

당시까지 중화제국의 '개방성'에 비춰 생각해보면, 시험을 치르고 실제로 직무를 행하는 데 충분한 만큼의 교양과 어학 능력만 있다면 주변국의 사람도 과거를 치르고, 중화제국의 관료가 될 가능성이 있었다. 정화(鄭和, 1371~1435?)의 대항해가 상징하는 바와 같이 명나라도 당초 그때까지 중화제국이 가지고 있었던 '개방적'인 성격을 잃어버린 것이 아니었다. 이는 과거시험의 합격자에도 나타나 있다. 명나라 이전에는 적지 않은 조공국 출신의 과거합격자를 확인할 수 있다.[41] 그러나 이와 같은 경향은 15세기 후반에 들어서면서 영종이 정화의 마지막 항해로부터 불과 3년 후에 원양항해용 선박건조를 중지하고, 더욱이 토목(土木)의 변(1449년 명나라와 오이라트가 토목에서 싸우다가 명나라 황제가 포로가 된 사건―옮긴이)에서는 오이라트군과 싸워 영종이 포로가 되면서 크게 바뀐다. 명의 대외정책은 소극적이었으므로, 그 결과 해금제에 나타나 있는 '폐쇄적인' 성격이 현저해졌다. 해금이 실체화된 것이다. 이를 과거 합격자에서 유추해보도록 하자. 최후의 조공국 출신 과거 합격자는 1469년 베트남의 왕경(王瓊)이다.[42] 이후 명, 그리고 대체로 명의 제도를 채택한 청에서 엄밀한 의미의 조공국 출신인 과거합격자는 청 멸망 바로 전을 빼면 전무하다.

이는 어떤 의미에서는 당연하다. 왜냐하면 명은 창건과 동시에 '생원(生員)'인 사람만 향시 수험을 볼 수 있도록 하고 있었는데, 이 생원이라는 직책은 명나라의 '법치의 영역'의 각 지방에 기계적으로 할당되어 있었기 때문이다. 조공국 사람들은 이 시점에 사실상 과거에서 제외됐다. 이 제도가 명 초기에 그다지 엄격하게 시행되지 않았던 것은 베트남인과 고려인의 합격자가 있었다는 점에서 알 수 있으나, 어쨌든 이는 결국 엄격하게 시행되기 시작했으며 주변국 출신 사람의 진출을 저해하게 된다.[43]

최후의 조공국 합격자 왕경은 고향이 베트남이었으나, 호적을 중국 중부 내륙지방의 강서성 신풍이라고 표기한 점은 과거를 볼 수 있는 자격이 법치의 영역 거주인에 한정되어 있었음을 나타내고 있는지도 모른다. 결과적으로 중화제국의 관료시스템은 전면적으로 '법치의 영역' 출신자에 의해 채워진다. 이는 중화제국의 법치의 영역이 조공국의 영역과 명확하게 구별됐다는 것을 의미한다. 이렇게 중화제국과 조공국 사이에서 '법치의 영역'의 범위가 명확해진 점이 반드시 조공국이 중화제국에서 멀어지는 것을 의미하지는 않는다. 상황은 오히려 반대였다. 명은 주변국에게 자국의 이념적인 지배를 용인하도록 강하게 압력을 가하여 양자택일적인 선택을 요구했다. 이 배경에는 당시 명과 북원 또한 그 후계 제국과의 대립이 있었다. 앞서 말한 것과 같이 명 탄생 때의 가장 큰 특징은 중화제국의 교대가 통상적으로 전왕조의 멸망을 전제로 한 것에 비해 이 시대에는 전왕조가 북방으로 달아나면서 이루어졌다는 점이다. 즉 명나라 초기에는 두 개의 제국이 존재한 것이다. 양국은 함께 서로의 천하지배를 인정하지 않은 채 격렬히 대립했고 이는 북원이 오이라트제국으로 교체된 뒤에도 기본적으로 바뀌지 않는다. 이후, 이러한 원과 그 후계자의 위신은 계속 이어져 이윽고 명은 '대원전국지새(大元傳國之璽. 원제국에서 전해진 국새―옮긴이)'를 계승하는 청으로 교체된다.

만약 명이 이러한 세력을 압도하여 주변 국가들을 힘으로 따르게 할 수 있을 정도로 군사력을 보유하고 있었다면 상황은 간단해질 수 있었다. 그러나 명의 군사력은 북방세력과 대치하는 데도 바빠 다른 주변 국가들을 힘으로 따르게 하기에는 역부족이었다. 결과적으로, 명은 이 군사력을 보완하는 형태로 자국의 경제력을 이용한다. 즉 군사 면에서 우위를 획득하기 어려웠던 명은 경제 면에서는 그 우위가 명확하여 이 풍부한 경제적 부에 대한 접근권을 '조공'과 일체화시키고, 이에 따라 주변국의 지지를 얻어내려 했다. 덧붙여 명의 재정 사정도 무시할 수 없다.[44] 즉 '조공'을 바쳐 명의 천하를 인정하는 것이 명과 무역을 할 때 필수조건이 됐다. 중화제국의 힘에 의해 강제적으로 정치적 권력과 경제적 이익이 직결되어 있었다. 이제는 정치 그 자체가 돈이 벌리는 장사인 것이다.

명과, 그 뒤를 이은 청은 이 이익공여 대신에 조공국과의 관계에서 그때까지는 생각하지도 못했을 정도의 간섭을 했다.[45] 조선과 베트남의 국호제정에 대한 간섭 등이 그 전형적인 예이다. 특히 조선에 대한 간섭은 현저하게 드러난다. 명청시대에 조선은 중화제국의 힘 앞에 몇 번이나 쓴 고배를 마셔야 했다.

조공의 원칙에 규정되지 않은 무역은 엄격히 금지됐다. 예전에 일본과 수 · 당 사이에 있었던 조공의 애매한 우호관계는 존재할 여지도 없었다. 주변국은 큰 선택을 강요당한다. 선택은 두 가지 중 하나였다. 하나는 중화황제의 신하임을 맹세하고 이에 따라 중화제국과의 무역독점권을 획득하는 것이며, 또 하나는 스스로 권력의 '절대적인 위력'을 지키는 대신에 중국과의 모든 교섭을 끊는 것이었다. 주변국의 정치체제는 크게 동요했다. 일본의 아시카가 요시미츠(足利義滿, 1358~1408. 무로마치 막부의 3대 쇼군. 금각사 설립과 명에 의해 왕에 봉해지는 칙서를 받은 것으로 유명하다─옮긴이)를 '일본국왕'으로 칭하는 호(號) 문제, 그리고 한반도에서 고려가 조선으로 바뀌는 왕조 교체는 이러한 명의 요구가 주변 국가들에 끼친 영향의 일부에 지나지 않는다.

국가관계에 무역을 내세운 중화제국의 시도는 주변국에게 중화의 논리를 강요하는 데에 효과적으로 작용했으며, 이후 각국은 무역적 이익 때문에 중화황제에게 앞다투어 충성을 맹세하고, 이윽고 진정한 유기체적인 관계를 맺는 시스템으로서 동아시아 국제시스템에 편입되어간다.

이는 중화제국 쪽에서 보면, 그때까지는 단순한 이념적 구축물에 지나지 않았던 '덕치의 제국'이 진정 주변국에도 실질적인 의의를 확보해가는 것을 의미하고 있었다. 이른바 '조공의 실체화'라고 불러야 할 것이다. '조공체제'는 새롭게 '해금'이라는 요소를 더함으로써 실체화되어, 바로 여기서 완성됐다고 할 수 있다. 이 장에서는 이러한 명 이후의 동아시아 국제체제를 그때까지의 '조공체제'와 구별하여 일단 '조공=해금체제'라고 부르기로 하자.

이 체제는 이윽고 주변 국가들에게 단순히 두 제국의 관계를 선택하는 것에 그치게 하지 않고 더욱더 어두운 그림자를 드리우게 된다. 그러면 다음에서는 조공체제가 주변 국가들에 준 영향에 관해 구체적인 예를 들어 간단히 설명하도록 하겠다.[46]

제4절 주변국과 '조공=해금체제'

주변국의 국가형성과 '조공 = 해금체제'

중화제국의 '조공=해금체제'는 주변국의 내정과 외교, 나아가서는 주변국의 모습 그 자체에 중대한 그림자를 드리웠다. 먼저, 중요한 점은 이러한 국제시스템이 주변의 국가형성을 크게 촉진시킨 점일 것이다.

예를 들면, 만주족의 통일에 대한 영향이 그것일 것이다. 한때는 금이라는 왕조를 내세우고 중원에 이름을 떨칠 정도로 성장했던 여진족은 몽골제국에 뼈아픈 패배를 안겨준 뒤, 다시 산림으로 돌아가 명 성립 즈음까지는 '평범한 수렵 혹은 유목민'으로 회귀한다. 당시 여진족은 씨족제도의 해체기였으므로 여진족 전체를 하나로 단결시킬 힘은 없었다. 여진족이나 몽골제국과 같은 비정주민은 예로부터 하나로 단결만 되면 강력한 힘을 발휘하곤 했다. 그러나 한편으로 분할해서 통치하면 의외로 다루기 쉬웠다.[47]

이는 명과 전부터 여진족을 경계하던 조선에게 바람직한 현상이었다. 명도 다른 중화제국의 경우와 다르지 않게, 이러한 그들을 분할하여 통치하고자 했다. 영락제의 요동이북계략 이후 명은 분립하는 여진족의 부족장들을, 이를 이끄는 부락의 수와 부족의 크고 작음에 따라 대소를 정하고 각각의 장을 임명했다. 그렇다고 해서 명이 여진족을 완전히 지배한 것은 아니었다. 오히려 반대로 명은 여진족의 부족장과 부락에 단지 자국의 제(制)로 임명하는 위소제(衛所制. 징병제와 모병제의 장점을 절충한 병농일치의 군사편성으로 명나라 병제의 기본 단위—옮긴이)의 명칭을 주었을 뿐이었다.[48] 그리고 위소제가 행해진다 하더라도 여진족 부족장들의 자치에는 아무런 변화도 없었다.

이는 하나의 조공 형태라 할 수 있다. 명은 요동 이북에 무수한 작은 조공국을 만든 것이다. 이러한 위(衛)는 당시 380개 정도에 이르렀다고 한다.[49] 여기서 중요한 점은 명의 여진족 부족장들에 대한 '책봉'에는 조선과 베트남의 경우와 마찬가지로 명나라에 대한 무역독점권이 부여되어 있었다는 점이다. 이제 중화제국의 책봉에는 단순한 정통성 부여뿐만이 아니라 큰 경제적인 이익이 부여된 것이다. 그런데 위의 부족장들의 '책봉'에는 미묘한 차이가 있었다. 명은 국내의 관료들에게 순위를 매기듯이 조공국의 '국왕'이나 여진족의 각 부족장들에게도 지배지역과 군사력, 주민의 수 등에 따라 순위를 매겼다. 당연히 이 순위는 부족장들의 명나라에 대한 무역 권한의 크고 작음에 직결됐다. 예로부터 유목지대와 농경지대의 중간에 거주하던 여진족에게 무역을 통한 이익은 큰 부분을 차지하고 있었다. 더불어 명은 그들을 회유하기 위해 자국의 이익을 다소 희생해서라도 그들에게 무역에서 발생하는 이익을 주었기에 여진족의 무역을 통한 이익은 한층 더 커졌다.

당시 명과 여진 사이의 무역은 '새서(璽書. 황제의 옥새가 찍혀 있는 문서로 명나라와의 무역을 허가받았다는 의미이다—옮긴이)'에 근거해 이루어졌다. 이 새서는 일본과 명나라 간의 무역을 좌우했던 감합부(勘合符. 명나라가 해적과의 밀무역을 금하기 위해 해적선과 무역선을 구별하는 표지로 사용한 표찰—옮긴이)에 해당하는 것이다.[50] 때문에 여진족 부족장들은 더욱 좋은 새서를 갖기 위해 격렬하게 투쟁했다. 보다 좋은 새서를 다른 이보다 좀더 많이 획득했다는 것 자체가 강력한 부족장이라는 증거였다. 명은 일단 발행한 새서와 감합부의 관리에는 소극적이어서, 그것들은 때로는 본래 수여자의 손에서 벗어나 다른 곳으로 넘어갔다. 명에게는 누가 새서와 감합부를 가지고 있는지는 문제가 아니었다. 문제는 그러한 새서와 감합부를 통해 스스로의 지배이념이 '법치의 영역' 바깥까지 넘어가 주변국에도 인정받는다는 점이었다.

새서는 강력한 부족장을 찾아 옮겨갔다. 이윽고 새서는 그 이익을 보증하는 것임과 동시에 큰 권력의 상징이 됐다. 이러한 여진족 부족장들의 다툼 끝에 새서는 특정 부족장에게 집중됐다. 새서는 누루하치라는 영웅의 출현에 의해 한 곳으로 집약됐다. 본디 이러한 여진족을 직접적으로 통치하는 권력을 가지지 못했던 명은 결국 여진족 통일의 움직임을 승인하고 인정하지 않을 수 없었다. 그리고 여진족 내부의 특정 부족장에 대한 권력집중은 명이 인정함에 따라 정치적 권위와 무역에 의한 재정적 기반을 보장하게 됐고 한층 가속화되어갔다. 이 과정에서 여진족 종래의 수렵과 방목에 기초한 병농일치, 부족분립형의 사회구조는 군사적 항쟁과 한족과의 접촉에 의해 노예 또는 농노를 만들어냄에 따라 농노제적인 병농분리형 사회로 전환되어간다. 이 시대의 여진족이 호족연합에 지나지 않았던 금과 다른 점은 바로 여기에 있다.[51] 여기에서 후의 만주 팔기(滿洲八旗. 17세기 청나라에서 시작된 씨족제에 입각한 군사 및 행정제도—옮긴이)의 원형이 생겨난다.

이는 실로 명이 도입한 조공＝해금의 논리가 주변 민족에 통일의 계기와 기반을 제공했다고 할 수 있다. 즉 '조공＝해금체제'에서 정치적 권위와 경제적 이익의 연결이 그때까지 명확한 형태를 잡지 못했던 조공국의 국내 체제를 변화시키고 이윽고는 강력한 군사적 재통일로 이끌어가는 계기를 제공한 것이다. 새서는 여기서 권력다툼의 심벌임과 동시에 물질적 이익의 상징이기도 했으며 투쟁 자체의 동기였다. 그리고 이윽고 이 새서와 이를 둘러싼 다툼은 후금 즉 청으로 연결되는 다음 제국을 창출해낸다.

특정 여진족 부족장에 대한 새서의 집중은 여진족의 통제에 괴로워하던 명에게도 반드시 나쁜 일만은 아니었다. 특정 부족장에 권한이 집중되는 현상은 물론 차후에 군사적인 위협을 만들어낼 수도 있겠으나, 반대로 종래의 복잡했던 여진족 통치를 단순화시키고 나아가 무역관리가 용이해졌기 때문이다. 때문에 당초 명의 관리들에게는 오히려 호의적으로 받아들여졌다.[52] 최후까지 살아남은 여진족의 부족장 누루하치는 적극적으로 북경에 사자를 보내어 칙서의 독점을 꾀했다. 명과 여진족의 협조관계는 원활했다. 적어도 일본의 조선출병에 의해 양자의 이해관계가 정면 대립하기 전까지는 그러했다.

이는 일본도 마찬가지였다. 일본의 경우에는 천황의 존재와 왜구라는 두 존재에 의해 조공이 단기간 단속적으로밖에 행해지지 않았기 때문에 비교적 영향은 소규모였다. 그래도 감합무역에 의해 무로마치(室町) 장군이 일정한 이익을 냈던 점이 거꾸로 장군의 토지지배 강화를 방해하게 되어 장군가의 약체화를 앞당기게 됐다.[53] 또한 응인의 란(1467~77. 무로마치 막부 8대 쇼군인 아시카가 요시마사 때에 일어난 내란. 전국시대가 시작되는 계기가 된다―옮긴이)에서 치열하게 대립하고 전국시대 초기 교토의 패권을 둘러싸고 격렬히 싸운 호소카와(細川) 씨와 오우치(大內) 씨가 대립한 배후에, 명과 명을 본뜬 국가관리무역을 하고 있던 조선과의 무역권 독점투쟁이 있었던 점은 잘 알려진 사실이다. 이러한 전란의 세상은 이윽고 병농분리의 원칙에 따라 새로운 근세의 세상을 만들어낸다.

중화제국은 주변국에게 '이름(名)'과 '이익'을 주며 그 결과로서 주변국의 통일과 자립화가 진척된다. 이 점은 여타 주변국에 대해서도

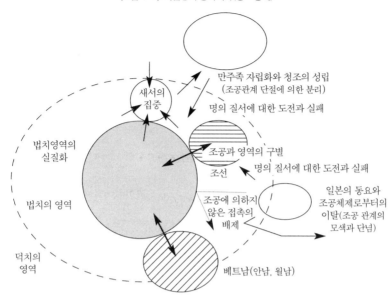

〔그림 1-4〕 이념상의 중화제국(명~청대)

만주족 자립화와 청조의 성립
(조공관계 단절에 의한 분리)

명의 질서에 대한 도전과 실패

새서의
집중

법치영역의
실질화

조공과 영역의 구별

조선

명의 질서에 대한 도전과 실패

법치의 영역

조공에 의하지
않은 접촉의
배제

일본의 동요와
조공체제로부터의
이탈(조공 관계의
모색과 단념)

덕치의
영역

베트남(안남, 월남)

같다. 즉 중화제국이 조공국의 '법치의 영역'을 명에서 분리한 점이 조공국에게 자국이 지배하는 지역 안에서 행동의 자유와 자국과 중화 제국을 구분하는 자각의 계기를 제공한 것이다. 이후, 이러한 주변 영역을 메워가는 형태로 동아시아에 상응하는 크기를 갖는 국가가 형성된다.(그림 1-4) 덧붙여 이러한 중화제국의 해금제를 주변국이 모방함에 따라, 주변 국가들은 상호관계 면에서 전근대로서는 예외적으로 지켜야 할 자국의 신성한 '국경'을 갖는다.[54]

주변 각국이 가장 주의한 국경이 이와 같이 중화제국의 '법치의 영역'과의 국경이었던 점은 우연이 아니다. 조공=해금체제가 정치적 권위와 경제적 이익을 직결시킨 점은 그들이 서로, 나아가서는 명과 각 주변 국가들 간에 경제적 이익을 둘러싼 분쟁을 일으켜, 주변 국가들의 국가통일과 자의식 각성을 촉진하는 데 큰 역할을 했다. 그리고 이는 명과의 조공무역과 관련된 문제 발생으로 이어져 일부 주변 국가들이 중화제국의 질서로부터 이탈하게 되며 중화제국은 그들의 도전에 위협을 받게 된다. 그 발로가 도요토미 히데요시(豊臣秀吉)가 일으킨 임진왜란과 만주족의 자립화이다. 명은 자신이 뿌린 씨앗인 두 개의 신흥 통일국가 앞에서 스스로 힘을 소진하여 이윽고 사라진다.

명의 질서에 도전한 끝에 승리를 거머쥔 청은 정책 면에서 명의 정책을 전면적으로 계승했다. 대외정책에서도 마찬가지였다. 그러나 청은 주변국에 명과는 전혀 다른 영향을 주게 된다. 다음에서는 청의 출현이 주변국에게 어떠한 영향을 미쳤는지 살펴보기로 하자.

주변국의 내셔널리즘의 싹

명에 의한 조공＝해금체제의 도입은 결과적으로 주변국의 통일과 자의식의 각성을 가져오는 데에 큰 역할을 했다. 그러나 이는 그뿐이었다면 주변국에게 근대적인 의미에서의 내셔널리즘이 생겨난 것을 의미하지는 않을 것이다. 이는 단순히 다른 나라로부터 정치적으로 구별된 것만으로는 불충분하다. 옛날 제임스 G. 케라스가 스코틀랜드의 내셔널리즘에 관해 이야기한 것과 같이 네이션에 정치적인 언어가 주어진 다음에 그 네이션에게 '좋은 특질'이 주어질 필요가 있다.[55] 네이션은 스스로를 다른 것으로부터 구별하고 스스로를 신성한 것으로 만드는 논리를 가지면서 비로소 인간의 아이덴티티를 갖게 된다. 만일 네이션이 스스로 떳떳치 못했다면 이는 결코 근대 내셔널리즘의 토대가 될 수 없었을 것이다. 즉 네이션은 맞든 틀리든 스스로를 높이기 위해 논리를 가지지 않으면 안 되는 것이다.

전근대사회의 '좋은 특질'의 획득. 이는 즉 각각의 '백성'이 '신의 백성'이 되지 않으면 안 된다는 것을 의미하고 있었다. 이를 동아시아의 논리로 바꾸어 말한다면 각각의 백성이 '하늘의 백성'이 되는 것이다. 여기까지 생각을 전개해보면 중화제국은 예외로 치더라도 주변국들이 이러한 의식을 갖는 것은 그리 쉽지 않았을 것이다. 이 시대 주변 국가들이 중화제국과 우호관계를 유지하고 무역에 힘쓰기 위해서는 주변국 국왕이 중화황제에게 '조공'을 바치고 '책봉'되는 것이 필수조건이었다. 이는 확실히 형식적인 신하였으며 조공국은 중화제국에게 자국 내정에 깊은 간섭을 받지 않았다. 그러나 중요한 점은 '조공'이 중화제국의 황제가 천자인 점을 승인하는 의식이라는 점이다. 즉 중화황제만이 천제에 대한 접근권을 갖는 유일한 존재임을 인정하는 의식이었다는 것이다. 중화제국과 주변국 중 천단을 만들어 하늘에 제를 올릴 수 있다는 것은 원칙적으로 북경의 황제뿐이었다. 주변국 국왕이 할 수 있는 것은 겨우 자국의 선조와 자신에게 지배를 위임한 '땅'의 신에게 제를 올리는 것이었으며 각국은 종묘와 사직(社稷)으로 천단을 대신할 수밖에 없었다.

유교에서 종묘와 사직은 중요한 것이었으나 이는 역시 모셔진 선조의 자손에게만 그랬다. 피를 달리하는 자에게는 왕가의 사직마저도 타인의 사직에 지나지 않는 것이므로 이를 국민 전체를 규합하는 상징으로 사용하는 일은 불가능했다. 바꿔 말하면, 국왕이 아무리 자신의 종묘의 신성성을 주장해도 그것만으로는 전국민에게 '좋은 특질'을 줄 수 없는 것이다. 또한 사직은 한 왕조의 창시와 함께 시작되어 왕조의 종언과 함께 끝나는 것이므로 이도 결국은 국민과 민족이라기보다는 오히려 왕조의 부속물이라고 해야 할 것이다. 본디 사직이라는 것은 단순한 지신(地神)이며 모든 국가에게 평등한 존재인 이상, 이것이 특히 어느 국민과 민족에게 '좋은 특질'을 주기란 불가능했다. 무엇보다도 주변국의 국왕 자신이 중화제국에서 보면 '조공국의 제일인자' 56)에 지나지 않은 존재였다. 즉 주변국의 국왕은 이념적으로는 중화제국의 한 신하에 지나지 않으며 국내의 귀족과 주민과 동등한 존재였던 것이다. 그러므로 주변국의 국왕이 중화제국의 황제같이 절대적인 권력을 가지는 것은 곤란했다.

왕이라 하더라도 하늘과의 직접적인 연결고리를 갖는 것이 부정되던 사회. 이러한 국왕을 정점으로 모시던 사람들이 '신의 백성'이 되기가 어려웠음은 쉽게 이해할 수 있다. 그렇다면 이들은 오히려 스스로를 중화제국의 백성이라고 규정하고 제국의 일원으로 칭했던 쪽이 훨씬 스스로에 대해 자부심을 갖게 할 것이다.

주변국은 이러한 가능성마저 단절되어 있었다. 중화제국은 스스로 '법치의 영역'을 한정하는 것에 의해 내부의 사람들을 중화의 백성이라고 정의하는 한편 영역 외의 주민을 '이적(夷狄)'이라고 정하고 있다. 중화라는 것은 예와 법을 모두 아는 지역을 뜻하는 말이다. 이는 다시 말하면 주변국이 '조공'에 의해 자치를 인정받고 있는 것은 그들이 중화의 예와 법을 충분히 이해할 만큼 문명화되지 못했기 때문이며, 그렇기 때문에 할 수 없이 중화 본래의 법과는 다른 그들 고유의 법을 인정하고 있었던 것밖에 되지 않는다. 즉 주변국들에게 자치를 허용한 것은 그들이 야만적인 존재였기 때문이다. 가능하다면 조공국 따위는 없어지는 것이 바람직했던 것이다.

해금체제는 주변국의 백성과 중화제국의 백성을 엄격하게 구별했다. 국경에는 봉금지대(封禁地帶)가 설치되어 주변국 백성이 이를 넘어 중화제국의 '법치의 영역'에 들어오는 것을 엄격히 금했다. 이 시대의 사람들은 중화제국의 과거에 응시하는 것은 둘째치고 중화제국의 '법치의 영역'에 발을 들여놓는 것조차 쉽지 않았다. 흥미로운 점은 이러한 봉금이 중화제국 쪽보다는 오히려 조공국 쪽에서 엄밀히 지켜지고 있었다는 점이리라.[57] 한정된 변경무역 또한 조공국의 백성이 중화제국의 '법치의 영역'으로 들어가 행하는 것이 아니라 중화제국의 '법치의 영역'에 사는 백성이 조공국 쪽으로 가서 행하는 형태로 이루어졌다. 이는 아마도 왜구에 질린 중화제국이 한정된 변경무역에서조차 조공국의 백성과 자국의 백성이 무분별하게 접하는 것을 꺼려, 자국 백성이 접촉할 수 있는 사람을 자신들이 정한 소수의 사람으로 한정시키려 한 것이리라.

즉 조공국의 백성은 중화제국의 백성이 될 수도 없는 한편 자신들의 '국가'나 국왕에 대해 절대적인 자부심을 가질 수도 없는 어중간한 위치에 있었다. 특히 자신들의 국왕이 '조공'에 의해 중화제국의 황제에 무릎을 꿇는 것은 그들의 자기의식 형성에 중요한 영향을 주었다. 이러한 상황은 청나라의 성립과 함께 일변한다. 청나라는 만주족의 왕조, 즉 예전에는 조선이나 베트남과 마찬가지로 이적(夷狄)의 조공국이었다. 이미 서술했듯이 청나라는 조공국에게도 새로운 존재였으며 또한 청이 명을 쓰러뜨리기 전에는 자국보다도 열등하다고 간주되고 있었다. 여기에서 조공의 원칙이 반드시 조공국 상호의 평등을 의미하지 않았다는 것이 중요하다.[58] 이는 유교가 각각의 평등보다도 각각의 명확한 격차를 이상으로 삼아, 유교상에 조공의 논리가 구축된 것을 고려하면 오히려 당연하다. 조선이나 베트남 국왕의 입장에서 보면 바로 얼마 전까지만 해도 '도독(都督)'이나 '진무(鎭撫)'에 지

나지 않았던 그들을 황제로서 숭배한다는 것은 다름 아닌 굴욕이었다. [59]

특히 이 점은 조선에서 현저하게 나타난다. 한민족은 북방에서 자신들과 같은 곳에서 섞여 살고 있는 여진족[60]을 중화제국을 본떠 오랑캐라고 하여, '호(胡)'라 부르며 경멸해왔다. 조선을 건국한 태조 이성계는 고려왕조의 신하였을 무렵부터 그들에 대한 회유 통제에 힘쓰고 있었으며 조선왕조를 건국한 후에도 북방에 대한 영토 개척의 꿈을 품고 여진족을 통제하는 데 적극적이었다. 조선왕조는 때로 그들에게 무력을 사용하는 일도 있었지만, 대개는 관직을 주어 명목상의 신하로 삼음으로써 통제했다. 즉 여진족은 후금이 성립되기 이전에는 명과 마찬가지로 조선왕조에도 조공을 바쳤다. 그러한 여진족 즉 만주족의 등장이 기쁠 리 없었다. 실제로 조선은 만주족에게 재차 저항했지만 철저하게 패배했다. 당대의 조선왕조 인조는 청의 태종 앞에 무릎을 꿇고, 세 번 절하고 아홉 번 머리를 조아려야만 했다.[61]

조선은 청나라에 패했으나 이는 군사적인 패배였을 뿐 조선은 그이후에도 계속 청에 대한 우월의식을 갖는다. 그러나 다른 나라에 대해 우월의식을 유지하기 위해서는 그에 합당한 이유를 부여해야 했다. 앞서 말했듯이 조선이 '하늘'과의 직접적인 접촉을 그 이유로 삼는 것은 불가능했다. 청은 다른 중화제국과 마찬가지로 하늘과의 접촉이라는 중요한 권한을 독점했다. 또한 조선은 우월의식의 근거로 '찬란한 군사적 영광'을 추구했으나 그렇게 경멸하던 청에게 두 번이나 굴한 후에는 이도 덧없는 것이 되어버렸다.

조선이 내세운 논리가 자신들의 문화적 우월성이다. 그 교의를 살펴보면 이렇다. 중화란 즉 문화의 개념이다. 원래라면 이러한 찬란한 문화를 담당해야 하는 것은 존경하는 한족(漢族)이며, 그 한족의 왕조이다. 말하자면 한족의 왕조야말로 진정한 왕조인 것이다. 그러나 한족의 왕조는 천명이 다하여 청이라는 오랑캐 왕조에 의해 멸망했다. 청이 강대한 것은 사실이나 어차피 야만적인 오랑캐 왕조에 불과하다. 즉 이는 결코 진정한 의미의 중화제국은 아니라는 뜻이다. 이러한 사태에서 중요한 것은 '화(華)', 즉 중화문명의 전통을 누군가 보호하고 계승하는 것이다. 언젠가 한족이 다시 살아나 다시금 진정한 중화제국이 부활하기까지 누군가 중화의 등불을 이어나가야 한다.[62] 그러한 적임자로서 걸맞은 것이 '동방예의지국' 조선이다. 조선이 오랑캐임은 확실하다. 국가 또한 소국에 지나지 않으니 이를 중화라고 하기는 불가능하다. 그러나 오랑캐 가운데에서 조선은 가장 중화에 가까운 존재이며[63] 이는 중화제국도 인정하고 있다. 이 때문에 이러한 암묵의 시대에서 중화의 등불을 유지하는 데 걸맞은 것은 조선이며, 조선이야말로 이 중화의 전통을 계승할 존재인 것이다.

조선은 이러한 '소중화(小中華)' 논리에서, 비로소 자신을 다른 누구보다 상위에 둘 수 있는 논리를 얻었다.[64] 이는 한족이라는 '진정한 최고위자'가 부재할 때의 잠정적인 제일인자에 지나지 않는다. 이 시대의 조선인이 스스로를 소국의 '동쪽의 오랑캐(東夷之民)'라고 인식하고 있었던 것은 이를 여실하게 보여주는 것이리라. 그러나 진정한 중화는 이제 더이상 존재하지 않는다. 진정한 중화제국이 없는 이상, 오랑캐 가운데 제일인자인 조선이 가장 예의에 맞는, 즉 '하늘에 가장 근접한' 존재인 것이다.

조선은 여기에서 '하늘의 백성'이라는 논리를 얻었다. 이후 조선은 그들이 말하는 '화(華)', 즉 더욱 유교로 기울게 됐으며, 이는 급속도로 교리화(敎理化)됐다. 청에 대한 경멸의식은 비록 멸망하기는 했으나 진정한 중화제국이었던 명에 대한 경외심을 낳아 이윽고 명의 존재는 신성화되기에 이른다. 흥미로운 것은 그 과정이나 정도의 차가 있을 뿐이지 베트남에서도 같은 현상이 보인다는 점이다. 전통적으로 중화제국은 남방보다도 북방의 위협을 중시하여 베트남에는 조선만큼의 강력한 통제가 없었다. 그들은 중화제국에 대해서는 '월남(越南) 국왕'으로서 충성의 뜻을 보이면서, 내정이나 다른 주변 국가에 대해서는 '대남국(大南國) 대황제'라는 이름으로서 중화제국과 동등한 존재임을 과시했다. 실제로 청나라 중기에 성립된 구엔 왕조(阮朝)는 조선과는 달리 청의 군사적 압력에 대항하여 성립된 왕조이기 때문에 조선만큼 청나라에 대해 특별한 감정을 갖지는 않았다.[65]

구엔 왕조에게도 청이 오랑캐 왕조라는 것은 중요했다. 조선보다는 자유로운 입장이었지만, 베트남 역시 청과의 대항관계에서 스스로가 '소국'임을 의식하지 않을 수 없었다.[66] 그들의 '강력함'은 결코 스스로가 청을 대신하여 진정한 중화제국을 이루어야 한다는 생각으로까지는 이르지 않았다. 즉 베트남은 중화의 '주변국'이라는 의식이 강했다. 베트남은 스스로를 중화제국의 '동생'이라 칭했고, 나라의 이름을 '월남', 즉 중화제국 쪽에서 볼 때 '월(越)의 남쪽에 있다'라고 하여 주변국의식을 여실히 드러내고 있다. 그러나 결국 구엔 왕조도 중화를 동경하여 스스로를 중화와 동일화함으로써 자신의 아이덴티티를 확립하는 길을 선택한 것이다.[67]

그들도 스스로를 명(明)의 후계자로 자리매김하고 극단적인 수준까지 유교화를 추진했다. 애당초 조공국이란 '덕치의 영역', 즉 중화제국에 퍼진 두 가지 지배원칙인 '법가의 원리'와 '유가의 원리' 가운데 후자만이 영향을 미친 지역이었다. 이는 중화제국의 '덕'이 주변국을 물들여가는 과정이었는지도 모른다.

이는 현명한 길이기도 했다. 왜냐하면 이러한 '조공=해금체제'는 그에 순종하기만 하면 소국을 보호해주고 있었기 때문이다.[68] 여기에서 중화제국이 기묘한 특징을 지니고 있었음은 지적할 만하다. 즉 중화제국과 싸워 스스로 중화제국의 지위에 오르기 위한 전쟁을 계속하는 것은 패배하면 물론이거니와 그 전쟁이 승리로 끝난다 할지라도 주변국의 소멸을 의미했다. 패배는 주변국의 영역이 중화제국의 '법치의 영역'에 합병되어 중화제국 틀 속에서 해체됨을 의미했다. 한편 이에 승리하는 것은 다름이 아니라 스스로가 광대한 제국 속에 분산되어 그 특색을 잃어버리는 것을 의미했다.

오늘날 존재하는 조공국의 후손들이, 북방으로 철수한 몽골을 제외하면, 스스로 중화제국이 되고자 도전한 역사가 없는 국가임은 주목할 만하다. 오늘날 동아시아의 주변 국가는 이러한 '조공=해금체제' 속에서 그 아이덴티티를 부여받아온 것이다. 이 점은 근대를 살펴볼 때도 주의해야 한다. 다음으로 이러한 점에 대해서 간단히 서술해보겠다.

종언의 시작—전근대 동아시아 국제시스템의 동요

'의심하는 자'가 또 말하기를 조선은 나라가 작고 백성은 가난한데, 여러 대국과 더불어 맹약(盟約)을 맺으면 재물을 뜯김이 한량없고 물건을 자침(自沈)에 절제가 없어져 마침내 명에 따르다가 지치지 아니하겠는가. 풍속이 다르고 예절 또한 다른데, 그들의 법도대

로 접대하지 않으면 장차 의심하여 분쟁의 실마리가 생기지 않겠는
가. 가라사대, 옛날에 이른바 옥백(玉帛)을 경상(境上)에 진설하여
강국을 접대함으로써 제 백성을 보호하는 것은 옛사람의 소로써 대
를 섬기는 예절이었다. 그러한 지금은 그런 일은 없다. 지금의 소국
으로 벨기에나 네덜란드 같은 나라는 모두 자립하여 여러 대국의 독
책(督責)이나 가구(苛斂誅求)있음을 듣지 못했다.[69]

전근대의 동아시아 시스템. 이는 중화제국을 중심으로 한 시스템이
었다. 이에는 중화제국이 세계의 전부를 지배하는 것은 불가능할지라
도, 적어도 각국이 중화황제의 권위를 인정하고 최소한 이를 거스르
지 않음을 전제로 해왔다.

이러한 의미에서 아편전쟁과 그 뒤를 이은 일련의 전쟁에서 청이
패배한 사실은 중요하다. 청은 여기에서 천하의 유일한 지배자로서의
지위를 상실한 것이다. 더불어 중요한 것은 이 세계에 새로운 '중화제
국'이 출현하지 않았다는 점이다. 예로부터 이민족의 제국 그 자체는
동아시아세계에서도 그리 드문 것이 아니었다. 혹시 서구 열강의 특
정한 한 나라가 청을 대신하여 중원을 지배하고 동아시아의 패권을
확립했다면 각국은 이 '색목인(色目人)'의 왕조를 새로운 중화제국으
로서 승인하고 그 존재를 인정했을지 모른다. 그러나 청이 패배한 후,
동아시아세계에 찾아온 것은 서구의 독특한 국제질서, 즉 '베스트팔
렌 체제'를 그대로 반영한 복수 열강의 경합상태였다. 남아시아에 펼
쳐졌던 '영국의 평화'가 동아시아에서는 실현되지 못했다. 대신 동아
시아에는 영국, 러시아, 프랑스, 미국, 그리고 신흥 일본과 쇠퇴일로
를 걸으면서도 기필코 세력권을 유지하고자 했던 늙은 호랑이 '청나

라' 등 복수 제국 사이의 새로운 경쟁이 벌어졌다.

복수 '제국'의 출현. 이는 즉 중화제국을 일원적 중심으로 삼는 '조공＝해금체제'가 더이상은 성립될 여지가 없음을 의미했다. 물론 이 뿐이라면 전에도 동아시아세계에는 비슷한 상황이 벌어진 적이 있었다. 그러나 이번에는 특이한 점이 하나 있었다. 바로 서로 다투던 '제국'들이 서로를 평등한 '주권국가'로서 인정하고, 상호의 존재를 중시했다는 사실이다. 근대의 '제국'은 세력권을 확장하는 데 열중했기에, 서로 대립은 하지만 스스로의 권위를 다른 국가의 위에 두려고 하지는 않았다.

조공의 원리를 탄생시킨 것은 유교였다. 유교란 본디 각각의 사이에 '구별'을 둠으로써 만물의 상하를 구별하고 이 구별을 존중함으로써 사회 질서를 유지해가고자 하는 원리이다. 조공＝해금의 원리 또한 이 원칙에 충실히 따르고 있으며, 제국과 조공국, 그리고 제국이 복수 존재하는 경우에는 제국과 제국 사이에 가족제도를 본뜬 구별법이 명확히 설정되어 있었다.

조공국, 나아가 중화제국의 위협을 받기 쉬운 위치에 있었던 조공국의 입장에서는 이러한 유교적 '구별'을 존중하고, 이에 충실하는 것이 자국을 지키는 데도 효과적이었다. 이러한 환경에 익숙해 있던 동아시아 주변 국가가 갑자기 평등을 원칙으로 하는 베스트팔렌 체제에 적응하기는 어려웠을 것이다. 즉 오늘날에는 당연한 명제인 모든 국가는 평등하다는 사고 그 자체가 동아시아세계에서는 이질적이었다.

옛 주변국들은 새로운 질서에 대응하기 위해 시행착오를 반복했다. 이것이 얼마나 어려운 작업이었는가는 이 과정에서 대부분의 주변 국가가 식민지로 전락할 수밖에 없었다는 사실이 잘 말해주고 있다. 이는 단순히 이들 국가들이 근대화에 뒤쳐지고 있었다는 사실, 나아가 열강과의 군사적 불균형이 너무나도 컸다는 사실만으로 설명할 수 있는 것이 아니다. 일본의 근대화가 성공한 예를 들여다보면 이 점이 나타나 있다. 동아시아의 '조공=해금체제'의 이단자인 일본이 신세계 질서에 잘 적응했다는 것은 오히려 옛 조공국이 왜 근대화에 실패했는가를 시사하고 있다. 이 점에서 첫 번째로 말할 수 있는 것이 애당초 '조공국'이라는, 그때까지 '국가'의 바람직한 상이 베스트팔렌 체제에 어울리지 않는 존재였다는 점이다.

확실히 '조공=해금체제'에서 각국은 스스로 '법치의 영역'을 실질화하여 내셔널리즘의 싹을 틔우고 있었으나, 이는 이들 국가들이 근대적인 의미에서의 주권국가가 됐음을 의미하지는 않았다. 조공국은 여전히 중화제국의 '덕치의 영역'의 일부이며, 이는 중화제국과 조공국 양쪽이 승인하고 있었다.[70] 이는 서구 열강이 동아시아세계에 진출하여 그들 국가들과의 관계를 맺을 때 큰 걸림돌이 됐다. 조공국의 이러한 특성은 서구 열강뿐만 아니라 중화제국이나 조공국 쪽에게도 크게 혼란케 했다. 그들은 스스로의 위치를 어떻게 잡아야 할지 판단하기가 어려웠다.

조공국은 중화제국에서 변한 '일주권(一主權) 국가인 중국'의 일부인가, 아니면 독립국인가. 흥미로운 것은 여기에서 조공국 쪽이 스스로를 주권 국가화하는 데 반드시 적극적이지는 않았다는 점이다. 베트남을 무대로 한 청불전쟁이나 조선의 임오군란(壬午軍亂)을 보더라도 이들 나라의 궁정은 중화제국의 군대를 환영하고, 오히려 적극적으로 보호를 요청했다.[71] 조선은 서양 각국과 통상조약을 체결할 때도 실무를 전면적으로 청나라에 의뢰했다. 그러한 사실은 조약의 내용과는 반대로 조선이 여전히 청의 '영역'이라는 인상을 모든 열강에게 심어주었다.

앞서 서술한 바와 같이 종래 중화제국은 '덕치의 영역'에 있는 조공국의 내정에는 간섭치 않고, 자치에 맡기는 것이 보통이었다. 당시 열강의 압박에 고심하던 청은 조공국 진출에 반드시 적극적이었다고 할 수 없었다. 때로는 조공국의 '자강(自强)'을 조언하고 강하게 권유하기까지 했다. 청의 입장에서는 열강과의 사이에 또 다른 문제를 일으킬 바에는 조공국은 잘라버려도 상관없었을지도 모른다. 그러나 역경을 만났을 때는 조공국도 청과 마찬가지였다. 결국 청은 조공국의 요청으로 어쩔 수 없이 조공국의 일에 개입하게 된다. 여기에 조공국을 둘러싼 분쟁은 조공국의 손을 떠나 청과 열강 사이의 문제로 발전해, 이윽고 조공국 자신이 개입할 여지는 사실상 없어졌다. 물론 거기에는 청의 야심도 있었을 것이고 조공국 쪽이 열강과 의견을 조율할 때의 실무능력에 어려움을 겪는 일이 일어나기도 해서 바로 이때 눈앞에 다른 열강의 위협이 가해지기도 했다. 그러나 이러한 조공국의 행위는 결과적으로 스스로 청의 지배를 '실질화'하고 그들의 식민지화를 앞당기는 결과로 작용했다. 청이 일찌감치 패했던 베트남에서는 이러한 현상이 뚜렷하게 나타나지 않았으나, 일단 최초의 개입이 청의 승리로 끝났던 조선에서는 이러한 현상이 현저하게 나타났다. 청의 군대는 조선의 수도에 주둔할 수 있는 권리를 부여받았으며, 결국 모든 열강들은 조선에게 청과 동등한 권리를 요구한다. 청의 조선에 대한 개입은 그 자체가 각국의 본보기가 됐으며 조선은 급속도로 열강이 각축을 벌이는 무대로 바뀐다.[72]

더불어 이들 주변국들은 자신들의 민족의식을 중화에서 찾고자 했다. 이는 그들이 유교적인 가치규범에서 벗어날 수 있는 기회를 늦췄으며, 결과적으로 근대화 그 자체를 크게 늦추게 됐다. 여기에서 '민족성'을 지키는 것과 '유교'를 수호하는 것은 동일시되고 있다. 그들에게 유교와 그들이 주장하는 신성한 사회구조를 포기하는 것은 곧 민족의 자부심을 포기하는 것을 의미하고 있었다.[73] 이래서야 눈앞에 닥쳐온 유럽 열강에 맞서기 위해 '근대사회에 적합한' 사고방식을 발전시킬 방법[74]은 전혀 없었다. 이는 이들 국가가 유럽 열강에 패배해 그들의 식민지가 되고 부득이하게 유교를 단념해야 했을 때 더욱 중요한 의미를 갖는다. 군사 면에서의 패배와 문화 면에서의 패배. 식민지화는 그들에게 이중의 패배를 의미했다.

그럼에도 불구하고 근대화는 피할 수 없는 시대의 요청이었다. 그 결과 옛 조공국들은 식민지화 이후 자신들의 아이덴티티를 재확립하는 데 고심하지 않을 수 없었다. 유교의 패배는 그들의 패배를 의미하고 있었으며 이는 그들이 스스로 기대고 의지할 곳을 상실했음을 의미했다. 이것이 각국이 그 후 '네이션'을 형성하는 데 여러 가지 영향을 미치게 된다.

전근대 동아시아 국제시스템의 붕괴와 새로운 베스트팔렌 체제로의 편입은 기존의 세계에 익숙해 있던 동아시아 국가에 커다란 어려움과 영향을 초래한다. 그렇다면 우리는 이러한 동아시아의 경험에서 무엇을 읽어내야 하는가. 마지막으로 이 점에 대해 살펴봄으로써 이 장을 마치고자 한다.

제5절 종언의 시작부터 종언의 마지막까지

한족은 전국 각 민족 중에서, 어떠한 시기에도 인구수가 가장 많았고 생산수준과 문화수준 또한 가장 높았다. 어떤 측면에서는, 한족은 소수 민족에 불과하며, 소수 민족이 한족을 뛰어넘었을지도 모르지만 총체적으로는 한족의 수준이 비교적 높았다. 또 다른 중요한 점은 한족이 전국의 각 민족 중에서 시종일관 중화제국의 안정세력이었다는 점이다. (중략) 중국의 역사는 수천 년 동안 끊임없이 계속됐는데 이는 전세계 역사상 드문 일이었다. 한족은 여기에 일등공신 역할을 했다.[75]

전근대 동아시아 국제시스템은 독특했다. 여기에는 '법치'와 '덕치'라는 두 가지 논리가 복잡하게 얽혀 있어 중화제국의 입장에서 보거나 주변 국가들의 입장에서 보더라도 당시 사정을 잘 감안한 국제체제가 형성되어 있었다. 조공국은 중화제국의 일부임과 동시에 제국에서 구별된 존재이기도 한, 특수한 입장에 놓여 있었다. 오늘날의 주변 각국이 지닌 다양한 특색—예를 들면 그 내셔널리즘이나 고도의 내적 동질성 등—은 이와 밀접하게 관련된 형태로 성립됐다. 그러한 의미에서 각국은 현재에 이르기까지 예전 국제시스템의 영향을 짙게 받고 있는 것이다.

그렇다면 우리는 과거의 잔상에 지나지 않는다는 말인가. 확실히 옛 조공국은 근대로 향한 큰 물결 속에서 스스로를, 자신이 주체가 됐든 비주체가 됐든 간에, 제국으로부터 벗어나는 데 성공했다. 그러나 이는 단순히 중화제국이 옛 '덕치의 영역'을 상실했음에 지나지 않는다. 바꿔 말하면 중국 전체의 인구 비율에서는 여전히 소수였지만 문화적 의미 등에서는 전혀 이질적인 집단을 다수 포용하고 있었던 것이다.

근대에서 동아시아 질서의 재구성은 중화제국의 특정 부분만을 분리해내는 데 지나지 않았다. 중국은 그 '민족적'인 동질성을 고양시키는 데는 성공했으나 이것이 중국이 주변국과 동등한 국가가 됐음을 의미하지는 않았다.

이러한 의미에서 중국은 여전히 '제국'이라 할 수 있겠다. '베스트팔렌 체제'의 종언. 중요한 것은 동아시아에서는 이것이 그 이전의 '조공＝해금체제의 종언'이 막을 내리지 않은 채 찾아왔다는 점이다. 제5절의 앞부분에서 서술한 중국이 주장한 소수 민족 지배의 정당화 논리는 여기에서 중요한 의미를 지니게 된다. 즉 중국의 소수 민족 지배가 정당하다는 논리를 티베트나 위구르에 대해서는 인정하면서도, 한국이나 베트남에 대해서는 인정하지 않는 이유가 무엇인가.

문제의 중요성은 가령 대만 독립운동의 종말을 보더라도 명확하다. 중국이란 무엇인가. 필자는 중국이 침략주의로 돌아섰다고 논하고 있는 것이 아니다. 그러나 냉정하게 볼 때 동아시아세계에서 중국은 너무나도 거대한 존재이다. 그 영향력의 크기는 단순히 군사력이나 경제력에 그치지 않고 문화적인 면에서도 마찬가지이다.

실제로 아시아 주변 국가들은 전후에도 이러한 중국의 일거일동에서 많은 영향을 받아왔다.[76] 그러한 중국의 존재 그 자체에 의구심을 갖게 됐을 때, 그것이 동아시아세계에 심각한 영향을 미칠 것이라는 점은 새삼스레 말할 것도 없다. 생각해보면 주권국가의 평등을 기초로 하는 베스트팔렌 체제의 논리는 근본적으로 불균형한 옛 조공국과 중화제국 사이에 양자의 평등과 대등을 보장하는 귀중한 논리였다. 구미나 구소련의 존재는 이러한 국가 간의 대등을 원칙으로 하는 국제체제에서 중국의 존재를 상대화하는 데 크게 기여했다.

그러나 그러한 시대는 종언을 맞이하고 있는 듯이 보인다. 오늘날 동아시아 경제는 눈부시게 발전했으며, 이는 나아가 동아시아지역 내부의 지역적 협력을 심화시키는 방향으로 이어질는지도 모른다. 그렇게 됐을 때 동아시아세계는 중국을, 그리고 다른 국가들과 중국의 관계를 새로이 구축할 만한 논리와 시스템을 어떻게 만들어낼 수 있을까.

동아시아의 미래를 예찬하는 것은 간단하다. 그러나 우리는 이러한 점에 대해서 다시 한번 생각해볼 필요가 있을 것이다.

제2장 국가의 '강력함'과 사회의 '강력함'

● 조선/한국 근대화에서 바라본 국가와 사회

조선/한국 네이션 형성의 전제조건과 조선/한국 네이션의 모체집단의 형성과정에 대해서 살펴봤다. 여기서는 주로 어떻게 '세로벽'이 형성되어왔는지, 그리고 그에 수반된 의식이 네이션 형성의 초기 단계에 어떠한 형태를 띠고 있었는지에 대해서 논했다.

그러면 집단으로서 네이션 형성과정의 또 다른 측면, 즉 '가로벽'의 파괴과정은 어떠했는가. 다음에서는 한반도 내부의 사회적 변화에 대해서 구체적으로 살펴보도록 하자.

제1절 '강력한 국가'의 전제조건

근대화 및 경제발전이라는 측면에서 보면 민주주의적인 정치형태를 갖춘 국가와 독재주의로 이행한 국가의 차이는 실제적 차이라기보다는 표면상의 차이라고 할 수 있다. 어느 하나의 정치형태가 다른 것보다 경제적 · 사회적인 개혁정책을 실시하는 데 유리하다고는 할 수 없다. 한편, 같은 지역의 다양한 체제는 기본적인 개혁을 제도화하여 사회적 규율을 강요할 만한 강력한 능력도, 의지도 없다는 점에서 매우 비슷하다. 이러한 의미에서 이들 국가는 민주주의국가가 됐든, 독재국가가 됐든 모두 '연성국가(軟性國家. soft state)'인 것이다.[1]

눈부신 경제발전을 거듭해온 오늘날의 아시아 국가. 이 국가들이 전세계의 주목을 받게 된 지 벌써 10년이 넘었다. 그동안 많은 연구자들이 동아시아 발전의 원인을 찾기 위한 다양한 조사, 연구를 실시하여 여러 가지 설명과 논리를 발표했다.

그러한 연구 가운데 하나로 국가의 '강력함'에 주목하는 연구가 있다. 아시아 국가, 나아가 그 발전의 선두를 달리는 신흥공업경제국(NIES)은 다른 개발도상국과는 다른 '강력한' 정부를 갖고 있었다. 이 때문에 다른 도상국들이 발전전략 수행에 속속 실패하는 데에 비해, NIES 국가들은 유효한 발전전략을 선택해, 이를 실제로 수행했고 이것이 곧 경제발전으로 이어졌다.

조금 무리한 전개일지 모르겠으나 이를 요약해보자면 다음과 같다. 이 경우 국가의 '강력함'이란 즉 국가가 스스로의 정책을 수행하는 데 필요한 자원을 사회로부터 취하여, 스스로의 계획과 일치한 형태로 다시 환원하는 능력이라 하겠다.[2] 이러한 관점에서 볼 때, 다른 개발도상국들과 비교했을 경우 NIES 국가들이 어떠한 점에서는 적어도 '강력'했음을 부정할 수 없다. 그렇다면 어떻게 그러한 '강력한' 정부가 가능했을까.

여기에서 우리가 한 가지 간과해서는 안 되는 점이 있다. 즉 이러한 국가가 실시한 지배를 위한 자원 동원과 환원이 국가가 스스로 정한 계획대로 실천할 수 있는지 어떤지의 여부는, 단순히 물리적으로 국가가 어떠한 기구를 정비했으며 그러한 능력이 절대적으로 어떤 수준이었냐 하는 것과는 별개였다. 국가에 속해 있는 사회가 국가에 대해 어느 정도의 저항능력을 갖고 있고, 또한 실제로 저항하는가 하는 점에 따라서 크게 달라졌다고 할 수 있겠다.

바꿔 말하면, 사람들이 보통 말하는 '국가의 강력함'이란 국가와 사회 사이에 존재하는 균형을 지칭할 수 있을 것이다. 이처럼 생각해볼 경우, 중요한 것은 NIES 국가들의 사회가 현실적으로 어떠한 상태였는지 하는 점이다. 조선/한국 사회에 대한 분석과 필자 나름대로의 도식을 제시한 것은 조선/한국 내셔널리즘의 발전과정을 고찰하는 데에도, 특히 '가로벽의 파괴'를 고찰하는 데에도 중요하다.

필자는 이러한 관점에 서서 조선/한국 사회의 변천을 근대적 전제에 비추어 조선왕조 초창기부터 박정희정권기까지 더듬어봄으로써 NIES 국가의 경우 국가에 대한 사회의 저항력이 어느 정도였는지를 알아보고자 한다.

물론, 여기에서 구체적인 개개 사회의 상황에 대해 상세히 논하는 것은 필자의 능력을 뛰어넘는 것이다. 따라서 이 장에서는 기존 조선/한국 사회의 연구성과를 다양하게 이용함으로써 필자 나름대로의 가설을 제시하는 데 무게를 둘 것이다.

그 가설의 타당성에 대해서는 이를 제시한 뒤 논하도록 하겠다. 그렇다면 구체적으로 사회적 변천에 대해 살펴보기로 하자.

제2절 전근대적 질서의 붕괴—조선왕조체제의 해체

조선왕조 전기 · 중기 사회—재경과 재지의 유대

이 시대의 국가와 사회의 관계를 나타낸 것이 그림 2-1이다. 이 그림에서는 국가, 즉 조선왕조 본래의 지방 통치기구는 생략했다.

여기에서 먼저 주목해야 할 점은 이 체제의 '재경양반(在京兩班)'과 '재지양반(在地兩班)' 사이의 밀접한 유대가 있었다는 것이다. 그리고 중요한 것은 이 시대에 서울과 지방에 있었던 경재소(京在所)와 유향소(留鄕所)이다.[3)]

경재소란 서울에 사는 재경양반이 각 출신 읍마다 만든 조직이다. 이들 재경양반은 향회(鄕會)라는 집회를 열고 다섯 명의 대표를 선출하여 조직을 운영했다. 이에 비해 유향소란 각 읍에 사는 양반들로 구성된 조직이었다. 그 대표는 재지양반들 가운데 선출한 후 경재소의 승인을 얻어 유향소를 운영했다. 유향소의 가장 큰 역할은 향리(鄕吏)라 불린 서리들의 고문 역할이었으며 그들이 부당한 중간착취 등으로 치닫지 않도록 방지하는 한편, 그들 자신의 세력에 대해 수령(守令), 즉 왕조국가의 침투를 저지하는 역할, 국가에 대한 사회의 저항 거점으로서의 역할을 하고 있었다.

단순화하면 경재소-유향소는 재경양반과 재지양반의 유대를 이용함으로써 왕조의 지방통치를 원활화하기 위한 조직이었다. 경재소는 지방에 왕조에서 공식적으로 파견된 수령의 통치에 개입할 수 없었으나 재경양반은 중앙과 지방의 연대를 활용해 스스로 지방에서의 권익을 지키고, 서울에 주재하면서도 지방에 영향력을 행사할 수 있었다. 이에 의해 왕조국가는 공적 조직만으로는 도저히 불가능했던 효율적인 통치가 가능해졌으며,[4] 다른 한편으로는 사회 또한 권익 유지가 가능했다.

잘 알려져 있듯이 조선왕조와 같이 외관(外官)의 지방 토착을 우려해, 빈번하게 배치를 바꾼 지배체제에서는 공적 조직만을 통해 지배를 관철하기가 매우 어려웠다. 이는 외관이 재지세력과 유착할 가능성을 배제했지만 역으로 그들이 각각의 지방 사정에 익숙해지는 것을 불가능하게 해서 그들의 통치를 비효율적이고도 근시안적이게 했다. 언제까지 할 수 있을지도 모르는 토지의 통치에 자신의 힘을 쏟아붓는 것은 무의미한 일인 것이다.

다음으로 촌락 내부의 상황을 살펴보기로 하자. 이 시대 조선의 촌락에서 양반은 월등한 지위에 있었다. 그들은 지주였으며 상민이나 천민에게 자신들의 토지를 경작하게 하는 한편, 그 권위 면에서도 유교라는 새로운 이데올로기의 지도자로서, 또한 가까운 친족에 관직 보유자를 갖고 있다는 점에서도 평민·천민을 제압했으며 이들을 지도하는 힘을 보유하고 있었다.[5] 더불어 조선의 촌락은 조선왕조 이전에는 토성(土姓)이라는 강한 토착성을 갖는 일족을 중심으로 구성되어 있었기 때문에, 그 가운데에서도 특히 유력한 일족, 즉 재지양반이 촌락 안의 다른 지방 사람들을 지배하는 것은 훨씬 쉬웠다.

　재지사회에서 재지양반이라는 압도적인 세력과 이와 밀접한 관계를 갖고 있는 재경양반. 재지양반에게는 자신들의 재지사회에 대한 지배를 원활하게 하기 위해서라도 재경양반과의 유대를 유지하는 것이 유익한 일이었다. 한편으로 재경양반의 입장에서는 자신들의 출신지에 대한 확고한 발판을 마련하는 것이야말로 정쟁(政爭)에서 살아남기 위한 토대였다. 그리하여 조선왕조의 지방지배는 이 재경양반과 재지양반의 사회적 유대가 크게 지탱하고 있었다. 이는 본디 과거 합격자들이 소수였기에 통치조직이 빈약하여 독자적인 권위를 갖고 있지 못했던 조선왕조[6]가 그 실력 이상의 통치기능을 할 수 있도록 했다. 바꿔 말하면 조선왕조국가의 지배체제란 그러한 조선사회상을 전제로 하여 비로소 성립될 수 있었다는 것이다.

　이러한 상황은 시간이 지나면서 크게 변화한다. 다음으로 조선왕조 후기의 지배체제에 대해 살펴보기로 하자.

18~19세기 조선왕조의 사회—재경양반의 비대화와 재지사회의 붕괴

　조선왕조의 지배체제는 양반의 연대의식에 바탕을 두고 있었으며 서울과 지방의 유대에 크게 의지하고 있었다. 그러나 이러한 상황은 차츰 변화한다.[7]

그 원인으로 몇 가지를 생각해볼 수 있다. 첫째는 조선왕조 아래의 군현 구획개편이다.[8] 이에 따라 기존 양반들의 지배영역은 다른 행정 구획 속으로 분리됐으며, 그 지배는 원활하게 기능을 발휘하지 못했다. 그러나 더욱 중요한 것은 과거제도가 본격적으로 실시된 결과, 중앙과 지방의 교류가 활발해졌다는 점이다. 원래 지방에 발판을 두고 이를 기반으로 서울에 진출했던 조선왕조의 재경양반들은 다수였으나 이들이 차츰 독자적인 기반을 획득했으며 나아가 재지사회의 지원을 필요로 하지 않게 됐다. 관직을 보유하고, 이에 따라 부를 얻기 위한 첫걸음을 내디딘 그들은 결국 자신들의 출신지가 아닌 지역의 토지까지 원하게 됐으며, 또한 낮은 지위의 관직을 매매함으로써 독자적인 경제적 기반을 쌓아갔다. 또한 서울에 거주하는 것은 과거시험의 실시일자나 내용 등의 정보, 과거에 합격한 후 관직을 임명할 때 인맥을 확보한다는 점에서도 지방에 비해 유리했다.[9] 결국 그들은 자신들의 자손을 서울에서 양육하게 됐으며 재지사회와는 직접적인 관계를 갖지 않는, 자립한 재경양반세력이 생겨났다.

재경양반은 바야흐로 지방에 사는 출신지의 지원을 크게 필요로 하지 않게 됐다. 이는 재지양반 쪽에서 보면, 중앙에서 파견된 수령 등에 대해 자신의 세력을 지키기 위한 방파제가 없어짐을 의미했다. 이를 내다본 수령들은 재지양반사회에 부득이하게 개입하게 된다. 그 결과 종래 수령과 동등하게 맞서며 때로는 이를 능가하는 권위를 보유하고 있던 유향소의 지위는 낮아졌으며, 이들은 오히려 살아남기 위해 수령에게 종속됐으며 수령의 손발이 되어 협력하는 재지양반까지 출현하는 상황이 됐다.

이상을 그림으로 표시한 것이 그림 2-2이다. 이는 얼핏 보면 왕조

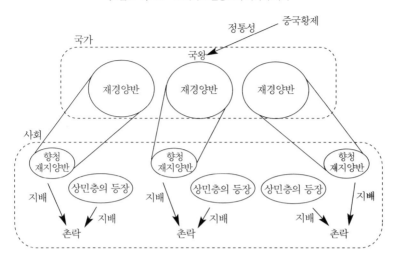

〔그림 2-2〕 18~19세기 조선왕조의 국가와 사회

국가가 사회를 제압해가는 과정인 듯이 보인다. 여기에 그러한 면이 있기도 하지만 동시에 왕조국가가 자신들의 손으로 재지양반의 세력기반을 붕괴시킴으로써 그때까지 왕조의 지방 통치에 중요한 역할을 수행해온 시스템을 파괴하는 결과를 초래하기도 했다.

　문제는 후자 쪽이 훨씬 심각했다. 나아가 사회의 꾸준한 변화가 이를 더욱 가속화했다. 즉 경제적인 면에서 재지양반층이 몰락하게 됐다. 조선왕조 전기와는 달리 후기에 들어서면서 조선사회는 토지와 인간을 지배하는 방법이 크게 변화한다. 시장경제화의 발전과 함께 종래 재지사회의 지배적인 역할을 수행해온 재지양반 가운데 지주로서의 지위를 상실하는 자가 나왔으며 동시에 이를 대신하여 상민층이 새로운 지주층으로서 대두하게 된 것이다.

　여기에서 조선의 재지사회는 그 구심력을 상실케 된다. 바야흐로 재지양반은 자신들의 밑에 있던 재지사회를 정치적으로도, 경제적으로도 지배할 힘을 잃는다. 한편 이를 대신하여 등장한 새로운 상민 출신의 지배층은 아직 유향소와 같은 재지사회통합의 기관을 보유하지 못했으며, 하물며 예전의 양반들이 갖고 있던 재경소와 유향소의 관계처럼 중앙과 지방을 묶는 독자적인 연결고리도 없었다. 애당초 서울의 지배층은 이제 자신들의 세력유지를 위해 특정한 재지세력의 지원을 필요로 하지 않고 있었다. 즉 그들은 경제적으로는 대두할 수 있었으나 권위를 한 몸에 집중시킬 정도로 성장해 있지는 않았다.

왕조국가에서 볼 때 그러한 재지사회의 변화는 즉 자신들의 지방사회 통치에서 이른바 통치의 하청을 담당하는 파트너를 상실했음을 의미하고 있었다. 필연적으로 왕조국가는 그 공백을 자신들의 손으로 메울 수밖에 없었다. 그러나 당시의 왕조에게 이는 불가능했다. 국가가 사회의 말단까지 통치하기 위해서는 많은 관료를 고용하고 양성하여, 그러한 통치시스템을 유지하기 위해서라도 더욱 많은 자원이 필요했다. 그러나 본래 사회와의 협력을 전제로 성립된 왕조국가에 그러한 갑작스런 자원동원이 가능할 리가 없었다.

왕조국가의 사회에 대한 통제력은 급속도로 감소했다. 그리고 그 상황은 일본과 청의 한반도 침략에 의해 재지사회가 더욱 혼란스럽게 요동치면서 구심력을 잃게 됨에 따라 한층 더 악화된다. 이러한 상황 속에서 조선은 근대를 맞이한다. 그러면 근대를 맞이하기 직전과 근대에 들어선 조선의 모습에 대해 구체적으로 살펴보도록 하자.

제3절 '연성'사회의 형성

권위와 부의 분화—조선왕조 말기의 사회

조선사회는 말기에 들어서면서 더욱 변화를 거듭했다. 그 가운데에서도 농촌의 변화가 컸다. 계속되는 상민층의 대두가 결정적으로 작용하여, 양반들에 의한 재지사회 지배는 완전히 붕괴됐다. 여기에서 재지양반들이 선택할 수 있는 길은 두 가지였다. 첫 번째 길은 앞서 서술한 대로 옛 양반으로서의 자부심을 포기하고 수령의 하부기관으로서 스스로 서리화함으로써 추락한 자신의 권위와 부의 획득 능력을 일정만큼이라도 유지하는 것이다.[10] 실제로 종래의 향청을 중심으로 한 재지양반의 많은 조직들은 왕조의 하부기관으로 전락했다.

이는 물질적 이익을 위해 양반으로서의 정신을 희생한 것이라고 하겠다. 모든 재지양반들이 이러한 길을 걸은 것은 아니다. 정반대로 물질적 이익이 시대의 흐름과 함께 없어지게 됐음에도 불구하고 예전과 같은 생활태도를 잃지 않고 오히려 유학자로서 연구를 계속하며, 가난하지만 재지사회 명사로서 지위를 유지하는 데 성공한 자들도 있었다.[11] 조선왕조 말기에 다양한 형태의 상소운동으로 때로는 정국에 영향을 미쳤던 지방의 유학자들이 바로 그러한 인물이라 하겠다.

결국 재지양반은 물질적 이익과 양반으로서 권위 및 자부심 사이에서 휘청거렸다. 한편 새로이 신분상승을 이룬 상민들에 대해 언급하자면 그들의 세력은 각자가 살고 있는 촌락을 넘어 연합할 정도까지 성장하지는 못했으며 무엇보다 그들은 부(富)라는 시점에서는 양반과 어깨를 같이할 정도에 이르렀을지언정 재지사회를 통합할 수 있는 독자적인 권위는 없었다. 서울의 정치는 일부 재경양반이 지배하고 있

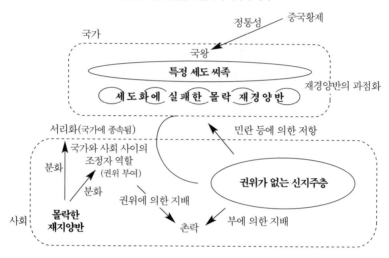

〔그림 2-3〕 조선왕조 말기의 국가와 사회

었으며 새로이 그들이 진출할 여유는 없었다. 바꿔 말하면 그들은 단순히 경제적으로 부유해졌을 뿐이지 자신들을 우월한 존재로 만들어줄 이데올로기도, 그러한 이데올로기를 뒷받침해줄 왕조국가와의 특별한 관계도 갖고 있지 못했다.

부를 지니지 못한 이름뿐인 양반과 부는 지녔으나 권위를 갖지 못했던 상민 지주층. 이는 조선왕조 말기의 재지사회에서 사회를 통솔했어야 할 권위와 부라는 두 가지 요소의 보유자가 분리되고 말았음을 의미하고 있었다.(그림 2-3)[12] 바꿔 말하면 이 시대의 재지사회에는 핵이 없었던 것이다. 이는 가령 일본의 막번(幕藩)체제가 무사의 지배 아래에 마을의 지방관이나 고닌구미(五人組. 말단 행정조직인 마을단위로 묶인 연대 책임조직—옮긴이) 등의 명확한 조직을 보유하고 있던 것과는 전혀 다른 성격이었다. 이러한 성격은 양국의 민중폭동에 단적으로 나타나 있다. 일본의 민중폭동은 촌 조직 차원의 운동이었으며, 이 때문에 특정의 지도자 아래에서 질서정연하게 이루어졌다.[13] 또한 대부분의 경우, 그 지도자란 지방의 유력자였으며 그들이 자신들의 재지사회를 넘어 폭동을 광역적으로 지도하는 일은 거의 찾아볼 수 없다.

이에 비해 조선 '민란'의 경우 그 조직은 불분명했다. 대부분의 경우 민란은 지방 농민들의 절박함 끝에 생겨난 것이었는데, 이는 질서정연하다기보다는 분노를 표출하는 형태로 이루어졌다. 모든 민란의 방침은 상민 가운데 유력자들이나 지방의 명사를 포함한 집단에 의해 설정되고 지도를 받았지만, 그 조직은 탄탄치 못했다. 또한 그들이 설정한 방침에 의해 민란 전체가 샅샅이 통제된 것도 아니다. 그러한 난을 지도하는 자 가운데는 때로는 재지사회와 전혀 상관이 없는 자도 포함되어 있었으며 그들 가운데는 지방을 전전하면서, 이른바 후세의 직업 혁명가적인 생활을 보낸 자도 간간이 보인다.

핵이 결여된 재지사회. 예컨대 조선사회가 이러한 성격을 갖게 된 원인은 단순한 시장경제의 발전뿐만이 아니라 조선왕조 자신이 도입한 엄밀한 유교원리, 나아가 혈연원리에 있었다.

일본의 촌락공동체나 상가(商家)가 강한 조직력과 단결력을 얻게 된 것은 혈연원리가 작용하고 있었기 때문이다. 즉 일본의 촌락공동체는 자신들 속에 혈연적인 논리를 도입함으로써 그 유대를 강화시킨 것이다. 물론 우리는 여기에서도 유교의 영향을 찾아볼 수 있다. 얼핏 보면 이는 일본 이상으로 주자학을 신봉하고 이를 절대시했던 조선에서도 적용되고 있는 듯이 보인다.

실제로는 전혀 반대였다. 결론부터 말하자면 조선은 유교 국가였기 때문에 재지사회의 결집을 위해 혈연원리를 응용할 수가 없었다. 왜냐하면 본래의 유교교의에서는 혈연이란 절대적인 개념으로, 의사(擬似)혈연화하여 혈연관계가 아닌 자에게까지 확장할 수 있는 것은 아니었기 때문이다.[14] 이는 오히려 지리적으로 근접한 사람들을 혈연이라는 벽에 의해 분리하여, '이웃사촌보다 먼 친척'에 대해 일체감을 품게 하는 사상이었다.

이는 조선왕조 전기와 같은, 촌락에 씨족성과 토착성이 강한, 바꿔 말해 일족의 분산이 진행되지 않았던 상태라면 굳이 큰 문제는 아니었을 것이다. 왜냐하면 여기에서 촌락이란 즉 씨족이었기 때문이다. 그러나 조선 후기에 접어들면서 과거에 합격한 일족의 일부는 서울로 진출하고, 경제적 사정이나 전란이 원인이 되어 조선사회 전체의 유동화가 진행됨에 따라 촌락의 토성성(土姓性)이 붕괴되자 유교의 혈연원리는 오히려 촌락의 결집을 약화시키는 역할을 한 것이다. 정리하자면 일본에서는 지역적 공동체의 지연논리가 유교의 혈연원리보다 우선했다. 이 때문에 의사혈연화한 지역적 공동체는 유교를 자신들의 세력을 강화하는 데 이용할 수 있었다. 그러나 한반도에서 승리한 것은 유교의 혈연논리였다. 지연논리는 유교가 허락하는 범위 안에서 또 혈연을 기반으로 했을 때에만 성립 가능한 것이었다.[15]

바꿔 말하자면 조선에서 지연이란 자신들 본래의 혈연과 거기에서 파생된 혼인관계에서 생겨난 것이었다. 물론 그러한 혈연·혼인관계의 확대는 왕조정부가 정한 행정구획 내부에 한정된 것이 아니었기에 왕조국가가 지배의 하청 개념으로 이용하기에는 부적절했다. 본디 그러한 지연의 확대 범위는 개개의 혈족에 따라 달랐으며 중층적으로 존재하고 있었다.[16]

한마디로 말해 이는 지연적 공동체라는 핵을 갖지 못한 채, 오직 무수의 혈연이라는 이름의 네트워크가 서로 얽혀 있는 형태의 사회였다. 한 곳만 제압하면 해당 재지사회를 지배할 수 있는 결정적인 포인트가 없었다. 또한 사람들은 이러한 네트워크를 자유로이 왕래함으로써 지연에 얽매이지 않는 광범위한 행동이 가능했다. 앞서 서술한 직업 혁명가적 민란 지도자들의 존재 등이 단적인 발로이다.

조선왕조 말기 왕조국가가 '연성(軟性)'의 성격이었던 것은 이러한 사회적 배경이 있었기 때문이다. 이는 결과적으로 기본적인 동원시스템을 보유하지 않은 왕조국가가 강렬한 위협에 대항하기 위한 자원을 동원할 때 방해요인이 됐으며 조선이 식민지화되는 데에 중요한 배경으로 작용하게 된다.[17]

전근대국가의 예에서 반드시 그랬던 것처럼, 조선왕조 또한 이른바 사회의 하청 없이는 매우 '약한' 국가였다. 그리고 그러한 조선왕조국가의 '연약함'은 사회의 변화에 의해 그 약점을 노출하게 된다. 그렇다면 조선의 국가와 사회가 일본 통치시대에는 어떻게 변화됐을까. 다음으로는 그 점에 대해서 논의해보기로 한다.

'깊숙한' 통치와 사회의 유동화—일본 통치시대의 조선사회

통치기구의 취약성. 이는 조선왕조에 이어 한반도를 통치하게 된 일본의 입장에서도 중요한 문제였다. 즉 조선에서 국가의 재정립은 일본이 한반도를 안정적으로 지배하고 당초 목적이었던 '이익선(利益線)'[18]을 유지하는 데 필수 불가결했다.

갑오개혁을 통한 재정제도나 지방 행정제도의 재정립은 어떤 의미에서 그러한 일본 쪽 입장의 발로이다.[19] 그러나 일본의 본격적인 움직임을 살펴보기 위해서는, 우리는 1904년에 이루어진 제1차 한일협정에 의해 파견된 메가타 다네타로(目賀田種太郎. 1905년 일본에서 파견된 재정경제고문, 화폐정리사업을 단행했다—옮긴이) 재정고문이 실시한 징세기구의 전면 개혁까지 기다려야만 한다.[20] 메가타의 징세기구개혁이란, 한마디로 말해 징세기구로부터 종래의 군수 등 수령층을 제외하고 세무관이나 세무주사로 구성된 징세기구를 형성하여, 그 인사권까지 탁지부(度支部)로 일원화하고자 한 것이었다.[21] 이미 지적했듯이 방향성 면에서는 이러한 개혁과 유사한 제도가 갑오개혁 당시 제창된 바 있었다. 그러나 이는 수령층의 맹렬한 반대로 시행될 수 없었다. 이를 살펴볼 때 일본 정부의 방침은 갑오개혁을 승계한 것이라고 할 수 있다.

갑오개혁에서 좌절을 맛보아야만 했던 이 제도를 일본은 강압적인 힘을 발휘해 이루어냈다. 이러한 개혁이 합병 이전에는 제도의 미비와 의병투쟁에 의한 타격, 계획 자체의 결함[22] 등으로 큰 성과를 올리지 못했다. 종래 조선국가의 재지사회를 근본적으로 개혁하지 못한 채 단지 조직사회만으로 이를 실시코자 한 방법에 무리가 있었다.

조선왕조 재지사회의 모습은 토지관리방법에 잘 나타나 있다. 왕조국가는 확실히 면 단위로 과세 결수(結數)를 파악하고 있었다. 징수는 이를 토대로 이루어졌으며 국가는 그 세(稅)로써 지탱할 수 있었다. 그러나 조선왕조는 세가 각각의 면 안에서 어떻게 징수되는가에 대해서는 관여하지 않았다. 아니, 관여할 수 없었다. 메가타 개혁은 그러한 조선왕조국가의 재지사회에 대한 자세를 근본적으로 개혁하지 않고, 수령(守令)이라는 국가 차원의 재편성을 실시함으로써 징수기구를 재정립하고자 한 데에 근본적인 한계가 있었다.

결론부터 말하자면 이 문제는 일본이 조선을 직접 통치한 후에 실시됐던 토지조사사업과 호적제도의 정비 당시 해결을 볼 수도 있었다. 1910년부터 1918년까지 실시된 토지정비사업은 종래에는 명백하지 않았던 면 안의 토지소유 상황을 밝혀내, 징수의 단위를 '면'에서 개인 단위까지 낮춤으로써 모든 과세지의 5.3퍼센트에 상당하는 새로운 과세지를 '발견'함과 동시에[23] 국가에 의한 지배의 손을 개인 수준까지 침투시킴으로써 사회에 깊숙이 파고들어갔다.

일본형 호적제도의 도입 또한 같은 의미를 지니고 있다. 조선왕조 말기 왕조정부의 조사에 따르면 1904년에 호(戶)가 141만 9899, 구(口)가 592만 8802로 조사됐다. 게다가 이 수치는 18세기 중엽 이후 계속해서 감소하고 있으며 이것이 조선왕조의 국민 개인에 대한 지배 저하를 의미한다는 것을 간단히 지적할 수 있다. 이에 대해 1910년의 인구는 1,293만 4,282명, 1920년에는 1,678만 3,510명을 기록한다. 단순하게 계산해도 2배 이상의 '국민'이 발견된 셈이다. 가령 조선왕조의 호구가 징세단위인 인간을 기재하고 그 외는 누락되는 경향을 보이고 있었다는 점[24]을 감안해도 이러한 수치는 극단적이다. 이러한 국민의 '발견'은 일본 통치시대에 접어든 1910년부터 1915년까지 최초 5년만을 따져봐도 새로이 220만 명 가까이의 사람이 '발견'된다. 이는 연율로 따져볼 때 4퍼센트 정도의 인구가 증가한 셈인데, 그 후 조선이나 다른 일본 식민지의 인구 증가율을 고려해도 이러한 인구 증가가 자연 증가나 사회적인 이동에 의해 이루어진 것이라고는 말할 수 없다. 통치 초기의 총독부가 주민 파악의 기초 자료로서 조선왕조의 그것을 계승하고 있음을 감안하면 조선왕조가 얼마나 재지사회의 현실에서 동떨어져 있었는가를 알 수 있다. 또한 통계상의 인구변화는 1925년 무렵까지 계속됐으며, 우리는 일본에 의한 근대적 주민등록제도의 도입과 그에 따른 재지사회에 대한 직접 지배를 위한 노력

이 매우 늦은 시기까지 계속됐음을 알 수 있다.[25]

총독부의 세입(歲入)은 그 결과 급속도로 확대된다. 단 그것이 반드시 당시의 한반도에 사는 사람들에게 과중한 부담을 지우고 있었음을 의미하지는 않는다. 1925년을 예로 들어보면 당시의 일본인이 1인 당 약 14엔의 국세를 부담하고 있는 데 비해 조선인의 부담은 겨우 2엔 정도에 불과했다.[26] 또한 지세율(地稅率)도 조선의 경우 '지조(地租) 개정 후의 일본과 비교하면 훨씬 낮았다.'[27] 당시 일본과 한반도의 경제격차가 어느 정도였는지는 오늘날 쉽게 판단할 수 없다. 그러나 적어도 이러한 총독부의 세수증가가 국세에만 한정한다면 조선에 부당하게 과중한 부담을 지웠다기보다는, 한반도의 '국가'가 근대적인 기능을 할 수 있는 자원을 동원하게 됐다는 의미라고 보아도 될 것이다.

일본에 의한 토지조사사업은 한반도의 모든 토지에 실시되어 각각의 소유자를 명확히 했다. 이는 종래 방치되어온 토지 소유관계가 명확해졌음을 의미한다. 그 결과 이는 한반도의 토지를 하나의 상품으로서 자유로운 유통을 가능케 했으며, 그 토지를 담보로 자본을 모으고 이를 다른 산업에 투자할 수 있게 됐다.[28]

이러한 토지의 자본화와 유동화는 결과적으로 종래 조선 재지사회의 토지 소유관계를 크게 혼란케 했으며 변화시켰다. 바꿔 말하자면 일본의 식민지통치시대는 지주층의 입장에서도 자신들의 경영능력이 시험대에 오른 시련의 시대였던 것이다. 이는 쇠퇴일로를 걷고 있던 옛 재지지배세력에게 최종적인 타격으로 작용한다. 겨우 명맥을 유지하던 옛 양반지주에게 최후의 선언을 함과 동시에 새로이 대두한 상민 출신의 지주에게도 시련을 줌으로써 민란 등에서 보인, 재지사회의 핵이 될 가능성이 있는 부분을 파괴한다.

재지사회의 '부(富)'의 핵은 이에 따라 크게 변모한다. 한편 재지양반의 흐름을 이끈 '권위'를 보유한 세력은 일본 통치 아래에서 근대화가 진전되는 가운데 유교적 정통성에 의지한 자신의 권위를 크게 상실해간다. 합병에 앞서 일어난 의병투쟁은 어떤 의미에서는 그들에 의한 최후의 전투였으나 결국 일본과 근대 문명에 패배함에 따라 스스로의 권위를 상실케 된다. 바야흐로 그들이 의지하고 있던 '유교'를 축으로 하는 권위가 시대착오였음은 명확해졌다. 이에 한반도의 재지사회는 그 권위를 잃게 된 것이다.

　일본의 한반도 통치. 이는 흔히들 말하듯이 다른 열강에서는 전례가 없을 정도의 이례적인 '깊숙한' 통치였다. 일본이 만들어낸 거대한 조선총독부라는 관료기구는 그러한 거대한 일본의 힘을 배경으로 사회의 깊숙한 곳까지 파고들게 된다. 그리하여 식민지통치로 사회의 깊숙한 곳까지 침투한 국가는 사회의 저항력을 상실케 했고 사회는 급격하게 자본주의화 속에 노출된다. 일본 통치 아래에서 이루어진 급격한 자본주의화는 '권위를 지닌 재지양반과 부를 지닌 상민지주'라는 재지사회의 핵이 될 만한 가능성을 지녔던 두 부분을 함께 파괴했다.

　이는 국가가 사회에 파고들어가는 하나의 과정이었다. 이 험난한 과정을 통해 종래 조선이라는 국가는 급속도로 그 '힘'을 키워간다. 그리고 이는 개입을 받는 사회의 모습을 크게 변화시켰다.

　일본의 식민지통치는 한반도 국가와 사회에 많은 영향을 미쳤다. 그렇다면 일본의 식민지통치에서 벗어나 제2차 세계대전 이후 독립한 한국이라는 국가와 그 사회는 어떻게 변화했는가를 살펴보기로 하자.

제4절 연성국가에서 NIES로

3중의 파괴—이승만시대의 한국사회

한국에게 일본의 제2차 세계대전 패배와 자국의 갑작스러운 독립은 엄청난 소식이었다. 한국 쪽은 이렇게 빨리 독립이 올 것이라는 예상을 하지 못했고, 이를 받아들일 만한 조직도 구성되어 있지 않았다. 거기다 한반도의 남북 분단이 겹치면서 한국 정국은 혼란에 빠진다.[29]

한국의 갑작스러운 독립은 한반도 사회와 국가에 두 가지 영향을 미친다. 첫 번째는 구일본의 통치에 협력한 '친일파'의 추방과 몰락이다. 그 중에서도 특히 결과적이기는 하지만 일본 통치에 크게 협력하고 그 대가로 혜택을 누리던 구황족과 귀족층을 추방하려는 움직임이 매우 빨랐기에, 독립 후의 한국에서는 그들의 정치적인 권력을 부활시킬 가능성마저도 거의 언급되지 않았다. 상대적이기는 하지만 한국 안에서는 독립운동이 활발하지 않았기에 신생 한국의 정치적 리더십은 대부분 해외에서 돌아온 독립운동가들이 담당했다. 두 번째는 독립 자체가 갑작스러운 일이었기에 이를 받아들일 만한 조직이 없었기 때문에 당분간 신생 한국은 상당 부분을 일본이 만들어놓은 국가와 사회시스템에 의존할 수밖에 없었다. 관료기구는 일본인이 빠진 것 이외에는 거의 그대로 대한민국에 계승됐고 재지사회의 권력구조도 거의 그대로 유지됐다.[30]

그렇다고 이승만 대통령 시절에도 일본 치하의 지주제가 그대로 유지된 것은 아니었다. 미국은 직접 통치시절부터 농지개혁을 힘썼으며 한국 국민들도 개혁에 기대가 컸다. 그리고 이승만 대통령은 자신의 대항세력이었던 한국민주당이 지주세력을 지지기반으로 삼았던 것을 역으로 이용하기 위해 농지개혁에 호의적인 자세였다.[31]

결국 1950년 3월 농지개혁법은 국회를 통과한다. 이는 완전한 형태는 아니었지만, 이 농지개혁에 의해 일본 통치시대에 대두한 신흥지주세력의 정치적 기반이 다시 약화됐다.[32] 지주세력은 당시 재지사회의 경제적 기반에도 불구하고 농지개혁에 확실하게 저항을 할 수 없었다. 그 원인으로는 다음의 세 가지를 들 수 있다.

첫째로 본래 그 시대의 지주들은 재지사회에서의 기반이 그다지 강력하지 않았다. 제3절까지 기술했던 것처럼 그들 대부분이 가진 지주라는 지위는 일본의 식민지통치시대까지 그 기원을 거슬러 올라갈 수밖에 없다.[33] 둘째로 일본의 식민지통치시대에 일본과의 관계가 그들의 정치적 발언권을 크게 저해했다는 것을 들 수 있다. 당시 한국사회는 그들의 세력을 전적으로 배제하고서는 성립되기 힘들었으나, 그렇다고 해서 일제 치하에서 크든 작든 일본과 관계가 있었던 그들이 자신들의 권리를 주장하는 것도 불가능했다.[34] 세 번째로 중요한 것은 이 농지개혁법이 제정됐던 직후 일어난 6 · 25전쟁일 것이다. 4년 동안이나 한반도 전체를 무대로 전개된 이 전쟁중에는 아무리 지주층이라 할지라도 그 영향권에서 벗어날 수 없었다. 아니, 이 전쟁중에 재지사회와 떨어져 도망다니고 북한군의 연행 대상이 된 그들이야말로 최대의 피해자였다. 처음부터 큰 영향력을 가지고 있지 못했던 지주들의 권위는 이로 인해 더욱 약해졌다.[35]

일본 통치에 의한 파괴와 독립과정에 의한 파괴. 그리고 6 · 25전쟁에 의한 파괴. 한반도의 지주는 이와 같은 3중의 파괴 위에 서 있는 위태로운 존재였으며, 따라서 완전치 못했다고는 하지만 다른 개도국에서는 볼 수 없었던 대규모의 농지개혁이 가능했던 것이다. 이러한 의미에서 농지개혁이란 그 자체가 혁명이라고 하기보다 이러한 세 가지 파괴의 결과에 지나지 않는다고 할 수 있다.

한편 국가 입장에서 보면 이미 기술한 바와 같이 이 시대에 큰 세력을 지닌 것은 한국의 재지사회에 뿌리를 내린 사람들보다는 오히려 일본 통치시대에 한국을 떠나 해외에서 독립운동을 해온 지도자들이었다. 이승만 전대통령과 김구, 신익희 등이 그 전형적인 예라고 할 수 있다. 이것은 한반도 내부에서 독립운동세력의 준비가 부족했던 결과이다. 또한 '가혹했던' 일본의 식민지통치 아래에서 한반도에 있었던 사람들은 살아남기 위해 일본과 관계를 갖지 않고서는 생활할 수 없었던 것의 결과이기도 했다.

바꾸어 말하면 이승만정권기와 바로 이전 시대의 지도자가 되기 위한 조건이란 과거 일본과 아무런 관계가 없어야 한다는 것이었다.

그러나 이 조건은 앞서 말한 것과 같이 해당자가 장기간 한반도를 떠나 있었다는 것과 같은 의미였으며, 이는 그들 자신이 재지사회에 고유한 지지기반이 없었다는 것을 의미하고 있다.[36]

일본은 한반도에 거대한 관료기구를 남기고 떠나갔다. 일본의 식민지통치시기에는 이 기구가 일본의 군사력과 경제력을 배경으로 성립됐다. 그러나 이승만정권기에는 일본의 통치에 필적하는 거대한 군사력이나 경제력이 없었다.

즉 이승만정권기에는 국가의 지지층은 재지사회와 연관성이 없었으며, 오직 독립운동의 결과로 얻은 권위만을 가지고 있었다. 그들은 사회에서 부각됐으며 그 정권적인 목표도 현실과 동떨어져 있는 경향이 강했다. 이에 비해 재지세력은 자신들의 고유 기반을 유지했으나 식민지통치시절 일본과 관계를 맺은 결과 그 권위는 크게 약해졌으며 자신들의 정치적 자원을 효율적으로 이용할 수 없었다. 그리고 농지개혁에 의해 세력이 실추됐다.

즉 이 시대에도 한국의 권위와 부는 서로 동떨어진 것이었다. 이러한 경향은 조선왕조 말기와는 다른 형태를 띠지만 이 시대의 한국은 국가와 사회가 모두 약했다고 할 수 있겠다.

그렇다면 이러한 한국 국가와 사회의 모습은 이후 이어진 NIES 시대에 어떠한 영향을 미치게 되는가. 마지막으로 이 점에 대해서 언급함으로써 한국의 근대화과정에 대해 생각해보기로 하자.

NIES의 전제조건

이렇게 형성되어온 한국사회의 시스템에 대해서 정리해보도록 하자. 지금까지 살펴본 바와 같이 한국사회 시스템의 가장 큰 특징은 명확한 핵심과 조직을 가지고 있지 않았다는 것이다. 정확하게 말하자면 조직 그 자체는 있었다. 물론 유교의 가르침으로 유지되어온 혈연조직이다. 그 당시도 그러했지만 지금도 한국의 혈연조직은 강력한 힘을 가지고 있으며 사회적 이동의 상당 부분이 이 조직 질서에 의해 움직인다.

그러나 중요한 것은 한국에서는 이 혈연조직이 지연(地緣)이라는 이름의 기반을 잃어버렸다는 것이다. 촌락은 토성적(土姓的) 성격[37]이 소멸됐으며, 또한 그 안에 있는 종가(宗家)의 우월적 지위도 상실됐다. 즉 오늘날 한국의 혈연조직은 재지사회에 기반을 두지 않고 네트워크만이 사회 속에 떠다니고 있는 상태로 존재한다. 혼인관계에서도 개개인의 혈연공동체는 지역을 기반으로 주변의 동등한 혈연조직과 견고한 혈연조직 간의 결합체를 만드는 형태가 아니라, 오히려 더 많은 '연(緣)'과 가능성을 추구하고, 가능한 한 많은 혈연조직과 가능한 한 광범위한 연계를 맺으려고 하는 경향이 강했다.[38] 즉 한국의 혈연공동체는 상호간에 결정을 만드는 것보다 서로 복잡하게 얽히고 겹치는 네트워크 상태로 존재했다. 이는 어떤 의미에서는 당연한 것이었다. 유교 이데올로기에서 중요한 것은 혈연조직의 유지이며, 이것이 지연과 일치하는지 아닌지는 어디까지나 결과에 지나지 않는다. 혈연의 원리는 절대적이며, 엄밀하게 정의된 이 혈연의 원리 안에서는 이것이 확대 해석되어 다른 무엇으로도 변하지 않는 것이었다. 만약 사회가 여기에 유동화를 요구한다면 이것은 당연히 지연의 원리와 동떨어지게 될 것이다.

혈연은 지연과 동떨어진 관계이다. 그러나 개개인에게는 이것이 반드시 불이익을 의미하는 것은 아니었다. 아니, 오히려 이러한 사회시스템은 사회의 유동화가 추진된 오늘날의 대한민국에서, 개개인이 네트워크 안에서 자유롭게 이동할 수 있도록 만들어주었다. 또한 이 때문에 그들이 급속하게 변화하는 사회 안에서 살아남을 수 있게 되기도 했다.[39] 어네스트 겔너가 말한 바와 같이 근대사회의 가장 큰 특징은 유동성이다. 어떤 의미에서 이러한 사회시스템은 근대라는 시대를 맞이하는 데에 가장 적합한 사회시스템이었는지도 모른다. 그러나 이것이 본래 의미인 근대의 분자화(分子化)된 대중과도 다르다. 근대의 개개인이 전근대의 유대(紐帶)에서 자유롭게 돌아다니는 기체의 분자라면, 한국의 그것은 혈연집단이라는 이름의 전근대의 전통을 고집하는 액체 분자였다고까지 말할 수 있을 것이다.

바꾸어 말하자면 한국사회는 본래 근대화의 결과로써 얻을 수 있는 사회의 유동성을 근대화와 병행하여, 아니 오히려 먼저 손에 넣은 특이한 사회였다. 한국의 혈연공동체는 이같이 지연과 분리됐기에 도시로 인구가 집중하는 현대에도 생명력을 유지하는 데 성공했다. 이는 국가와의 관계에서 중요한 의미를 갖는다. 즉 혈연관계가 지연적 요소를 잃어버린다는 것은, 말하자면 독자적인 경제적 기반을 상실했다는 것을 의미했다. 혈연공동체는 독자적인 자기재생능력을 잃어버리고 다른 조직에 붙어 기생하는 형태로밖에 존재할 수 없게 됐다.

이것은 혈연조직이 국가에 대한 저항력을 잃어버렸다는 것을 의미한다. 아니, 더 정확하게 말하자면 혈연조직은 사회 쪽에 서서 국가에 저항하는 것이 아니라 오히려 국가를 둘러싸고 다투고 옹호해주기를 바라는 존재로 바뀐 것이다. 이미 기술한 바와 같이, 이 같은 변화는 이미 조선왕조 후기부터 말기에 걸쳐 재경양반에게 발생한 사태와 매우 비슷하다. 그러나 중요한 것은 조선왕조의 이러한 현상이 일부 재경양반에게서만 볼 수 있는 것인 데 비해 일본의 식민지통치시대 이후에는 한반도 전국민을 아우르는 규모로 전개된 것이었다. 전 미국 외교관 그레고리 헨더슨의 말을 빌리자면, 한국사회에 휘몰아치는 '소용돌이'는 확실히 그 원심력으로 모든 사람들을 재지사회에서 몰아내 모든 사람들에게 영향을 미쳤다.[40] 그러나 그 혈연이라는 공중에 떠 있는 조직을 흐트러뜨리지는 못했던 것이다.

은행에 대한 엄격한 통제나 종래 재벌에 대한 냉엄한 자세. 박정희정권 이후의 한국의 '강한 국가에 의한 위로부터의 근대화' 노선이 그런대로 성공한 배경에 이 같은 사회적 변화가 있었다. 그렇다면 구체적으로 이것이 박정희정권의 '위로부터의 근대화' 노선에 어떤 영향을 미쳤을까. 이 문제점에 대해서 간단하게 기술하고 제2장을 마무리

지을까 한다.

'강력한 국가'에 의한 '위로부터의 개혁'

이승만정권에서 장면(張勉)정권으로 이어지는 혼란한 시대. 이 시대를 보고 있자면, 이후 박정희정권에서 실현된 질서와 정부가 주도한 '위로부터의 근대화'는 대조적으로 느껴진다. 이것은 얼핏 보면 이 시대의 한국이라는 국가가 전시대와는 전혀 다른 것이 되어 사회를 의도대로 조종한 것이 아닌가 하는 인상마저 든다.

박정희정권의 실태를 자세히 들여다보면, 이 같은 박정희정권에 대한 우리들의 생각이 잘못 되어 있었다는 것을 알 수 있다. 박정희정권은 최초 계획한 대로 자원을 동원하고 초기에 설정한 방침에 따라 운용할 수가 없었다. 가장 큰 문제는 정권이 자신들이 생각한 규모의 자금을 시장에서 조달하는 능력을 가지고 있지 않았다는 점이다.[41]

그렇다면 우리들은 박정희정권과 '위로부터의 근대화'에 대해서 어떻게 생각해야 하는가. 여기서 고려해야 할 점은 다음과 같다. 그렇다. 박정희정권은 보통 우리가 이해하는 만큼 강력하지 않았다. 이 시기의 '쿠데타'를 통해 태어난 세력은 불과 3천 명에 지나지 않았으며, 박정희 대통령 자신도 결코 군 내부에서조차 압도적인 지위로 올라서지 못했다.[42] 그때 서울 시민이 이승만 대통령에게 했던 것처럼 똑같이 행동했다면 쿠데타는 바로 실패했을 것이다. 이러한 의미에서 그의 리더십이 안정되어 있었다고 보기 어렵다. 그러나 이것이 한국의 근대화에서 국가가 당연히 해야 할 역할을 하지 못했다는 의미는 아니다.

중요한 것은 한국이 이루어놓은 조정자로서의 역할이다.[43] 박정희정권은 약체였으며 당초 계획한 노선을 그대로 밟아가면서 발전했던 것은 아니다. 종속론자가 말하는 것처럼 한국의 재벌이나 관료, 그리고 그 배후에서 영향력을 행사하는 선진국이 튼튼한 배경이 되어준 적은 한번도 없었다. 오히려 이것들과 가끔씩 격렬하게 대립하는 이해관계에 있었다. 여기서 정부가 맡은 역할은 조정자였다. 박정희정권은 이 같은 조정자 역할을 제대로 했고, 결과적으로 수출주도형 경제발전이라는 노선을 찾아내서 한국을 발전의 길로 이끌어갔다.

그렇다면 조정자로서의 역할은 어떻게 해서 가능했던 것인가. 여기에는 크게 두 가지 이유를 들 수 있다. 그 중 하나는 박정희정권이 군이라는 독자적인 지지기반을 가지고 있으면서 어느 정도 이의 지지를 받았기 때문이었다. 즉 독자적인 기반이라고 할 수 있는 것이, 자신이 직접 독자적인 기반이라고 언급했던 자유당을 별개로 생각한다면 사실상 아무것도 없었던 이승만 대통령과 비교할 경우 박정희의 입장은 그런대로 안정적이었으며 독자적인 지지기반을 유지하고 있었던 것이다. 그리고 그 결과 다른 여러 세력에 대해 비교적 중립적일 수 있었다. 실제로 대조적이라고는 하더라도 그는 이승만 대통령처럼 특정 재벌과 같은 세력에 의존하지 않고 정권을 유지할 수 있었다. 즉 박정희 대통령의 지지기반은 진정한 의미의 독재적인 권한을 행사할 정도로는 강력하지 않았지만 정권붕괴를 미연에 방지할 수 있을 만큼은 강력했던 것이다.

두 번째로 중요한 것이 한국사회를 구성하는 여러 요소가 최종적으로는 국가에 의존하지 않고는 존재할 수 없었다는 것이다. 재벌이나 관료, 그리고 재야정치가들마저도 한국에서는 전근대적인 지연적 공동체와 그 결속력을 자신들의 기반으로 삼을 수 없었다. 때문에 자신의 정통성을 확보하기 위해서라도 국가와 어떠한 형태로든 관련을 맺을 수밖에 없었으며 이 정통성은 어디까지나 오너 일족의 소유물이었다. 노사간에는 언제나 분열의 위기가 숨어 있었다. 관료의 경우에도 이러한 상황은 똑같았다. 처음부터 그들은 국가의 일부였으며 국가와 떨어져 국가에 저항한다는 것은 자기모순과 같았다.

더 중요한 것은 사회 상황이었다. 다시 그레고리 헨더슨의 표현을 빌리자면 한국사회는 "응집력이 부족하다"[44]고 말할 수 있다. 분명히 혈연조직은 강력했지만 이것은 사람들이 일정 지역에 모여 사는 것으로는 이어지지 않았으며, 그 결과 민주주의의 선거제도에서 그 강한 힘이 발휘되지는 않았다. 단적으로 말하자면 대통령선거를 제외하면 혈연조직의 힘이 그대로 정치적인 힘으로는 이어지지 않았다. 박정희정권이 내부의 분열과 나약함에도 불구하고 '독재'를 유지할 수 있었던 것은 야당정치가가 진정한 의미의 고유 지지기반을 가지고 있지 않았기 때문이었다. 도시에서도 상황은 마찬가지였다. 4·19학생혁명에서 볼 수 있었던 서울 시민의 힘은 확실히 강력했다. 그러나 결정적이었던 것은 그들이 '사회질서를 회복하기 위해서 필요한 조직이나 계획을 전혀 가지고 있지 않았다는 점'[45]이었다. 이는 분명 한 시기의 정열에 의해 이승만정권을 쓰러뜨리기에는 효과적이었지만 그 정열에 어떠한 형태의 명확한 계획을 세워 실행하는 것, 또는 군사정권의 억압에 대해 지속적으로 저항하는 것에는 적절치 못했다. 정권의 힘에 의해 분단된 그들의 세력을 아니, 정확하게 말하자면 처음부터 분단되어 있었던 그들의 세력을 억압하는 것은 그다지 강력하지 못했던 박정희정권에게도 충분히 가능했던 것이다.

한마디로 말하자면 다음과 같다. 박정희정권은 사회에서 자유로이 자원을 조달하고 이것을 계획에 따라 쏟아부을 수 있을 정도로 강력하지 않았다. 그러나 분자화되어 액체로 변한 한국사회에 대해 여러 세력들을 상호 조정하는 정도는 가능했다. 그리고 이것이야말로 박정희정권의 '위로부터의 근대화'의 실태였다. 결과적으로 말하자면 당시의 한국에서는 국가의 역할이 그 정도만으로도 충분했던 것이다.

우리들은 한국사회와 국가, 그리고 이것들과 근대화의 관계에 대해서 살펴보았다. 그렇다면 한국이 근대화로 이행하는 것을 어떻게 총괄할 수 있으며, 앞으로 어떠한 시사점을 줄 수 있을까. 마지막으로 소결론으로 이 점에 대해 간단하게 이야기해보도록 하겠다.

제5절 '강한 국가'와 '약한 국가'

모든 가치는 중앙권력 안에 있다. 이 권력을 노리고 실력의 기반이나 안정성, 그리고 야심 찬 어떤 수단도 가지고 있지 않은 사람들이 계속해서 늘어나 다수가 서로 경쟁하게 됐다. 이 사회는 특유한 형태를 이루고 있는데 이것은 높이 솟구치는 원뿔형 소용돌이인 것이다.[46]

중앙권력을 노리고 일어선 원뿔형의 소용돌이. 오래 전 그레고리 헨더슨은 한국의 정치사회를 묘사해서 이렇게 밝혔다. 혹은 필자가 지금까지 기술한 내용도 단순히 헨더슨이 말한 내용을 그대로 반복한 것일지도 모른다.

그러나 그 안에서도 굳이 이번 제2장의 의미를 필자 나름대로 찾아

본다면 다음과 같은 점을 들 수 있으리라 생각된다. 즉 첫 번째로 제2장에서는 한국에 뿌리 깊이 남아 있는 혈연의 원리와 '소용돌이'와의 관계를 설명하는 논리를 제공한 것이다. 헨더슨의 글을 읽으면 누구나 생각하는 것이 이 소용돌이와 한국사회에 확연하게 존재하는 혈연의 원리와의 관계를 어떻게 설명할 것인가 하는 것이다. 필자는 제2장에서 이것이 '소용돌이'와 결코 모순되는 것이 아니라 오히려 한국의 엄격한 혈연의 원리야말로 한국사회의 유동화를 가능하게 하고 촉진시켰다는 점을 지적했다.

두 번째는 이 같은 한국사회의 유동성 개념을 군나르 뮈르달의 '연성국가'의 개념과 함께 사용함으로써 한국 근대화에 대해 일정 부분 설명의 논리를 제공한 것이다. 즉 한국이 '강하다'고 알려진 배경에는 한국의 독특한 사회시스템이 있다. 바꾸어 말하자면 필자는 예전에 헨더슨 씨가 한국사회의 암이라고 한 부분이야말로 오히려 오늘날 급속한 발전을 이루는 데 한 원동력이 됐다고 주장하고자 한다.

필자가 제시한 것은 바로 이 두 가지이다. 즉 한국사회란 혈연원리의 색채를 짙게 남긴 '소용돌이' 모양의 사회이며, 여기서는 사회가 국가에 저항하기 위한 기반, 그 중에서도 특히 일정 지역사회와의 유기체적인 결합을 잃어버렸다. 말하자면 한국에서는 사회의 여러 세력이 완결되어 자립하고 지역에 정착된 세력이 아니라, 사회 속에서 떠 있는 부유물(浮遊物)로만 존재했던 것이다. 그리고 이 같은 사회의 모습이야말로 국가의 일정 역할을 가능하게 하고 요구할 수 있었다.

이 점은 박정희의 '위로부터의 개혁'을 단적으로 나타내고 있다. 박정희 대통령이 표명한 수출주도형 경제발전 전략. 이것은 그 시기에는 오히려 개발이론 중 소수파에 속하는 것이며 이에 호소하는 것은 큰 모험이었다. 또한 이러한 전략의 전환은 일반적으로는 그 전까지 혜택을 받아온 수입대체형 산업의 맹렬한 반발을 초래해 어쩔 수 없이 좌절하게 된다. 그러나 한국에서는 구재벌들이 눈에 띄게 반발을 하거나 정책전환에 대해 시민이 크게 반발하는 일도 없었다. 방향 전환은 조용하고 꾸준히 이루어졌다.

이것은 한국의 재벌이 지역사회나 그 지방의 정치가와 유기적인 유대가 없었기 때문이었다. 한 오너의 소유물로서의 재벌이 정치에 참견하는 것은 한국에서는 사람들의 반발을 사게 될 뿐이었으며, 정치적인 성공을 거둘 수 없었다. 재벌까지도 지역에 정착할 수는 없었던 것이다.[47]

이것은 어떤 의미에서는 특수한 사회시스템이었다고 말할 수 있다. 즉 한국에서는 국가가 약체였다기보다 사회가 더 '약했다'고 할 수 있다.

어쨌든 NIES의 선두주자는 이 같은 출발을 했다. 그리고 많든 적든 오늘날의 개도국은 이 같은 한국의 스타일을 모델로 삼아 자국을 발전시키려 하고 있다. 선두주자와 이를 좇는 자의 차이에 대해 말하자면 좇는 자에게는 앞에서 달리는 사람의 자세를 관찰해 자신의 자세를 교정할 여유가 있다는 것이다. 그리고 앞에서 달리는 자를 흉내냄으로써 자신의 기록이 향상되고 있을 때는 이 같은 모방에 문제가 없을 것이다.

그러나 만약 이러한 한국형의 발전이 장애물에 부딪혔을 때 각국은 어떻게 대처할 것인가. 한국은 사회의 '약함'이 있었기에, 어떻게든 보완하고 지금까지 성공을 거둘 수 있었다. 그러나 오늘날 NIES를 추종하는 많은 국가에서는 사정이 다르다. 이들 사회에는 강력한 전근대적인 공동체가 그림자를 드리우고 있어 이들 국가의 정책이 실패하고 자신들의 존립을 크게 위협한다는 것을 알아차리면 바로 한국보다 더 강력한 힘을 발휘해서 저항할 것이다.

개도국은 이 경우 어떻게 대처할까. '한국모델'의 진정한 의미와 보편적 가치가 판명되는 것은 그때일지도 모른다.

제3장 '신민'에서 네이션으로

● 조선/한국 네이션 의식의 형성

지금까지 논한 내용을 정리해보도록 하자. 제1장에서는 동아시아 특유의 조공체제와 조선/한국에 미친 영향을 대략 살펴봄으로써 이것이 조선/한국과 주변 사이에 '세로벽'을 만드는 역할을 했다는 것, 그리고 이로부터 시간이 흘러 조선/한국의 내셔널리즘을 싹 틔우기 위한 의식을 형성했다는 것—그럼에도 불구하고 이것은 직접적인 내셔널리즘이라고 하기에는 여전히 충분하지 않았다는 것—을 지적했다. 서장에서 기술한 내셔널리즘의 형성에서 사용된 표현을 인용하자면, 조선/한국에서 집단 차원의 '세로벽' 형성과정에 대해 기술했다.

다음으로 제2장에서는 조선/한국 안의 사회변화를 간단히 살펴봄으로써 종래에는 일정한 응집성을 가지고 있던 조선/한국 사회가 서서히 그레고리 헨더슨이 말한 '소용돌이'로 변화되고 귀착됐다는 것을 지적하고, 이것이 나중에 한국의 '위로부터의 근대화'를 가능하게 했다는 점에 대해 기술했다. 이것은 이른바 조선/한국 사회에서 고도의 동질성이 생겨나는 과정인 것이다. 즉 '가로벽'이 파괴되어가는 과정이라고 이해해도 될 것이다.

국제적인 '세로벽' 형성과 국내적인 '가로벽' 파괴. 그러나 잊어서는 안 될 것은 이들이 모두 집단 차원의 네이션의 형성이며 이것만으로는 네이션 의식이 형성됐다고는 할 수 없다는 점이다.

그렇다면 조선/한국의 네이션 의식은 어떻게 형성됐을까. 지금부터는 이 점에 대해서 살펴보기로 하자.

제1절 네이션 형성의 의식과 국왕

내셔널리즘과 '네이션 의식'의 중요성. 이 책 앞부분에서 인용한 존 스튜어트 밀의 말을 되풀이할 필요도 없이 그 중요성에 대해서는 지금까지 여러 논자들이 다양한 형태로 논의를 해왔다. 예를 들면 이 점에 대해 영국 네이션의 의식 형성과정에 대해 리아 그린펠드는 다음과 같이 흥미롭게 정리를 하고 있다.[1] 즉 그녀는 이 네이션 의식 형성의 과정을 세 가지 단계로 정리했다. 첫 번째 단계는 다른 사회로부터 분리된 영국 네이션이라는 개념 그 자체가 생겨난 것이다. 즉 이는 그때까지 그저 '보통 사람'에 지나지 않았던 개개인이 새롭게 '네이션의 소속자'로 다시 분류되어가는 과정이다. 그러나 이 단계에서 네이션의 정의나 내용은 애매하게 남아 있었다. 두 번째 과정은 막연한 개념이었던 네이션이 외국세력과 결탁한 가톨릭 국왕의 탄압이 있기 전에 국왕에 대항함으로써 프로테스탄트란 형태로 그 내용을 얻어가는 과정이다. 여기서 네이션은 명확한 의미를 얻음과 동시에 프로테스탄트 신앙과 연결되는 형태의 일정한 성스러움을 자각하게 된다. 여기서 주의해야 할 점은 이 단계에서는 국왕이 네이션에서 배제되어 있다는 점이다. 세 번째 과정은 배제되어 있던 국왕이 네이션에 통합되어가는 과정이다. 즉 이때까지 그들에 대항해온 국왕 자신이 자신의 패배를 인정하고 국민의 가치와 문화에 적응해가는 과정이다. 이로써 영국은 국왕과 국민이 일체가 된 영국의 네이션을 얻는다.

이는 물론 영국의 네이션과 그 네이션을 새롭게 분류하는 '세로벽'의 생성, 그리고 전근대사회의 거대한 존재였던 계층과 사회집단을 분류하는 '가로벽' 파괴의 두 가지 과정을 정리한 것이다. 그리고 이 같은 리아 그린펠드의 정리 중에 이 책에서 언급해야 할 만한 점이 있다면 사회적 이동 측면뿐만 아니라 의식 측면에서도 이와 같은 '두 개의 벽'의 생성 및 파괴의 과정이 있다는 것이다. 그리고 중요한 것은 이 같은 의식 형성과정에서 네이션이 무엇에 대해 의식했는지에 관한 점이다. 그리고 영국의 경우 이 네이션 형성의 '상대'가 된 것은 당초 '왕'이었으며 '왕조'였다. 어네스트 겔너 식으로 바꾸어 말하자면 이 것은 종래의 국제성에서 탈피하지 못하는 전근대국가였다고도 할 수 있다.[2] 실제 각국의 네이션 형성에서 '왕'은 큰 문제였다. 종래의 국제적인 성격에서 탈피하지 못한 국왕은 네이션 통합에 가장 큰 장애물이 됐으며 그 국왕과 왕족들의 생활습관은 하층민과 동떨어져 있어 그들이 진정으로 그들 네이션의 일원인가 하는 의구심을 가지기에 충분했다.

그렇다면 조선/한국의 네이션을 일깨운 것은 무엇일까. 제3장에서는 이러한 문제의식을 바탕으로 조선 근대사의 여러 장면에서 그들이 네이션으로서 의식을 어떻게 형성해갔는지에 대해 구체적인 역사자료를 참고하면서 살펴보기로 하겠다. 그리고 그 중에서도 특히 네이션이 무엇을 상대로 의식을 일깨웠는지, 그리고 이러한 경우 영국에서는 중요했던 왕조나 국왕에 대한 의식이 어떻게 변화했는지에 대해

시대별로 살펴보고자 한다.

제2절 사직의 논리—유교문화권의 '국가'와 '신하'와 '백성'

앞에서 밝힌 바와 같이 제3장에서는 조선/한국의 네이션 의식의 형성에 대해 구체적인 사료를 참고해가면서 살펴보도록 할 것이다. 그러나 19세기 조선왕조의 지배에 있던 사람들이 근대적 의미의 네이션이나 국가(state)라는 말을 직접적으로 사용했다고는 도저히 생각할 수가 없다. 그렇다면 우리들은 그들의 문장을 어떻게 해석해야 할 것인가.

그들은 어디까지나 당시 그들과 그들 주위에 있던 사람들 사이에서 공통된 말로 이야기를 했다. 그들의 공통된 말이란, 즉 그들이 공유했던 유교적 지식인으로서의 교양에서 시작된 것이며, 당연히 우리들도 그들의 진정한 의도를 이해하려고 한다면 이 같은 유교적 교양을 바탕으로 당시의 말을 당시의 문맥으로 이해하지 않으면—조금이라도 이해하려 하지 않는다면—안 되는 것이다.

제3장에서 다루려고 하는 문제는 조선/한국의 네이션 의식 형성과정이다. 따라서 지금부터 당시 문헌에 나와 있는 말 중에서 이와 밀접하게 관련되어 있는 말을 인용해 차례대로 그 내용을 파악하고 당시 그들의 교육에서 네이션 의식이 어떻게 구성되어 있었는지에 대해 간단하게 살펴보려 한다.

우선은 '국가'에 대해 살펴보자. 이 '국(國)'이라는 말을 문자의 기원까지 거슬러 올라가 생각해보면, 이는 주변의 경계를 나타내는 'ㅁ'와 'ㅕ'를 조합한 문자이다. 본래 이 문자는 성벽이 있는 귀족의 저택을 의미한다고 한다.[3] 흥미로운 점은 처음부터 경계가 설정되어 있다는 것이고, 본래 이 '국가(國)'란 중화제국을 의미하는 것이 아니라 한 단계 아래에 속해 있는 제후를 의미했다는 것이다. 왜냐하면 천자, 즉 황제란 하늘에서 천하의 지배권을 일임받았으며, 그 지배 범위에는 원칙적인 한계가 없었기 때문이다. 따라서 본래의 의미를 말하자면 천자의 지배 범위는 '국가'일 수가 없다.[4]

이 '국'이라는 문자는 두 가지 의미가 있다. 즉 하나는 제후(君)와 그 일족, 또 하나는 제후에게 지배를 받는 영역이다. 특히 전자의 의미는 가끔 '국'과 같은 의미로 사용되는 '국가(國家)'라는 어구에 단적으로 나타나 있다. 즉 국가란 제후의 집인 것이다.

그렇다면 이 같은 '국가(國)'에서 '군(君)' 이외의 사람들은 어떤 지위를 가지고 있었을까. 유교적 표현에 의하면 이들에게 해당되는 말은 '백성(民)'이며, 이와 밀접한 '신하(臣)'라는 말도 있다. 여기서 말하는 '신하'라는 것은 왕조 즉 국가의 녹을 먹는 자 즉 관인(官人)을 의미하며 '백성'이 자신 외의 이른바 지배를 받는 쪽의 비관인(非官人)을 나타내고 있지만, 흥미로운 사실은 유교문화권에서는 본래 다른 것을 의미하는 이 두 단어가 오래 전부터 '신민(臣民)'이라는 형태로서 같은 뜻으로 사용된 경우가 많이 있었다는 것이다. 이 점에 대해 오가타 이사무(尾形勇)는 " '백성'도 공적인 자리에 서면 '신하'가 아니었을까"라고 지적한다. 즉 일반적으로 동아시아 국가에서는 제도적으로 '백성'에게도 국가에 대해 의견을 표명할 기회가 주어졌으며 '군'이란 그런 '백성'의 의견에 진지하게 귀를 기울이는 존재였다. 그리고 이 같은 장소에서는 공적인 발언권을 가지고 '군'과 직접적인 관계를 가지고 있었다는 의미에서 '백성'은 '신하'이지 않았나 생각한다.[5]

이 지적은 매우 중요하다. 그러나 우리들은 오가타와는 다르게 접근을 시도해볼 수 있을 것이다. 유명한 에피소드를 언급해보자. 『사기』「열전」의 앞부분에 기록된 '백이(伯夷)'와 '숙제(叔齊)'의 일화6)이다. 이것은 은나라와 주나라가 교체될 시기에 주나라가 은나라를 공격한 것을 비판한 백이와 숙제가 새 왕조인 주나라를 따르기를 거부하고 굶어 죽었다는 이야기이다. 주목할 부분은 그 안에서 그들이 "왕조에 대한 의리를 지키고 주나라의 봉록을 받아먹지 아니하여 수양산에 은둔하여 고비를 캐먹고 살다가 결국 굶주려 죽었다(義不食周粟 隱於首陽山 采薇而食之 及餓且死作歌)"는 것이다. 오늘날의 관점에서 보면 이는 기묘한 행동이다. 그렇다. 군사적 쿠데타라고 할 수 있는 형태로 수립된 새 정권에 따르는 행위를 떳떳하지 못하다고 생각한 점은 충분히 이해할 수 있다. 그러나 고향에 돌아가 농업에 종사하며 생계를 꾸려갈 수도 있었을 것인데도 그들은 왜 '고비(薇)'만을 먹다'가 굶어 죽었는가. 이는 단순히 강한 항의의 의지를 나타낸 것이었다. 그러나 이 길밖에 선택할 것이 없었는가.

독자들은 필자가 조금 핵심을 비껴가는 것이 아닌가 생각할 것이다. 그러나 여기에는 유교적 교양 안의 '국가'와 '신민'의 관계가 전형적으로 그려져 있다. 백이와 숙제는 분명히 주나라의 '신하'라는 존재와 주나라의 '백성'이라는 존재를 동일하게 생각했다. 그리고 실은 이 두 존재를 연결하는 것이야말로 그들이 결코 입에 담고자 하지 않았던 '조(粟)늑곡(穀)'인 것이다. 그것은 유교적 국가에서 말하는 '사직'의 의미이다.7) 유교적 교양에서 '국(國)'이나 '국가(國家)'와 같은 의미로 사용된 '사직'이란 '국(國)'의 지배영역을 관장하는 땅의 신이다. 더 정확하게 말하자면 '사(社)'가 땅을 관리하는 신이며 '직(稷)'이 곡

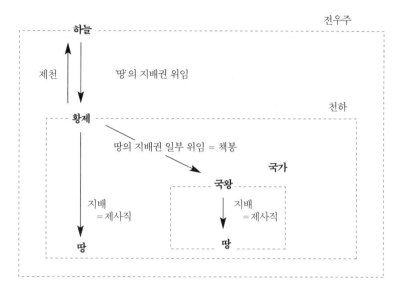

물을 관장하는 신이다. 제후는 천자에게서 그가 일괄적으로 관리하는 지상의 권리를 나눠 받아 '왕'이 되지만, 이처럼 그들이 지배해야 할 '땅'을 얻은 제후는 그 '땅'을 원활하게 다스리기 위해서 그 '땅'의 신을 받들어 모시게 된다. 이것이야말로 '사직'이며 그렇기 때문에 사직은 '국(國)'의 탄생과 함께 생겨나고, '국(國)'이 멸망하고 지배하는 '땅'이 사라지면 동시에 소멸되는 것이다. '사직을 계승한다'는 것이 '국가를 계승한다'는 것과 동일시됐기 때문이다. 농업사회였던 전근대사회에서는 '땅'에 만족하고 '곡물'을 안정적으로 확보하는 것이야말로 '국가'의 최대 책무였으며 이는 '사직을 받들어 모시는 것'과 다름이 없었다. 전근대 동아시아 국가들을 살펴볼 때, '국가'의 가장 큰 역할이 '사직을 받들어 모시는 것'이었음은 바로 이러한 이유에서였

을 것이다.(그림 3-1)

이것으로 백이와 숙제의 일화에 담긴 의미가 이해됐을 것이다. 즉 유교적 교양에서 볼 때 한 '국가' 안에서 생산된 곡물을 먹는다는 것은 이 곡물을 수확할 수 있도록 해준 '사직'의 혜택을 받는 것이며 '사직'의 혜택을 받는다는 것은 이를 모시는 '국가'의 혜택을 받는 것을 의미했다. 그들이 곡물을 피해 산간지역에서 자생하는 고비를 먹었던 이유였다.

이것은 바꾸어 말하면 다음과 같은 의미가 있다. 즉 백이나 숙제와 같은 극단적인 생활을 하는 사람은 모르겠지만 일반적으로 '국가'의 지배 아래에 있는 사람들은 자신들이 원하든 원치 않든 그 '국가' 안에서 얻어진 '곡물'을 먹는다. 그들은 이렇게 함으로써 생명을 연장해 가기 때문에 그 결과 직접 '국가'의 녹을 먹고 있는지의 여부와는 관계없이 똑같이 국가의 혜택을 받는 것이다. 그리고 이 점에서 '백성'이나 '신하' 모두가 '국가' 없이는 성립되지 않는다. 조금 과장된 표현을 쓰자면 '백성'이란 '신하'의 한 종류이다. 사람은 자신이 원하든 원치 않든 똑같이 '국가'로부터 혜택을 받는 존재이다. 백이와 숙제가 그랬던 것처럼 사람은 '국가'없이는 살아갈 수 없다. 앞에서 언급했던 오가타는 이같이 동아시아 전통국가를 논하는 데 '사가(私家)'에 대한 '공가(公家)'로서 '국가'라는 개념을 사용했다.[8] 예를 들어 제후나 천자는 유가(劉家. 유씨 성을 가진 집안―옮긴이)와 주가(朱家. 주씨 성을 가진 집안―옮긴이)와 같은 '사가'의 대표자임과 동시에 한가(漢家. 한 가족으로서의 한제국―옮긴이)나 명가(明家. 한 가족으로서의 명제국―옮긴이)와 같은 '국가'의 대표자이기도 하다. 이것은 그야말로 국가를 의사(擬似)가족으로 보는 논리이다. 그러나 그 배경에는 최하위층인 백성이라 할지라도 '국가'의 혜택을 받으며 그런 의미에서 국가 '집(家)'의 일원이라는 의식이 있었음에 틀림없다.

한마디로 말하자면 유교적 전통에서는 '군', '신하', '백성'의 3자는 같은 위치에 있지 않았으며, '신하'가 '백성' 쪽에 크게 치우쳐 있었다. 어쨌든 유교적 교리를 근원으로 한 국가와 국민의 모습이란 이 같은 것이었다. 그렇다면 같은 출발점에서 형성된 조선왕조시대 네이션의 모습은 어떠했을까. 지금부터 이 점에 대해서 살펴보기로 하자.

제3절 유교적 '백성'으로부터의 탈출 모색

'기강의 근본'—출발점으로서의 위정척사사상

조선/한국의 네이션 의식의 형성을 살펴보는 데에 앞서 알아둘 것이 있다. 근대 직전 시대인 조선왕조사회가 어떤 구조였는가 하는 점이다. 이에 대해서는 이미 제1부 제2장의 제1, 2절에서 밝힌 바와 같지만 이것을 다시 한번 간단하게 확인하자면 다음과 같다.

요점은 두 가지이다. 첫 번째는 조선왕조사회는 중국에 비해 본디 양반, 상민, 천민이라는 비교적 명확한 계층구조를 가진 사회였다. 이는 본래의 유교적 관점에서 보자면 '신하'가 커져 '군(君)'으로 치우친 '군 – 신하 – 백성'의 3층 구조적 사회였다.[9] 두 번째로, 그럼에도 불구하고 이 구조는 조선왕조 후기에서 말기로 넘어가면서 크게 완화되어 경제적인 관점에서 본다면 19세기 후반까지는 이 3자의 구별이 사라진 것과 같은 상황이었다.[10] 단 이 같은 경제적·사회적인 구조의 붕괴가 곧바로 새로운 의식으로 결부되는 것은 아니다. 실제로 19

세기 후반 궁정에서 이루어진 논쟁을 살펴보면 이를 제대로 이해할 수 있다. 예를 들어 1872년(고종 9) 당시 영의정이었던 홍순목(洪淳穆)은 종래 양반에게는 부과하지 않았던 호포(戶布)를 재원 확충을 위해 양반에게도 부과하려는 대원군정권의 정책에 대해 재지양반층의 반감을 대변했다. 이를 인용해보도록 하겠다.

> 몰락 사족들은 오랫동안 사관의 길이 끊겨 있었지만 예전과 같이 몸가짐을 가다듬고 유업(儒業)에 종사하고 문호(門戶)로서 자존심을 지키고 자신들은 군포를 낼 필요가 없는 촌락 안에서 상위 계층에 있는 특별한 사람이라고 생각했다. 그러나 지금은 새롭게 병적(兵籍)을 다시 만들어 종래의 양반과 상민이 혼연일체가 된 결과 상민들은 몰락 사족들에게 굴복을 강요당해온 경우도 있어, 두려움을 모르고 이 기회를 틈타 다음과 같이 생각하게 됐다. 즉 자신은 이미 군포를 내고 있다. 그리고 몰락 사족도 군포를 내고 있다. 그래서 아무런 차이가 없다고. 그들은 이렇게 생각하게 됐고 우리들을 업신여기기 시작했다.[11]

홍순목은 재지양반층과 상민층이 똑같이 호포를 내는 것에 대해, 경제적으로 상민에 비해 혜택을 누리지 못하게 된 재지양반층이 상민에게 업신여김을 당하기에 이르는 과정을 이야기했다. 그는 호포를 내야만 한다면 먼저 명분을 세워, 질서의 근본을 확고히 해야 한다고 주장한 것이다.

재지양반의 이익을 대변하는 이러한 주장은 왕조의 중심에 있었던 재경양반에 의해 이루어졌으며, 재경양반 안에서 당연한 것으로 받아들여졌다. 당시 예전에는 하나였던 재경양반과 재지양반 사이에는 해결하기 힘든 사회적인 골이 있었다. 그러나 양쪽에게 양반과 상민의 구별은 경제적인 능력과는 별개로 계속 유지되어야 하는 것으로 인식됐다. 호포라는 언뜻 보기에 급진적인 시책(施策)을 실행한 대원군정권 내부에서도 이러한 홍순목의 생각에 반대가 있었던 것 같지는 않다.[12] 즉 이 시점에서는 실제 상황이 어떠하건 간에, 의식 특히 예전부터 특권을 가지고 있던 재지·재경양반층—즉 '신하'—쪽의 의식은 여전히 자신들은 상민—즉 '백성'—과는 구별되어야 한다고 생각하고 있었다. 이는 재지양반이 '이미 오랫동안 중앙 관직에 오르지 못한(久絶仕官)' 후에도 변하지 않았다.

경제 및 정치의 실질적 '힘'의 측면에서 내몰린 세력은 종래의 이데올로기에 호소함으로써 간신히 잡고 있는 자신들의 특권을 사수하려 했다. 이 자체는 조선왕조뿐만 아니라 어떤 왕조나 국가에서도 보편적으로 볼 수 있는 현상일 것이다. 어느 쪽이든 중요한 점은 당시의 조선왕조에는 '신하'와 '백성'의 일체감이 없었다는 것이다. 19세기 중반에는 그들 사이에 명확한 구별의식이 아직 있었다. 바꾸어 말하면 조선왕조시대에는 하나의 네이션 의식 형성을 방해하는 요소로서 전근대적인 '세로벽의 의식'이 여전히 있었다는 것이다.

물론 이러한 면만을 보고 조선왕조시대의 네이션 의식이 통일되어 있지 않았다고 하는 것은 지나치게 성급한 판단일 것이다. 국내적으로는 대립하고 있다고 하더라도 만일 일본 등의 외국세력을 앞에 두고서 그들이 '자신들은 하나의 집단이다'라는 의식을 가지고 있었을 가능성도 있기 때문이다. 그리고 실제로 이러한 의식이 있었던 것으로 판단된다. 예를 들어 유명한 위정척사론자(衛正斥邪論子)인 이항로

(李恒老)의 말을 살펴보기로 하자.

오늘날의 국론에서 전쟁에 관한 논의는 두 가지가 있다. 그 중 양적
(洋賊)을 공격해야 한다는 자가 우리나라 쪽에 선 '국변인(國邊人)'이
며 양적과 강화(講和)해야 한다고 하는 자는 해적 편에 선 '적변인(賊
邊人)'이다. 즉 전자는 우리나라의 의상(衣裳) 관습을 유지하겠다는
자이며 후자는 인류를 금수의 영역으로 밀어넣으려는 자이다. 양자의
차이는 너무도 크다.13)

그렇다. '국변인', '적변인'이라는 형태로 양적과 구분되는 우리들
이라는 의식을 찾아볼 수 있다. 그러나 위정척사론자들의 이러한 자
타의식(自他意識)은 뒷날 한국인의 의식과는 다르며, 소중화의식과 밀
접하게 결부되어 일종의 문화적인 면이 있었다. 즉 여기서는 '차(此)'
와 '피(彼)'를 구분하는 것은 '의상 관습을 유지(保衣裳之舊. 여기서 의상
습관이란 단지 의복을 나타내는 것이 아니라, 유교적인 습관 전체를 대변하고 있다—
옮긴이)'하는 자인지 '금수의 영역으로 밀어 넣는(陷禽獸之域)' 자인지
하는 것이며, 가령 조선왕조의 '신하'이거나 '백성'일지라도 양적과
화해하는 것을 주장하고 사람들을 금수의 영역으로 밀어놓는 자는
'적변인'인 것이다.

이처럼 위정척사론자에게 가장 우선시되는 것은 문화적인 구분이
었으며, 이 때문에 사람들은 '국변'과 '적변'을 오갈 수 있었다. 이항
로가 적절하게 논한 것처럼 이는 어디까지나 '인류'와 '금수'를 구별
하는 것이며 근대적인 네이션을 구분하는 것은 아니었다.

본디 이와 같은 위정척사론자의 의견에 따르면 조선도 예전에는 동

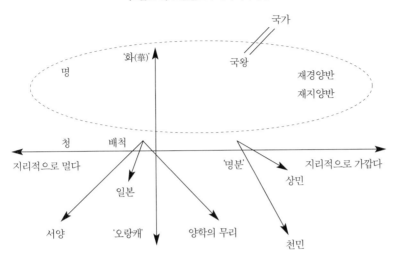

〔그림 3-2〕 조선왕조 후기의 자타의식

이(東夷) 즉 동쪽 오랑캐에 지나지 않았지만 중화문명을 수용하면서 '금수'에서 '인류'로 승격하게 됐다. 여기서 우리들이 간과해서는 안 되는 점이, 그 결과 위정척사론자에게는 결국 필자가 말하는 '세로벽' 이 형성되지 못했다는 점이다. 이 같은 구분으로는 원리적으로 아무 리 이적(夷狄)일지라도 국변인이 될 수도 있으며, 반대로 조선왕조의 백성이더라도 이적이 될 수 있었다.[14] 또한 본래 이 구분에 따르면 이 른바 소중화사상적 관점에서 배제된 청나라는 차치하고라도, 중국 본 토 사람들 특히 명나라시대 이전의 중국인과 자신들을 구분하는 것은 불가능했다. 실제로 그들의 대부분은 이른바 '숭정기원(崇偵紀元. 숭정 은 명나라의 마지막 황제인 의종의 연호로 숭정기원은 1628년이며 조선 사대부들의 묘비 등도 이 연호를 사용하여 표기했다—옮긴이)'을 사용했으며 자신들을 명 나라나 명나라 지식인의 후계자로 자리매김했다. 여기서 위정척사론자들의 '대명유민(大明遺民. 명나라가 멸망한 뒤에도 명의 백성이라 칭한 것이다. 화이관(華夷觀)에 입각하여 청을 인정하지 않으려는 사상—옮긴이)'에서는 같은 조선왕조 지배 아래의 상민과 재민(財民)보다 훨씬 강한 '친근감'을 찾아볼 수 있을 것이다.[15]

이를 그림으로 나타낸다면 그림 3-2처럼 될 것이다. 결국 한마디로 말하자면 재지지식인층을 제3장에서 판단하는 한, 근대 직전에서 근대 초기 조선지식인의 의식에는 여전히 '세로벽'이 존재함과 동시에 '가로벽'도 애매한 채로 남아 있었다. 바꾸어 말하자면 '신하'와 '백성' 사이에는 일정한 의식적인 장애가 있는 한편 여전히 '조선/한국 네이션'으로서의 의식은 명확하지 않은 채로 남아 있었다.

그렇다면 그들의 의식은 그 뒤에 어떻게 바뀌었을까. 그럼 지금까지 기술한 내용을 출발점으로 네이션 의식이 싹 트는 과정을 살펴보도록 하자.

'인내천'—동학의 빛과 그림자

위정척사사상의 전성기인 19세기 중반에는 다음의 내셔널리즘시대를 전망할 수 있는 큰 변화가 있었다. 동학이었다. 스스로 동학의 신자였다고 말했던 오지영(吳知泳)은 동학의 개조(開祖)인 최제우(崔濟愚)의 사상을 다음과 같은 가상 문답을 통해 표현하고 있다.

질문 '사람이 하늘이며 하늘이 사람이다'란 어떤 의미입니까?
대답 무형을 하늘이라 부르고 유형을 사람이라 하는데 유형과 무형은 이름은 다르지만 이치는 같다.[16]

최제우는 이 같은 생각에서 후에 제3대 교조가 된 손병희(孫秉熙)가 말하는 '인내천(人乃天)' 즉 하늘이 사람의 길을 결정하는 것이 아니라 사람이야말로 하늘 그 자체이며 사람이야말로 사람의 길을 결정한다는 사상을 생각해낸다. 이러한 동학의 주장은 이 '인내천'의 원리에 따라 '군', '신하', '백성'을 애매하게나마 구분해놓은 유교적인 천도(天道)의 논리를 부정해, 사람은 모두 평등한 존재라는 주장을 낳는다. 즉 여기서는 양반, 상민, 천민의 3자 외에는 심하게 배척당한다. 최제우의 노래에는 예전처럼 재지사회에서 권위를 자랑하려고 하는 재지양반들을 조롱하는 부분도 있었다.

제3장에서 주목해야 할 점은 이러한 사상이 종래의 '신하', '백성' 중에서 가장 구애를 받아온 재지양반층에서 생겨났다는 점이다.[17] 우리들은 그들이 '백성'과 구분되는 '신하'로서의 의식에서 큰 의식전환이 있었음을 엿볼 수 있다.

동학사상은 어떻게 생겨났을까. 여기서 간과해서는 안 될 점은 동학 이데올로기에서 자신과 적대관계에 있는 '상대'로 인식된 것이 중앙의 '문벌(門閥)'이라는 것이다. 이는 필자가 말하는 서울에서 터를 잡고 있는 힘 있는 재경양반들을 의미한다. 동학은 가끔씩 자신들을 '우리'라고 부르는 데 비해 이들 세력에 대해서는 '그들'이라는 표현을 사용했다. 즉 동학이란 조선시대에 가장 큰 단절로서 존재했던 재경유력양반과 그 외 사람들 사이의 견해 차이에 따라 성립된 이데올로기였다. 이 때문에 농민반란 등의 현실적 투쟁에서도 그들의 주된 공격대상이 된 것은 '문벌'이었다.

결국 동학에서 이전의 '신하'와 '백성'의 벽을 허무는 원동력이 된 것은 자신들을 심하게 착취하는(이라고 그들은 가정했다) 힘 있는 무리에 대한 반발이었다. 여기서 조선의 '백성'은 크게 양분된다. '문벌'에 대한 반발로 단결하게 된 재지세력은 예전에는 같이 '신하'라고 불리던 양반을 '백성'과 하나가 되어 함께 싸우는 '신민'과 그 '신민'에게 공격을 당하는 '문벌'로 의식상 양분시켰다. 이는 재지몰락양반과 재경 유력양반에 대한 양반층의 양극 분화라는, 당시의 사회 정황에 대한 사상적 표현이라고 할 수 있다.[18]

이와 함께 지금까지 자주 지적한 것처럼 동학은 강한 '민족적' 색채를 띠는 이데올로기였다. 그 명칭에서 나타나는 것처럼 동학은 서양의 학문인 서학을 의식해서 만들어졌다는 점에서 이미 서양과는 다른 동양의 학문으로 크게 알려졌다. 그리고 서양문명에 일찍부터 접촉하여 서양문화의 첨병이 되어 조선의 '개화'를 주장하는 일본에 대해 강한 적대의식도 있었다. 예를 들면 1894년 동학농민혁명 당시 지도자였던 전봉준(全琫準)은 다음과 같이 말하고 있다.

일본이 병사를 움직여 우리의 군부(君父)를 가두고 우리 백성의 생활을 위협하고 있다. 도저히 참을 수가 없다. 예전부터 일본은 임진왜란을 일으키고 능과 묘를 파헤치고 궁궐과 종묘를 불태우고 군친을 능욕하며 서민을 죽였다. 이러한 신민 모두가 용서할 수 없는 행위를 우리들은 영원히 잊지 못할 것이다.[19]

'신하'와 '백성'의 일체감을 느낄 수 있다. 즉 그들은 '문벌'에 대해 그러했던 것처럼 일본이라는 공동의 적 앞에서는 '함께 분노함'이 가능했다. 또한 오늘날 이와 같은 동학이라는 논리 안에는 적극적으로 '화(華)'를 배척하는 논리가 있다는 점도 지적됐다.[20] 어쨌든 동학이 문벌, 서양, 일본이라는 공동의 적을 이용해서 예전과는 다른 '신하'와 '백성'들 사이에 일정한 ―존 스튜어트 밀이 말하는― '친근감'을 만들어낸 것은 분명하다. 이런 의미에서 동학이 근대적 내셔널리즘 속으로 한 발 내딛은 것은 역시 부정할 수 없는 사실일 것이다.

동학이 근대적인 내셔널리즘이라고 불리기에는 여전히 큰 문제점이 있다. 가장 큰 문제는 동학의 사상적 핵심이었던 '인내천'으로서 '사람'의 개념과 '왜(倭)'가 '군(君)을 능멸함'에 대해 분노하는 조선왕조의 '신민'으로서 입장을 어떻게 조정할 것인가 하는 것이다. 이 두 가지를 함께 주장하는 동학은 전자가 '천(天)'이라는 보편적인 평등원리를 제시하는 데 비해, 후자는 앞에서 언급한 전봉준의 상서에서 단적으로 볼 수 있는 것처럼 조선왕조의 '신하' 원리를 이끌어내어 일본에 대항할 것을 주장하고 있다. 동학의 교양적인 중심이 전자에 있다는 것은 명확하다. 그렇다면 여기서 문제가 되는 것은 과연 '왜적이나 '양적(洋敵)'들마저도 동학으로 전향만 한다면 '억조(億兆)'의 한 명으로 가정할 수 있을 것인가이다. 그렇다면 '선왕의 적자(赤子. 여기서 적자란 백성―옮긴이)[21]의 입장은 어떻게 될 것인가. 이는 동학의 교리에서는 분명하게 제시하고 있지 않다.

생각해보면 이러한 동학 문제의 주된 원인은 그들이 말하는 '백성'의 범위가 명확하지 않다는 데에 있다. 동학은 '인내천'과 같은 슬로건의 하나로서 '보국안민(輔國安民)'[22]을 내걸었지만 본래 유교에서 건너온 이 슬로건은 '국가'와 '백성'이 내셔널적으로 결부되지 않은 개념이다. 즉 유교에서 말하는 '국가'란 제후의 '국가'이며 '국민'이란 국가와의 관련성을 가지지 않는 개념인 것이다. 맹자의 '가정(苛政)은 호랑이보다 무섭다'는 사건에서 단적으로 드러나고 있는 것처럼, '백성'이란 더 좋은 제후의 '국가'를 추구하며 떠돌아다니는 존재이고, 좋은 '국가'에는 많은 '백성'이 몰려들어 '국가'도 번영하게 된다. 그렇기 때문에 '안민(安民)'이 '보국(保國)'으로 이어지는 것이다.

동학은 이 같은 유교적인 언어 위에 '왜적'이나 '양적'에 대한 소박한 대항의식이나 적대의식—이를 내셔널리즘이 싹 트는 것이라고 말할 수 있지만 필자가 말하는 근대적인 내셔널리즘 그 자체는 아니다—이 쌓였다. 동학사상이란 단순한 유교적 보편주의보다는 분명히 한 걸음 더 나아가 있었지만 아직 불확실하고 애매한 상태로 남아 있었던 것이다. 동학에 양자를 잇는 궁극적인 논리는 없었으며 그것들은 분리된 형태로 있었다. 그리고 이 양자의 부정합 속에 동학의 일부가 뒤에 일진회(一進會)로 흘러가도록 한 요소가 있었다. 즉 일본의 위협이라는 심각한 위기에 노출됐을 때 동학은 교리 안에 충분히 편입되지 않았던 민족적인 부분을 분리시켜버리고, 대신 보편적인 '백성'을 추구했기에 비교적 쉽게 친일단체로 변화된 것이다. 즉 '보국'이 '안민'으로 직접 이어지지 않는다고 생각됐을 때 전자는 후자 앞에 간단하게 버려지게 됐다. 악명 높은 일진회의 합방 성명에는 그 점이 상징적으로 나타나 있다.

……곧 우리 한국을 보호하는 것이다. 죽을래야 죽을 수 없는 우리 2천만 국민은 노예의 멸시에서 벗어나고 희생의 고통을 면하여 동등한 대열에 서서 완전히 새롭게 소생하여 앞을 향하여 전진해보고 실력을 배양한다면 앞날의 쾌락을 누리고 뒷날의 살 길을 찾을 수 있을 것이 뻔하다.[23]

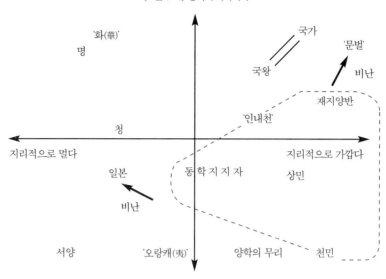

〔그림 3-3〕 동학의 자타의식

확실히 '백성'을 보편적인 것으로 하고 단순히 백성의 '안(安)'을 추구하는 것뿐이라면 '국가'가 반드시 네이션과 일치할 필요는 없을 것이다. '국가'는 무엇 때문에 필요한 것이며 우리들은 왜 국가를 위해 일하지 않으면 안 되는 것일까. 본래 기존의 체제에 대한 안티테제로 출발한 동학은 결국 그 점을 마지막까지 조정할 수 없었다.(그림 3-3)

일진회의 예뿐만이 아니라 3·1운동 이후 최린(崔麟)의 '전향' 등에서 볼 수 있듯이 동학계 세력이 때때로 친일화되는 현상은 동학의 한계를 드러낸 것이다. 그러면 그 시대 '국가'를 위해 스스로를 희생한 '의병'들은 어떻게 생각하고 있었을까. 이제 이에 관해 살펴보도록 하자.

'수은보원'—의병운동으로 보는 '국가'와 '신민'

동학은 확실히 종래의 계층적 체제가 사람들의 의식에서 부정되고 있다는 점을 단적으로 보여주었다. 중요한 것은 이 운동이 서울에 사는 지식층에서가 아니라 지방사회에서부터 일어났다는 점이다.[24] 즉 종래의 계층적인 틀을 넘은 동지로서의 의식이 광범위한 사람들 사이에서 조금씩이나마 계속해서 싹트고 있었던 것이다. 그러나 이는 중요한 문제를 남겨놓고 있었다. 즉 글 첫머리의 내셔널리즘에 관한 고찰에서 다룬 바와 같이 '주권국가를 지향하는' 것이 네이션이라면 내셔널리즘은 왜 자신들의 국가가 필요하며, 왜 자신들의 국가를 지키지 않으면 안 되는지를 설명할 수 있는 논리를 가져야만 한다. 동학은 이 점이 결여되어 있었다.

이른바 의병, 즉 조선왕조/대한제국의 말기 항일운동에 몸을 바친 사람들을 여기서 다루는 이유는 바로 이 때문이다. 그들은 국가를 위해 스스로를 희생한 운동을 어떻게 설명했을까.[25]

조선의 의병에 대해서는 1894년 갑오개혁 전후에 활동을 시작한 의병과 1907년을 정점으로 활동한 두 종류의 의병이 잘 알려져 있다. 조선역사에서는 전자를 전기 의병, 후자를 후기 의병이라고 부르는 것이 일반적이다. 우선 시대순으로 전기 의병에 대해서 이야기해보자.

전기 의병은 동학 이전부터 있었던 위정척사사상의 흐름을 잇는 집단이며, 이들은 주자학적인 명분론을 통해 저항의 이데올로기를 이념적 기반으로 하고 있었다. 즉 그들은 일본에 저항하는 데 내셔널적인 의식보다는 일본과 일본이 지원하는 세력에 의한 개혁이 조선이 종래 갖고 있었던 '화(華)'를 무시한 개혁이었기에 이 '화'가 영원히 사라질지도 모른다는 문화적인 위기의식을 마음속에 가지고 있었다. 그들이 지키고자 한 것은 국민이 아니라 스스로가 정통을 잇는다고 자부하고 있었던 진정한 중화문명이었다. 이는 논자들 간에 의견의 차가 있을 수 있으나 내셔널적인 의식을 논하는 데는 그 전시대와 비교해 딱히 큰 변화가 있었다고는 생각지 않는다. 이는 오히려 동학의 의식 이후로 후퇴했다고 보아도 좋을 정도이다.[26]

후기 의병으로 접어들면서 양상은 크게 달라진다. 1905년 을사조약(제2차 한일협상조약) 이후 시간이 흐르고, 일본의 이른바 '보호'의 실태가 명백히 드러난 시점에서 대한제국의 '국가'로서의 존망은 위기를 맞게 됐고 이 점은 의병들도 잘 이해하고 있었다. 이러한 배경이 있었기에 후기 의병이 일어난 시기에는 농후했던 중화문명에 대한 친근감과 중화문명을 상실할지도 모른다는 위기감은 크게 후퇴하고, 대신 '국가'를 구해야 한다는 필요성이 강조됐다.

그렇다면 그들은 무엇 때문에 '국가'를 구해야 한다고 주장한 것일까. 이 점을 살펴보기 위해 다음 문장을 참조했으면 한다.

삼가 생각건대 종사생령(宗社生靈)을 첫째로 하고 순검순대(巡檢巡隊)하지 않으면 안 된다. 대한조선의 국민인 우리는 우리의 할아버지와 아버지가 선왕의 신민이 된 이래 오백 년이라는 긴 세월을 지나 사신곡복(絲身穀腹. 입을 옷과 먹을 곡식—옮긴이)의 은혜를 입고 이 조선에서 목숨을 유지해온 것이다. 이러한 우리들에게 일본 오랑캐는 불구대천의 대적이니 이는 임진왜란을 상기해보면 알 것이다. 이러한 국가의 은혜와 일본에 대한 원한에 대해 수은보원하는 것은 인지상정이며, 우리는 지금이야말로 의(義)를 위해 봉기해야 할 것이다.[27]

이는 전라도의 한 의병장이 쓴 격문의 한 구절이다. 물론 여기에 당시 모든 의병들의 생각이 나타나 있는 것은 아니다. 우선 알 수 있는 점은 그들이 스스로의 운동을 '수은보원' 즉 국은(國恩)에 보답하고 국원(國怨)을 갚는 것이라고 생각했다는 점이다. 그리고 이 의병장은 이러한 '은(恩)'과 '원(怨)'에 대해 다음과 같이 말하고 있다.

우리는 '선왕' 즉 조선왕조의 신민이 된 이래 오백 년이나 되는 긴 세월에 걸쳐 왕조로부터 '사신곡복'의 은을 입었다. 일본이 궁궐을 불태우고, 국모를 살해하고, 선제(先帝)를 내쫓는 폭거가 일어난 지금 긴 세월에 걸쳐 은혜를 입어온 우리들이 이 은혜에 대해 보답한다는 것은 당연한 일이다. 본디 일본은 임진왜란 이래 우리들과 불구대천의 대적이므로.

여기서 중요한 것은 '선왕신민(先王臣民)'과 '오백 년 사신곡복'일 것이다. 즉 국은을 입은 이유를 왕조로부터의 '연(緣)'이 아니라 사직을 매개로 한 '사신곡복'에서 찾고 있으므로 구양반층은 물론 스스로를 양반 즉 예전의 '신하'의 후예라고 볼 수 없는 자들까지도 단결하여 항일운동에 합류할 수 있었다는 것이다. 운동에는 '귀천이 없다'[28]고 했다.

이러한 의병들의 주장은 다른 의병장들의 격문에서도 쉽게 발견할 수 있다. 한마디로 그들은 자신들은 동등하게 '국가'의 은혜를 입었으며 그렇기 때문에 그 은혜를 입은 '국가'가 위기를 맞은 지금이야말로 그 은혜에 '보답'하지 않으면 안 된다고 한 것이다. 이 배경에는 말할 필요도 없이 제2절에서 다룬 '사직의 논리'가 있는 것이다. 다른 격문에는 다음과 같은 구절도 있다.

사직은 생민(生民)의 근본이다. 사직이 없으면 생민도 없으며 사
직이 있으므로 생민이 설 수 있다. 요순(堯舜. 중국 신화상의 성군인 요
임금과 순임금) 이래 사직을 받드는 것만큼 중요한 것은 없으며, 어떻
게 한 순간이라도 이를 그냥 지나칠 수 있겠는가. 이야말로 생민이
두려워하는 점일 것이다.[29]

여기에 나타나 있는 것은 전형적인 유교적 사고방식의 하나이다.
즉 국가라는 것은 사직을 받드는 것이며 이 사직에 의해 백성들은 모
두 살아갈 수 있다. 이 세상에는 사직을 받드는 것 이상으로 중요한
것은 없으며 사람들은 사직을 받들지 않게 될 것을 두려워한다는 것
이다.

이들의 사고방식을 이해해야 비로소 당시 의병장들의 '일본은 우리
나라를 빼앗고 우리 민족을 멸망시키려 한다'는 주장을 이해할 수 있
을 것이다. 일본이 '국가'를 멸하려고 한다. 이는 즉 대한의 사직을 멸
하는 것이며 그 결과 식량이 끊기고 민족은 멸망한다. 당시 의병장들
의 논리는 이렇게 전개된 것이다.

그들의 이러한 사고방식을 여실히 드러낸 것은 의병운동이 실패로
끝나고 한국이 일본에 병합되는 시점에 나타난 그들의 행동이다. 주
목해야 할 것은 이때 의병들 사이에서 백이 숙제와 같이 기아 때문에
항의하는 자가 잇달았다는 점이다.[30] 즉 그들은 조선의 '신민'으로서
새로운 일본의 '신민'이 되는 것을 떳떳하다고 생각하지 않았던 것이
다. 또 비슷한 예로는 일본의 호적에 들어가는 것을 거부한 사람 등이
있다.[31]

중요한 점은 이 논리가 조선왕조의 '신하', 그 중에서도 특히 지방

에 있는 '신하'와 '백성'을 하나로 묶어 생각하는 사고방식, 즉 '백성도 또한 신하'라는 사고방식에 의해 구축됐다는 점이다. 이전의 조선지식인은 본래 유교적인 전통과는 달리 '신하'와 '백성'을 엄격하게 구별하는 성향이 강했다. 이러한 성향은 전형적으로 동학에서 찾아볼수 있다. 이러한 의식은 차츰 변해갔으나 그럼에도 불구하고 동학 단계에서는 여전히 네이션을 표방하지 못했으며 동학 자체도 1894년 시점에는 아직 사학(邪學)으로 간주되는 세력에 지나지 않았다. 그러나여기서 그들은 일본이라는 공통의 적 앞에서 종래의 차이점을 버리고단결하는 길을 선택한다. 또한 일본의 위협 앞에서 굴복하고 굴욕을당한 황제와 그 일족의 모습은, 이미 일본의 경제적인 진출의 영향을받기 시작했던 지주세력의 눈에는 '원(怨)'과 다름없게 비쳐졌으니, 이로 인해 '신민'과 '군주'의 일체감은 더욱 강해졌다. 그들은 '군주'와 '국가'를 위해 싸운다는 것은 자기 자신을 위한 것이기도 했으며, 또한 '신민'으로서 당연한 일이라고 생각했다. 이로 인해 같은 시기에 '동지'라는 말이 많이 사용됐다. 즉 예전에는 구별됐던 '신하'와 '백성'이 이때에는 함께 일본의 침략에 맞서 싸우는 '동지'가 된 것이다. 이 논리로 인해 의병들은 비로소 자신들이 다른 사람들과 같은 '백성' = '신하'라는 논리를 얻었으며, 이로 말미암아 광범위한 지지를 획득할 수 있었다.

'가로벽'은 허물어졌다. 그리고 동학, 그리고 전기 의병의 논리와는달리 이 논리를 도입함으로써 후기 운동에 참가할 수 있는 사람의 범위는 명확하게 한정됐다. 더이상 '동학을 지원하는 외국인'과 '명조(明朝)의 귀족과 신하'가 이 범위에 포함될 가능성은 없었다. '국가'를지키기 위해 싸우는 일은 '국가'에 '은혜'를 입고 '국가'와 '원(怨)'을 같다고 볼 수 있는 사람이 할 일이며, 이 조건이 성립되면 사람은 모두 동등하여, 같은 '동지'로서 일본과 싸울 의무가 부여된다. 논리는 바로 이렇게 전개된 것이다.

이는 후기 의병에서 '세로벽'이 명확해졌다는 것을 의미한다. 이미 아는 바와 같이 여기서 조선 사람들의 의식은 네이션 의식에 크게 가까워진다. 그럼에도 불구하고 이 의병운동에서 운동을 정통화시킨 레토릭으로 도입된 '신민'과 '수은보원'의 개념은 모두 유교에서는 배척되던 개념이었다. 물론 유교라는 것은 일종의 '민본주의(民本主義)'적인 성향을 가지는 사상이나, 그럼에도 불구하고 '백성'은 기껏해야 '피지배자'이며 국가를 움직이고 국가를 소유하는 주체가 아니었다. 바꿔 말하면 맹자가 직접적으로 이야기한 바와 같이 물론 '백성'이 없으면 '국가'는 성립되지 않으며 이러한 의미에서 '백성은 국가의 근본'이고 '군주'는 이를 존중해야 하나 이 점은 근대적인 의미에서 주권이 '백성'에 있다는 것을 의미하는 것이 아니다. '국가'의 주체는 어디까지나 '군주'이며, '백성'은 이에 공헌하고 은혜를 받는 객체일 뿐이다. 바로 그렇기 때문에 '국가'가 폭정을 하거나 은혜를 내리지 않을 경우, '백성'은 이를 피해 다른 곳으로 피난할 수 있다.

이는 똑같이 '신하'에게도 적용된다. 물론 유교에서 '신하'의 위치는 비교적 높아, 비록 '군주'라 할지라도 신하의 의견이 정당하다면 결코 무시할 수 없었다. 그러나 이러한 '신하'조차도 결국 '국가' 그 자체는 아니었다. 동아시아의 전근대사회에서 '국가'라는 것은 황제가 스스로의 지상에 대한 지배권을 여타에 위임하는 행위에 의해 비로소 그 정통성이 인정됐다. 그리고 그 지배권의 위임은 '왕' 개인, 또는 그 일족에 부여되는 것이었다. 고려가 조선왕조로 바뀌는 시점도

〔그림 3-4〕 수은보원의 자타의식

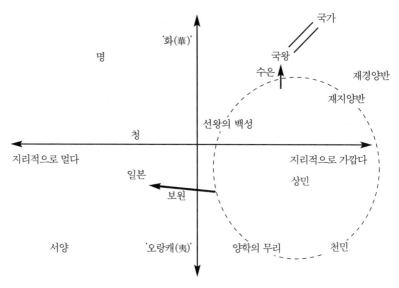

그러했듯이, 동아시아에서는 왕조가 바뀔 때마다 새로운 국가를 세우고, 황제의 승인을 받아 사직을 재설정하지 않으면 안 됐는데 바로 이것이 이 때문이다. 즉 여기서 국가라는 것은 '군주'의 소유물이고, 주체는 '군주' 자신밖에 될 수 없으며 '신하'와 '백성'은 어디까지나 이에 수반되는 개념에 지나지 않았던 것이다.

한마디로 말하면 이 단계에서 조선/한국의 네이션 의식이 극복해야할 대상으로 '군주'라는 존재가 남아 있었던 것이다.(그림 3-4) 그러면 이 '군주'는 조선/한국의 내셔널리즘에서 어떻게 해소됐을까. 다음 제4절에서는 이 점에 관해 살펴보기로 하자.

제4절 왕조의 행방 ─구지배층의 몰락

'조선 귀족'

의병운동의 논리는 조선인의 의식을 네이션이라는 개념에 크게 다가서게 했다. 여기서는 종래의 계층적인 격차를 초월한 투쟁의 논리가 주창되어 지금까지와는 다른 광범위한 저항운동이 전개됐다.

이때 운동에서 명백히 배제된 사람들이 있었다. 이는 뒤에 '친일파'로 분류되는 고급양반관료 집단이다.[32] 1905년 을사조약 이후 그들은 일본의 지배강화에 소극적이었든 적극적이었든 결과적으로는 협력했다. 이로 인해 의병들은 그들에게 격심한 증오의 감정을 품었으며, 이 감정은 때로는 일본에 대한 증오보다 더 커지기도 했다. 그렇더라도 당초 증오의 대상이 된 고급양반은 이른바 매국오적(賣國五賊), 칠적(七賊) 등 비교적 제한된 수여서 그 비난이 고급양반관료 전체로 돌려지지는 않았다.[33] 때로는 운동의 격심한 압력에 곤혹스러워하긴 했지만 고급양반관료의 권위는 이 시점에서는 전혀 흔들리지 않았다.

상황은 차차 변해간다. 상황 변화의 큰 계기로는 크게 두 가지를 들수 있다. 첫 번째는 그들이 '조선 귀족'에 임명된 일이다.[34] 이완용(李完用) 세력의 집요한 저항으로[35] 식민지통치가 시작된 이후 조선의 구왕조는 극히 왜곡된 형태로 겨우 이어졌다. 즉 식민지통치 시작 후 조선에는 '국가'로서의 실태를 갖추지 못한 '이씨 왕조'가 남았으며 그 중심에는 조선의 왕이 아닌 일본 천황의 신하인 이왕(李王)과 그 왕궁이 남았다. '이왕궁(李王宮)'에는 관련 직무를 수행할 '이왕직(李王職)'이 새로 설립되고, 총독부의 자문기관인 '중추원'은 왕조시대 그대로 남아 있어 수많은 유력 양반귀족들이 왕조시대 때와 다름없이 자신의 직무에 종사하고 있었다. 즉 이른바 식민지통치 시작 이후 서울은 실권 없는 왕실과 마찬가지로 실권이 없는 관료가 있었던 것이다. 일본 정부는 이러한 구양반귀족에 대해 식민지통치에 즈음하여 '조선 귀족'이라는 새로운 칭호를 부여했고 이를 일본 국내의 화족(華族. 귀족, 지체가 높은 이나 그의 자손—옮긴이)에 '준하여' 취급했다.

이때 일본에게 작위받기를 거부한 자는 몇 안 됐다. 이 점에 대해 당시 자작의 지위를 받은 김윤식(金允植)은 다음과 같이 회고하고 있다.

한일합방에 따라 나에게 작위가 주어진다는 말을 듣고 나는 매우 놀라 데라우치(寺內) 총독에게 다음과 같이 편지를 보냈다. 즉 나에게 죄는 있어도 공은 없으므로 결코 작위를 받을 일은 없다고 보냈다. 이 편지에 답장은 오지 않았으나 바로 고종의 칙사인 조민희(趙民熙)와 순종의 칙사인 민병석(閔丙奭)이 목숨을 걸고 나를 찾아와 다음과 같은 순종의 유지를 나에게 전했다. 삼가 군과 신은 일체이며 따로 떨어질 수 없다. 나는 이미 일본에서 작위를 받았으나 경(卿)은 이를 받지 않는다고 하니 나는 심히 불안하다. 또한 두 사람의 칙사는 고종과 순종 두 왕이 사태를 매우 우려하고 있으므로 우리들은 이대로 돌아갈 수 없다고 덧붙였다. 칙사들은 이렇게 밤을 세면서까지 나를 강하게 압박했다. 처음에는 목숨과 바꿔서라도 또한 주군의 명이 있더라도 결코 작위만은 받으면 안 된다고 맹세한 바 있으나 이러한 엄명을 받아 결국 할 수 없이 승낙했다. 그러므로 나는 나의 주군의 명을 받들어 작위를 받은 것이며 일본으로부터 작위를 받은 것이 아니다.36)

물론 '신하'인 그들은 선택하기가 곤란했을 것이다. '대한의 귀족, 신하'로서 총독부에게서 작위를 받는 것은 떳떳하지 못하다. 그러나 구황제인 이태왕(李太王)과 이왕의 권유가 있다면 그들은 '신하'로서 이러한 이왕의 요청을 거절할 수는 없었을 것이다. 또한 이러한 조선 귀족의 존재는 구황족인 '왕공족(王公族)'과 일체라고 여겨져[37] 그들이 작위를 거부하는 것은 바로 구황족의 '왕공족'으로서 지위가 위험해질 가능성이 있는 것이었다. 또한, 이후 조선 귀족의 실태를 살펴보면 그들의 일상생활 및 업무는 동경의 황족, 화족 등과는 분리된 '이왕직'을 중심으로 한 독자적인 세계를 형성하고 있어서,[38] 이 점에서 말한다면 그들은 일본의 귀족이라고 하기보다는 여전히 '조선'의 귀족이라고 해야 하겠다. 그들은 여전히 '군주'와 '신하'이며 불충분한 형태라고는 해도 '이왕'이라는 '군주'가 존재하는 이상 '신하'는 이를 무시할 수 없었다. 그들이 이러한 작위를 일본에서가 아니라 구황제들에게서 받았다고 생각한 점도 어느 정도 이해할 수 있을 것이다.[39]

이는 국가가 없는 데도 불구하고 '군신'이라고 불러야 할 존재였다. 그러나 이는 물론 '그 안에 있는 자'의 변명에 지나지 않았다. '망국'을 바라보고 있는 시기에 새롭게 작위를 받은 자는 외부에서 보면 조선 '신하'의 신분을 벗어나 일본의 '신하'가 되기 위해 절개를 굽힌 자로 간주됐다. 그들도 역시 의병 등과 같이 고비라도 캐어먹고 살아야 했던 것이다.[40] 이에 따라 고급양반관료였던 자들의 위신은 크게 실추된다.[41]

두 번째 계기는 3·1운동이다. 선언문을 발표할 즈음, 이후의 '민족대표자'들은 자신들보다 권위가 있는 구유력 양반들의 이름을 빌리려 했다.[42] 박영효(朴泳孝), 김윤식 등 오늘날 친일파로서 지탄을 받는 인물이 많이 포함되어 있는 점은 시사하는 것이 크다. 이 시점에서는 그들이 여전히 유력한 운동의 지휘자로 지목됐던 것이다.

그러나 결론적으로 말하자면, 귀족층 중에서 선언문에 협력하는 사람은 없었다. 김윤식은 그 이유를 "국가도 정부도 없어진 지금 누구를 위해 선언을 한단 말인가(不可輕擧 現無國無政府 誰爲宣言乎 時期太早)"[43]라고 했다. 귀족층의 의식 속에 '국가'라는 것은 어디까지나 왕조였을 것이다. 그러나 앞으로 '국가'를 짊어질 자에 대한 인식은 크게 변하고 있었다. 즉 왕조나 구황제들과 고급양반관료 이외에도 '국가'는 존재할 수 있다는 의식이 점차적으로 형성되고 있었던 것이다.

의뢰자들은 결국 스스로 '대표자'에 취임하고 선언문을 발표한다. 선언문의 효과는 절대적이어서 이를 계기로 조선 국내외에 운동이 활발하게 전개됐다. 이에 반해 3·1운동에서 제외됨에 따라 귀족층의 권위는 결정적으로 실추된다. 이후 운동에서 그들의 발언권은 소실된 것과 다름없었다.

이러한 사실은 결국 그들에게 조선/한국 네이션의 형성과정, 그리고 앞으로 새 국가를 함께 만들어가야 할 존재들에서 구왕조 지배층을 제외시키는 결정적인 역할을 한다. 그리고 그 배후에는 '국가'에 대한 인식에 큰 변화가 있다. 이 점은 다음해의 대한민국 임시정부 수립과정에서 단적으로 나타난다. 이제 그 점에 관해 살펴보도록 하자.

'왕조' = '국가'의 종언―이왕가의 몰락과 임시정부의 국가 이미지

영국의 내셔널리즘은 본디 왕과 그에 따른 세력 즉 왕당파의 '적(敵)' 등 두 세력으로 형성되고, 이윽고 왕이 '적'세력에 포함되면서 완성된다. 이에 비해 조선/한국 내셔널리즘의 양상은 더욱 복잡하다.

동학은 영국과 마찬가지로 주요한 '적'이 종래의 지배층이었다. 그러나 의병에게 주요한 '적'은 더이상 국내가 아닌 국외에 있는 일본으로 바뀌었다. 후기 의병운동의 '수은보원' 원리는 실로 이에 기인한 것이며 여기서는 언뜻 구지배층이 네이션에 포함됨으로써 한국에서도 내셔널리즘이 완성된 것같이 보인다.

일본의 통치는 이러한 한국의 네이션을 교묘하게 분열시켰다. 후에 언급할 조선 귀족은 실로 이 분열책에 의해 네이션층에서 제외됐다. 구지배층은 구황족을 교묘하게 이용한 일본의 시책 앞에 농락당했고, 점차 모습을 확연히 드러내고 있었던 조선/한국의 근대적인 내셔널리즘에서 제외될 수밖에 없었다.

이러한 상황은 다음의 『독립신문』의 한 구절에 단적으로 나타나 있다.

> 그들은 원래 부패한 파벌의 관료이며 정권의 쟁탈과 일신의 영화만을 도모하는 자들이며 그들 중 대다수는 새로운 사상의 세례와 애국심의 약동의 영향을 받지 못한 자들이다.[44]

우리들은 이 문장에서 이전에는 '오적, 칠적' 등에 한정되어 있던 조선 귀족층에 대한 반감이 귀족층 전체로 확산되고 있는 것을 알 수 있다. 을사조약의 한국 쪽 당사자였던 이완용도, 늦게나마 3·1운동에 합류한 김윤식도 그들에게는 똑같은 '부패한 파벌 관료'였으며, '무기력한 옛 관료'에 지나지 않았다. 또한 한일합방은 이에 협력한 친일파뿐만 아니라 결과적으로 한일합방에 조인한 구황제와 황족의 위신까지 크게 실추시키게 된다. 『독립신문』에는 다음과 같은 글도 기재된 바 있다.

　대한민족 및 국가는 한국 황제의 국민에 대한 기만과 같은 한일합
방 체결권을 부인한다. 금수가 아닌 우리 대한민족은 스스로의 승낙
이 존중되어야 한다는 점을 알아야 할 것이며 동시에 이에 대해 어
떠한 승낙도 해서는 안 된다.[45]

　여기서도 알 수 있는 바와 같이, 한일합방은 일본에 대한 적의를 불
러일으킴과 동시에 왕공족에 대한 환멸까지 가져왔다. 당시 왕공족은
3·1운동에서도 방관자적인 입장이었으며 운동가들은 왕공족에게
어떠한 직접적인 원조도 받지 못했다. 그들이 스스로 운동에서 구왕
조를 제외한 데에는 이러한 배경이 있다. 게다가 3·1운동 직후 왕공
족의 지위를 생각해보면 중요한 사실을 또 하나 알 수 있다. 이는 3·
1운동 직전에 발표된 왕세자 이은(李垠)과 일본 황족인 나시모토노미
야 마사코(梨本宮方子. 이방자)의 결혼 발표였다. 고종이 서거하고 순종
도 병상에 있었던 당시, 왕공족의 수장은 왕세자 이은이었는데 그가
일본의 황족과 결혼을 한다는 발표는 왕공족의 권위를 또 한번 크게
떨어뜨렸다.
　이 시기에 만들어진 '임시정부'의 대부분이 공화제, 혹은 이에 가까
운 체제를 지향하고 있었다는 점은 이러한 당시의 운동 상황을 단적
으로 나타낸다. 실제 합병으로부터 겨우 9년 후 선언된 '독립'을 구왕
조의 부활이라고 생각한 사람은 상당히 적었다. 그리고 이러한 생각
은 완전히 배척됐다. 『독립신문』의 표현을 빌려 이야기하면 이제 '독
립'을 부활, 그리고 합병 이전의 상태로 돌아가는 것과 동일시하는 것

은 "하나의 죄에서 벗어나 다른 죄를 짓는 것"이라고 하고 있다.[46]

　이러한 당시 항일운동가들의 의식을 가장 단적으로 나타낸 것이 다음에 나와 있는 여운형(呂運亨)의 말이다.

　　혁명은 철저하게 이루어져야만 한다. 집정자의 은혜에 연연해하는 것은 어리석은 생각이다.[47]

　후기 의병운동에서 주류를 이루었던 '수은보원'의 논리는 이제 어리석은 생각이라는 말로 간단하게 부정됐다. 이것이 당시 왕공족이 가지고 있던 모든 사회적인 영향력까지 잃어버렸다는 의미는 아니다. 실제 3·1운동은 적어도 직접적으로는 본디 황제였던 고종의 죽음을 계기로 일어난 것이다. 또한 방대한 숫자의 조문객을 모은 왕공족의 거대한 권위는, 운동가들의 주관과는 달리 왕공족이 장래 한국 내셔널리즘의 핵심을 차지할 가능성을 여전히 시사하는 것이었다. 당시 임시정부도 왕공족의 권위를 결코 무시하지 못했다. 그들은 헌법이라고 할 수 있는 임시헌장에도 "구황실을 우대한다"는 점을 확실히 언급하고 있다.[48]

　이러한 가운데 가능성을 현실로 만드는 운동이 발발한다. 즉 고종의 다섯째 아들인 의친왕의 서울탈출과 신의주에서의 피랍사건이 바로 그것이다. 오늘날 남아 있는 자료를 고찰해보면 이 배경에는 임시정부에 기반을 둔 거의 유일한 조선 귀족이었던 김가진 일파의 대동단운동이 있었다. 김가진 일파는 당시 임시정부 안에서 인정받고는 있었으나 그렇다고 해서 중요한 직책을 맡았던 것도 아니어서 어중간한 위치에 있었다. 그 배경에는 김가진 일파가 다른 독립운동 지휘자들과는 구황족에 대한 자세가 근본적으로 다르다는 점이 있다.[49] 『독립신문』은 이러한 그들의 입장 차이를 다음과 같이 언급하고 있다.

지난 8월 임시 의정원의 임시헌법 통과 때 헌법 초안 중 구황실 우대에 대한 조항이 난항을 거친 끝에 겨우 통과됐다. 이 점에서 우리는 독립운동의 정신을 알 수 있을 것이다. 또한 김가진 씨가 상해에 오고부터 1년이 되려는 지금 시점에서 임시정부에 아무런 직책을 가지고 있다는 점을 보더라도 독립운동의 정신을 엿볼 수 있다.[50]

이 기사에서 볼 수 있듯이 임시정부의 주류파는 구황족과 고급양반 관료들의 반격에 민감하게 반응했다. 즉 그들은 이제 명분이야 어쨌든 현실적인 입장에서는, 가령 그것이 호의적인 것이라 하더라도, 왕공족과 귀족의 참가는 필요 없다고 생각하게 된 것이다. '의친왕과 그 외의 황족 및 귀족들을 어떤 자리에 추대할 수 있을 것인가.'[51]

물론 이러한 왕공족의 움직임보다 민감하게 반응한 것은 일본이었다. 일본은 당초 고종 사후 일정한 복상(服喪)기간을 두고 올리기로 했던 왕세자의 혼인을 앞당겨 실시하기로 방침을 바꾼 것이다. 이에는 의친왕의 실패에 위기감을 느끼고 일본 쪽에 몸을 의지하려는 이왕가(李王家) 쪽의 사정이 있었던 것으로 보인다.[52] 그 결과 이왕가의 권위는 결정적으로 실추된다. 『독립신문』은 다음과 같이 선언하고 있다.

오늘부터 영친왕에게 존칭을 삼간다. 구영친왕 이은은 아버지도 없고 나라도 없는 금수가 됐기 때문이다. 죄악으로 얼룩진 이조의 역사는 오늘부로 영원히 정죄(定罪)한다. 광무제의 때맞춘 붕어(崩

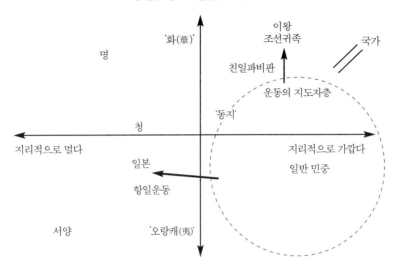

〔그림 3-5〕 3·1운동 후의 자타의식

御)와 의친왕의 쉽지 않은 의거(義擧)는 전국민에게 많은 감동을 주어, 오백 년 과거의 무한한 죄악을 사람들은 용원(容怨)하고 일말의 동정을 했으나, 적자(賊子) 이은 때문에 이조는 영원히 정죄와 저주를 받게 될 것이다.[53]

구왕조세력의 독립운동 합류 가능성은 의친왕의 실패와 이세자의 혼인에 의해 사실상 없어졌다고 할 수 있다. 즉 의친왕의 실패는 왕공족을 내셔널리즘의 상징으로 삼으려던 시도를 실패로 만들었다. 또한 독립운동가들에게 구세력이 독립운동의 주도권을 쟁취하려는 시도라며 경계심을 불러일으켜 반발을 가져왔다. 오히려 구세력은 독립운동의 중심에서 사라지게 됐다. 나아가 이세자의 혼인은 이왕가가 일본 쪽에 붙었다는 점을 만천하에 알려 그들을 네이션의 일원에서 제외시키게 됐다. 그들은 '아버지도 없고 나라도 없는' 존재가 된 것이다.

이 장에서 중요한 점은 이러한 일련의 움직임이 있었던 결과, 한국의 내셔널리즘에서 왕공족과 조선 귀족이 명확하게 분리됐다는 점이다.(그림 3-5) 그들은 조선/한국 내셔널리즘에 있어, 내셔널리즘에 몸을 의탁하고 싸우는 것에서 내셔널리즘에 의해 공격받는 것으로 입장을 전환할 수밖에 없었다. 이후 그 입장이 크게 바뀌는 일은 일어나지 않는다.[54]

이 점은 영국의 내셔널리즘이 구지배층을 끌어안음으로써 완성되는 점과는 대조적으로, 한국의 내셔널리즘이 일부 구지배층을 '친일파'로 분리하는 결과가 성립됐음을 의미한다.

그러면 이러한 한국의 네이션 형성과정을 어떻게 정리해야 할 것인지, 마지막 소결론으로서 이 점을 언급하면서 이 장을 끝마치고자 한다.

제5절 네이션 의식의 확정

이 장에서 살펴본 바를 간단히 정리하고자 한다. 지금까지 조선/한국에 대한 연구는 주로 네이션, 네이션의 형성과정, 그리고 구성인구의 동질성이 논의되는 경우가 많았다. 많은 저서에서 네이션과 민족은 고대로부터 맥을 이어온 불변의 것으로 여겨졌으며 역사상의 여러 사실과 함께 이러한 전제를 바탕으로 그려지는 것이 일반적이었다.

그러나 이 책의 서두에서 언급한 '의식'이나 '연대감'을 중시하는 입장에서 보면 조선/한국의 네이션은 이와는 크게 다르다. 즉 가령 네이션의 모집단(母集團)이 되어야 할 존재가 예전부터 있었다고 하더라도 그 존재와 의미가 사람들 사이에 인식되지 않는 한 이는 적어도 존스튜어트 밀이 말한 근대적인 네이션이라고는 할 수 없을 것이다. 문제는 이를 어떻게 만들어갈 것인지 하는 것이다.

이 장은 이러한 관점에서 한국 근대의 네이션 형성과정에 대해, 다양한 단계의 운동에서 볼 수 있는 국가와 네이션에 관련된 표현과 주장에 주목하여, 주로 의식적인 면을 살펴보았다. 이 점에서 이야기할 수 있는 것은 다음과 같은 점이다. 우선 첫째로 한국도 전근대국가에 대한 의식은 근대의식과 전혀 달랐다는 점이다. 조선왕조 사회는 '군', '신하', '백성'의 3자로 구성되어 있었는데, '국가'는 어디까지나 '군주'의 소유물이며, '신하'와 '백성'은 그 은혜를 받는 자와 이를 지지하는 기반 즉 '본(本)'일 수는 있으나 결코 그들 자체가 '국가'일 수는 없었다. 다시 말하면, '신하', '백성'은 어디까지나 통치의 객체일 뿐이었던 것이다. 또한 조선/한국의 전근대에는, '신하'와 '백성' 양자의 사이에서도 강한 의식의 벽이 있었다. 또한 이는 경제적인 면에서 신하와 백성 간의 차이가 없어진 19세기 중반에는 사람들의 인식 속에 중요한 구분의 개념으로 기능했다. 즉 그들은 자신들이 하나의 집단이며 동지라고 인식하지 못했던 것이다.

그러나 둘째, 이러한 생각은 이윽고 동학에게 공격을 받게 되어 최종적으로는 의병운동의 '신민'의식 형성과정에서 해소된다. 그러나 이러한 '신민'의식이 바로 스스로가 국가를 가져야만 하는 존재라는 인식으로 연결되지는 못했다. 의병운동단계에서 국가의 주인은 어디까지나 '군주'였으며 신하나 백성은 '군주'에 '수은보원'하는 자에 지나지 않았다. 이러한 의미로 이 단계에서 '신민'은 여전히 '군주'와의 사이에서 일정한 '가로벽'을 남김과 동시에 '신민' 즉 장래의 네이션이 직접 국가를 가져야만 한다고는 생각되지 않았다.

셋째, 한일합방과 그 후 '군주'의 행동은 '신민'이었던 사람들을 실망시켜 이윽고 그들의 의식 속에서 예전의 '군주'는 그때까지 그들이 주요한 공격 대상의 하나로 삼아온 '친일파'의 일종과 똑같이 간주된다. 이제 '군주'는 앞으로 조선/한국의 '국가'를 소유하기에 마땅치 않은 존재가 되어버린 것이다. 그리고 '군주'가 배제됐을 때, '신민'은 동지로서의 연대감과 어디서 빌려온 것이 아닌 자신들의 국가를 가지고 싶다는 희망을 가진 집단이 됐다. 여기에서 조선/한국의 네이션이 진정한 의미에서 형성됐다고 할 수 있을 것이다.

이것이 조선/한국의 내셔널리즘이 이 시점에서 확정되는 것을 의미하지는 않는다. 스스로가 국가를 가져야 한다고 주장하는 것은 그렇게 어려운 문제는 아니다. 그러나 현실적으로 국가를 운영하고 또한 독립운동을 추진하는 데에는 목적 실현의 앞을 가로막고 있는 다양한 장애에 직면하게 된다. 장애는 그들의 희망과 의욕을 위기에 빠뜨리고 그들은 그때마다 스스로 이론을 변경할 수밖에 없게 된다. 우리들은 국가를 가져야만 한다. 그러나 어떻게 하면 국가를 가질 수 있다는 말인가.

그러면 조선/한국의 내셔널리즘이 부딪힌 장애란 무엇인지, 그리고 이를 어떻게 극복했는지, 그 극복과정에서 생겨난 조선/한국 내셔널리즘의 이론은 대체 어떠한 것인지, 제2부에서는 이 문제에 관해 보다 구체적인 사례를 들어 살펴보도록 하자.

제 2 부

소국의식과 내셔널리즘

제1장 '유교적 레세페르'와 조공체제

● 근대조선의 '위로부터의 개혁'과 개국론

조선/한국의 네이션 형성과정에서 최대의 장애 요인은 무엇이었을까. 이 문제는 내셔널리즘시대인 근대에 한반도의 국가 및 사람들이 어떻게 대응해왔는지를 살펴보면서 접근해보자. 시대를 1860년대로 되돌려 일본과 서양 열강에 문호를 개방할 당시의 조선왕조에 대해 살펴보기로 하자.[1]

제1절 근대조선사 연구에 대한 제언[2]

우리는 광복 후 40년 간 국토가 분단됐음에도 불구하고 전국민이 정체와 체념에서 벗어나 '하면 된다'는 자신감과 개개인의 노력에 의해 세계사에서 주목할 만한 획기적인 발전을 이룩해왔다. 특히 제5공화국 성립 이후 우리는 선진국의 창조성을 국가목표로 삼아 국력신장과 경제발전에 한층 더 박차를 가해 정치, 경제, 사회, 문화 등 각 분야에서 괄목할 만한 성과를 거두었다.[3]

전후의 근대조선사 연구는 '식민지사관'의 극복을 슬로건으로 내세워왔다. 여기서는 제2차 세계대전 이전 일련의 연구가 제국주의를 추종하는 어용학자들이 내세운 '정체사론(停滯史論)'적인 조선상으로 부정됐으며, 이에 대한 안티테제로서는 이른바 '내재적 발전론'이 주장되어왔다. 그 중에서도 조선왕조시대 화폐경제의 발전과 이를 사상적으로 반영한 실학이 주요 연구대상이었으며 이 연구들은 오늘날까지 많은 성과를 거두었다.[4]

조선 특히 남한의 대한민국은 이러한 학회 동향에 답하듯이 눈부신 경제발전을 이룩했다. 오늘날 한국이 근대화에 성공했음은 자명한 사실이며, 이는 제2차 세계대전 이전의 '정체사론'이 착오였음을 단적으로 보여주고 있다. 오늘날 '정체사론'은 현실성 이전에 설득력을 잃고 말았다.

제2차 세계대전 이전의 연구자들은 도대체 왜 조선을 '정체사론'에 비추어보았을까. 그리고 왜 조선에는 자력으로 근대화를 이룰 힘이 없다는 '식민지사관'을 전개한 것일까. 여기서 우리들이 상기해야 할 것은 당시의 연구자들이 주목했던 일본 식민지 이전의 독립 조선의 모습일 것이다. 필자가 이 시대의 조선에도 '근대화의 싹'이 있었다는 점을 부정하는 것은 아니다.

당시 일본이 메이지유신(明治維新)을 거쳐 빠른 속도로 근대화에 착수했던 것에 비해, 조선/한국은 근대화라는 관점에서만 본다면 뒤쳐져 있었으며, 근대화의 진전 속도도 느렸다. 이는 적어도 상대적으로 보면 '정체'되어 있었다고 하지 않을 수 없다. 물론 절대적으로도 '정체'라고밖에 인식하지 못하는 사람들은 비난을 받아 마땅하다. 그러나 연구를 논할 때 이러한 당시 조선의 모습을 간과할 수만도 없지 않

은가.[5]

19세기의 '정체와 체념'과 전후의 '획기적 발전'. 그러면 오늘날의 우리들은 이 두 개의 조선/한국을 어떻게 통합해서 이해해야 하는 것일까. 종래의 '내재적 발전론'은 이 점에 대해 많은 것을 알려주지 못한다. 여기서는 조선의 '발전'이 찬미받고 있을 뿐이며, '정체'는 의도적으로 무시되고 있다. 대다수의 연구들이 일본제국주의와 일부의 부패계층, 매국노에 대한 비난을 의미 없이 되풀이하는 단순한 수준에 그치고 있다.

그러나 부정적인 요인을 '외부'에서 찾는 방식으로 얻은 조선상은 비주체적인 상이 될 수밖에 없다. '내재적'이라는 말에 진정한 가치를 두기 위해서는 '발전'과 마찬가지로 조선의 '정체'도 내재적으로 설명할 필요가 있을 것이다. 이를 위해서는 조선에서 '근대'가 무엇을 의미하는지 다시 한번 근본적으로 고찰해볼 필요가 있다.

필자는 이러한 관점에 입각하여 조선 근대사를 재구성해보고자 한다. 이 장은 한 시론(試論)에 해당한다. 여기서 고찰하고자 하는 것은 서양 열강의 위협이 본격화되기 시작한 이른바 '대원군정권(1864~73)'부터 '계유정권(癸酉政權. 1874~82)'[6] 초기까지 조선왕조의 일련의 위기대응책이다. 이 시기를 주목한 데에는 두 가지 이유가 있다.

첫째, 이 시기가 조선의 전근대와 근대의 경계선에 해당하는 시기이기 때문이다. 국내의 심각한 농민반란과 재정위기, 그리고 다가오는 열강의 위협. 두 정권은 이러한 위기에 어떻게 대응했을까.

둘째, 이 두 정권의 교체 즉 계유정변에 따른 정책전환이 이후 조선왕조의 방향성을 결정한 것이 아닌지 하는 점에서이다. 대원군이라는 강력한 리더를 중심으로 적극적인 개혁이 전개된 대원군정권기와 과격한 재정 감축과 군축이 행해진 계유정권기, 두 시기의 차이점은 너무나 인상적이다. 이러한 변화의 원인은 무엇이었으며 조선사회와 국제환경은 어떠한 관계에 있었을까.

이상이 필자의 관심사이다. 그러면 먼저 구체적인 역사적 사실을 살펴보기 전에 역사의 전제에 대해 다소 가설을 섞어가며 정리해보고자 한다.

제2절 대원군정권─왕조재건의 모색[7]

전근대적 체제의 위기와 서양의 충격

조선왕조는 1392년 신진 사대부층의 지지를 배경으로 원나라와 명나라의 교체시기라는 점을 이용하여 태조 이성계가 건국했다. 조선왕조는 중화제국을 모범으로 한 고전적인 중앙집권제를 채택했으며 유교, 그 중에서도 특히 주자학을 절대적인 정통적 교의로 존중했다. 그들은 교의에 너무나 충실하여 불교와 천주교(기독교)는 물론 양명학 등 주자학 이외의 유교도 사학(邪學)으로 엄격히 배척했다. 이는 적어도 외견상으로는 중국보다도 더 중국적인 체제였다.

중화제국과는 결정적인 차이점이 있었다. 바로 조선이 신분사회였다는 점이다. 새로운 중화제국인 명의 지지와 주자학을 신봉하는 사대부층과의 연합을 통해 태조 이성계는 새 왕조 수립에 성공했으나 그 후 그는 이 두 개의 늪에서 벗어나지 못했다. 역대 국왕도 카리스마 넘치는 리더십을 발휘하는 데는 성공하지 못했기에 절대적 왕권의 확립은 생각대로 진행되지 않았다.

그 결과 조선왕조에는 국왕에 대적할 수 있는 유력한 정치세력이 존재하게 된다. 바로 양반이다. 그들은 스스로를 상민, 천민과 구별하여 중화제국에서는 만인에게 열려 있던 과거를 사실상 독점했다. 특히 문반(文班)은 유교적 교의를 스스로 유리하게 재해석하여 자신들의 지배와 신분의 우월성을 정당화했다. 그 후 그들은 무반에도 똑같은 논리를 적용하여 자신들의 우위를 확립시킨다.

이는 리더십이 없는 체제였다. 조선 국왕은 중국 황제와 같은 신하에 대한 절대적인 권위가 없었으며 권력집중을 좇는 국왕에게는 양반관료가 단결하여 저항할 수 있었다. 한편 양반관료는 강대하기는 하나 독자적인 정통성을 갖는 것이 아니었으므로 왕조의 지배계층으로서 지위를 유지하기 위해서는 여전히 과거 급제와 관직 보유가 필요했다. 즉 조선은 왕권과 양반귀족 사이 권력의 미묘한 균형선상에서 성립된 체제였다. 기존 질서를 어지럽히는 자는 양자 또는 어느 한쪽에 의해 배제됐다. 모험적인 개혁 시도는 없었다.

그러나 이 균형은 양반관료에게 유리한 방향으로 전개된다. 가장 큰 원인은 조선왕조 자체의 약체화였다. 조선왕조는 이념적으로 전국토와 전인민을 통제 아래에 두는 것을 이상으로 삼고 있었으나 결국 조기에 단념할 수밖에 없었다. 소수의 중앙관료로 이루어진 왕조는 실제적으로 나라를 지배하기 위해 지방세력에 의존할 수밖에 없었으며, 그 결과 지방에 대한 지배력이 온존·확대됐고, 이에 각종 수단을 동원하여 공역(公役)부담 회피와 중간착취를 일삼아 이윽고 이는 그들의 기득권으로 특권화됐다. 또한 이로 말미암아 왕조의 수세(收稅) 능력이 저하되는데, 이는 16세기 말 일본과 17세기 전반 청의 침략으로 국토가 황폐해지는 데 결정적인 요인이 된다.

조선의 재정은 파탄이 났다. 그리하여 왕조는 얼마 남지 않은 재원에 대해 징세를 강화했고 이는 토지와 농민이 왕조의 지배에서 한층 더 벗어나게 하는 악순환을 낳았다. 이는 바로 19세기에 들어서면서 삼정 즉 군정(軍政), 전정(田政), 환정(還政)의 심각한 문란으로 귀결된다. 화폐경제의 진전과 함께 과잉착취는 대지주화에 실패한 자들의 몰락을 가져온다. 그리고 이는 이윽고 몰락양반이 몰락농민을 이끄는 형태의 '민란'으로 드러난다.

이러한 현상을 부채질한 요인으로는 양반 내부에서 재경양반층과 재지양반층의 계층분화가 진행됐다는 점을 들 수 있다.[8] 조선왕조의 과거는 정기적으로 실시되는 식년시(式年試)보다 비정기적으로 열리는 임시시험의 비중이 컸다. 이에 임시시험의 실시 시기와 내용에 관한 정보를 가능한 한 빠르고 정확하게 입수하는 것이 중요했으며 이 점에서 서울에 사는 사람들은 지방에 사는 사람들에 비해 압도적으로 유리했다. 이는 관료 상층부의 고정화를 가져왔으며 더욱이 고정화된 상층부가 자신의 신분이 우대받도록 조정함에 따라 유력 재경양반층의 지배적 지위는 확고해졌다.[9]

한편 여기서 튕겨져나온 재지양반층의 대부분은 상층으로 올라가기를 포기하고 토착화·서리화(胥吏化)된다. 그러나 그들은 스스로의 부와 교양을 무기로 왕조의 힘에 의존하지 않고 독자적인 지방 지배를 표방하게 된다. 강력한 물리적 강제력이 없었던 조선왕조에게 그들을 통제할 최대의 무기는 관직 임면권이었으나 상층부 진출을 포기한 그들에게 더이상 이는 큰 힘을 발휘하지 못했다. 결국 왕조는 지방세력에 대한 통제력을 잃고 지방세력은 왕조에 대한 의무를 지지 않게 됐다.[10]

재정기반의 붕괴는 그대로 왕권의 약체화로 이어진다. 이는 중앙에 남은 양반관료가 이제 국왕에 대항하여 단결할 필요가 없어졌음을 의미한다. 악명 높은 당쟁시대의 출현에서 바로 이 점은 무시할 수 없는 요소이다. 양반관료는 정권을 둘러싸고 다툼을 벌였으며 국왕은 공동화(空洞化)된 권력의 자리를 메우기 위해 당쟁을 적극적으로 이용했다. 이로 인해 도태가 진행됐으며 이 점은 국왕의 친인척이 권력을 독점하는 세도정치의 시대에도 기본적으로 변하지 않는다.

그들은 당파의 권리를 위하여 모든 기회를 이용하게 되며 이는 최종적으로 열강의 동아시아 진출을 부른다. 조선에 대한 열강의 진출은 일본과 중국 진출에 비해 시대적으로 늦은 감이 있는데 이는 19세기 전반에 군사적인 진출보다 종교적인 진출로 나타난다. 조선의 지식인들은 이를 정교＝유교의 위기로 인식하고 상당한 위기감을 느낀다. 당시의 정권 당파인 노론파는 이를 정쟁의 도구로 이용했다. 그들은 비교적 천주교 신자가 많았던 라이벌 당파 즉 남인파를 사학(邪學)에 가담한 자들로 몰아 배척했다. 이에 따라 서양에 대한 적개심은 필요 이상으로 진행되어 비교적 관용적이었던 대(對)천주교정책은 과격한 탄압으로 바뀐다.

대원군정권은 이러한 내외의 위기가 한층 심화된 시기에 성립됐다. 열강의 위협은 코앞에 닥쳐 언제 군사적 침략이 일어날지 알 수 없는 상황이었다. 4년 전 1860년(철종 11)에는 제2차 아편전쟁이 발발하여 영불연합군이 북경을 점령하는 사건이 일어났는데 이는 중화제국을 '대국'으로 떠받들던 조선에게 커다란 충격이었다.[11] 국내에서는 농촌이 피폐해져 대규모 '민란'이 빈발한다. 1862년(철종 13)에는 이 시대 가장 대규모 '민란'인 임술민란(壬戌民亂)이 일어난다. 약체화된 왕

조는 이에 대해 효과적으로 대응할 수 없었고 무의미한 논쟁을 되풀이할 뿐이었다.[12]

그러면 대원군정권은 어떻게 성립됐으며 어떠한 정책을 전개했을까. 다음에서는 이 점을 살펴보도록 하자.

대원군정권의 성립—리더십 확립의 모색

1863년(철종 14) 말에 철종이 서거하면서 등극한 새 왕은 당시 약관 12세의 이희(李熙)였다. 대원군은 이희, 즉 고종의 즉위와 동시에 역사의 무대에 돌연 등장한다. 왕권쇠퇴 속에서 빈곤한 청년시절을 보낸 그는 자신의 차남이 즉위함에 따라 살아 있는 국왕의 생부라는 조선왕조사상 특이한 위치를 차지한다. 이후 그는 이러한 지위를 이용하여 공적인 직위에 오르지 않은 채 조선정계를 지배했다.

그의 지배에는 어떠한 형태로든 제도적 정통성이 없었다. 그의 무기는 국왕의 생부라는 데에서 얻은 도덕적인 존경심과 정치적 수완이 전부였으나 그는 이를 충분히 활용해 강력한 권력을 휘두른다. 그러나 이 이상한 지배형태를 단순히 이것만으로 설명하기는 힘들다. 당시 왕족의 계보에서 보면 그의 차남이 국왕으로 선택된 것은 당연한 순리였다. 그러나 대원군의 정권장악이 필연적인 것은 아니었다. 그때까지 정권을 쥐고 있던 안동 김씨는 고종의 즉위에는 반대 표시를 하지 않았으나 대원군의 권력 장악에는 소극적이나마 저항하는 자세를 취했다.[13]

그러면 대원군의 집권은 어떻게 가능했던 것일까. 일반적으로 언급되는 것은 철종 서거 후 국왕의 임무를 대행하고 있었던 조대비를 비롯한 풍양 조씨의 지원이다. 긴 세월에 걸친 안동 김씨와의 투쟁에 패하고 유력한 정치가를 잃은 그들에게는 정권을 지탱하기 위한 유능하고 경험있는 인물이 필요했다. 이때 주목한 것이 대원군이다. 수많은 야사가 이 점에서 대원군과 풍양 조씨의 연합을 시사하고 있다.[14]

대원군은 이렇게 정계에 등장한다. 그러나 이것만으로는 여전히 그가 강력한 권력을 쥘 수 있었던 이유를 설명하기에 충분하지 않다. 오히려 왜 안동 김씨를 비롯한 여타의 세력들이 앞서 얘기한 바와 같이 소극적인 저항밖에 하지 않았는지 하는 점이 중요하다고 본다.

당시는 위기적인 상황[15]이었다. 민란과 중간착취 강화에 따른 재정적 위기와 외부로부터의 왕조에 대한 위협은 종친(왕족)은 물론 조정을 구성하는 재경 유력양반에게도 자신들의 지배적인 입장이 위기에 직면했음을 의미하고 있었다. 재지양반층과는 달리 재경양반층은 관직을 차지하여 우월성을 획득하고 있었으며, 다른 계층 특히 재지양반층에 대한 우위를 유지하기 위해서는 무슨 일이 있어도 왕조를 재건할 필요가 있었다.

이를 위해서는 강력한 개혁과 개혁을 가능하게 할 리더십이 필요했다. 그 리더로서 등장한 것이 대원군이다. 당시 조선의 지배층은 자신들의 개별적인 이익을 도외시하면서까지 그의 정권을 지지하고 참여했다. 성립 당초의 대원군정권은 일종의 거국일치정권의 양상을 보인다. 이에는 풍양 조씨는 물론 안동 김씨, 그리고 종래 배척되어온 북인파와 남인파, 게다가 전통적으로 문신(文臣)에게 경멸의 대상이었던 무신(武臣)[16] 등에 이르기까지 다양한 세력이 포함되어 있다. 갑자기 등장한 대원군이 이들 세력 모두를 통제하고 지지를 얻어냈다고는 생각할 수 없다. 당초 대원군의 권력은 이러한 여러 세력의 용인과 요청으로 성립됐을 것이다.[17]

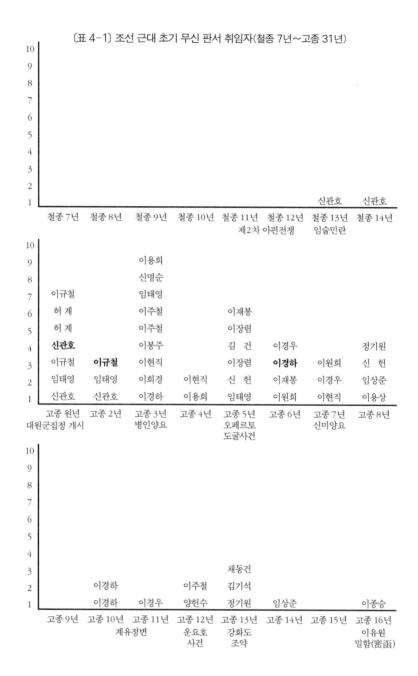

〔표 4-1〕조선 근대 초기 무신 판서 취임자(철종 7년~고종 31년)

	철종 7년	철종 8년	철종 9년	철종 10년	철종 11년 제2차 아편전쟁	철종 12년 임술민란	철종 13년	철종 14년
1							신관호	신관호

	고종 원년 대원군집정 개시	고종 2년	고종 3년 병인양요	고종 4년	고종 5년 오페르토 도굴사건	고종 6년	고종 7년 신미양요	고종 8년
9			이용희					
8			신명순					
7	이규철		임태영					
6	허 계		이주철		이재봉			
5	허 계		이주철		이장렴			
4	**신관호**		이봉주		김 건	이경우		정기원
3	이규철	**이규철**	이현직		이장렴	**이경하**	이원희	신 헌
2	임태영	임태영	이회경	이현직	신 헌	이재봉	이경우	임상준
1	신관호	신관호	이경하	이용희	임태영	이원희	이현직	이용상

	고종 9년	고종 10년	고종 11년 계유정변	고종 12년 운요호 사건	고종 13년 강화도 조약	고종 14년	고종 15년	고종 16년 이유원 밀함(密函)
3					채동건			
2	이경하			이주철	김기석			
1	이경하	이경우		양헌수	정기원	임상준		이종승

First chart (고종 17년 – 고종 24년):

y	고종 17년	고종 18년	고종 19년	고종 20년	고종 21년	고종 22년	고종 23년	고종 24년
10								
9								
8								
7								
6								
5								
4								
3		임상준				이규전	정낙용	
2		이경하				이교헌	이종건	정낙용
1		신정희	한규직	양헌수	**김기석**		**김기석**	한규설

고종 17년	고종 18년	고종 19년	고종 20년	고종 21년	고종 22년	고종 23년	고종 24년
조선책략	교련 병대	이재선 사건	임오 군란	갑신정변	제1차 조러밀약설	대원군 귀환	제2차 조러밀약설

Second chart (고종 25년 – 고종 31년):

y	고종 25년	고종 26년	고종 27년	고종 28년	고종 29년	고종 30년	고종 31년
10							
9							
8							
7	한규설						
6	이종건						
5	한규설						
4	이종건						
3	한규설	이종승	이교헌				
2	이종승	한규설	이종건				
1	한규설	한규설	이종건	임상준			신정희

공사파견문제 (고종 25년) · 칙사 조선방문 (고종 27년) · 동학혁명 / 청일전쟁 (고종 30년~31년)

* 1. 이 표는 『철종실록』, 『고종실록』, 『조선사』, 『승정원일기』에 의거하여 작성했다. 또한 가쓰야 겐이치(精谷憲一)의 「권력구조」와 「민씨정권」을 참고로 했다.
  2. 두꺼운 글자로 표기한 것은 병조판서 취임을 나타낸다. 그 외는 공조판서 또는 형조판서이다.
  3. 같은 해 취임한 경우에는 아래쪽에 이름을 쓴 편이 좀더 빨리 취임했음을 나타낸다.
  4. 사건은 대외관계를 고려하여 중요한 것만 표기했다.

양상은 차츰 변해간다. 일단 정권을 쥔 대원군은 자신의 주위에 '운변인(雲邊人)'[18]으로 불리는 독자적인 당파를 키워갔다. 독자적인 세력과 지배층의 일치된 지지는 독재 권력행사에는 절호의 상황이었다. 양반관료의 여러 세력들은 대원군에 의해 교묘하게 분열되어[19] 서로 그의 지지를 얻기 위해 경쟁할 수밖에 없었다. 그의 권력 강화는 정권 중기에는 더욱 확실해져, 본래 아무런 자격도 없는 그의 이름이 왕조의 공식적인 기록에 빈번하게 거론된다.

대원군이 이를 위해 행한 것이 특정 세력, 특히 기존의 냉대를 받아왔던 세력에 대한 인사상의 우대조치[20]였다. 여기에서 눈에 보이게 대우를 받은 것은 종친과 무신이었다. 양자는 모두 왕조재건으로 큰 이익을 얻을 수 있는 세력들이었다. 종친에 대해서는 굳이 설명할 것까지도 없을 것이다. 그들에게 왕조의 쇠퇴는 왕족으로서 특권적 지위의 상실을 의미했으며 그 지위를 회복하기 위해서는 왕조의 재건이 필요했다. 대원군 자신도 종친이며, 그의 정책을 살펴볼 때는 이 점에 대한 고려를 빼놓을 수 없다. 무신의 입장에서 보더라도 왕조의 재건은 긴급한 과제였다. 모든 사물은 궁극적으로 인덕(人德)에 의해 결정된다는 유교적 전통을 받드는 조선왕조에서 모든 정치적 실수는 조건 여하에 관계없이 담당 장관의 책임으로 여겨졌다. 이는 그 정치적 실수가 불명확한 문관과는 달리 승패가 확실한 군사가 주를 이루는 무관에게 더욱 심각했다. 태평한 시대라면 모르겠으나 당시는 국내외로 혼란이 계속되던 때였다. 무신들은 자신들의 지위를 안정시키기 위해서라도 왕조의 군사체제와 이를 뒷받침하는 징세체계의 재정비가 급선무였을 것이다.

무신은 대원군의 왕조재건책을 적극적으로 지지[21]했으며 대원군

또한 그들을 적극적으로 등용했다. 문신 다음가는 지위에 안주해왔던 무신들에게 대원군정권기는 열외적인 세력확대의 시기였다. 그것이 이 시대의 단순한 군비강화의 부산물이 아니었던 것은 그들의 진출이 본격적인 군비확장이 진행되던 시기[22]보다 앞섰던 것을 봐도 확실하다. 이러한 대원군의 무신우대정책의 혜택을 받아 정권을 가장 적극적으로 뒷받침한 인물을 한 사람 든다면, 이는 아마도 신헌(申櫶)[23]일 것이다. 그는 정권이 성립된 후 얼마 지나지 않은 1864년(고종 원년) 6월 병조판서라는 요직에 발탁됐으며[24], 그 이후에도 무신의 우두머리 격으로서 대우받았다. 그의 경력은 화려했으니, 1871년(고종 8) 병 때문에 일단 일선에서 물러나기[25]까지 훈련대장 등 중앙의 문무 요직을 역임했다.

신헌은 무신으로서, 대원군정권의 요인으로서 드물게 당시의 군사정책에 관해 다수의 기록을 남기고 있다. 여기에서 전개되는 그의 주장에는 대원군정권 아래에서 전개됐던 정책이 잘 반영되어 있으며, 정권의 장이었던 대원군의 의도를 나타내는 자료가 적었던 시대에 그 정책의 사상적 배경을 들여다볼 수 있어 그 자료적 가치가 높다.[26]

지금부터는 신헌이 남긴 기록이나 발언을 참고로 대원군 정책의 일부분에 대해서 고찰해보고자 한다.

왕조재건과 적극적 재정, 그리고 군사정책

왕조 지배층의 일치된 의견을 바탕으로 성립된 대원군정권은 시대의 요청에 부응하기 위해 적극적인 일련의 왕조재건책을 실행했다.[27] 이는 왕조를 건국 당초의 모습으로 복귀시키기 위한 시도이기도 했다. 정권 성립 당시 조정에서는 이들 정책에 대한 거센 반대가 없었다. 재건책에는 기존 질서에 대한 중대한 변혁까지 포함되어 있었으며 특히 그때까지 조정을 좌지우지해왔던 종래의 왕조 지배세력이나 특권을 향유하던 숱한 재지양반층에 심각한 위협도 있었을 터였다. 그럼에도 불구하고 조정은 왕조의 재건에 찬동했다. 여기에서 당시의 조정을 구성하고 있던 재경양반층의 개혁에 대한 강한 의지를 읽어낼 수 있다. 물론 이는 어떠한 고매한 이상을 실현하겠다는 의도에서 나온 것은 아니었다. 그들의 목적은 자신들의 이익을 유지·회복하는 것이었으며 왕조재건은 그 수단에 지나지 않았다. 그러나 필자가 주목하고자 하는 바는 의도보다 결과이다. 부적절한 의도에서 나온 행동이었다고 하여 개혁의 의지를 부정하는 것은 옳지 않다. 중요한 점은 당시의 위기적 상황이 왕조 지배층을 개혁으로 이끌고 그것이 적극적인 사회변혁으로 이어졌다는 사실이다.

이러한 상황을 상징하는 것이 정권 성립 당초의 조정, 즉 이러한 개혁에 착수한, 정권의 최고위층을 차지하고 있던 것이 구세도정권의 중심인물인 김좌근(金左根)이었다는 점이다. 흥미롭게도 그는 구세력, 즉 그 자신으로 대표되는 안동 김씨 세도세력의 온상이었던 비변사(備邊司)의 권한 축소에도 저항을 보이지 않았다.[28] 지배층이 공유했던 심각한 위기감은 임술민란을 계기로 이미 안동 김씨 세도정권으로 하여금 왕조재건을 위한 길의 모색을 시작하게 했다.[29] 김좌근이 한 일련의 행동은 그 연장선상에 있었다고 생각해야 할 것이다. 그러나 앞서 서술했듯이 대담한 개혁에는 강력한 리더십이 필요하다.[30] 이러한 시점에 강력한 리더십을 가진 대원군정권이 등장한다. 시기적으로도 개혁을 필요로 하는 때였기에 대원군은 조정의 의지를 배경으로 적극적인 개혁을 추진했다. 그러나 개혁은 결코 쉽지 않았으며, 이는 조선사회에 큰 부담을 강요했다. 사회는 크게 동요했으며 결국 그 동요는 조정 내부에까지 전파된다.

　이 부담을 한층 더 가혹하게 만든 것이 당시의 대규모 군비확장정책이었다. 대원군정권기는 조선왕조사상 드물게 대규모로 군비확장을 추진하던 시기이기도 했다. 이는 삼군부(三軍府)를 다시 부활시키고 통제영(統制營)이나 진무영(鎭撫營)의 정비를 비롯한 제도적 개혁에서 연안의 진을 증설하거나 포군의 전국 배치로 대표되는 연안 및 국경 방위의 강화, 무기 개량이나 군사훈련의 부활 등 군비의 질적 향상에 이르기까지 다방면에 걸쳐 전개됐다.[31] 첫 번째 동기는 열강의 위협이 심각해지고 있었다는 점이다.[32] 당시 중국과 일본의 개국을 실현시킨 열강은 조선에게 개국 압력을 강화하고 있었으며, 그 위협은 종교적인 것에서 군사적인 것으로 모습을 바꾸었다. 이는 병인양요(丙寅洋擾)로 불리는 프랑스군의 강화도 침략으로 현실화됐다.

　병인양요는 지배층의 위기감을 증폭시켰다. 이는 신헌이 쓴 일련의 상소문에서도 확인할 수 있다.[33] 뒤에서 서술하겠지만 그의 상소문에는 당시의 위기적 상황에 적절히 대처하지 못하는 지배층에 대한 초조함이 일관되게 나타나 있다. 정도의 차이는 있다 하더라도 당시의 지배층 모두가 초조감을 느끼고 있었다.

　당시의 군비확장은 이러한 지배층의 강한 위기의식을 배경으로 전개됐다. 이는 나중에 서술할 계유정권과는 달리 대원군정권이 열강의 위협에 대하여 자력으로 대응하기를 '체념'하지 않았음을 나타내는 발로였다.[34] 이는 바로 왕조재건·강화를 위한 '위로부터의 개혁'이었다. 그러나 이러한 대원군정권의 적극적인 내정과 국방 전반에 걸친 개혁은 결국 개혁을 우선한 나머지 기존의 사회세력이나 이데올로기의 대립을 격화시킨다. 다음에는 호포제(戶布制)와 서양의 문물 도입을 통해 그 점에 대해서 자세히 살펴보기로 하자.

호포제와 서양문물 도입

대원군정권이 실시한 일련의 왕조재건정책과 군비확장은 막대한 재정 지출을 요구했다. 정권은 이에 대응하기 위하여 적극적으로 다양한 정책을 펼쳤다. 이 절에서 주목하고자 하는 바는 그 중 하나인 호포제의 도입이다. 이미 밝힌 바대로 당시의 조선에서 양반은 대부분의 공적 부담을 면제받고 있었다. 그러나 신헌이 말하듯이 이는 법률상 정해진 것이 아니라 지방 행정을 지배하는 그들이 얻었던 사실상의 특권이었다.[35] 그들은 유교의 명분론을 내세워 이를 교묘하게 정당화했으며, 당시 그 대부분은 관습법화되기에 이르렀다. 공적 부담, 나아가 징병과 군포의 부담으로 이루어진 군역을 면제받는 것이야말로 양반임을 증명하는 증표로 여겨질 정도였다.

이는 바로 조선왕조의 기강이 해이해진 결과의 산물이었다. 호포제란 이러한 양반에게도 상민과 마찬가지로 군포의 부담을 요구하는 제도였다. 이 제도는 17세기에 제안된 이래 조정에서 가끔 논의되어왔으며, 일부 지방에서는 이미 동포제(洞布制)라는 이름으로 실시된 바 있었다.[36] 그러나 징수를 국가 차원에서 시작한 것은 대원군정권이 최초였으며 그 의의는 매우 크다. 이는 재지양반층에 대한 상민의 존경의 뜻을 약화시키고 그들의 지방 지배를 크게 위협하는 제도였다.[37]

재지양반층은 개혁에 대항하고 정권 쪽의 강한 의지에 반대했으므로 지방에서 개혁은 생각대로 진행되지 않았다. 대원군은 이에 대해 각종 회유책을 실시했지만 오히려 저항은 갈수록 과격해질 뿐이었다. 물론 대원군정권으로서도 그들의 그러한 반격을 생각하지 못한 것은 아니다. 그러나 정권의 입장에서 중요한 것은 재지양반층이 주장하는 유교적 교의에 대한 충실보다는 왕조의 재정립이었다. 신헌의 상소문에는 이 사실이 확연히 드러나 있다.[38] 뒤에 밝히듯이 그는 재지양반층과는 반대로 호포제야말로 조법(祖法)이며 유교적 교의에 적합하다고 하여 양반의 기득 특권을 폐지할 것을 강력하게 주장하고 있었다. 이는 당시의 유교적 상황에 비추어볼 때 대담한 해석이었다. 문제는 바로 그것이 교의의 해석은 아니었다는 점이다. 결론은 이미 나와 있었으며 해석은 정당화를 위한 단순한 수식어에 지나지 않았다.

이는 대원군정권의 서양문물 수용에 대한 태도에도 나타나 있다. 대원군정권은 공식 정책으로 위정척사사상[39]을 도입했으며 그 이론에 따라 서양문물은 조선을 사교(邪敎)로 물들이는 것이라 하여 엄격하게 배척했다.[40] 그러나 실제 정책은 그 표면적 자세와는 크게 다른 것이었다. 물론 공적인 선언이 있기 전에 떳떳하게 서양문물을 수입하는 것조차 불가능했으나 실제로 서양문물은 일본을 통하여 밀수되는 형태로 활발하게 유입되고 있었다. 특히 병인양요 이후 수요가 급증한 총기나 화약에 대해 그러한 현상이 현저했다. 대일 무역의 창구였던 동래부(東萊府)는 이 사실을 묵인했으며, 이는 대원군정권 말기에 이르러서는 '바야흐로 전국에서 서양문물의 매매를 묵인하는 상태'에 이르게 된다.[41] 당시 대량의 총기 수요자는 조선 정부라고 여겨지며 이는 이제 서양의 위협에 직면하여 대규모 군비확장을 감행하고 있던 조선왕조가 실시한, 변형된 공무역이었다.

조선 정부도 이 점을 충분히 자각하고 있었다. 대원군정권이 붕괴된 지 3년, 강화도조약이 체결된 뒤 임금을 배알하는 자리에서 신헌은 고종이 자신은 일찍이 동화모(銅火帽. 약협(藥莢)을 일컫음)를 본 적이 있다고 말하는 것을 듣고 다음과 같이 말했다.

전하가 보신 것은 신이 훈련대장에 있을 적에 훈련도감에서 수입한 것입니다. 동화모는 서양의 문물이기는 하오나 천하가 이를 이용하고 있으며 소유하지 않은 나라는 조선뿐입니다. 근래에 들어서는 일본인들도 이를 제작하기에 이르렀으니 우리 조선도 그 제조법을 필히 익혀야 할 것이옵니다.[42]

신헌이 훈련대장으로 재임할 당시, 즉 대원군정권의 최전성기에 조선 정부는 자각적으로 서양문물인 동화모를 수입했다. 이는 조선도 서양문물을 배우기 위해서인 것이지 위정척사사상과는 거리가 멀다. 그들에게 위정척사사상이란 절대적인 교의가 아닌 정부에 대한 지지를 끌어들이기 위한 일종의 방편에 지나지 않았던 것이다.

화륜선(火輪船. 증기선)의 시험 제작도 마찬가지였다.[43] 결국 대원군정권의 정책은 왕조재건으로 집약되며, 교의나 기존 질서의 유지보다 그것이 절대적으로 우선시됐다. 여기에서는 유교조차 상대적으로 중요치 않았다. 가령 전통적인 교의에서의 탈피와 실용주의적인 합리주의의 대두를 근대의 싹으로 본다면 대원군정권의 왕조재건을 목적으로 하는 실리적인 자세는 그야말로 그 이름에 견줄 만하다.

그러나 정권은 결국 붕괴하고 강력한 반작용이 일어나게 된다. 다음 절에서 대원군정권의 붕괴와 그 후 조선의 향방에 대해 살펴보도록 하자.

제3절 계유정권의 성립과 그 정책—전환기

대원군정권의 붕괴

대원군정권의 왕조재건책은 숱한 저항에도 불구하고 말기에 접어들자 상당한 성과를 거둔다. 이를 단적으로 보여주는 것이 각종 재정상의 수치이다. 대원군정권의 재정은 경복궁 재건이나 군비확장에도 불구하고 차츰 호전을 보였으며, 특히 군사관계에서는 윤택한 자금을 확보할 수 있게 된다.[44] 대원군정권이 노력한 결과로 얻은 산물이다.

그러나 이러한 재정적 성과는 각종 기득권을 침해하는 것이었다. 특히 재지양반층은 많은 특권을 침해받아 정권에 대한 반감이 커지고 있었다. 대원군의 집권을 가능케 한 것은 오로지 조정을 구성하던 재경양반층의 공통된 위기의식이었다. 그러나 재지양반층의 위기의식은 희박했다. 그들의 권력기반은 양반으로서의 명망과 탁월한 유교적인 지식, 그리고 지주로서의 경제력에 있었다. 그들은 권력을 왕조의 기구에 의존하지 않았으며, 권력을 유지하기 위해서는 왕조의 재건보다 기득권이나 재지사회에서의 위신이 중요했다. 여기에서 재지양반층의 맹렬한 반격이 시작된다.

결국 유림이라 불리는 재지유학자들은 상소운동을 전개한다. 그리고 그 중심에 있던 인물이 위정척사운동의 지도자로 알려진 이항로와 그 제자인 최익현(崔益鉉)이었다. 특히 최익현은 대원군정권 말기에 세 번에 걸친, 격렬한 반(反)대원군 상소를 올렸다. 그러나 조정은 그들에게 냉담했으며, 최익현을 중벌에 처해야 한다고 입을 모아 말했다.[45] 여기에는 재경양반층과 재지양반층의 이해대립이 여실히 나타나 있다. 이때 최익현을 변호하고 나선 사람이 바로 고종이었다. 결국

고종시기 재정종합표

〈표 4-2〉 고종시기(즉위년~18년 기을) 재정 상황

대상기간	황금 (관)	은자(銀子) (관)	전문(錢文) (관)	목면 (동)	포자 (동)	모시베 (동)	면류 (동)	쌀 (석)	콩 (석)	전미(田米) (석)
철종 14년	100.4	214,898.3	460,000.2	2,063.2	196.4	115.01	54.29	96,338.12	9,582.05	8,184.06
고종 원년	101.3	87,985.2	402,827.6	2,704.32	278.03	112.0	85.07	116,802.07	19,674.01	6,107.05
고종 2년	100.8	93,189.7	411,133.1	1,801.19	660.15	39.27	85.38	106,858.07	18,635.05	3,851.02
고종 3년	98.5	80,936.7	995,168.7	1,981.16	421.29	31.21	73.39	51,552.01	11,153.04	1,107.11
고종 4년	98.5	83,559.8	7,804,986.6	2,077.0	470.37	36.01	92.4	129,901	14,754.09	1,511.06
고종 5년	98.5	83,215.4	256,044.9	1,971.26	488.49	36.12	92.44	146,903.08	18,112.04	2,583.02
고종 6년	59.8	53,543	317,190.5	2,262.43	597.06	37.08	91.07	70,886.05	18,564.1	2,941.11
고종 7년	62.8	47,757.7	358,978	4,041.04	725.04	36.01	97.42	77,815.06	18,698.02	1,904.1
고종 8년	62.8	85,838.1	750,265	4,523.16	1,410.4	63.11	91.36	112,327.07	22,117.07	3,097.07
고종 9년	62.8	108,793.6	656,912.7	3,780.41	843.23	24.37	84.34	162,905.13	24,228.05	1,738.04
고종 10년 봄	151.1	137,768.8	785,549.6	4,183.04	1,537.39	36.42	90.42	174,584.14	15,964.01	2,253.02
고종 10년 여름	144.5	139,637.3	884,210.4	6,509.08	880.2	40.06	90.05	227,187.14	44,838.13	2,481.05
고종 10년 가을	144.5	151,068.8	836,543.7	6,212.46	1,099.14	45.47	68.47	130,779.04	41,342.01	1,887.04
고종 10년 겨울	151.1	154,933.7	1,635,498.3	5,330.24	1,559.13	38.3	87.3	205,794.08	38,320.13	1,476.1
고종 11년 봄	144.5	150,908.6	263,307.9	5,047.4	1,085.16	12.1	39.49	179,302.14	27,147	801.09
고종 11년 여름	144.5	151,212.1	1,819,257	4,628.27	951.19	12.1	39.31	199,292	28,284	980
고종 11년 가을	128.4	144,987.8	522,684	5,498.32	951.19	12.1	37.41	199,292.07	34,597.01	866.06
고종 11년 겨울	105.4	116,797.2	138,863	2,576.32	739	38.06	75.47	123,647	27,611.01	88.01
고종 12년 봄	144.6	148,935.9	222,610.2	3,310.44	1,074.47	15.09	45.64	188,968.09	17,419.14	466.05
고종 12년 여름	167.8	157,545.4	342,620	5,631.07	1,074.47	15.09	37.04	196,989	18,618	586

고종 12년 가을	144	126,848	108,424	1,974.39	1,293.1		221,201.04	26,439.11	1,275.07
고종 12년 겨울	151.2	122,020	242,866	1,802.07	1,165.36		223,303	27,681	546
고종 13년 봄	144.6	111,319.6	219,180	995.19	1,466.14		134,195.14	13,341.09	80.14
고종 13년 여름	55	51,742	314,929	2,419.29	944.22		198,878	7,679	238
고종 13년 가을	144	112,708	243,353	1,718	854.44		94,266	6,465	285
고종 13년 겨울	144.4	107,671	164,775	1,399.41	803.46		135,807	19,954	229
고종 14년 봄	74.3	57,099.5	148,264	1,466.27	727.18		111,223	12,749	58
고종 14년 여름	144.6	104,615.1	120,147	1,093.07	426.19		100,820	10,153	119
고종 14년 가을	144.6	108,067.4	105,357	633.27	581.37		65,821	10,092	2,404
고종 14년 겨울	144.6	106,039.4	140,634	311.03	266.26		63,062	7,066	4,656
고종 15년 봄	144.6	106,860.2	140,111	261.4	609.09		84,875	10,560	4,522
고종 15년 여름	144.5	106,852.6	200,321	316.36	187.3		85,828	11,588	4,281
고종 15년 가을	144.5	107,602.2	270,733	322.1	368.45		51,498	11,852	4,180
고종 15년 겨울	144.5	98,309.6	293,594	422.3	296.14		44,138	11,254	4,003
고종 16년 봄	144.5	88,257.7	200,028	647.28	197.44		40,927	12,508	3,740
고종 16년 여름	144.5	88,226.3	244,090	965.23	124.23		32,087	7,649	3,740
고종 16년 가을	128.4	80,669.8	176,111	731.14	312.36		90,555	10,551	3,977
고종 16년 겨울	144.5	64,445.5	144,618	280.22	548		57,820	11,463	3,682
고종 17년 봄	144.5	77,656.8	175,416	626.18	243.34		34,375	8,988	3,548
고종 17년 여름	144.5	69,155.4	193,890	802.24	307.18		56,627	12,456	4,190
고종 17년 가을	144.5	59,405.3	167,937	515.37	371.02		91,997	11,872	4,028
고종 17년 겨울	144.5	63,405.3	141,829	484.26	386.02		90,747	11,697	4,170
고종 18년 봄	144.5	36,752.5	175,312	837.08	286.15		87,276.11	11,635.05	4,106
고종 18년 여름	144.4	30,850.5	191,294.1	812.05	323.12		105,577.11	14,872.11	4,236.05
고종 18년 가을	144.4	22,793.2	602,644	798.41	469.01		95,238	14,306	3,788

그 외의 기재물

대상기간	품명	재고액	품명	재고액	품명	재고액	품명	재고액	비고
철종 14년	피잡곡	54,090.09석							
고종 원년	피잡곡	41,833.06석	황밀(별공)						
고종 2년	피잡곡	30,577석	황밀(별공)	827척					
고종 3년	피잡곡	30,825.04석	황밀(별공)	2,307척					
고종 4년	피잡곡	31,265.14석	황밀(별공)	1,047척					
고종 5년	피잡곡	30,826.07석		46척					
고종 6년	피잡곡	31,921.1석							
고종 7년	피잡곡	31,486석							
고종 8년	피잡곡	31,826.09석							
고종 9년	피잡곡	32,212.09석							
고종 10년 봄									
고종 10년 여름									
고종 10년 가을									
고종 10년 겨울	피잡곡	38.04석							
고종 11년 봄	피잡곡	21.07석	청 전	2,064,912.8냥					
고종 11년 여름									
고종 11년 가을									포자·잠청치 전(前)기간
고종 11년 겨울									포자·잠청치 전(前)기간
고종 12년 봄									
고종 12년 여름									
고종 12년 가을			청 전	13,927냥	가장	42.1석			
고종 12년 겨울	피잡곡	9석	청 전	13,927냥					

시기	종류	수량	청전	종류	수량	종류	수량	비고
고종 13년 봄			청전 13,927량					
고종 13년 여름	피잡곡	39석	청전 644량	기장	35석			
고종 13년 가을	피잡곡	1석	청전 644량					
고종 13년 겨울	피잡곡	25석	청전 644량					
고종 14년 봄			청전 644량	기장	0.12석	모곡	234석	
고종 14년 여름	피잡곡	26석	청전 644량					
고종 14년 가을			청전 644량					
고종 14년 겨울			청전 644량					
고종 15년 봄	피잡곡	506석	청전 644량					
고종 15년 여름			청전 644량	기장	1석			
고종 15년 가을			청전 644량	기장	37석			
고종 15년 겨울	청조(正租)	168석	청전 644량			보 리	486석	전미·잠정지 전(前)기간
고종 16년 봄	청조(正租)	168석	청전 644량			보 리	886석	
고종 16년 여름			청전 644량			보 리	486석	
고종 16년 가을	청조(正租)	168석	청전 644량			보 리	486석	
고종 16년 겨울	청조(正租)	168석	청전 644량	기장	36석	보 리	486석	
고종 17년 봄	피잡곡	675석	청전 344량					
고종 17년 여름	피잡곡	168석	청전 645량					
고종 17년 가을	피잡곡	675석	청전 644량					
고종 17년 겨울	피잡곡	524석	청전 644량	정조(正租)	160석			
고종 18년 봄	피잡곡	508석	청전 44.5량	정조(正租)	168석			
고종 18년 여름	피잡곡	654.05석	청전 44.5량					
고종 18년 가을	피잡곡	486석	청전 44.5량	정조(正租)	186석			

＊1. 이 표는 주로 『조선사』에 의거해 작성했다. 그 밖에 James B. Palais, *Politics and Policy in Traditional Korea*, Cambridge, MA : Harvard University Press, 1975, p. 206와 성대경, 「대원군집권 성립 연구」, 성균관대학교 박사학위논문, 1985, 105쪽을 참고했다.
2. 표에 기재된 수치는 각 대상기간 말의 정부 제고량이다.

고종은 조정의 반대를 제지하고 끝까지 최익현을 옹호했으며, 엄벌을 요구하던 당시의 삼의정(三議政)을 사임시킨다.[46]

이리하여 대원군정권은 붕괴하고 계유정권이 성립된다. 아이러니컬하게도 이러한 정변을 가능케 한 것은 대원군 자신의 권력강화책이었다. 대원군은 자신의 권력을 확대하기 위해 양반관료를 분열시켰으며, 어느 정도 성공을 거두었다. 그러나 그 결과 조정은 빈약해져 대원군에 대한 저항력과 종래 보유하고 있던 국왕에 대한 저항력까지 크게 저하됐다. 이는 고종이 어른이 되어 자신의 의견을 피력하기 시작하자 모두 현실로 나타나게 된다. 대원군은 조정 가운데 있는 지지세력을 동원하여 저항했지만 더이상 고종에 대항하여 할 수 있는 일이 없었다.

고종의 반대원군적 행동의 동기에 대해서는 오늘날 많은 설이 있지만 이러한 강력한 정치행동이 고종 자신의 의사만으로 가능했다고는 생각하기 어렵다. 이는 표면적으로는 나타나 있지 않으나, 야사나 일본의 외교문서가 시사하는 바[47]를 살펴보면 조정 상층부를 비롯한 유력세력, 즉 고종의 왕비 명성황후의 일족인 여흥 민씨나 대원군정권 성립에 협력했지만 대우를 받지 못했던 풍양 조씨, 그리고 동생의 권위에 반감을 갖고 있던 대원군의 형 이최응(李最應) 등 대원군의 독재에 반감을 품고 있는 세력이 지원했을 가능성이 있었을 것이다.

바꿔 말하면 원래 재경양반층의 일치된 지원으로 성립된 대원군정권은 대원군이 지나치게 조정을 조종한 결과, 지배층 내부에 친대원군파와 반대원군파를 만들어낸다. 어른이 됐음에도 불구하고 대원군에게 억눌려 왕으로서 권리행사가 자유롭지 못했던 고종은 어떤 의미에서는 가장 큰 반대원군파였는지도 모른다.

재경양반층 내부의 분열은 재지양반층의 공격에 의해 일제히 수면 위로 부상했으며, 이는 본디 아무런 정당성을 확보하지 못한 대원군 정권을 순식간에 붕괴시켰다. 강력한 위기감으로 인해 겨우 연합하고 있던 재경양반층은 다시금 격렬한 당파투쟁에 들어갔으며 이는 결국 명성황후파 대 대원군파라는 형태로 집약된다.

　결국 대원군정권은 붕괴했다. 다음으로 대원군의 뒤를 이어 성립된 계유정권 초기의 정책에 대해 간단하게 살펴보도록 하자.

계유정권의 군사재정정책과 박규수

　계유정권 당초에 가장 큰 권력을 장악한 것은 고종이다. 당시 그는 종종 조정과 상의하지 않고 독단적으로 정책을 수행하기도 했다. 고종이 가장 먼저 착수한 것이 대담한 재정절감정책이다. 고종은 이를 '민생을 곤란하게 만드는' 시책을 철폐하는 것이라 인식하고 있었다. 12세에 즉위할 때부터 부모 슬하를 떠나 궁중에서 생활하며, 일류 유학자로부터 영재교육을 받아온 고종에게 정책의 최대 지침은 '백성이야말로 국가의 근본이다'라는 유교의 왕도사상이었다. 그리하여 청년군주 고종은 권력을 장악함과 동시에 과격한 이상주의적 정책을 실시했다.[48]

　여기에서 고려해야 하는 점이 재지양반층이다. 고종은 재지양반층의 반대원군운동을 계기로 정권을 확립했기에 그들의 주장을 고려하지 않고 정책을 실시하기란 어려웠다. 물론 고종이 유림의 요구를 모두 수용한 것은 아니지만(가령 호포제는 남아 있었다), 자신의 이상과 모순되지 않은 부분에 대해서는 유림에게 양보했다. 더불어 고종에게는 대원군에 대한 반발도 있었다. 황현(黃玹)은 이러한 계유정권의 정책에 대해 대원군을 증오한 나머지 그가 실시한 모든 정책을 내용 여하에 불문하고 모두 철폐시켰다고 기록하고 있다. 무모하다고도 할 고종의 성급한 정책 실시의 내면에는 그러한 사정도 있었으리라.[49]

고매한 이상에 반하여 그가 실시한 정책은 엄청난 경제적·사회적 혼란을 가져왔다. 특히 청전(淸錢)을 철폐한 영향은 심각했다. 대원군정권기 세입 확보를 위해 도입된 청전은 당시 통화 유통의 대부분을 차지하고 있었다.[50] 당연히 국고 비축의 대부분도 청전으로 구성되어 있었다. 이러한 상황에서 고종은 갑작스레 '청전 가치 중지 선언'을 했고, 시장에서 화폐를 말끔히 거둬냄으로써 조선의 경제사회를 붕괴시켰다. 또한 재정적 준비의 가치를 정부 스스로가 부정하는 어리석음을 범함으로써 다른 감세책의 영향으로 이미 곤란한 상황에 빠져 있던 왕조정부의 재정을 더욱 파탄으로 내몰았다.

영향은 정부의 모든 부문으로 확산됐다. 당연히 군비도 예외일 수 없었다. 그 중에서도 가장 심각한 영향을 받은 것은 진무영(鎭撫營)이었다. 진무영이란 국방의 가장 중요한 거점이며 1866년(고종 3)의 병인양요와 1871년(고종 8)의 신미양요, 두 차례에 걸쳐 열강의 침략을 받았던 강화도의 방비를 담당하는 군영이다. 대원군정권은 이 진영에 많은 자금을 쏟아부어 방비를 강화했다. 신미양요에 참가한 미 군사관은 당시 강화도의 저항을 남북전쟁보다도 격심했다고 서술하고 있다.[51] 다소 과장된 표현이기는 하지만 대원군정권에서 이루어진 군비강화의 성과를 알 수 있을 것이다.

그러나 고종은 유교 교의에 충실하게 '군기(물리적인 국방력)'보다도 '군심(병사의 사기)'을 중시했다. 그러한 고종은 본격적으로 강화에 들어간 지 얼마 되지 않아 '군심'이 확립되지 않은 진무영을 비용만 드는 무용지물로 인식했다.[52] 고종은 먼저 진무영 장관직에 있으며 군비강화를 위해 재정적인 지원을 요구하는 신헌[53]을 직무 태만 혐의로 파면하고, 자신의 정책에 호의적인 문신을 그 자리에 앉혔다.[54] 이후 고종은 진무영의 예산을 차츰 삭감해갔다. 그런데 아이러니컬하게도 그 결과 진무영 군졸의 '군심'은 '해체'됐으며,[55] 방비는 도저히 미덥지 못한 수준으로 전락했다.

한데 계유정권의 모든 시책이 언뜻 무모하게 보여도, 이들 시책은 조정의 지지를 받았다. 이는 결코 청년 군주의 폭주만으로 이루어진 것이 아니었다. 그 중에도 고종이 추진한 재정감축과 조정의 군축을 열렬히 지지한 사람이 오늘날 개화파의 시조로 알려진 개국론자인 박규수(朴珪壽)이다. 당시 우의정이라는 중직에 있었던 그는 고종의 독단적인 정책 수행이나 그 결과로서 초래된 경제적·재정적 혼란은 마땅치 않게 여겼지만 그 방향성에 대해서는 고종보다도 더 순수하게 지지하고 있었다.[56]

이에 대해서는 다음 절에서 자세히 논하도록 하겠다. 어쨌든 그는 고종과 마찬가지로 '백성을 돌보는 것'[57]을 최고의 정치이념으로 생각하고 있었다. 그러한 박규수에게 조세는 어디까지나 필요악이었으며, 국고를 윤택하게 하는 것은 오히려 왕의 사심을 늘릴 뿐인 백해무익한 행위였다. 그의 견해에 따르면 경제는 '자연에 맡기는 것'이 가장 바람직하며 유통과정에 대한 간섭을 배제하면 시장기능이 회복되어 물가는 안정되게 될 터였다. 유통의 활발화는 민간경제의 안정을 초래하고, 그 결과 재정 또한 자연스레 윤택해질 것이다. 이는 '유교적 레세페르(경제적 자유방임주의)'라고도 생각해야 마땅할 사고방식이었다.[58] 우리는 모든 것을 자유에 맡겨도 질서는 시장원리에 의해 안정된다는 서양적 레세페르와 질서유지를 위해서는 왕의 덕화(德化)가 필요하다는 박규수의 레세페르를 별개의 것으로 인식해야 할 것인가.

박규수는 같은 관점에서 군사를 악으로 치부했다. 그에게 '병사를 굶기는 것'은 '선(仙)'을 추구하는 것'과 마찬가지로 '백성에게 해로움의 근본'이었다. 군을 위해 필요한 것은 물리적인 국방력의 강화보다도 '군심'의 파악이었으며, '군심'을 파악하는 것은 '민심'을 파악하는 것이다. 군축에 대해서는 그의 입장이 고종보다도 훨씬 철저했다. 고종이 자신의 경호를 강화하기 위해 군영을 신설하려들자, 박규수는 파수 군사는 어차피 하찮은 일이며 중요한 것은 '덕을 수련해 인을 행하는 것'에 힘쓰는 것이라고 고종에게 간했다.

이렇게 계유정권에서 실시한 시책에 의해 대원군정권의 '위로부터의 개혁'은 근본적으로 방향이 수정됐다. 이는 유교적 이상주의에 근거한 왕조재건책을 포기한 것이었으며, 또한 물리적인 국방을 '체념'한 것이었다. 그 결과 재정과 국방의 상태는 급속도로 악화됐고 강화도사건이 일어나자 조선 정부는 외적에 대한 저항력을 군사·재정 양면에서 상실한다.[59]

왕조재건을 기치로 적극적인 '위로부터의 개혁'을 감행한 대원군정권과 '백성이야말로 나라의 근본'이라는 아름다운 이상 아래에 '유교적 레세페르'로 기운 계유정권. 그 차이는 너무나도 명백하다. 그렇다면 우리는 이러한 전환을 어떻게 생각해야 할 것인가. 다음으로 그 점에 대해서 두 정권의 정책을 대표하는 신헌과 박규수에게 주목하여, 방향 수정을 초래하게 된 원인에 대해 사상적 관점에서 고찰해보도록 하자.

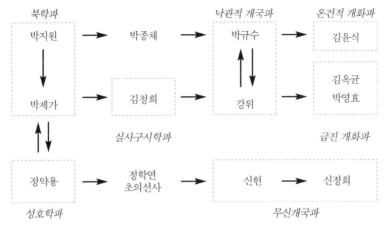

〔그림 4-1〕 초기 개국 · 개화파의 사상적 계보

북학파   낙관적 개국파   온건적 개화파

박지원 → 박종채 → 박규수 → 김윤식

박제가 → 김정희 → 강위 → 김옥균 박영효

실사구시학파   급진 개화파

정약용 → 정학연 초의선사 → 신헌 → 신정희

성호학파   무신개국파

제4절 사상적 분석

실학과 개국

지금까지 필자는 신헌과 박규수를 대조적인 사상의 소유자로 그려왔으나, 조선사상사란 관점에서 바라볼 때는 둘 다 실학의 흐름을 추구한 인물이었다. 그들을 둘러싼 학문적 계보에 대해서 정리하면 다음의 그림 4 –1과 같다.[60]

앞서 기술한 것처럼 조선왕조가 정통 교의로서 채택한 것은 주자학이었다. 주자학의 최대 특징은 그것이 이전의 훈고학적인 유교와 달리 '리(理)'와 '기(氣)'를 기반으로 한 하나의 철학체계를 보유하고 있다는 점이다. 이는 '리', '기' 등 중국 고대의 개념을 복잡하게 전개하기보다 삼라만상의 전부를 설명하고자 하는 것이었다.[61] 물론 주자학

도 당초에는 실천적 의미가 있었다. 중국 고유의 사상에서 의미를 이끌어내면서 한족의 아이덴티티를 회복한 것이 바로 그것이다. 그러나 이는 결국 공공의 학문으로 정착되어 과거에 채용됨으로써 본래의 활력을 잃어간다.

이는 조선왕조에서도 마찬가지였다. 조선왕조 건국기에는 고려시대에 세력을 떨친 불교와 귀족에 대해 주자학이 중요한 무기의 역할을 수행했다. 그러나 조선의 주자학이 유교 안의 지위를 확립한 후 주자학은 생기를 잃고 공허한 철학적 사변으로 전락해갔다. 성리학 논쟁이라고 불리는 이일원론(理一元論)과 기일원론(氣一元論)의 논쟁이 전개되고, 이는 나아가 정쟁으로 번진다.[62]

실학은 위와 같은 사상의 전개에 대한 비판으로 생겨난, 글자 그대로 실용적인 학문이다. 이는 주자학의 틀 속에 있으면서도 독자적인 기술론이나 사회적 개혁론, 정치·경제론을 탄생시켰고, 나아가 실용을 중시하는 형태로 귀결됐다. 실학으로 인해 조선인들은 오랑캐의 국가였던 청이나 서양에 대해서도 흥미를 보이게 됐다. 그러나 그러한 사람들은 어디까지나 소수파였다. 과거(科擧)와 큰 상관관계가 없고, 때로는 기존 질서에 대해 대담한 개혁을 제의하는 그들의 의견은 중앙정부나 지방의 양반 모두에게 채용되지 않았다. 더불어 19세기 천주교 배척은 실학자들의 상황을 더욱 어렵게 했다. 오랑캐에 대해서 관용적이었던 그들의 세력은 한층 더 후퇴할 수밖에 없었다.[63]

박규수는 북학파의 거성인 박지원(朴趾源)의 적손이었다. 북학이란 오랑캐, 즉 오랑캐인 만주족이 지배하는 청에게 실용적 기술을 배울 것을 주장하는 실학의 일파이다. 경제적으로는 유통을 중시하고 유통의 원활화에 의한 산업의 활성화야말로 국부를 가져다주는 것이라 하여 기술 도입이나 교통 정비에 대한 필요성을 강조했다. 앞서 말한 '유교적 레세페르'의 연천(淵泉)은 바로 여기에 있다. 박규수는 어릴 적부터 이러한 환경에서 자랐기에 자연스레 실학을 몸에 익혔다. 이른바 북학의 왕자라 하겠다.[64]

한편 신헌은 실사구시학파의 대표적 인물인 김정희(金正喜)에게 직접 배웠다. 실사구시학파란 19세기의 역경 속에서 정치적인 언동을 자제하고 고증학적 실천에 전념한 실학의 일파이다. 그러나 신헌의 저서를 살펴보면 그에게 더 커다란 영향을 준 인물은 김정희의 스승 정약용(丁若鏞)이다. 정약용은 정치·경제적 논의, 나아가 유교적인 토지 재분배론을 내세우는 성호학파(星湖學派)의 대가이다. 신헌이 정약용에게 직접 사사할 기회가 있었는지 여부는 오늘날 알 수 없으나 신헌이 정약용을 통하여 성호학파의 개혁론을 계승한 것은 그의 민보론(民堡論)과 여전론(閭田論)을 보더라도 명백하다.[65]

대부분의 사상가나 정치가가 공리공론을 일삼고 위기적 상황에 수수방관하고 있었던 당시에 신헌과 박규수가 내외의 위기에 대해 하나의 정리된 정론을 신속하게 전개할 수 있었던 것은 이러한 실학의 기반에 있었다. 양자 사이에는 일찍부터 교류가 있었다.[66] 그 가운데에서도 주목할 점은 강화도조약 체결 때의 협력일 것이다. 당시 박규수가 개국론자로서 활약하고 있었음은 잘 알려져 있는데, 그런 그를 일본과의 교섭 담당자로 선택한 것은 신헌이었다.[67] 교섭과정에서도 두 사람은 서로 연락을 취해 개국을 위해 행동을 같이했다.[68] 이러한 의미에서 조선의 대일개국은 신헌과 박규수의 합작이었다.

그러나 두 사람이 제시한 당시의 위기 상황에 대한 대응책에는 커다란 차이가 있었다. 왜 두 사람의 정책이 엇갈렸을까. 먼저 대원군정권에서 적극적으로 활동한 신헌의 사상을 구체적으로 살펴보도록 하자.

신헌의 사상—왕조재건과 무신

'유장(儒將)'[69]으로 알려지고, '문무전재(文武全才)'[70]로 칭송을 받던 신헌은 무사(武事)를 주로 하는 무신으로서는 예외적으로 다수의 저서를 남겼으며 조정에서 적극적으로 자신의 의견을 펼쳤다. 그러한 그의 행동을 초래하게 된 동기는 무엇이었을까. 그가 1862년(철종 13)에 쓴 『의론병사소』(擬論兵事疏)에 등장하는 다음의 구절을 살펴보자.

(우리나라의 군비는 오랜 평화의 결과, 중앙 지방 모두 해체 상태에 이르렀다.) 하물며 지금은 중국에서 대란이 일어나고 오랑캐의 배가 출몰하며, 민심은 동요하는 때이다. 나뿐만 아니라 이 시대의 군자 모두가 이를 걱정하고 있다. 그러나 더욱 문제인 것은 이들 군자가 방위의 구체적인 수단이나 방책에 대해 수수방관하며 망연하고도 무위하게 시간을 보내고 있다는 점이다. 내가 가장 걱정하는 것은 바로 이 점이다.[71]

그가 이 책을 집필한 것은 청이 제2차 아편전쟁에서 패배하고 국내에서는 임술민란이 진압된 지 얼마 되지 않은 무렵이었다. 여기에는 당시의 국내 상황과 함께 동아시아의 동란에 대한 심각한 위기감, 그에 대해 아무런 대책도 마련하지 못하는 당시의 지배층에 대한 강한 조바심이 나타나 있다. 신헌은 당시의 국제정세를 위험하다고 인식하고 국방의 정비야말로 가장 급한 일이라고 생각했다. 이것이야말로 그의 출발점이며 이후 신헌은 조선의 국방을 강화하기 위해 적극적인

언론활동을 한다.[72)]

그러나 신헌 역시 조선왕조의 지식인 가운데 한 명이다. 그는 고종이나 박규수와 마찬가지로 '백성이야말로 나라의 근본이다'[73)]라는 의식이 있었으며 군비증강도 백성의 이익을 위한 것이어야 한다고 주장하는 면이 있었다. 또한 임술민란 때 민란과 직접 대치한 경험이 있던 그는 백성의 궁핍상과 불만도 잘 알고 있었다.[74)] 그러면 그는 자신의 군비강화 주장과 백성의 이익을 어떻게 정합화했을까.

여기에서 문제가 되는 것은 그의 재정사상이다. 백성에게 해를 끼치지 않으면서 군비강화를 실현한다는 과제를 수행하기 위해 그는 다양한 수단을 제시한다. 이것은 '군부(軍簿)'를 이루는 호적의 재조사에서 시작되어 민보(民堡)라 불리는 작은 요새(要塞)를 정부의 원조 없이 자주적으로 설치하는 민보방위 주장으로 전개된다.[75)]

그러나 호적 재조사라는 재지사회의 직접적인 개입은 지방에 대한 통제력을 상실한 조선왕조에게 대단히 어려운 일이었다. 또한 민보 설치를 통한 민간 방위체제 정비도 압도적인 군사력을 보유한 서양 열강에 대해서는 어차피 임시방편에 지나지 않았다. 정약용도 말했듯이,[76)] 전투의 중심에는 역시 뛰어난 장군의 인솔을 받으며 고성능의 무기를 보유한 잘 훈련된 정규군이 필요했다. 그리고 이를 위해서는 재정적 뒷받침을 위한 근본적인 사회개혁이 필요했다. 이에 대한 신헌의 대답은 조법(租法), 즉 군사관계의 세금들인 호포를 일원화하는 것이었다. 그는 대원군정권의 호포제 실시에 앞서 1867년(고종 4) 『의재군무소』(擬再軍務疏)에서 이렇게 서술하고 있다.

우리 백성은 나라에 아무 일이 없을 때에는 호포를 징수당하고,

유사시에는 징병을 당한다. 이러한 것은 천하 모든 나라에서 유례가 없는 일이다. 일하는 자는 재물을 내고 군인된 자는 목숨을 내놓는 것이 예로부터 도리이다. 이미 재물을 낼 의무를 다한 자에게 다시 목숨을 내놓으라는 의무를 부과하는 정치가 어떻게 정리(政理)에 맞다 하겠는가. 고로 신이 감히 자신의 어리석은 뜻을 개진해보면 모든 곳에서 징수하고 있는 것의, 경병(京兵. 서울 및 근교에 배치된 군사)의 자장(資裝)의 수(需)는 정액을 정해 호부(戶賦)로 하여, 이로써 균등하게 징수하며 첨정(簽丁)의 법(추첨하여 군역을 취하는 법)은 모두 개혁해야 한다. 그런데 서울 이외의 유음(有蔭)이나 아직 징역을 받은 적이 없는 백성은 이것이 어렵다고 생각할지도 모른다. 그러나 전국의 백성들은 어려운 상황을 이겨낸 데 대해 환성을 올리고 전율하며 기뻐할 것이다. 지금은 궁핍한 백성이 많고 넉넉한 백성은 적다. 이는 즉 '호포제'를 원치 않는 자는 적고 원하는 자가 많다는 이야기이다. 따라서 이에 대한 논의가 있어야 할 것이다. 게다가 곰곰이 생각하기에 이것이야말로 국초(國初)의 전헌(典憲)이며 조종(祖宗) 성신(聖神)이 정하신 일인 것이다.[77]

그의 결론은 종래 위법적인 면세특권을 받아온 양반들에게 세를 징수함으로써 백성을 해롭게 하지 않으면서 사실상의 군비 확대를 실시할 수 있다는 것이었다. 그러면 다른 관료가 '수수방관하고 있던' 때, 신헌은 어떻게 일찍부터 위기를 탐지하고 이러한 급진적인 정책을 제창하게 됐을까. 실학의 계보에 있으면서 그가 무신이었기 때문일 것이다. 군사를 자신의 직무로 하는 그들은 무엇보다 내외의 위기에 직접 대치해왔기 때문에 왕조를 둘러싼 위기적 상황도, 서양 열강의 군사적 우월성도 잘 알고 있었다.[78] 제2절에서 인용한 서양 무기 도입을 요구하는 그의 주장은 무엇보다 이를 잘 나타내고 있다.

더불어 무신이 볼 때 당시의 왕조는 단순한 권위의 회복뿐만이 아니라 조직 전반에 걸친 개혁이 필요했다. 인원수의 한계 때문에 혹은 임기나 행정적 지식의 제약 때문에, 실제 지방 행정을 재지 지배층에 맡길 수밖에 없었던 문신에게 왕조는 조직이라기보다도 권위의 원천이었다. 또한 재지세력에 뒤지지 않을 정도의 권위를 부여해준다면 굳이 재지양반층의 반발을 사면서까지 제도의 재정비를 실시할 필요는 없었던 것이다. 그렇기에 그들은 대원군정권이 어느 정도 개혁의 성과를 올린 후, 대원군정권을 비교적 쉽게 버릴 수 있었다고 생각한다. 그러나 무신에게 조직 없는 왕조는 아무런 의미도 없었다. 조선왕조는 지방행정 면에서 재지 지배층에 의존하기는 했으나 군사에서는 그것이 불가능했다. 조직 없는 군대는 있으나마나 한 존재였으며, 무인으로서의 직무를 담당하고 그 지위를 유지하기 위해서라도 군사조직과 이를 뒷받침하는 징세 조직의 재정비가 절실히 필요했다. 이를 위해서는 대원군정권이 이뤄낸 개혁 정도로는 불충분했을 것이다. 신헌은 대원군정권에서도 그저 구호만 외치다가 끝났을 뿐 정책이 제대로 실행되지 않았음을 탄식했다. 그는 재정적인 문제나 민란의 위험을 겪을 여유는 없었으며 한층 더 철저히 왕조의 조직적이고도 제도적인 정비가 하루라도 빨리 이루어져야 한다고 생각했다.[79] 무신은 개혁을 '체념'할 수 없었던 것이다.

대원군정권시대 과격한 왕조재건책을 주장하고 대원군의 개혁을 적극적으로 뒷받침한 신헌이 무신이었던 것은 우연이 아니다. 물론 상이한 점도 있기는 하지만 군비강화의 관점에서는 사회의 근본적 개혁을 추구한 러시아나 터키의 청년 장교와도 유사성을 볼 수 있을 것이다.[80] 개혁에 대한 강한 의지는 대원군을 비롯한 종친세력도 공통적으로 느끼고 있었다. 대원군정권과는 대조적인 정책을 수행한 계유정권의 정책은 어떠한 관점에서 이루어진 것일까. 다음에는 박규수에 초점을 맞춰 그 점을 밝혀보자.

박규수의 사상—'유교적 레세페르'와 두 가지의 '체념'

하늘을 공경하기 위해서 어떻게 해야 할까. 그것은 백성을 보살피는 것이다. 그렇다면 백성을 보살피기 위해서 어떻게 해야 할까. 이는 정부가 근검에 힘쓰는 것이다.[81]

1874년(고종 11) 1월 13일 조정에서 박규수가 청전(淸錢) 철폐에 대해 한 발언이다. 이미 서술했듯이 그가 한 일련의 발언을 정당화한 것은 이러한 '백성'의 이익을 존중한 데 있다. 그러나 그것만으로 그의 사상을 설명하기에는 불충분하다. 마찬가지로 유교를 교양의 기반으로 삼고 있던 조선왕조의 지식인들에게 인정(仁政)을 펼치는 것이 정치의 기본임은 상식이었다. 이는 앞서 서술한 신헌의 경우도 같다. 당시 서양은 아직 조선왕조의 정치적 목표라 할 수 없고, 조선 지식인들이 공통적인 목표로 삼았던 것은 왕의 덕이 방방곡곡에 전해지는 '선왕지도(先王之道)'라는 이상화된 과거였다.[82] 위의 박규수의 발언 또한 그에 대한 하나의 발로였다고 생각해야 할 것이다. 이것이 그의 본래 주장이었는지 여부를 밝혀내기는 어렵다. 문제는 공통의 목표라는 같은 출발점에 서 있었음에도 불구하고 무엇이 그를 '유교적 레세페르'로 이끌었는가 하는 점이다.

여기에서 주목해야 할 점은 박규수가 당시 조선왕조의 개혁능력을 비교적 낮게 평가하고 있었다는 것이다. 박규수는 "토지 개량에 의한 경계 확정은 경비와 인재 면에서 그 실현이 불가능하다"[83]고 인식하고 있었다. 당시 왕조의 힘으로 미루어보면, 가능했던 것은 기껏해야 청렴한 지방관을 기용하여 '온 힘을 다해 문제 발생을 막는 것' 정도였다. 그는 대원군이나 신헌이 추구한 급진적인 개혁은 어차피 무리한 시도였다고 생각했을 것이다.

그의 '유교적 레세페르'는 이러한 개혁에 대한 '체념' 위에 성립된 사상이었다. 때마침 대원군정권이 붕괴된 직후였다. 이전보다 개혁에 대한 좌절감이 깊었을 것이다. 확실히 개혁 실시 능력이 없다면 모든 것을 자유방임할 수밖에 없다. 쓸데없는 개혁 시도는 정권을 궁지에 몰아넣을 뿐이며 오히려 정부의 권한을 축소시켜 재지양반층에 양보하게 될 것이다. 그리하여 박규수는 이를 자신의 사상적 중심인 북학을 이용하여 정당화한다.

그렇다면 급박해지는 열강의 위협에는 어떻게 대응하면 좋을 것인가. 당시의 국제 정세를 고려하면 박규수가 전개한 군축론은 우리에게 너무나도 현실과 동떨어진 것으로 느껴진다. 그는 그러한 상황에 대해 무지했다는 말인가. 아니, 개국론자로 알려진 그는 당시 조선에서 가장 국제 정세에 정통한 인물 가운데 한 명이었다.[84] 그의 '유교적 레세페르'를 보거나 개국론을 보더라도 여기에는 심각한 '외우(外虞)'의 시대에 열강이 조선에 개입하는 것을 방지한다는 의미가 들어 있다.[85] 여기에는 쓸데없는 개혁을 강행하여 국내가 혼란에 빠지거나 쇄국정책을 강행하는 것은 열강이 조선에 개입하게 되는 계기가 될지 모른다는 위기감이 있었다.

그것만으로 열강의 위협을 막기에는 미흡했다. 조선이 자국을 수호
하기 위해서는 궁극적으로 군사력이 필요했으며 다른 수단으로는 큰
효과를 거두기가 어려웠다. 당시 열강에게 조선 침략의 구실을 만드
는 일 따위는 조금도 어려운 일이 아니었을 것이다. 그러면 그는 이
점을 어떻게 해결하고자 했을까. 그의 발언이다.

지금 세계의 정세는 동서의 열강이 대치하고 마치 춘추시대처럼
서로 맹약을 맺고, 끊임없이 전쟁을 반복하고 있다. 우리나라는 소
국이나 동양의 지리적 요충지에 있어, 진(晉)나라와 초(楚)나라 사이
에 위치한 정(鄭)나라와 같은 입장에 있다. 내정과 외교에서 호기를
놓치지만 않으면 독립을 유지하기란 그리 어렵지 않다. 반대로 그렇
지 못할 경우, 망국의 아픔을 맛볼 것이다. 오늘날 미국은 지구상에
서 가장 공평한 국가라고 한다. 그 정치는 교묘하게 문제를 해결하
고, 게다가 세계에서 제일가는 부국이니 함부로 다른 나라를 침략할
리가 없다. 설령 미국이 스스로 우리와 맹약을 맺기를 제안하지 않
는다 하더라도 우리가 솔선하여 미국과 맹약을 맺어, 고립을 피하는
것이 어찌하여 안 된단 말인가. 이것이야말로 우리가 지향해야 할
길이다.[86]

그는 자국 조선을 소국으로 정의하고 소국이 독립을 유지하기 위해
서는 '지구상에서 가장 공평'한 국가와 확고한 맹약을 맺어야 한다고
말하고 있다. 여기에서 그가 중국의 정나라를 예로 든 것은 시사하는
바가 크다. '진나라와 초나라 사이에 위치한 정나라'라는 어구는 춘추

(春秋)의 유랑시대, 진나라 문공에 대한 예를 잃은 정나라가 대국 진나라의 공격을 받는다는 사적(事蹟)을 연상케 한다.[87] 소국 조선은 대국에 대한 예를 잃고 정의(正義)의 대국을 골라 적절한 맹약을 맺는 길을 걸어야 함을 의미하고 있는 것이리라. 그에게 개국이란 즉 '공평한 나라'의 원조를 추구하는 것이었다. 오랑캐의 문물을 배울 것을 주장하는 북학의 흐름을 이끌었던 박규수는 오랑캐에 의존하는 것에 대한 거부감이 적었는지도 모른다.

결국 그의 국방책이란 문제를 회피함으로써 열강에게 개입의 구실을 부여하지 않는 것과 동시에 현실적으로 문제가 일어날 경우에 대비하여 예절 있는 대국과의 맹약을 맺고자 하는 것이었다. 여기에는 열강의 강대한 군사적 위협에 대해 소국인 조선이 군사로 대항하기는 불가능하다는 '체념'이 있다. 역시 독자적인 방위가 불가능하며, 또한 조선을 지켜줄 정의의 대국이 존재한다면 군비증강은 국내의 화(和)를 흩트리고 백성에게 해를 주기만 하는 것이리라.

여기에는 대국에 대한 낙관적인 신뢰가 있다. 박규수는 '천하에는 예로부터 예의가 없는 국가 따위가 존재할 리 없다'[88]라는 독특한 세계관을 가지고 있었다. '예절 세계관'이라고 해야 할 것인가. 그가 언급했다는 명확한 사료는 없으나 당시 주자학 절대우위의 사상적 흐름을 고려하면 이것이 주자학의 '리(理)', '기(氣)' 이론을 국가로 확대시킨 것임은 명백하다. 즉 국가라면 어느 나라라도 만물을 관장하는 '리', '기'의 예외가 아닌 이상, 오랑캐의 국가도 그 근본에는 예절이 있을 터이기 때문이다. 그러한 점에서 외교에서도 '대부분 강약의 기세라고 하는 것은 오직, 리(理)의 곡직(曲直)에 의한 것이며 우리가 사람을 접함에 예가 있으니 그 리(理)가 바르면 약한 자라도 반드시 강하며, 반대로 우리가 사람을 접함에 예가 없이 리(理)가 왜곡되어 있으면 가령 강한 자라도 반드시 약하다'[89]는 신념이 생겨나게 된다. 물론 이미 알다시피 이 '예절 세계관'은 종래의 화이(華夷)적 세계관[90]으로부터의 탈피라는 의미에서 조선사상사에 중요한 위치를 차지하고 있다.[91] 그러나 이는 오늘날에 보면, 낙관적인 이론이었다.

이처럼 박규수의 '유교적 레세페르'의 배경에는 두 가지의 '체념', 즉 개혁에 대한 '체념'과 국방에 대한 '체념'이 있었다. 이는 대원군정권에 의한 '위로부터의 개혁'이 좌절되고, 또한 열강의 실력을 알기 시작한 당시의 조선에서 많은 사람들이 공유한 심정이었을 것이다. 그리고 공평하게 볼 때, 여기에는 역시 부정할 수 없는 일말의 진실이 있었다. 박규수는 이를 보기 좋게 합리화했다. 그의 발언은 불안에 떠는 당시 지배층에게 호소하는 바가 컸을 것이다.

이러한 박규수의 노선은 계유정권에 의해 실현되어 대원군정권이나 신헌의 사상을 압도하게 된다. 다음에서는 양자의 국제질서관의 차이를 보여주는 예로 강화도조약 당시 신헌과 박규수의 주장에 주목함과 동시에 양자의 뒤를 계승한 무신세력의 쇠퇴와 개화파의 대두에 대해 간단하게 언급하고자 한다.

강화도조약과 그 후

계유정권의 수많은 재정삭감책과 군비축소책은 조선왕조의 재정과 군사능력을 철저하게 파괴시켰다. 이를 만천하에 드러낸 것이 1875년 (고종 12)에 일어난 강화도사건과 이에 따른 강화도조약이다. 교섭에 임한 신헌은 당시 강화도 주변의 방비 상황에 대해 "지금, 우리 쪽의 수전(修戰) 태세로 적을 물리칠 수 있을 것인가를 고려하면 한심하게 생각하지 않을 수 없다"[92]고 하며 우려를 표하고 있다. 대원군정권에서 미 함대에 격렬하게 저항한 강화도지역의 방비는 강화도사건 발생때 겨우 한 척의 일본 전함에 쉽게 무너져 점령당할 정도로 쇠약해져 있었다. '예(禮)'에 의한 외교를 중시하여 자주적 개국의 길을 모색하고 있던 박규수에게 강화도사건에서 보인 일본의 행동은 '예'에 대한 중대한 배신 행위였다. 그는 이에 대단히 실망했다.[93] 그러나 이로 인해 자신의 대국의존론을 수정하지는 않았다. 그는 강화도로 가는 신헌에게 다음과 같은 말을 남기고 있다.

> 일본 영사가 처음으로 중국에 입국하여 재외 공관의 설치와 무역 등에 대해 조약을 정할 때, 그 조약 가운데 '속국을 침략해서는 안된다'라는 조문을 넣었다. 지금 일본이 중국에 대사를 파견해 자신들의 행동에 대해 조선과의 수호(修好)를 추구하는 것이라 변명하고 있는 것은 예전에 그러한 조약을 맺었기 때문이다. 따라서 일본은 우리가 만일 그들의 요구를 받아들이지 않고 일본에 군대를 보낼 경우에는 중국에게 조선이 먼저 군대를 움직였기 때문에 어쩔 수 없이 일본도 군대를 움직인 것이며 중국과의 조약을 깬 것이 아니라고 변명할 것이다. (일본은 중국을 두려워하고 있다.) 일본의 속내는 그러하며, 따라서 우리 쪽에서 군대를 움직이지 않는 한 일본은 군함으로 우리를 공갈할지도 모르나 결코 자신들 쪽에서 군을 움직이지는 않을 것이다.[94]

그에게 조선이 청의 '속국'이라는 것은 회의적인 문제가 아니었다. 오히려 이 때문에 소국 조선의 방위가 가능하다고 이해하고 있었다.

여기에는 청이 조약에 따라 조선을 위해 행동해줄 것이라는 일방적인 기대가 있었다.

이에 대해 신헌은 왕조의 능력을 믿고 있었다. 아니, 믿고자 했다고 말하는 편이 정확할지 모르겠다. 신헌에게 국방은 어디까지나 조선의 손으로 이루어내야 하는 것이며, 조약 체결 직후 정부의 군비 경시에 대해 다음과 같은 경고를 했다.

> 병사의 의지는 공격할 실력은 없어도 지킬 힘은 충분하다. 천하에 자신을 방위하지 못하는 국가 따위가 있을 터인가. 등(滕)나라나 설 (薛)나라 등의 소국이라도 사대교린(事大交隣. 외교)과 비어수국(備禦守國. 국방)이라는 두 가지 방책에 의해 전국시대를 이겨냈다. 전하가 이를 잘 헤아려주셨으면 한다. 삼천리 영토를 가진 조선이 국경의 경비를 엄중히 했다면 어찌하여 국방책이 없다 할 것인가.[95]

여기에서 조선은 등나라나 설나라 등의 소국과는 달리 삼천리 영토를 지닌 대국으로 그려져 있다. 이에 우리는 박규수의 대국 의존과는 다른 하나의 노선을 발견할 수 있다. 신헌은 조선의 독자적 국방과 이를 위한 개혁을 '체념'하지 않았던 것이다.

두 사람은 개국이라는 공통의 목적을 위해 협력했으나 각자가 의도하는 바에는 커다란 차이가 있었던 것이다. 박규수가 주장한 개국론의 내면에는 조선왕조의 국방과 이를 위한 개혁을 실시할 능력에 대한 '체념'과 그 반증으로서 대국에 대한 낙관적인 기대가 있었다. 이는 개국하는 외에 길은 없으며 또한 개국은 결코 조선에 불이익을 가져오는 것이 아니라는 형태로 전개됐다. 개국 그 자체를 목적으로 하는 '목적으로서의 개국론'이라고 말해야 할 것이다. 한편 신헌의 개국론의 배경에 있었던 것은 열강에 대한 경계와 조선의 잠재적 능력에 대한 신뢰였다. 여기에서 말하는 개국은 군비강화를 위한 수단이며 이것 없이 조선의 독립은 유지하기 어렵다는 의미였다. 말하자면 서양화≒개화라는 목적을 위한 '수단으로서의 개국론'이라 하겠다.

결국 양자를 분리한 것은 조선이라는 국가(왕조)와 사회의 잠재력에 대한 평가였다. 이러한 두 가지 개국론의 조류는 그 후 전자가 후자를 압도해가는 형태가 된다. 이를 상징하는 것이 무신과 박규수 문하의 '개화파'라는 두 세력의 흥망성쇠일 것이다. 계유정권 아래에서 무신세력은 뿌리깊은 신분에 대한 편견과 정부의 군축에 의해 차츰 쇠퇴했다.[96] 여기에 결론을 낸 것이 1882년(고종 19) 6월에 일어난 임오군란이라는, 일부 구식 병사의 반란을 이용한 대원군파의 쿠데타 시도와 이에 대한 청의 무력 개입이다. 이에 따라 대원군정권에서 활약하던 무신세력은 붕괴됐으며, 이후 무신이 자신들의 개혁론을 전개할 기회는 거의 없었다.

청의 무력개입과 군권장악은 김윤식, 어윤중(魚允中) 등 친청파(親淸派)의 대두를 가져왔다.[97] 그 친청파의 중심인물이 박규수의 제자인 김윤식이라는 것은 상징적이다. 그는 당초 청의 힘을 이용해 조선의 근대화를 실현하고자 했다. 그러나 청은 그가 추구한 강대하고 공평한 국가가 아니었으며, 그는 결국 일본으로 노선을 바꾸게 된다. 한편 박규수의 또 다른 제자인 김옥균(金玉均)[98]은 당초 일본의 재력과 군사력에 의지하여 300만 엔의 외채 모집과 갑신정변을 도모하고 있었는데, 이는 일본의 협력 부족으로 실패한다. 실망한 그는 그 후에도 일본을 대신할 '공정하고 강한'[99] 국가를 찾아헤매다가 일본에 망명

중 홍종우에게 암살당한다.[100]

　필자는 그들이 매국노였다고 말하는 것이 아니다. 대부분의 연구가 시사하듯이 그가 조선의 근대화와 독립을 위해 자신의 생명을 바쳐 힘쓴 바는 의심하지 않는다. 그러나 동시에 그들은 정도의 차는 있을지언정 조선은 소국이며 근대화와 독립을 실현하기 위해서 대국의 지원이 필수불가결하다는 의식을 갖고 있었다. 이는 그들의 스승인 박규수의 가르침이었으며 그들은 스승의 유지(遺志)를 받들어 실현키 위해 힘썼다고 할 수 있겠다.

　그러나 여기서 열강이 파고들 틈이 생겼다. 그러면 조선은 왜 이러한 길을 걸어야만 했는지, 그 문제에 대해 일본과의 비교를 통해 필자 고찰해보겠다.

제5절 개국기의 일본과 조선

　일본과 비교하기에 앞서 비교 대상이 되는 시기에 대해 조금 언급해두기로 한다. 이 장에서 대상으로 삼은 것은 조선에서 대내외의 위기, 특히 서양 열강의 위협이 본격화되기 시작한 시기인 주로 개항 이전의 단계였다. 후발국에서 근대화과정을 이러한 위기극복의 모색과정으로서 파악할 때 일본사에서 이 시기에 해당하는 것은 일반적으로 언급되는 메이지유신 시기가 아니라 오히려 아편전쟁 직후일 것이다. 그러한 점에서 당시 일본의 대응을 간단하게 살펴보기로 하자.

일본에서의 서양의 충격과 군사 · 재정개혁

아편전쟁에서 대국 청의 패배는 일본에게 큰 충격이었다. 조선과는 달리 나가사키(長崎)[101]라는 세계로 직접 열린 창구가 있었던 일본은 일찍이 서양 열강의 움직임에 민감하게 반응했으며, 일부 인사들은 이미 예전부터 은밀하게 서양식 무기를 연구했다.[102] 때는 덴포(天保. 일본 에도시대의 연호로 1830년 12월 10일~1844년 12월 2일—옮긴이)의 치세였다. 미즈노 다다쿠니(水野忠邦)를 중심으로 한 도쿠가와 막각(幕閣. 막부의 각료—옮긴이)은 이 사태를 심각하게 받아들여 개혁을 실시한다.[103] 그 결과 일본은 조선, 그리고 아편전쟁의 당사자인 청보다 먼저 서양의 충격에 대응한다.[104] 이처럼 유명한 덴포개혁의 동기는 서양의 충격이 무시할 수 없는 비중을 차지하고 있다.

조선과 마찬가지로 전근대적 체제의 모순이 깊었던 막부에게 이러한 대대적인 개혁은 큰 부담이었다. 그 고뇌는 재정에서도 현저하게 드러났다. '전통적인 연공 증수(增收) 및 어용금(御用金) 정책 때문에 자본제 대공업을 경제적 기반으로 하는 구미 제국과 봉건 소농 및 수공업을 기반으로 국가가 대결'하기에는 '거대한 모순'이 있었다. 이 이상 농민에게서 수탈하는 것은 자신의 기반을 붕괴시킬 위험성이 있었다.[105]

이때 새로운 방안이 등장한다. 즉 '개항 후의 국산통제계획이라는 새로운 산업통제에 의해 재정의 부유화를 모색하는 움직임'이다.[106] 이는 사상적으로는 사토 노부히로(佐藤信淵)로 대표된다.[107] 사토에 따르면 당시의 일본에는 두 종류의 부국책이 있었다. 하나는 정부가 지출을 최소한으로 억제하고 국민이 농업에 전념한다면 자연스레 경제는 부유해진다는 전통적인 중농주의책이다. 대표적인 논자로서 니노미야 손도쿠(二宮尊德)[108]를 들 수 있다. 물론 사토의 주장은 이와는 다르다. 그는 영주의 직접적 유통통제에 의한 부국책과 이를 통한 국가 재정의 부유화를 주장하여, 영주에게 '국익'과 '국산'의 장려를 헌책했다.

막부에게 이는 상품유통 기구 재편성에 대한 시도로 열매를 맺었다. 가장 중요한 시책이 전국 시장에서의 중요 상품 전매제[109]이다. 이러한 조치가 이 시대에 처음으로 시행된 것은 아니다. 이는 오히려 종래보다 광범위하게 전개됐다고 봐야 할 것이다.

막부는 결국 이에 실패한다. 그 원인은 막부가 이미 그러한 개혁을 실행하기에 충분한 경제 외적 강제력을 상실한 데 있었다. 그러나 이러한 노선이 없어진 것은 아니었다. 이는 전국 각지의 번정(藩政)개혁이라는 형태로 열매를 맺는다.[110] 각 번은 특산품 생산을 장려하고 이를 전매하여 귀중한 현금수입을 얻었다. 당초에는 단순한 영내 상인 통제에 불과했으나 에도(江戶)와 가미카타(上方) 상인과의 직접 접촉이 가능케 되자 유통기구를 장악하고 생산자까지 관리한다.

이는 번(藩)이라는 이름의 권력을 절대주의화하는 과정이기도 했다. 이 사실은 번정개혁의 방침으로써는 전매제를 채택하지 않았던 모든 번에도 해당한다.[111] 영내의 백성을 장악하고 개혁에 의해 윤택한 자금을 얻은 이들 번들은 당시 웅번(雄藩)이라 불렸다. 서남의 번들로 대표되는 그들은 그 힘을 배경으로 군비 근대화에 착수한다. 그리고 최종적으로는 웅번의 힘이 기반이 되어 일본의 근대화가 추진된다.

선택의 차이
다음에서는 조선과 일본의 공통점과 차이점을 정리해보기로 하자.

당시 조선, 일본 양국의 전근대적 체제는 모두 커다란 위기에 직면하고 있었다. 안으로는 농민반란과 재정위기, 밖으로는 열강의 위협이 심화됐다. 양자는 서로 영향을 주고받으며 그 위협을 차츰 증폭시켰다. 체제는 금방이라도 붕괴할 것처럼 보였다.

두 체제는 이러한 상황에 대처하기 위해 적극적으로 재건에 나섰다. 그러나 재건을 위해서는 많은 비용이 필요했으며, 그 부담은 밀려드는 열강에 대항하기 위해 군비를 강화해야 했기 때문에 한층 더 과대해진다. 군비 강화는 재정 악화에 가장 큰 영향을 미쳤으며, 양국의 재정을 파탄 직전까지 몰고 갔다.

사태를 타개하기 위해 재정개혁이 모색된다. 여기까지는 양국에 큰 차이가 없다. 조선에는 개혁의 방법에 대해 두 가지 견해가 있었다. 그 중 하나는 현재의 군사력 확대를 포기하고 '유교적 레세페르'에 의한 미래의 부국에 기대를 걸고 그때까지 대국의 보호에 의존하자는 견해였다. 다른 하나는 군사력 확대를 추진하면서 그 부담을 특권계층에 요구함으로써 문제를 해결하고자 한 견해였다. 그리고 전자가 후자를 압도하게 된다.

일본에도 역시 두 가지 견해가 있었다. 양자는 모두 군사력 강화를 전제로 하고 있으나 하나는 기존의 사회를 혼란하게 하지 않고 근검과 근면을 요지로 하는 농본주의적 방법에 의해 재원 각출을 도모하는 것이며, 다른 하나는 권력에 의한 유통기구 재편과 그 결과로서의 식산흥업(殖産興業)에 의해 당시의 위기를 극복하고자 한 것이었다. 승리를 거둔 것은 후자였다.

주의할 점은 국가(왕조, 막부, 번)와 사회의 관계이다. 당시의 위기에 대처하기 위한 양국의 견해에는 모두 국가를 강화하고 그 국가의 힘으로 적극적으로 사회개혁을 실시함으로써 문제를 해결하고자 하는 견해(신헌, 사토 노부히로)와 역으로 국가를 강화하지 않고 기존 체제의 연장선상에서 해결하고자 하는 견해(박규수, 니노미야 손도쿠)가 있었다. 그 형태가 다른 것은 양국의 사회체제, 경제발전의 정도가 차이 나는 이상 어쩔 수 없는 것이다. 그런데 양국에서는 정반대의 선택이 이루어졌다.

애당초 부국론을 둘러싼 정부개입론이나 자유방임론은 그 자체가 동아시아에서도 그다지 새로운 것은 아니었다. 춘추시대에 이미 법가는 『관자』에서 막부 말기에 실시된 전매제를 완화하자는 주장을 하고 있으며, 반대로 유가는 조선에서 실시된 '유교적 레세페르'를 『맹자』에서 주장하고 있다.[112] 정도의 차이는 있을지언정 모두 한서(漢書)로 통하고 있던 당시 일본과 조선의 지식인이 이를 몰랐을 리 만무하다.

그렇다면 무엇이 이러한 선택의 차이를 가져온 것일까. 다음에서는 이 점에 대해 고찰해보기로 한다.

재지사회와 '위로부터의 개혁'

조선에서는 왕조의 개혁 능력과 국방 능력에 대한 평가로 두 가지 노선을 나누었다. 여기에서는 우선 개혁 능력에 대해서 살펴보기로 하자.

앞서 서술했듯이 조선왕조는 당시 쇠약해져 있었다. 삼정의 문란으로 국가 재정의 기반은 크게 피폐해졌으며, 더불어 상승을 단념한 재지양반층이 중앙의 통제로부터 분리됨에 따라 왕조의 통치 능력은 현저하게 떨어졌다. 본격적인 양전(量田)이나 호적조사는 오랫동안 이루어지지 않아 정부는 지방의 실태를 파악하는 것도 불가능했다.[113]

물론 '어떠한 형태의 '대변통(大變通)'이 필요했음은 이미 정부 내부에서 공통된 인식이었다.'[114] 이 장에서 서술한 대원군정권의 모든 시책은 그야말로 개혁에 대한 그들의 적극적인 의지의 발로였다. 본디 양반 내부에서 계층분화가 진행되던 이 시대에 왕조의 재건과 이를 위한 재지양반층의 기득 특권의 배제는 왕조 지배층의 이해와 반드시 모순되는 것은 아니었다.

문제는 오히려 이러한 개혁에 대해 재지세력의 지지를 얻어내지 못했다는 데에 있다. 조선에서 재지양반층의 권력은 왕조의 행정조직에 의존하지 않았던 것이다. 이는 재지양반층에 재경양반층처럼 왕조재건에 대한 절박한 수요가 없었음을 의미한다. 그들은 자신들의 기득권을 상실하면서까지 '위로부터의 개혁'에 협력하는 일은 꿈에도 생각하지 않았을 것이다.

더불어 그들은 경제적 몰락의 위기에 직면하고 있었다. 종래 그들의 토지지배를 지탱해온 주호(主戶) 및 협호(夾戶)체제는 화폐경제의 발전과 함께 붕괴되어 19세기 후반에는 양반의 상민에 대한 경제적 우월성은 없어져가고 있었다.[115] 경제적 상승을 이룬 상민이 자신들의 부(富)를 무기로 양반의 지위를 획득, 모칭(冒稱)했으니 양반 그 자체가 점점 공동화(空洞化)됐다.

이러한 상황에서 재지양반층의 지배는 이 정통성의 무게가 혈통과 명분론적인 우월성으로 옮겨가고 있었다. 마지막 남은 희망에 위협을 가하는 대원군 정책의 시책에 재지양반층이 저항한 것은 당연했다.

대원군정권의 '위로부터의 개혁'은 재지양반층의 반격을 계기로 좌절됐다. 개혁 좌절의 결과로서 등장한 '유교적 레세페르'는 전통적인 유교와 북학을 접목시킴으로써 이러한 좌절을 정당화시켰다. 그 후 그들은 이 시책에 모든 것을 걸었다. 이것이 옳은 일이었는지는 더이상 큰 문제가 아니었다. 충분한 경제 외적 강제력을 가지고 있지 않았던 조선왕조에는 다른 선택의 여지가 없었다.

이에 비해 일본에서는 같은 전근대적 체제의 위기라고 하더라도 그 성질이 근본적으로 달랐다. 시장경제의 발전은 상대적으로 영주경제의 궁핍화를 초래했지만, 재지사회가 중앙에 대해 자립하는 형태는 나타나지 않았다. 분명히 무사들 사이에서도 계층분화는 있었다. 그러나 지배를 위한 고유의 힘으로서 지주의 경제력과 독서인(讀書人)으로서의 교양적 우월성에 의지해서 얻은 조선의 재지 지배층과는 달리, 일본의 하층무사세력은 병농분리(兵農分離)에 의해 토지에서 분리되어 있어서 지배에 대한 별도의 종교적·교육적 뒷받침을 가지고 있지 않았다. 하층무사세력의 우월성은 행정기구 안에 직책을 갖고 영역지배의 정통성을 보유한 장군, 번주(藩主)의 위신을 빌려 얻어진 것이었다. 그들에게 행정기구는 자신들이 지배계층으로서의 우월성을 유지하기 위해 반드시 필요한 것이었으며, 그렇기 때문에 이를 무시할 수 없었다.[116]

막번체제 조직의 뿌리는 더욱더 깊게 뻗어나갔다. 막부와 번은 가장 말단 수준의 통치기구로 호농층(豪農層)을 이용해 그 역가(役家. 세금의 징수 단위가 되는 유력한 농민—옮긴이)로서의 지위를 공인했다. 그들은 명자대도(名字帶刀. 자기 성을 쓰고 칼을 차는 일. 본디 무사의 특권이었으나 뒤에는 공로에 따라 서민에게도 허용된다—옮긴이)가 허용되고 무사계급에 준하는 신분으로서 재지사회에 군림했다. 일본에서는 하층무사계급뿐만 아니라 호농층까지 막번체제의 공적 조직 안에 편입됐다. 실제로 호농층은 자신들의 권위의 많은 부분을 이 조직에 의존했다. 이후 화폐경

제가 발달함에 따라 농민 내부에서도 계층이 나누어지는데, 이중 호
농층과 자소작농층(自小作農層)과의 대립이 커짐에 따라 계층분화는
한층 더 심화됐다.[117]

이러한 가운데 일본에서 사회의 접점에 위치하고 막번체제의 붕괴
를 매일 실감하는 계층 즉 하층무사계급과 호농층이야말로 가장 개혁
을 원하는 세력이었다. 그들의 투쟁은 '위로부터의 개혁'에 저항하는
것보다는 오히려 철저하지 못한 것에 대한 아래로부터의 압박이라는
형태로 이루어졌다.

이 점이 조선의 상황과는 달랐다. 이러한 두 나라의 차이를 상징적
으로 나타내고 있는 것이 제2부 제1장에서 다룬 시대의 '백성일규(百
姓一揆)'와 '민란' 즉 두 나라의 농민반란 형태의 차이일 것이다. 이미
알고 있는 바와 같이 막부의 '백성일규'에서는 향토, 호농층이 무사계
층과 같은 공격의 대상이었다. 아니, 통치기구의 가장 말단부를 짊어
지는 그들이야말로 가장 격렬한 소용돌이 속에 있었다. 이에 비해 '민
란'에서 재지양반과 호농층의 입장은 달랐다. 확실히 조선에서도 부
민(富民)과 빈민들 사이의 모순은 심화되고 있었지만 주된 습격 대상
은 지방 관아였으며 재지양반은 어중간한 입장에 놓여 있었다.[118] 그
들에게 민란은 그다지 큰 위협요소가 아니었기에 왕조를 재건할 필요
성을 깨닫지 못했다.

여기에는 양국의 지폐경제의 발전 정도가 반영되어 있었는지도 모
른다.[119] 원인이 어쨌든 결과적으로 조선에서는 실현 불가능했던 개
혁이 일본에서는 실현된다. 이는 조선의 '국가'에게는 없는 '위로부터
의 개혁'의 능력이 일본의 '국가'에는 있었다는 것을 의미한다. 이것
은 군나르 뮈르달의 말을 인용하자면 조선이 '연성국가'였던 데 비해

일본은 (상대적인 의미이기는 하지만) '경성(硬性)국가'였다고 말할 수 있을 것이다.[120] 그리고 양국 방침의 차이는 이러한 사회와 국가 체제의 차이를 그대로 반영한 것이었다.

동아시아 국제체계와 양국의 선택

그러나 이것만으로는 납득이 되지 않는다. 가령 개혁에 대한 재지 지배층의 동의를 얻기가 곤란했다고 하더라도 내외의 위협 특히 열강의 위협이 왕조의 존망에 영향을 줄 정도로 심각하다고 인식했다면, 왕조에 크게 의존하고 있던 조선왕조의 지배층은 재지 지배층과 대결하는 길을 선택하지 않았을까. 또한 일본에서는 '공론(空論)'[121]으로서 일고의 여지도 없었던 군사적 관점이 결여된 주장이 왜 조선에서 설득력을 얻을 수 있었는지를 설명할 수가 없다. 물론 동아시아의 한 귀퉁이에서 그다지 멀지 않은 거리에 마주하고 있는 일본과 조선 사이에서 식민지화의 위협이 일본에서 특히 심각했다고는 할 수 없다. 여기서는 양국의 위협에 대한 인식과 이 인식을 결정짓는 국제환경이 문제된다.

전근대의 일본과 조선을 같은 관점에서 봤을 때 가장 큰 차이점은 중화제국을 중심으로 한 이른바 조공체제에 대한 포섭 여부이다. 배후에 중화제국의 위협을 안고 있는 조선은 군사적인 열세를 극복할 수 없었으며 조공체제에 거역하는 것은 자국에 커다란 어려움을 가져온다는 사실을 과거의 경험을 통해 깨닫고 있었다. 조선이 중화제국에게 군사적 도전을 시도했던 적이 없지는 않지만 그것은 적어도 중화제국의 수도가 조선에서 그다지 멀지 않은 북경으로 옮겨진 후에는 모두 실패로 끝나고 말았다.[122]

동시에 조공체제는 소국 보존의 시스템이기도 했다. 국가라는 의식이 약한 중화제국에서 보면 피책봉국의 국왕은 지방관료이자 황제의 신하 즉 외신(外臣)이며 그의 지배지역은 제국의 일부라는 개념이 있었다.[123] 제국의 일부인 이상 그곳을 침략할 필요가 없었던 것이다. 또한 유교에서 황제는 관리를 일단 임용한 후 일절 협상을 하지 않았다. 그 결과 조선은 약간의 예의를 갖추는 것만으로 중화제국의 위협을 받지 않고 자치를 보장받았다. 그뿐만 아니라 조선이 침략을 받았을 때 중화제국이 위신을 걸고 도움을 주는 경우도 있었다.

이러한 상황 속에서는 속국(屬國)과 자주는 대립하는 개념이 아니었다. 여기서 말하는 자위의 길은 중화제국에게 위협을 받지 않는 것이었다. 즉 소국으로 인식한 것이다. 대국 즉 중화제국의 경쟁상대가 되는 것은 중국의 가장 가까이에 있는 조선에게 파멸을 초래하는 길이었다. 조선왕조가 남북에서 위협을 안고 있으면서도 거의 무방비 상태에서 지낼 수 있었던 것은 이 소국주의정책 덕분이었다.

이 선택은 편리한 것이었다. 당초에는 이른바 이 사대정책에는 중화에 대한 문화적인 외경심이 담겨 있었으나 이는 조선인이 이적(夷狄)으로서 경멸하는 만주족이 중국을 제패하게 됨으로써 불식된다. 청나라의 두 번에 걸친 조선침략도 이를 바꿀 수는 없었다. 조선은 청의 군사력에는 굴복했다 하더라도 그 문화＝화(華)에는 굴복하지 않았다. 오히려 조선이 세계에서 유일하게 화(華)를 지키는 존재였기에 소중화라는 말이 생겨났다.[124]

정치적으로 본다면 조공은 조선에게 불이익을 가져다주는 것이 아니라 오히려 군사적으로 불가능한 자치를 가능하게 하는 것이었다. 이것이 조선 지식인들의 사상에 미친 영향은 무시할 수 없다. 장기간에 걸친 조공은 조선에게 자신의 소국성(小國性)을 깊이 인식시켰고, 청나라에 대한 패배와 그 후 북벌계획의 좌절[125]은 이것을 더욱 심화시켰다. 무엇보다 '소중화'라는 모순에 가득 찬 말이 이것을 상징적으로 나타내고 있다. 조선은 우월성을 문화 속에서 찾았으나 이러한 우월성을 국가가 느끼지는 못했다.

이에 비해 동해의 고독한 섬 일본은 진정한 의미의 조공체제에 편입된 적이 없었다. 이는 원관(元冠. 외국의 일본 침략. 여기서는 중국의 일본 원정을 뜻한다—옮긴이)의 짧은 시기를 제외하고 일본이 중화제국의 심각한 위협을 느낄 기회가 적었기 때문일 것이다. 근세 초기에는 중국이 정복해야 할 대상이기까지 했다.[126] 여기에는 분명히 야랑자대(夜郎自大. 『사기』에 나오는 말로, 자기 주제를 모르고 우매한 무리 안에서 우쭐댄다는 뜻—옮긴이)를 많이 볼 수 있었지만 어쨌든 근세 일본에서는 자국을 대국이라고 인식하고 있었다. 한편 문화 면에서 청나라의 성립은 단순한 중화제국의 교체로서 받아들여졌고 일본의 중국에 대한 열등감은 뿌리 깊게 남아 있었다.[127]

조선이 문인국가(文人國家)였으며 일본이 무인국가(武人國家)였다는 것은 이것을 강화하는 역할을 했을 것이며, 당시의 국제환경을 만드는 결과를 낳았을 것이다.[128] 양국의 이러한 특질을 단적으로 나타내고 있는 것이 양국의 양이(攘夷)사상의 차이이다. 조선의 양이사상인 위정척사사상은 소중국 즉 유교문화의 유일하고도 최고인 후계자로서의 조선을 이적으로부터 지키는 것이었다. 여기에는 지켜야 할 대상은 국가가 아니라 유교라고 하는 이데올로기였다. 이에 비해 일본의 양이사상에서 지켜야 할 것은 신국(神國)으로서의 일본이었지 특정한 이데올로기는 아니었다.[129]

분기점은 여기에 있었다. 조선의 양이사상에서는 문화적인 순수성을 중시했기 때문에 이적(夷狄)의 무기를 도입하는 행위를 논리적으로 인정하지 않았다. 한편 조선의 소국성을 인정하는 그들은 결과적으로 덕이라는 우월감에서 이적을 굴복시킨다고 하는 관념적인 방위론에 의존할 수밖에 없었다.[130] 오히려 신국의 무위(武威)를 세계에 울려 퍼지게 하는 것을 궁극적인 목표로 삼는 일본의 양이사상은 최종적으로 실전에서 승리하느냐 패하느냐가 문제였으며 양이론자라 하더라도 서양식 무기도입의 필요성을 부정하지는 않았다.

개국론은 양이론의 논리적 극복이다. 양이사상의 차이는 당연히 개국론의 차이를 초래했다. 조선에서 개국론 특히 그 주류를 이루었던 박규수의 개국론은 위정척사사상의 화(華)＝예(禮)의 관계가 성립한 나라는 조선뿐이었다고 하는 논리를 뒤집고 만국이 예를 지니고 있었다는 형태로 전개됐다. 서양과 일본이 조선과 같이 예를 갖춘 존재라면 개국이 소중화의 위기를 가져올 리는 없다. 중화제국이 그랬던 것처럼 이쪽이 예의를 갖춘다면 상대방도 반드시 예의를 갖출 것이다. 그들에 대한 '조공'은 조선의 자주를 방해할 수 없었다.

이는 그야말로 조공체제의 논리이며 조공체제의 진실이었다. 이에 비해 일본의 개국론은 서양이 가진 무력이 일본을 웃돌고 있는 현 상황에서 양이는 양이를 불가능하게 하는 것이며, 신국의 무위를 미래 세계에 떨치기 위해서는 우선 어려움을 참아 견디어 개국을 하고 서양을 배울 수밖에 없다는 형태로 전개됐다.

조선에서는 소국, 일본에서는 대국이라고 하는 전제가 일관되게 계승되고 있었다. 서양 열강에 대한 무력적인 대항은 일본에게는 어렵지만 실현 가능한 목표라고 인식된 데 비해 조선에서는 불가능하며 실현하기 힘든 것으로 인식됐다. 그렇다고 이러한 의식이 적어도 객관적인 국력 평가를 바탕으로 이루어진 것은 아니었다. 분명히 오늘날의 관점에서 본다면 전근대에는 양국 간에 국력의 차이가 있었다. 그러나 양국 지도자가 각각의 길을 선택하는 데 이 점을 냉정하게 분석했다고는 도저히 생각할 수 없다. 이러한 의미에서 양국의 선택은 모두 비합리적인 것이었으며 서양화의 성패는 우연의 산물이었다. 문제는 사실보다도 인식이다.

개화(서양화)와 개국(서양 열강에 대한 개국)은 본래 차원을 달리한 개념이다. 여기서 조선의 개국 논리 그 자체는 결코 개화의 논리가 아니다.[131] 이것은 군사적 긴장 그 자체를 부정하는 것이었으며 이 때문에 군비를 강화하고 서양식 군비를 도입할 필요성은 생겨나지 않았다. 군사적인 긴장이 결여되어 있는 이상, 재정삭감과 군비축소는 당연한 귀결이었다. 또한 조선왕조 건국의 이데올로기가 작은 국가를 지향하는 유교였고, 현실적으로도 조선은 통제능력이 부족했기 때문에 더욱더 일부러 위험한 사회개조를 실시할 필요는 없었다. 세계에 예＝정의가 충만하다면 만일 곤란한 사태가 발생하더라도 예절 바른 대국을 찾아내서 도움을 받으면 되는 것이다. 나아가서 조선은 근대화에서도 대국에 의존할 수 있었을 것이다.

이상을 전제로 하면 왜 일본에서는 도저히 받아들일 수 없었던 군사적 시점이 결여된 주장이 조선에서는 설득력을 얻었는지 이해할 수 있다. 이는 조선의 전근대 현실과 정합성을 가진 논리였다. 그러나 앞에서 기술한 바와 같이 조선의 개국파라고 해서 새로운 국제정세를 전혀 모르는 것은 아니었다. 오히려 이것은 소국 조선이라는 전제에서 출발한 조선 지식인의 자신들과 서로 받아들이지 못하는 세계에 대한 높은 기대였다고 해야 할지 모른다. 그러나 근대의 국제질서는 그들의 기대와는 동떨어진 것이었다. 분명히 그것은 유교의 아름다운 이상을 바탕으로 했는지도 모른다. 그러나 현실로 받아들이지 않고 이상주의에 안주하는 것은 무책임한 현실로부터의 도피라고 해야 할 것이다.

개국에 대한 자세의 차이는 양국의 앞날을 크게 좌우했다. 조선 특히 개국의 지도자 박규수의 영향을 받은 개화파는 대국의 도움을 계속해서 요구했으나 결국 배신당한다. 한편 일본은 대국에 대해 문화적인 열등의식을 가지고 있었기에 훗날 제국주의로 치달은 것으로 여겨진다.

양국의 대응을 갈리게 한 것은 전근대에 대한 양국의 자기인식이었다. 이는 양국의 근대 그 자체에도 큰 그림자를 드리운다.

제6절 근대로의 길

17세기와 18세기 모든 국내 정책은 단지 독일뿐만 아니라 다른 모든 나라에서도 국가의 경제정책과 도시, 지방, 씨족의 경제정책과의 항쟁이며 대외정책은 모든 신흥제국 상호간의 생활상, 세력상, 그리고 경제상의 이해관계의 항쟁이라고 확신할 수 있다. (중략) 중상주의의 진정한 의미는 국가 건설인 것이다.[132]

절대왕정기에 전개된 유럽 내부의 격렬한 국가 간 경쟁은 유럽 각국에게 큰 시련을 주었다. 각국은 생존의 길을 모색하고 '위로부터의 개혁'을 향해 매진했다. 즉 이는 국가가 강해지는 과정이며, 이들의 일련의 개혁의 귀결로서 사회의 상부에 떠 있는 표피와 같은 취약한 존재였던 국가는 강대한 행정조직을 가진 근대국가로 변모해간다. 그리고 이번에는 근대국가가 자신이 강해지기 위해 국민들에게 경쟁을 시켜 이로써 근대자본주의 사회가 출현한다.[133] 이 같은 생존경쟁의 파고는 드디어 유럽의 바깥으로 전파되고 세계 각국을 그 파고로 감싸게 된다.

'근대'는 이렇게 해서 태어났다. 근대는 생존경쟁의 산물이며 '근대'의 본질은 그야말로 여기에 있었다. 생존경쟁은 가끔 민중에게 과대한 부담을 요구하는 경우도 있었지만 동시에 많은 '근대'의 미덕을 낳았다. 전근대가 그랬던 것처럼 '근대'의 미추(美醜)도 겉과 속이 같았다.

"이러한 치열한 국민 경제전쟁시대에는 자신을 방어하지 않는 자는 잔혹하게 부서지고 격멸될 수밖에 없었다."[134] 이것은 나중에 '근대'의 경쟁사회에 돌입한 동아시아에서도 같았다. 국내의 혼란을 수습하고 새로운 서양의 위협에 맞서기 위해서는 자신들의 체제 강화나 재편, 그리고 그 사회 전반에 걸친 서양화=근대화가 거부할 수 없는 역사적 요청이었다. 개혁을 거부하는 자 앞에는 인정사정 보지 않은 열강이나 주변 여러 나라의 침략이 기다리고 있었다. 동아시아 각국은 자신들의 능력과 경험에 맞춰서 이 상황에 대처하기 위해서 '위로부터의 개혁'을 단행했다. 일본의 반응은 빨랐다. 혹은 민감했다고 해야 할지도 모른다. 중국은 이보다 조금 늦었지만 두 번에 걸친 열강의 침략을 받고 겨우 느릿느릿 발걸음을 내딛기 시작했다.

조선도 깨닫는 듯했다. 그러나 이는 결국 '유교적 레세페르'와 '공평'의 국가에 대한 의존으로 방향을 바꾸게 된다. 강화도사건에 의한 굴욕적인 개국은 어떤 의미에서는 이로 인한 결과였다.

이러한 선택을 가져온 요인은 무엇보다도 조선사회에 '내재'되어 있었다. 대원군정권의 적극적인 개혁을 좌절시킨 것은 재지 지배층의 저항과 이에 따른 왕조 지배층의 분열이었다. 조선에서는 일본과 달리 재지 지배층이 중앙의 지배층과 단결해서 지배조직 건설에 노력하는 것과 같은 환경이 없었다. 이와 더불어 그곳에는 중화제국의 마취가 침투해 있었다. 조선은 자국문화에 과잉이리만치 자부심을 갖고 있으면서 동시에 군사적 능력에 대해서도 자신감을 갖고 있었기에 이미 19세기까지 큰 타격을 입은 바 있었다. 이때 등장하는 것이 '공평'한 국가에 의존하자는 생각이다. 즉 세계에는 '공평'한 국가가 존재하기 때문에 긴급한 때에는 이와 같은 국가에 의존하면 된다는 것이었다.

유교는 양쪽을 훌륭하게 정당화시켰다. 왕조 지배층은 이를 바탕으로 비교적 쉽게 개혁을 단념할 수 있었다. 이를 단순한 일부 지배계층의 부패로 설명할 수 있을지 모른다. 그러나 그들이 추구한 정의의 대국은 현실 속의 제국주의세계에는 존재하지 않았다. 군사력이 없는 독립사상은 어차피 북학 속에서 생겨난 탁상공론에 지나지 않았다. '공평'한 대국에 대한 의존은 침략의 절호의 구실이 되어 열강의 침략을 가속화시켰다. 이리하여 조선은 그 후 한번도 본격적으로 국가의 군사력을 동원하는 일 없이 식민지화의 길을 걸어가게 됐다.

제2장 근대조선의 자국의식과 소국론

● 김윤식을 통해본 조선/한국 내셔널리즘 형성의 전제로서의 '국가'

지금까지 신헌과 박규수라는 두 명을 축으로 근대의 출발점인 개국기 조선왕조의 상황에 대해서 살펴보았다. 여기서 중요한 점은 조선왕조에서는 근대의 출발점에서 일본과는 전혀 다른 생각을 가지고 개항을 실시한 점, 그리고 그 배경에는 조선왕조의 독특한 소국의식이 있었다는 점이었다.

그렇다면 계속되는 1880년대 이후 조선/한국인의 자국인식은 어떻게 전개됐을까. 또한 이러한 인식이 조선/한국의 근대화, 그리고 내셔널리즘 형성에 어떠한 의미가 있는 것일까. 다음에서 이러한 점에 대해 김윤식을 축으로 살펴보도록 하자.

제1절 인식의 중요성

피고인 김윤식은 ○○인으로부터도 ○○인으로부터도 ○○라고 불렸다. 그럼에도 불구하고 올해 3월 1일 갑자기 ○○를 선동해 배포하고 ○○를 했다. 그렇지만 이러한 피고인 김윤식과 김용식(金容

植)은 ○○ 당시 격렬한 반대에도 불구하고 작위(爵位) 급(及) 은사금(恩賜金)을 받은 것뿐 아니라 중추원의 고문이 되어 대제학의 관직을 맡았다. 이 모순을 어떻게 표현할 수 있을까. 오늘날 뜻있는 선비를 주장하고 ○○○○하더라도 그것은 세상을 속이는 헛된 이름에 지나지 않는다.[1]

조선 근대사. 이것은 고난의 역사였다. 특히 식민지통치는 한일 양국을 오늘날까지 무겁게 짓누르고 있다. 조선이 어떻게 그렇게 쉽게 일본의 식민지로 전락했는지는 간단하게 대답할 수 없는 문제일 것이다.

특히 흥미를 끄는 것은 조선이 중앙정부의 통일된 지휘 아래 정규군을 본격적으로 동원해 여러 열강의 압력에 맞서는 노력을 하지 않고, 식민지화됐다는 사실이다. 이는 조선의 식민지화를 생각할 때 피해갈 수 없는 문제일 것이다. 물론 그 배경에는 정부 차원과는 다른 민중의 저항이 있었다. 그러나 예전에 정약용이 『민보의』(民堡議)에서 밝힌 것처럼 정부 혹은 정치적 지배층의 공식적 후원 없는 저항은 불리한 조건이 너무 많았다.[2]

여기에서는 당시 정치적 지배층이 열강의 위협 속에서 어떻게 국가를 운영해나가려고 했는지, 그리고 그 배경에는 어떤 국제정세와 자국에 대한 인식이 있었는지가 중요할 것이다. 필자는 1860년대부터 1870년대를 다룬 제2부 제1장[3]에서 이러한 조선 정치적 지배층의 군사적 행동을 저지했던 것으로 조선 특유의 소국의식이 있었다는 것을 지적했다. 그렇다면 이어지는 시대인 1880년대의 상황은 어떠했을까. 또한 1880년대는 이어지는 1890년대, 그리고 대한제국 최후의 10년 동안 어떤 영향을 끼쳤을까.

이러한 문제를 다루는 데에 주목할 사람이 이른바 '온건개화파'의 영수(領袖) 격인 김윤식이다. 나중에 자세하게 살펴겠지만 그의 경력은 초기 개화파시대부터 시작되어 영선사(領選使)로서의 파견, 친청(親淸)관료로서의 개화정책 종사, 배류(配流), '친일관료'로서의 재등장, 3·1운동의 합류 등 파란만장했다. 여기에는 어떤 의미에서 복잡하고 모순에 가득 찬 조선 근대의 모습이 그대로 나타나 있다고 할 수 있다. 첫 부분에서 기술한 것은 3·1운동 당시 일본인 재판관이 그에게 던진 말이다. 여기에는 비록 단편적이기는 하지만 김윤식을 평가할 때 무시할 수 없는 사실이 드러나 있다. 왜 그는 이러한 복잡한 길을 걸어갔으며 그럼에도 불구하고 결국은 3·1운동의 민족주의에 도달했을까.

그에 대해서는 그의 저서를 중심으로 비교적 많은 연구가 있다.[4] 그러나 대부분이 그의 생애의 한 부분을 강조하는 데 초점을 맞춘 것이며, 얼핏 '모순'에 가득 차 보이는 그의 생애를 종합적으로 그려내는 데 성공한 연구는 많지 않아 보인다. 대체 무엇이 그를 움직이고 그의 사상을 형성하게 했을까.

앞으로 필자는 그의 생애와 그 안에서 볼 수 있는 '자국인식'과 정치전략을 살펴보며 조선 근대 특히 조선 근대의 정치적 지배층이 가지고 있던 특질과 그들이 놓여 있던 상황을 일본과 청나라와 같은 주변 국가들과의 국제 비교의 관점을 포함해 부각시키고자 한다.

우리들은 일단 김윤식이라는 인물과 그를 둘러싼 주변 환경에 대해서 알아야 할 것이다. 그렇다면 우선 유년시절의 김윤식과 그 시대적 배경에 대해서 간단하게 살펴보기로 하자.

제2절 김윤식과 그 시대

김윤식의 성장과정

김윤식은 자를 순경(洵卿), 호를 운양(雲養)이라 했으며 본관은 청풍이다. 즉 청풍 김씨 후생이다. 청풍 김씨는 고려시대의 상문시랑(相門侍郞)이었던 김대유(金大猷)가 시조인 양반이다.[5] 이 본관 출신의 대표적 인물로는 조선왕조 중기의 인조, 효종 두 조정에서 활약하고 영의정까지 지낸 문정공(文貞公) 김육(金堉)이 있다. 김육은 오늘날 조선 근대의 출발점으로 알려져 있는 실학의 초기 인물 중 한 명이었으며 두 번의 호란(胡亂) 후 청에 대한 보복 공격을 의미하는 '북벌' 주장이 나왔을 때 국왕인 효종에게 잘못된 점을 강력히 지적했다. 효종의 노선을 조선과 청이 대등함을 주장하고 그 수단으로서 '무력'을 사용하자고 한 '무단파(武斷派)'의 그것이라고 한다면 그의 입장은 전형적인 '문치파(文治派)'의 그것일 것이다.[6]

이러한 인물을 배출했지만 청풍 김씨의 세력은 결코 다른 양반과 비교해 탁월한 것이 아니었다. 특히 김육이 죽은 뒤에는 현저하게 몰락해갔으며, 새로 대두하게 된 안동 김씨, 풍양 조씨의 세도에 눌려 그 세력이 축소되어갔다.

일족이 이와 같은 상황에 빠져 있는 가운데 김윤식은 1835년 경기도 광주에서 태어났다. 그는 김육의 직계가 아니라 김육의 숙부인 김흥록(金興祿)의 막내였으며 게다가 그 안에서도 방류(傍流)에 속했다. 그의 직계 가계는 할아버지가 김용선, 아버지가 김익태(金益泰)로 족보에서 관직을 볼 수가 없었으며 간신히 증조부인 김기건(金基建)이 '참봉'이라는 그다지 높지 않은 관직에 있었다.

그의 유년시절은 궁핍했다.[7] 아마도 그는 충분히 교육을 받고 양반 관료로서 성공하기 어려웠을 것이다. 게다가 불행하게도 그의 부모는 그가 8살 때 세상을 떠났다.

그에게 불행 중 다행이었던 것은 숙부인 청은군(清恩君) 김익정(金益鼎)의 존재이다. 김익정은 원래 김윤식의 할아버지 김용선의 아들이 었는데, 집에서 나가 김육의 흐름을 잇는 청풍 김씨 종가의 뒤를 이었 다. 당시 청풍 김씨 종가도 김윤식 일가와 같은 몰락의 쓰라림을 맛 보았지만 이러한 가운데 그는 종가의 특권인 음직(蔭職)에서 관직의 문을 열고 현릉원참봉(顯隆園參奉)과 서원현감(西原縣監)을 거쳐 최종 적으로 호조참판에까지 올랐다.[8]

부모와 사별한 뒤 김윤식은 김익정에게 가서 소년시절을 김익정의 집이 있었던 경기도 양근의 귀천에서 지냈다. 당시 김익정의 지위는 그다지 높다고는 할 수 없었지만 그래도 청풍 김씨 중에서는 최고의 벼슬이었다. 즉 김윤식은 일족 중에서도 가장 부유한 환경에서 성장 했던 것이다. 여기서 처음으로 그는 어느 정도의 교육을 받았다. 김익 정의 자식들은 훗날 다섯 명 중에서 세 명이나 과거에 합격했다. 그 후 이종형제들과 함께 또는 경쟁하며, 김윤식은 가숙(家塾. 개인이 설치 한 글방—옮긴이)에서 공부를 하고 지식을 크게 배워갔다.

이 가숙의 강사가 소산(小山) 김상필(金尚弼)이었다. 김윤식의 회상 에 따르면 김상필은 그에게 "너는 고아로 자랐으나, 공부에 전력을 다 하여 의지를 세우고 사상을 발전시키면, 풍요로운 가정에서 자란 다 른 아이들에 뒤쳐질 리가 없다"라 했다고 한다.[9] 비교적 부유한 환경 에서 자라면서도 결국은 남의 집에 얹혀사는 입장이었음에도 '학문을 기초로 입신한다'고 하는 그의 자세는 이 시대에 굳어졌다고 할 수 있다. 이 말은 50~60년 뒤에도 그의 귀를 떠나지 않았다고 한다.

　이 같은 정신적인 면을 벗어나 학문적 · 사상적 영향 면에서 주로 본다면 그에게 커다란 영향을 끼친 인물은 김윤식이 서울로 간 뒤 모신 두 명의 스승이다. 그는 14세에 사별할 때까지 소산을 따랐으며 16세 때 서울로 간 뒤에는 이 두 명의 스승을 따랐다. 그렇다면 그는 서울에서 어떤 교육을 받았을까. 이 점에 대해서 살펴보도록 하자.

두 명의 스승―유신환과 박규수

　김윤식은 16세가 되어 서울로 올라왔다. 이것은 서울에서 최신 학문을 배우고 연구를 거듭해서 많은 유력 양반 친구를 얻어 과거시험의 합격과 관직을 더 유리하게 획득하기 위한 시도였을 것이다. 김윤식이 서울로 올라와 처음으로 따른 것이 당시의 조선 유학계에 일대 세력을 자랑하고 있었던 봉서(鳳棲) 유신환(兪莘煥)이었다. 입문은 유신환 아래에서 공부했던 사촌형 김면식(김익종의 아들)의 소개가 있어서 가능했을 것이다. 유신환은 송시열(宋時烈)의 흐름을 이어받은 성리학, 예학, 문학 등의 대가였으며 김윤식이 상경했던 당시 그의 세력은 임헌회(任憲晦)의 고산학파(鼓山學派), 이항로의 화서학파(華西學派)와 함께 3대 학파로 불렸다.

　유신환이 김윤식에게 끼친 영향은 크게 두 가지를 들 수 있다. 우선 첫 번째로 유신환은 강한 실학을 지향했다. 유신환은 이항로 등과 달리 현실을 현실로서 바라보는 시점을 가지고 있었다. 특히 그가 내정 개혁(특히 토지재분배론)과 대청인식에 대해서 뒤의 김윤식의 사상, 행동에 미친 영향은 크다 하겠다.[10]

　둘째로 유신환의 동문들과의 교류이다. 양반으로서 그다지 부유한 환경에서 자랐다고는 할 수 없었던 김윤식에게 이 대가(大家)에 출입하는 유력양반 자제와의 교류는 나중에 그의 관계(官界) 진출에 큰 도움이 됐을 것이다. 유신환 아래에서 함께 배웠던 주요 인물로는 김윤식의 종형 김만식(金晩植)을 비롯해 서응순(徐應淳), 김낙현(金洛鉉), 윤병정(尹秉鼎), 윤치담(尹致聃), 심기택(沈琦澤), 한장석(韓章錫), 민대호(閔臺鎬), 민규호(閔奎鎬), 이응진(李應辰), 남정철(南廷哲), 오준영(吳俊泳) 등이 있다.[11] 이들 모두 훗날 근대 조선사에서 중요한 역할을 담당했다. 또한 이 중에는 고종의 정처(正妻)인 명성황후에 의해 대두된 여흥 민씨 세력의 유력자가 포함되어 있었다.

이때 김윤식은 현실에 대한 관심과 그 관심을 실천에 연결하기 위한 인맥을 얻었다. 그러나 그것만으로는 직접적인 정계 진출로 이어지지 않았다. 이러한 가운데 1859년 유신환은 제자 김윤식의 출세를 보지 못하고 타계한다. 관계에 아직 발판을 만들지 못하고 사상적으로도 미숙한 김윤식에게는 새로운 스승이 필요했다.

김윤식이 다음으로 가르침을 받은 것은 박규수였다. 박규수는 북학의 거장인 박지원의 적손(嫡孫)으로, 그 가학으로서의 가르침을 당시의 사회 정세에 따르는 형태인 개화사상으로 전개한 인물이다. 바꾸어 말하자면 근대 조선에 실학과 개화사상을 결합시키는 역할을 담당하여 높이 평가받았다. 그는 교육자로서도 유능했으며 그의 문하생은 김윤식을 비롯해 김옥균과 박영효 등으로 나중의 개화론자가 대부분이다.

박규수에 대해서는 하라다 다마키(原田環)를 비롯해 많은 연구들이 있으며 필자도 앞장에서 간단하게 언급한 바 있다.[12] 김윤식이 박규수를 모시게 된 이유는 김윤식의 숙모 중 한 명이 박지원의 딸인 것도 있지만 유신환에게서 그가 익힌 실학에 대한 강한 신념이 있었기 때문이다. 김윤식이 박규수를 따르던 시절 이것은 박규수에게도 사상적으로나 정치적으로 가장 충실했던 시기였다. 김윤식이 유신환과 사별한 이듬해 청나라에서는 제2차 아편전쟁이 발발했지만 박규수는 이때 전쟁 후의 청나라의 정세를 파악하는 임무를 띠고 연행부사(燕行副使)로서 청으로 건너가 국제정세에 대한 지식을 얻고 돌아왔다. 이와 함께 내정 면에서도 그의 활약은 눈에 띄었는데 이로부터 1년 후 한반도 남부에서 발발한 민란의 정세 파악과 위무를 목적으로 한 진주안핵사로 파견되어 실제 당시 조선사회가 안고 있던 문제를 관찰하고 이에 대한 제언을 했다.

격변해가던 시대는 박규수와 같은 실학적 능력을 가진 인물을 원했다. 이 같은 박규수의 활약은 대원군정권기에 들어서 한층 더 활발해졌다. 미국의 무장상선인 셔먼호와의 분쟁 처리, 고종이 미국으로 보내는 편지의 대필 등 이 시대 외교적 업무의 상당 부분이 이에 대한 책무를 전혀 지고 있지 않았던 박규수의 손에 의해서 이루어졌다. 이러한 그가 '유교적 레세페르'라고도 할 수 있는 독특한 개국론을 지니고 있었던 것은 제2부 제1장에서 밝힌 대로이다. 그리고 드디어 이 점에서 대원군과 대립하게 된 그는 추방되기에 이른다. 그리고 그는 대원군정권의 붕괴 후 우의정까지 오르고 조선의 대일 개국에 큰 역할을 담당한다.

김윤식은 박규수의 이러한 외국에 대한 자세로부터 큰 영향을 받았다. 특히 그 정치적인 태도에는 이 같은 영향이라고 생각되는 점이 많이 있다. 이와 동시에 박규수 문하생 시절의 그를 생각하면서 간과해서는 안 되는 점이 문하생들과의 교류이다. 그들은 박규수가 사망한 후 개화파의 지도적 인물로 다양한 활약을 한다. 그들과의 인적 결합은 나중에 김윤식의 정치적 행동에도 큰 영향을 미친다. 그러나 김옥균 등 박규수의 제자들 중 많은 사람들이 결국 급진개화파가 되어 그 당시 정권과 대결, 타도하려는 입장에 선다. 그러나 김윤식은 정권 속에 머물러 '제도적인 개혁'을 위해 노력하는 길을 선택한다. 대체 무엇이 김윤식과 다른 이들을 갈라서게 했을까. 본래 그들이 살아온 시대는 어떤 시대였을까. 다음에서 그들이 활약하게 되는 시대적 배경에 대해서 살펴보기로 하자.

개혁의 비용[13]

김윤식이 과거에 합격한 것은 1874년(고종 11)이었다.[14] 기묘하게도 이 해는 10년 간 계속된 대원군정권이 무너지고 새로운 계유정권이 본격적으로 출발한 해였다.[15]

당시 조선왕조는 큰 위기에 직면했다. 19세기에 들어서자 서양 열강은 일본과 청나라의 개국 후에도 아시아에서 마지막까지 쇄국체제를 유지하려고 했던 조선왕조에게 압력을 가하고 이를 외국에 개방하려고 했다.[16] 한편 눈을 안쪽으로 돌리면 16~17세기 일본과 청나라에 의한 군사적 침공 이래 붕괴의 도를 더해갔던 조선왕조의 국가질서는 이 무렵 문란함이 극에 달했으며 각지에서 수많은 '민란'이 발생했다.

대원군정권은 이러한 시대상황에 왕조지배의 재확립을 목표로 탄생한 일종의 거국일치정권이었다. 이때의 주된 정책은 다음과 같이 정리할 수 있다. 즉 첫 번째는 서양, 그리고 나중에 합류한 일본의 개국압력에 대해서 철저하게 거부하고 종래의 쇄국체제를 유지하려고 했던 것이다. 이를 위한 수단으로서 외교적 수단과 병행하여 적극적인 군비확장이 이루어졌다. 이 시절 대원군정권은 프랑스와 미국의 군사적 침공을 각각 한번씩 받았으며 이를 군사적 수단에 의해 배제하는 데 성공했다. 주목할 만한 점은 군사적 성과도 그렇지만 당시 체제가 현 체제유지에 거는 강한 의지일 것이다. 조선왕조는 군사적으로는 서양과 거의 비슷한 수준으로 싸울 수는 없었지만 강력한 교전의지를 보여, 소규모였던 서양 열강의 군사적 침공을 단념시킨다.

정권은 이 같은 정책을 유지하기 위해서라도 강력한 체제를 원했다. 이에 대원군정권은 왕조의 권위적·실태적 재정립을 위해 여러 가지 수단에 호소한다. 경복궁 재건과 왕가였던 전주 이씨의 지위를 향상시키는 여러 정책 등은 이러한 왕조의 권위를 재확립하기 위한 작업이었으며 또한 3군부의 재설치와 비변사로부터 의정부로 권력을 이양하는 등 제도의 복고적인 재정비는 왕조의 제도적인 재건 노력의 표현일 것이다. 이것이 두 번째 점이다.

세 번째 특징은 뒤에 기술할 개혁을 실시하는 데 재경(在京)의 척족(戚族. 다른 성을 가진 친족―옮긴이)들보다 재지에게 더 많은 비용 부담을 안겼다는 것이다. 대원군정권이 지향하는 왕조 지배체제의 재정립은 군비증강을 위해서도 경복궁 중건을 위해서도 많은 비용이 필요했다. 당연히 누가 그 비용을 부담할 것인가 하는 문제가 발생했다. 이 해결책으로서 대원군정권은 서울에 거주하는 척족세력보다도 재지의 유력자에게 이것을 전가하는 쪽을 선택한 것이다.

이것이 실천됐는지의 여부는 문제가 되지 않는다. 문제는 그들이 무엇을 지향했는지 하는 것이다. 그러나 이러한 대원군의 정책의도는 재지세력과 재경의 반대원군세력이라고 하는 두 세력의 연합에 의해 어이없이 좌절된다. 그 대신 생겨난 것이 박규수로 대표되는 '유교적 레세페르'의 사상이며 일종의 '낙관적 소국론'이라고도 할 수 있는 것이었다. 예를 들면 박규수는 1868년(고종 5) 미국에 대해서 다음과 같이 밝히고 있다. "오늘날 미국은 지구상에서 가장 공평한 나라라고 한다. 그들은 세계 최고의 부유국이며, 정치를 통해 능숙하게 문제를 해결한다. 또한 남의 나라를 무조건 침략하려는 욕심이 없다. 만일 미국이 먼저 맹약을 체결하자고 제안하지 않는다 하더라도, 우리나라가 먼저 미국에게 맹약을 체결하자고 제안하여 고립상태에서 벗어나는 일이 왜 나쁘단 말인가."[17] 새 정권은 이러한 가운데 열강과의 대립을 중단하고 융화로 급선회하게 된다.

1874년(고종 11) 조선왕조는 그야말로 방향전환의 절정기였다. 김윤식이 본격적으로 관계에 참여한 것은 박규수가 정치적으로 가장 활발했을 때였다. 김윤식이 갑자기 과거에 합격하게 된 배경에도 이러한 권력의 움직임이 있었는지 모른다.

그렇다면 김윤식은 어떤 생각을 가지고 행동을 했을까. 다음 절에서는 김윤식의 행동과 사고 형성과정을 그의 정치적 경력과 결부시켜 가며 살펴보기로 하자.

제3절 영선사 행

대원군정권이 무너진 것은 그들이 강력한 국가를 지향하고 그 비용을 재지 지배층에게 전가하려고 했기 때문이었다. 그 방향성의 시비는 제쳐두고라도 위기를 앞두고 무언가 새로운 제시를 해야만 한다는 문제는 있었을 것이다.

위기의 시대에 어떻게 대응할 것인가. 그리고 이를 위한 비용을 어떻게 마련할 것인가. 이것은 후발국이 근대라고 하는 시대에 진입하는 데 가장 먼저 해결해야 할 어려운 문제인 것이다. 각국은 이 문제를 앞에 두고 고뇌했고 현재도 계속 고뇌하고 있다.

이것은 김윤식에게 결코 예외가 아니었다. 그렇다면 김윤식은 이러한 상황에서 개혁의 비용 문제를 어떻게 해결하려고 했을까. 지금부터 이 점을 중심으로 김윤식의 사상적 편력을 살펴보도록 하자.

개화사상의 세례

관료로서 김윤식의 사상을 살펴보기에 앞서 그가 관계에 진출하기 전에 어떤 생각을 하고 있었을까 하는 점을 짚어보자. 이 점에 대해서는 그가 과거에 합격하기 5년 정도 전 병인양요라는 프랑스군의 강화도 침략 때 서양 열강의 위협에 대해 쓴 「양요시답모인서」(洋擾時答某人書)가 남아 있다.[18] 이것을 살펴보면 다음과 같다.

그는 당시의 양요에 대해 근심을 했다. 서양의 위협은 그 자체만으로는 위협이 아니다. 문제는 양요를 앞에 두고 조선이 아무 대비도 하지 않고 수수방관 하고 있다는 것이다. 문제는 네 가지이다. 즉 첫 번째는 당시 향약의 기본 단위인 주(州)와 현(縣)에서 쓸데없는 병사를 징발하고 있었다는 점이다. 이대로는 촌락에 사는 사람이 없고 황폐해질 수밖에 없다. 이러한 상황에서 서양 열강에 맞선다는 것은 불가능하다. 두 번째는 이렇게 해서 어렵게 모은 병사가 모두 약한 병사들이며 이들을 유지할 보급도 정비가 되어 있지 않았다. 세 번째는 이러한 병력을 유지할 징세 능력의 부족이다. 왕조는 이미 국민의 신뢰를 잃어버리고 병사의 식량을 모으는 것조차 곤란한 상황이었다. 네 번째는 수로 운송이 그 기능을 잃어 병참(兵站)을 오로지 육군에 의존했던 것이다. 이러한 상황에서는 징세가 정상적으로 이루어지더라도 이것을 병사들에게 적절하게 배분하는 것도 불가능할 것이다.

결국 그의 말에 따르면 근본적인 문제는 양요라고 하는 외부에 있는 것이 아니라 왕조의 질서가 혼란한 데에 있다는 것이다. 그러나 이같은 입장은 당시 조선왕조에서 희한한 일이 아니었다.[19] 당시 왕조의 정통 교의였던 유교의 사상적 내용을 생각하면 이 같은 문제를 제기하는 방법은 어떤 의미에서는 당연한 것이었다.

동시에 여기에는 어느 정도 당시의 실제 상황도 반영되어 있었다. 이미 기술한 바와 같이 대원군정권은 이 같은 상황을 개선하기 위해서 있었다. 그들은 여기서부터 적극적으로 군비확장을 시작했다. 그러나 김윤식의 주장은 여기서부터 대원군정권과 달랐다.

그는 육상 전투에서는 많은 병력이 필요하다는 것을 확인한 뒤에 다음과 같이 주장했다.

즉 양이와의 전쟁에서는 병력의 수보다 질이 중요하니, 소수 정예의 군대를 만들어 좋은 병기를 지급해야만 바다의 위협인 그들에게 맞설 수 있다는 것이다. 또 병력이 적으면 병력에 지급할 식량도 적어지며, 군도 흐트러짐 없이 통솔할 수 있고, 식량 운반을 위한 수고도 덜 수 있다고 하며, 좋은 병기를 지급하면 명중률도 높아진다고 하고 있다(然竊謂禦洋之道 貴在兵少而精 器便而利何者 少則食減 精則不亂 便則益運 利則能中 洋夷之所以能從四海者 用此道也).

실제로 서양 열강의 강함은 그렇게 해서 얻은 것이었다. 오늘날 생각해봐도 이는 맞는 말이다. 그렇다면 그 대책은 어떻게 세워야 하는가.

주된 수단은 두 가지 있다.[20] 우선 그 중 하나는 국가 안에서 숨씨 있는 대장장이와 재능이 있는 사람을 모아 대포와 수전포를 만드는 것이며 두 번째로 지방에서 쓸모없는 병사를 징병하는 것을 일절 금하고 서울에 주둔하는 정예 부대 안에서 병사를 선출해 연안 요새에 배치하는 것이다.

주목할 점은 첫째, 김윤식의 '책략(策)'에 따르면 조선사회에 비용을 추가로 부담시킬 필요가 전혀 없다는 점이다. 아니, 김윤식의 말에 따르면 현재 수적으로는 많으나 약한 병사를 거느리는 시스템보다 소수의 정예 부대를 양성해 이에 의존하는 편이 훨씬 비용이 적게 들 것이라고 했다. 조선이 열강에게 승리하기 위해서는 지구전으로 끌고 가서 상대의 식량이 바닥나는 것을 기다리는 것이 최선의 방법이다. 다수약병주의(多數弱兵主義)에서는 병사와 식량 등의 문제를 생각하면 불안정한 조선사회가 그때까지 병사를 유지하는 것이 곤란할 것이다. 소수정예주의를 실천함으로써 비로소 그들과 비슷하게 장기전으로 끌고 갈 수 있는 것이다.

이후 김윤식의 사상과 행동에 관련해 중요한 것은 두 번째 점이다. 즉 여기에는 조선이 위에서 기술한 방법으로 군사개혁을 단행하여 열강의 위협에 독자적으로 대항하고자 하는 의도가 내재되어 있다. 특히 이러한 군사개혁에서 다른 '대국'의 협력이 필요할 것 같은 곳은 찾아볼 수 없다. 뒤에 서술하고 있는 바와 같이 이러한 김윤식의 사상은 같은 시기에 스승 박규수가 조선의 자주를 유지하기 위해서는 자력 방위와 동시에 '정의의 대국'의 지원도 필요하다고 한 것과 비교해 보더라도 보다 주체적인 사상이었다고 할 수 있겠다. 그러나 이것으로 그가 이러한 '정의의 대국'[21]의 존재나 이에 의존할 필요성을 부정했다는 것으로 이어지지는 않는다.

병첨의 부담은 적어지고 또한 군사적인 강화를 실현할 수 있다. 이것이 만약 현실화된다면 그야말로 이상적인 해결책이 될 것이다. 그렇다면 김윤식은 이 생각을 어떻게 하게 됐는가.

이 점에 대해서는 김윤식이 말한 바와 같이,[22] 청나라의 지식인 위원(魏源)의 영향이 컸다. 위원은 아편전쟁에서 서양 열강의 강대함을 인식한 청나라의 일부 지식인들 즉 초기 양무론자(洋務論者) 중의 한 명이었다. 그의 주요 저서인 『해국도지』(海國圖志)는 당시의 조선에 전해졌던 양무론과 관련된 귀중한 저서 중의 하나이며[23] 당시 조선 개화파의 성서라고 할 수 있었다. '오랑캐의 장기를 가지고 오랑캐를 제압한다'라는 위원의 생각의 일부는 대원군정권에서 신헌에 의해 수뇌포(水雷砲)를 시험 제작한다는 형태로 결실을 맺었다.

김윤식이 주장한 소수정예주의도 이 같은 위원의 주장의 한 부분을 받아들인 것이었다. 위원의 머릿속에는 압도적인 수적 불리함에도 불구하고 몇 척의 군함으로 수십 척의 정크선을 쳐부순 영국함대의 모습이 들어 있었을지도 모른다.

김윤식의 스승인 박규수도 이 같은 위원의 영향을 크게 받았다. 위원의 소수정예주의는 군비를 최대한 줄이려고 했던 박규수의 사상과도 일치하는 것으로 보인다. 혹은 김윤식도 그러한 박규수에게서 위원의 가르침을 배운 것인지도 모른다.[24]

이 시점에서 김윤식의 주장은 청나라의 초기 양무사상에서 조선의 초기 개화사상으로 흘러가는 사상적 계보를 그대로 계승한 것이었다. 그것은 당시로서는 참신한 것이었을지 모르지만 아직 김윤식의 독자적인 주장을 엿볼 수는 없었다.

이것이 임관하기 전 김윤식의 사상적 상황이었다. 그렇다면 관계로 진출한 후 그의 사상은 어떻게 변화했는가. 다음으로 그가 개화관료로서 두각을 나타내는 계기가 됐던 영선사 행에서 김윤식의 동향에 눈을 돌려보도록 하자.

영선사 임명

이미 밝힌 바와 같이 김윤식이 과거에 합격한 것은 1874년(고종 11)이었다. 그때 그는 이미 40세였다. 그가 본격적으로 관계에 진출한 것이 그의 나이에 비해 빠르다고는 할 수 없었다. 이후 김윤식은 순조로운 출세를 계속해, 박규수가 정치 일선에서 은퇴하고 사망한 후에도 출세 가도를 달린다.[25]

그 후 그는 병조정랑, 황해도 암행어사 등을 지내고 1879년(고종 16)에 형조참의가 된다. 겨우 5년 만에 정3품 지위에 오른 것이다. 척족 출신인 여흥 민씨와 안동 김씨라면 모를까, 아버지도 할아버지도 관직에 이름을 올리지 못했던 자로서는 이례적인 출세였다.

이 배경에는 유신환의 문하시절에 여흥 민씨 인물과의 인맥이 있었을 것이다. 유신환의 문하시절 김윤식과 같이 공부한 그들은 당시 고종의 정부인이며 배후에서 권세를 떨치던 명성황후의 친족으로서 거대한 힘을 휘둘렀다. 김윤식이 관계에 진출하는 데 예전부터 맺어온 그들과의 인간적인 유대가 유용했을 것이다.

그러나 동시에 김윤식이 개화파로서 갖고 있던 지식, 그리고 관료로서의 수완이 있었을 것이다. 이 점을 여실히 보여주는 사건이 그가 영선사로 임명된 일이다. 영선사란 서양 열강이나 일본과의 접촉으로 그들의 강대함과 위협을 실감한 조선왕조가 서양의 장기(長技), 즉 군사

기술을 배우기 위해 청나라 톈진(天津)에 파견한 사절의 총책임자이다. 이때 파견된 학생은 모두 69명으로, 일본에서 온 군사교관을 두고 있었던 조선 초의 서양식 군대인 별기군의 창설과 함께 당시 조선의 군사 근대화를 받치는 두 개의 기둥 중 하나였다.

게다가 이 영선사에는 이미 1881년(고종 18) 2월 26일에 조용호(趙龍鎬)가 임명되어 있었다. 김윤식에게 그 직책이 주어진 것은 조용호가 돌연 사망했기 때문이었다.[26] 당시 김윤식은 조용호와는 거의 같은 위치에 있었으며 관직도 거의 동등한 순천부사를 맡고 있었다. 그에게 이 직책이 주어지게 된 경위는 확실히 밝혀지지 않았으나, 이를 결정할 때 김윤식이 박규수에게 학문을 배웠다는 점, 그리고 황해도 암행어사 때 활약상에서 보여주었듯이 적절한 상황 파악능력이 있었던 점 등이 평가받았을 것이라 생각된다. 같은 박규수 아래에서 김윤식은 연령을 보더라도, 또한 경험상으로도 다른 이보다 한발 두발 앞서 있었다. 그러한 그에게 중책이 맡겨진 것은 어떠한 의미에서 당연했을지도 모른다.

스승인 박규수의 사상은 북학의 흐름을 파급시켰다. 북학이란 원래 조선에서 보면 오랑캐였던 만주족 왕조인 청에게서 배울 점이 있다면 적극적으로 배워야 한다는 사상이었다. 오랑캐 나라인 청에게서 오랑캐의 기술인 서양의 기술을 배워야 한다는 것은 실로 북학이 오랜 동안 주장해온 바였다. 그 역할을 담당하는 것은 북학의 계보를 잇는 김윤식에게 만감이 교차하는 일이었을 것이다.

그리하여 영선사로서 출발한 그는 청으로 가던 도중 의주에서 상소문을 써서 서울에 있는 고종에게 보냈다. 이를 『조선사』의 내용에 근거해 요약해보면 다음과 같다.

영선사 김윤식, 의주부에서 상소를 올립니다. 지금 세계정세는 크게 변화하고 있습니다. 다양한 군대와 군선이 출몰하여 각국은 합종연횡을 일삼고 있으며, 병력을 갖추고 패권을 다투고 있습니다. 또한 법률과 국내를 정비하여, 우리나라의 바다와 육지의 국경에 이미 몰려오고 있습니다. 이러한 상황에서 문호를 닫아 세계의 상황을 보지 않고 모른 척하는 것은 불가능합니다. 대비책을 세우는 것이 가장 긴급한 과제입니다. 그러나 사태의 변화는 매우 빠르고 재정은 궁핍한 상태여서 대비책을 세우기가 여의치 않습니다. 재정 감축에 힘써 불필요한 지출을 막고, 급하지 않은 지출을 보류하며 긴급한 사항에만 지출을 집중시킨다면, 우리나라도 구원을 받을 수 있을 것입니다.[27]

그가 주장한 것은 결국 '불필요하고 급하지 않은 지출'을 버리고 이로 인해 남은 비용을 '긴급한 사항'에 돌려 지금의 난국에 대처하자는 것이다. 여기서 그의 사상이 대원군정권시대의 사상과 크게 다르지 않음을 알 수 있다. 황해도 암행어사와 순천부사 등을 지냈다는 점에서 조선사회의 피폐한 상황을 실감할 수 있었을지도 모른다.[28]

이러한 그의 사상은 이홍장(李鴻章)으로 대표되는 청의 양무관료들과 접해 청나라를 세계의 현실에 비추어봄으로써 점차 변화해간다. 그러면 청에 대해 그는 어떠한 사상적 변화를 거쳤을까. 다음에서는 청 체재 중 그의 언동에 대해 살펴보고자 한다.

이홍장에게 보낸 편지

김윤식이 영선사 자격으로 서울을 출발한 것은 1881년(고종 18) 9월

26일이다. 임명받은 것이 19일이었으므로 급히 출발한 것으로 보인다.

앞서 말한 바와 같이 영선사란 청에 파견되는 유학생들을 무사히 해당 지역에 당도하도록 도와주는 사절단이다. 그러나 김윤식은 비밀리에 고종에게 또 하나의 밀명을 받았다. 이는 일본에 문호를 연 뒤 위급한 문제로 부상하고 있는 서양 열강의 개항 문제를 청과 논의하고 지원을 받는 것이었다.[29]

즉 조선은 개항 이후 군사적 근대화에 이르기까지 많은 일에서 청의 조언을 구하고자 했던 것으로 보인다. 본디 개국론자였던 김윤식은 실로 영선사에 적합했다. 또한 여기에는 고종의 의지도 있었을지 모른다.

한편 당시 청에서 이 방면에 가장 큰 권한을 가지고 있던 사람은 직례총감(直隷總監) 겸 북양대신(北洋大臣)이었던 이홍장이다. 이홍장은 조선과의 관계에서도 일찍이 조선의 의정(議政) 중 한 사람인 이유원(李裕元)에게 밀함(密函)을 보내 접촉을 유지하고 있었다.[30]

이홍장으로 대표되는 당시 청의 양무관료들은 대개 조선의 개국을 저지하려 했으므로 이 기회를 역으로 잘 이용해야 한다고 생각하고 있었다. 그들 입장에서 보면 당시의 조선은 실로 '화적신지세(火積薪之勢. 불길이 다가오고 있는데 장작을 쌓아올리는 형세—옮긴이)'[31]이며 이를 방치하면 청 자신의 안전에도 위협이 될 수 있었다. 그 중에는 이러한 상태를 타개하기 위해 한발 앞서 조선과의 사대관계를 실질화시키고 이 지역에 대한 지배력을 강화해나가야 한다는 세력도 있었다.[32] 하여장(何如璋) 등이 그 예라 할 수 있다.[33]

이홍장은 그들과는 사상이 달랐다. 조선에 대한 청의 개입을 보는 관점이 비교적 소극적이었던 것이다. 그는 다음과 같이 말했다. 조선에 어떠한 일이 일어났을 때 청은 조선을 있는 힘껏 도와야 한다. 그러나 조선으로 가는 길은 실로 멀고도 멀어 중요한 시기에 원조의 손길이 닿지 않을 것이라는 점이 우려된다. 특히 일본의 위협은 심각하다. 조선이 독자적인 힘으로 이에 대비하는 것은 곤란할 것이나, 일본이 두려워하는 서양 열강과 관계를 맺어놓으면 일본도 쉽게 손을 뻗지 못할 것이다. 또한 러시아의 위협도 심각하다. 이를 위해서는 어느 정도 조선이 스스로 힘을 기를 필요가 있다.

이홍장은 자신의 지휘 아래에 있는 북양군벌의 실력의 한계를 잘 알고 있었던 것일까.[34] 결국 그는 조선이 중국의 힘만을 전면적으로 의지해서는 안 되며 서양 열강과 일본과의 사이에서 균형을 유지하여, 독립을 지키면서 동시에 유사시에 대비한 힘을 기를 필요가 있다고 했다. 이러한 의미에서 이홍장은 조선이 자립에 힘을 쏟기를 바랐던 것 같다.[35] 본디 조선이 이 시기 개항을 단행한 것도 이러한 이홍장의 밀함이 크게 작용했기 때문이다. 여기서 청에 파견된 김윤식이 학습의 장으로 예정되어 있던 톈진이 아니라 먼저 이홍장이 있는 바오딩(保定)으로 걸음을 돌린 것은 당연한 일인지도 모르겠다.

가까스로 바오딩에 도착한 김윤식은 바로 이홍장에게 편지를 보내 회담을 했다. 김윤식이 여기서 피력한 의견은 흥미롭다. 그는 조선이 놓여 있던 국내외의 곤경에 대해 이야기하고 일본의 위협에 대한 이홍장의 동의를 구한 후, 다음과 같이 말했다.

우리 소방 조선은 긴 시간 동안 약체화되어 있으며, 급작스레 이를 바꾸기는 곤란하다. 만일 통상을 통해 연병(鍊兵)에 힘쓴다 해도 이를 바꾸기에는 상당한 시간이 걸릴 것이다. 이상의 사항들을 고려하여 지금의 조선 상태를 생각해본다면 지금 조선의 급선무는 대상 국가를 골라 우호관계를 맺고 그로 인해 일단 곤경에서 벗어나는 것이다. 서양의 여러 나라들 중 미국은 나라가 풍요롭고 군사력이 강하며 게다가 공정성을 갖추고 있어 심성이 화(和)를 귀중히 여긴다고 들어왔다. 나라가 풍요로우면 남의 것을 탐하는 일이 줄어들고 군사력이 강하면 믿고 의지하는 보람이 있다. 게다가 공정성을 갖추고 있으면 일 처리가 공평하고 심성이 화를 귀중히 여기면 예의도 존중할 것이다.[36]

그 후 그는 이러한 정책을 실현하기에는 조선의 조정과 백성이 지나치게 서양 열강을 배척하는 데 급급해 조선 국왕은 매우 고민하고 있다며, 바라건대 중당(中堂) 즉 이홍장의 힘을 빌리고 싶다는 말로 편지를 끝맺고 있다.

결국 김윤식은 조선이 직면한 당면 위기를 종주국인 청을 통해 '정의의 대국' 미국과 동맹을 맺어 해결하고자 한 것이다. 여기서는 김윤식의 주장에 비해 조선의 상황이 비관적으로 그려져 있다. 그때까지 김윤식은 조선의 독자적인 힘으로 개혁을 하고자 했으면서도 왜 이러한 내용의 편지를 쓴 것일까.

전부터 이유원은 점점 더해가는 이홍장의 개항 권고에 대해, 조선은 문약(文弱)하여 이이제이(以夷制夷)할 여유도 없으며 만국공법에 의한 '강약상유(强弱相維)' 실현도 류큐(琉球. 지금의 오키나와—옮긴이)의 예를 볼 때 곤란하다고 했다. 또한 산물이 부족한 조선에서는 통상을 해도 이익이 없어 헛되이 재정을 고갈시키므로 일본의 전철을 밟을 뿐이라며 개국을 철저히 거부하고 있다.[37] 이와 비교해보면 김윤식의 편지에는 박규수의 영향을 받아 '정의의 대국'이 존재한다는 것을 전제하고 이에 대한 신뢰를 기반으로 개국을 주장하고 있음이 분명히 나타나 있다. 아니면 이 편지에는 박규수와 같은 시각을 갖고 있던 고종의 의지가 반영되어 있었는지도 모른다. 이러한 '정의의 대국'에 대한 신뢰는 그가 이홍장과 직접 회담을 가졌을 때에도 다시 언급된다.[38] 본디 김윤식의 역할은 위와 같은 관점에서 당면한 과제인 서양 열강에 대한 개국을 진행하는 동시에 미래를 위해 군사의 근대화를 이루는 것이었다. 이는 개국하려고 하는 조선왕조의 공적인 의지였다. 때문에 중요한 역할을 맡은 김윤식의 편지 내용이 앞서 언급한 바와 같았음은 당연한 이치일지도 모른다.

'정의의 대국'에 대한 신뢰에 입각해 개국을 단행하고 낭비를 줄여 염출한 자금으로 군비를 강화한다. 그러나 이뿐이라면 단순히 영선사로서 그에게 부여된 사명에 지나지 않았다. 그러면 김윤식 자신은 어떻게 생각하고 있었을까. 그리고 그에게 닥친 현실이란 무엇이었을까. 다음 제4절에서는 이 점에 대해 자세히 살펴보기로 하자.

제4절 '친청파'의 탄생

양무관료와의 접촉

개국을 위해 이홍장과 일련의 회담을 끝낸 김윤식은 학생들을 인솔하여 톈진으로 향한다. 12월 6일 그는 톈진에 도착한다. 그 이틀 후 그는 바로 당시 군기소(軍機所)의 감찰 역을 맡고 있던 허기광(許其光), 반준덕(潘駿德)과 회담을 한다. 바꿔 말하면 김윤식은, 이때 진정한 의미로 서양화의 현장에서 일하고 있는 양무관료와 처음 만나게 된 것이다. 그러나 김윤식이 그들에게 얻은 정보는 김윤식과 조선왕조에 큰 충격을 주었다. 반준덕은 다음과 같이 말하고 있다.

여기에 있는 기기(機器)는 모두 서양인이 만든 것이다. 중국인은 매일 연구를 계속하고 있으나 아직도 그 뜻을 이루지 못하고 있다. 서양의 창과 대포는 중국인들도 만들 수 있다. 그러나 이를 위해 소비되는 비용이 막대하여 서양에서 구입하는 편이 비용이 적게 든다. 그러므로 이익이 나지 않는다. 귀국의 학생들 중에도 기기에 정통한 학생이 있을지 모르나 이러한 기술을 배우는 것은 불가능할 것이다. 또한 겨우 이를 배우는 데 성공한다 하더라도 결국에는 귀국해서 이를 현실에 도움이 되도록 활용할 수가 없을 것이다. 왜냐하면 이에 필요한 기기를 설치하기 위해서는 막대한 비용을 들이지 않으면 안 되기 때문이다. 귀국은 그만한 재력 부담에 견딜 수 있을까.[39]

이 말은 영선사인 김윤식의 역할을 부정하는 것과 같다. 대국인 청이 재정적으로 뒷받침하지 못하는 것을 소국인 조선이 할 수 없다는 점은 자명하다. 그렇다고 해서 그냥 지나갈 문제는 아니었다. 김윤식은 다음과 같이 대답했다.

그렇다면 학생들이 이를 배우는 것이 정녕 불가능한 일인가. 만약 우리나라에 이익이 된다면, 게다가 비용이 들지 않고 많은 노력이 필요하지 않은 방법이 있다면 그것만이라도 꼭 배우고 싶다.

반준덕은 이 질문에 소총, 약협, 그리고 화약과 어학을 배우는 것만이 그 길일 것이라 대답했다. 이는 서양, 일본과 동등하게 교역하고자 했던 김윤식에게 충격이었을 것이다. 물론 서양의 소총과 약협은 조선의 무기보다 훨씬 뛰어났으나 그것만으로 적과 맞서는 것이 불가능했다.

당시 조선이 양식 병기를 배우는 것이 기술적으로 어느 정도나 곤란했는지를 여기서 논하는 것은 의미가 없을 것이다. 필자가 여기서 다루고자 하는 것은 두 번째의 재정 문제이다. 군사적 근대화를 위한 재정. 이는 본디 김윤식이 낙관적으로 생각했던 문제이다. 그러나 당시 오랑캐의 장점을 배우는 것이 김윤식이 당초 생각했던 것보다 훨씬 절박하며, 막대한 비용이 필요하다는 점은 확실해 보였다. 이러한 문제는 예전 그가 생각해왔던 것과는 확연히 다른 것이었다. 실제로 이 문제는 김윤식에게 국가규모의 문제임과 동시에 자신과 밀접한 문제이기도 했다. 유학생 등을 뒷받침해주던 재정적인 여유가 이미 없어졌기 때문이다.[40] 조선에서 가져온 비용은 이미 바닥을 드러냈으며 본국에서 추가 원조는 아직 도착하지 않았다. 항상 재정난에 허덕이고 있던 조선 정부는 영선사를 청에 파견하는 것조차 곤란했다. 그들은 이제 이홍장과 군기소의 호의로 매일 매일의 비용을 원조받고 있는 상태였다.[41] 영선사 김윤식은 이 문제에 골머리를 앓는 날들이 계속됐다.

이후 다시 미국과의 개항 준비를 위해 바오딩에 온 그는 이홍장과 회담을 여러 차례 갖는다. 바오딩에서 개항에 대한 이야기를 마무리한 그들은 조선이 어떻게 부를 쌓을 것인가를 화제로 삼았다. 차(茶), 양(羊), 양잠. 이홍장은 김윤식에게 부국으로 가는 다양한 방법을 제

안했다.[42)]

　김윤식은 이후에도 양무관료들과 만날 때마다 조선이 부강을 이룰 수 있는 방법을 열심히 물었다. 김윤식은 다음과 같이 이야기했다.

　"재정 확보와 군사력 정비가 오늘날의 급선무이다. 그러나 군사력 정비도 재정이 확보되어야만 가능하다."[43)]

　그는 생각을 바꿔야만 했다. 현실은 비정했다. 체재 비용은 부족했고 학생들의 공부도 지지부진하여 진보가 없었다.[44)] 당초 대형기기에 대해 배워가는 것을 목표로 삼고 있었으나, 이 비용 염출 문제를 고려해 김윤식은 양무관료의 추천으로 인원의 대부분을 소형 즉 인력만으로 가능한 소기기를 공부하는 쪽으로 방향을 돌렸다.[45)] 이제는 김윤식이 영선사로서 고종에게서 부여받은 사명을 제대로 수행하는 것조차 곤란했다. 불안한 나날을 보내던 김윤식에게 금전적, 그리고 사상적으로 많은 지원을 해준 이홍장과 이홍장의 참모들, 그리고 그들이 군사와 외교의 권한을 쥐고 있던 청에 대한 신뢰와 의존은 나날이 높아져갔을 것이다. 바오딩에서 이홍장과 두 번째 회담을 마친 후 김윤식은 고종에게 자신의 생각을 다음과 같이 밝혔다.

　　우리나라가 중국의 속방이라는 것은 천하가 다 아는 일이다. 우리는 항상 중국이 현실적으로 종주국의 역할을 다하지 않는 것은 아닌지, 또 약소국인 우리나라가 세계에서 고립된다면, 즉 대국의 보호를 받지 못하게 된다면 과연 독립을 지킬 수 있을지 염려해왔다. 그러나 지금 중국에서 군사력을 쥐고 있는 이홍장 대신은 다행히 우리나라를 보호하는 것이 스스로의 역할이라는 점을 의연하게 인정하고 이미 스스로의 이러한 뜻을 각국에게 밝히고 있다.[46)]

또한 그는 이후에는 "지금 이 세상에는 오직 강한 자와 약한 자만이 있고 공법(公法)이라는 것은 존재하지 않는다. 그래도 소국인 우리 조선은 공법을 지켜 타국의 신뢰를 잃지 않도록 해야 할 것이다"라고도 언급한 바 있다.[47] 그러나 여기서는 조선 스스로의 힘만으로 이룬 개혁은 후퇴했으며 대신 자강(自强)과 안전보장 면에서 타국에 일방적인 기대를 하고 있다. 이미 조선의 독립은 혼자만의 힘으로 유지할 수 없다고 생각하게 된 것이다. 그러나 오직 공법을 지키는 것만으로는 국방이 불가능하다는 것이 명백했다. 이를 위해서는 조선이 줄 '믿음'을 이해하고 이를 도와주는 대국이 필요했다. 그러면 조선이 보호를 요청해야 할 나라는 어디일까. 김윤식은 그것이 청이라고 했다. 그도 예전에는 청에게 자국을 맡기는 것은 불안을 금치 못할 일이라 했으나 이제 청은 실로 의지해야 할 나라라는 사실이 확실하다고 하고 있다.[48] 다시 말하면 이 시기에 청에서 체재한 것은 결과적으로 조선이 '소국'이라는 사실과 조선과는 대조적인 청이 '대국'이며 '공정성'을 갖고 있다는 점을 크게 실감하게 한 것이었다. 점차 커지는 청의 존재. 그러면 이러한 사상을 가진 김윤식의 다음 행로는 어디였을까.

대미개국(對美開國)

1882년(고종 19) 2월경이 되면 김윤식은 예전의 자신을 잃어간다. 한편 이에 이홍장도 조선과의 협상이 진척되지 않아 점점 초조함이 더해가고 있었다.

조선이 미국과 접촉해야 할 날은 다가오고 있었다. 예정되어 있었던 미국 함대의 조선방문이 바로 코앞에 닥쳐온 것이다.[49] 이미 미국에서 부친 편지는 도착해 있었다.[50] 그러나 이 시점에서도 조선에서는 서양에 문호를 개방하는 것은 당치도 않은 일이라는 의견이 지배적이어서 조정은 최종적인 결단을 내리지 못했다.[51]

2월 청을 방문한 조선의 연행사(燕行使)가 이에 대답을 하기는커녕 조선이 대미개국 협상을 할 것이라는 사실을 알리지 않은 것을 알고는 이홍장은 분노했다. 결국 2월 17일 이홍장은 다음과 같은 말을 하고 김윤식에게 고압적인 태도를 취한다. "이번에 청은 조선에 개국을 도와주는 사자를 파견하지 않을지도 모른다. 따라서 다른 국가를 의지하는 것이 좋을 것이다."[52]

물론 당시까지 서양과 협상해본 적이 없는 조선왕조는 직접 개국 협상을 하는 것은 곤란하다고 생각하고 있었다. 그리고 본디 청 이외에 이러한 조력을 줄 나라, 조선이 의지할 수 있는 나라는 없을 것이라는 판단에 김윤식은 청의 조력을 얻기 위해 파견됐다. 게다가 이제는 유학생의 일상적인 학자금도 모자라는 상황이었다. 오직 청을 의지하는 마음만 커진 김윤식은, 이홍장의 분노를 불러일으켜 그에게 버림받는 것은 조선이 세계에서 고립된다는 것을 의미한다고 생각했다. 고립은 즉 독립의 상실을 의미한다. 조선은 그 정도로 소국이었다.

이는 김윤식이 박규수에게서 받은 가르침이었으며 청에서 배운 귀중한 교훈이기도 했다. 또한 유년기 이후 '고독'의 고통을 계속 맛봐온 그에게 '고독'은 본능적으로 피해야 하는 것으로 생각됐을지도 모른다. 김윤식은 고압적인 이홍장의 말에 그저 바닥에 엎드려 머리를 숙이고 (平身低頭), 이홍장의 분노를 풀기 위해 애를 쓸 수밖에 없었다. 김윤식의 굴복을 인정한 이홍장은 바로 사절과 사절이 타고 갈 북양함대의 파견을 결정했다. 이후 조선의 대미개국을 위한 협상은 청에 의해 주도되며 조선이 판단할 수 있는 여지는 크게 제한된다.

언뜻 이는 김윤식이 생각했던 개국과 큰 차이가 있는 것같이 생각될지도 모른다. 물론 청의 조력으로 대미개국협상을 해야 한다고 생각하던 그는 당초의 목적을 이룬 셈이다. 그러나 당초 조선은 청의 조력을 받되 자국의 의지로 대미협상을 하려 했던 것인데 실제로는 협상이 청 주도가 되어버린 것이다. 주객이 전도되어, 여기서 종래 형식적인 것에 지나지 않았던 조선과 청의 사대관계는 우선 외교 면에서 실질적인 사대관계로 한발을 디디게 된다.

이는 청 즉 이홍장의 의지였을지도 모른다. 그러나 협상의뢰를 한 것은 조선이었다. 물론 조선왕조의 외교적 능력은 기술, 경험 양면에서 다른 나라들에 비해 크게 뒤져 있었다. 이는 진정 불가능했던 것일까.

조선왕조는 자신의 무력을 전제로 청의 선의(善意)에 따르려고 했다. 이홍장은 결코 청의 내부에서 조선과의 사대관계를 실질적인 것으로 만들고자 적극적으로 힘쓰던 인물이 아니었다. 그는 오히려 조선이 자국의 힘으로 개국을 하고, 자력으로 청을 번거롭게 하지 않고 자강을 꾀하기를 바라고 있었다. 열강의 압박에 괴로워하던 이홍장은 귀찮은 문제를 또 하나 끌어안는 것을 두려워했을지도 모른다. 적어도 만일 그가 당초 사대관계를 실질화하는 방향으로 생각하고 있었다면 김윤식이 청을 방문한 시점에 직접적인 개입을 할 수도 있었을 것이다. 이런 의미에서 조선은 가장 적절한 인물을 골라 부탁했다고 할 수 있다. 그러나 김윤식과 조선왕조의 확실치 못한 태도는 결국 이홍장을 화나게 해 그에게 직접적인 행동을 하도록 만든다.

이후의 조미교섭에 대해 자세히 언급하는 것은 의미가 없을 것이다. 문제는 결과적으로 조선의 정치외교에서 외국, 그 중에서도 청에 대한 의존도가 높아졌다는 점이다. 재원부족과 국내의 의견집약능력의 결여. 이는 모두 조선왕조의 국가로서의 능력이 낮았다는 점을 의미한다. 이 때문에 결국 바깥에서의 조력이 필요했던 것이다.

이때 김윤식이 조선의 군사적 개혁을 단념한 것은 아니었다. 즉 당장 조선이 독자적으로 열강의 위협에 맞서는 것은 불가능하니, 일단 단기적으로는 비용이 많이 들지 않는 것부터 힘을 기르고, 장기적으로 힘있는 국가 건설을 꾀하자는 것이었으며, 이러한 논의는 실제로 계속 전개됐다.

조선이 자국의 힘으로 이를 이루는 것은 힘들었다. 김윤식은 여기서 '정의의 대국'인 청에서 원조를 계속 받기를 바라고 있었다. 그리고 이후 그는 이러한 청의 힘을 등 뒤에 업고 친청(親靑) 개화관료 중 대표적인 인물로 활약한다.

이는 어떤 의미에서 그의 인생에서 가장 화려한 시기였다고 할 수 있다. 그러면 그 시대에 그는 어떤 생각을 하고 어떻게 행동했을까. 다음으로 영선사 이후의 김윤식에 대해 살펴보도록 하자.

임오군란과 김윤식의 귀국

김윤식이 영선사로서 딜레마에 빠져 고민하고 있던 시절에 조선에서는 대사건이 일어나려 하고 있었다. 임오군란이 바로 그것이다.

1874년(고종 11) 정권을 획득한 이래 계유정권은 계속해서 대원군계의 세력을 배척하며 대항하는 자세를 취했으나, 그 결과 정권에서 배척된 자들은 대원군파로 결속하여 과격한 성향을 띠게 됐다. 이는 나중에 개국으로 가는 왕조정부에 대해 계속 쇄국할 것을 주장하는 지방 유생들의 움직임과 연계되어 큰 세력을 이루었다. 1881년(고종 18)에는 지방에서 조정을 비난하는 상소운동이 빈번해졌으며, 서울에서는 고종 폐위 계획이 있었다고 하여 대원군의 서자인 이재선(李載先)과 대원군의 측근인 안기영(安驥泳)이 처벌을 받았다.

이러한 대원군파의 움직임을 정당화한 것이 강화도조약에 의한 대일본개국이었다. 실제로 안기영 일당의 계획에서도 일본공사관은 왕궁과 척족, 그리고 고위 대신들과 함께 3대 습격대상 중 하나였다. 당시 대부분의 지식인들은 급속도로 서양화되는 일본을 동양의 질서에서 벗어나 서양과 '타성일편(打成一片. 융합하여 일체가 됨―옮긴이)'[53]했다고 보고 일본에 대한 개국을 서양에 대한 개국과 동일시하는 자가 많았다. 그들에게 서양의 오랑캐들에게 문호를 개방하는 것은 사교인 기독교에 문호를 개방하는 것이었고 이는 용서할 수 없는 일이었다.

더욱이 1881년 김윤식의 청 파견보다 조금 앞서, 고종은 일본에서 군인을 불러 소규모이기는 하지만 조선 최초의 근대식 군대편성에 착수했다. 이른바 별기군이 바로 이것이다. 이러한 일본인에 의한 일본식 군대교육은 위정척사파에게 오랑캐와 다름없었다. 그들은 이에 크게 반발하여 이윽고 그 움직임은 조정에까지 미쳤다.[54]

사건 발발은 시간 문제였다. 사건의 결정적인 불씨가 된 것은 신구(新舊) 양 군대의 군량(軍糧) 배부가 불균형했기 때문이다. 당시 조선왕조 징세시스템의 문란은 극에 달해 무위영(武衛營), 장어영(壯禦營) 두 진영의 군졸들은 실로 13개월 간 방료(放料. 봉급)를 받지 못했다.[55] 계유정권 군대의 주요 인물은 대부분이 대원군파의 흐름을 이어받았는데, 그래서였는지 오랜 동안 냉대를 받아 앞선 12월에는 무직(武職)에 대한 관직 강등까지 행해졌다.[56]

이러한 가운데 1882년(고종 19) 6월 5일 13개월 만에 배부된 군량이 규정의 반도 되지 않자, 군졸들은 격노했고 고지기(庫直)가 부정을 저질렀다며 그를 구타하고 살해해버리고 만다. 같은 달 9일 이 폭동의 주모자가 붙잡히자 군졸들의 분노는 드디어 폭발한다. 사건은 결국 대규모 구식 진영 군졸들의 반란으로 전개된다.

군졸들은 일본공사관을 불태우고 미처 도망가지 못한 일본인과 계유정권의 주요 인물인 이최응, 민겸호(閔謙鎬) 일당을 살해하고 계유정권 최대의 실력자라고 주목되고 있던 명성황후 시해를 시도한다. 명성황후는 겨우 도망을 쳐 서울에서 벗어나 몸을 숨기고 조용하게 반란이 끝나기만을 기다렸다.

이러한 군졸들의 폭도는 대원군과 대원군파의 무신들이 조정한 것 같지는 않다. 그러나 계유정권의 주요 인물이 쫓겨난 상황 속에서 궁중은 대원군파가 지배하게 된다. 바로 대원군이 크고 작은 공무를 처리하기로 결정되며, 정치의 중심에 복귀한 대원군은 먼저 군사조직을 예전으로 되돌려, 군대에 강한 영향력을 가진 이경하(李景夏), 신정희(申正熙)를 배치하고 이의 장악을 꾀했다.

이러한 조선의 움직임은 이미 6월 18일 일본 주재 청나라 대신의 전보를 통해 텐진의 김윤식에게까지 전달됐다. 이는 김윤식에게도 큰 충격이었다. 이때 그가 가장 두려워했던 것은 조선 국내의 혼란을 구실로 일본이 조선에 군을 파견하는 것이었다. 폭도들이 일본인을 살해한 이상 이를 그대로 방치하는 것은 극히 위험했다.

김윤식은 바로 다음날 해관서장(海關署長)인 주옥산(周玉山)에게 청이 조선에 출병하여 일본과 조선의 협상을 지원하도록 신속히 요청했다. 김윤식은 다음과 같이 말했다. "국왕은 즉위 이래 나라를 걱정하고 괴로워하는 국민들을 위해 일했고 그가 덕을 잃었다는 말은 아직 듣지 못했다. 오직 국가의 기운이 약해져 국가가 고립되면 사직을 지키는 것조차 어려워지기 때문에 중국의 명을 감안하여 각국과 조약을 맺은 것에 지나지 않는다."[57] 고종에게 죄는 없다. 난당(亂黨)들은 그럼에도 불구하고 고종에게 원한을 품어 바로 눈앞만 보고 행동한 결과 조선을 위기에 직면하게 했다. 이를 피하기 위한 방법은 하나밖에 없다. "그 방법은 '중국'이 신속하게 출병하는 것이며 이때 결코 일본보다 늦어서는 아니 된다. 중국이 군사를 보내기만 하면 교전에 패하지는 않을 것이며 선처하는 길도 있을 것이다. 이러한 일은 다른 나라는 할 수 없는 일이다."[58]

청은 김윤식의 요청과 관계없이 이미 출병을 결정했던 듯하다.[59] 그러나 동시에 이러한 김윤식의 행동이 청의 행동을 정당화했다. 6월 28일 김윤식은 당시 주사(主事)로서 청에 머물던 어윤중과 함께 청나라 군대를 이끄는 역할인 향도관(嚮導官)에 임명됐고, 7월 2일에는 청의 배로 조선에 들어간다.

청의 조치는 신속했다. 7월 7일 조선에 도착한 청의 군대는 일본과 조선 사이의 조정을 청에게 의뢰한 사람이 대원군이었음에도 불구하고 10일에는 그를 납치해 바오딩으로 연행해간다. 주도자를 잃은 반란군은 며칠 안 되어 괴멸됐고 주도권은 청과 김윤식 쪽으로 옮겨간다. 다음달에는 명성황후가 서울에 복귀해 조선의 정국은 평온해진다.

김윤식이 청에 건너간 것은 군사적 기술을 습득하여 조선의 자립을 이루는 것이 목적이었다. 그러나 김윤식의 역할은 청군의 조선 진출을 정당화하고 지원하는 것이 되어버린다. 오히려 자립은 손상된다. 군란 당시 김윤식은 청의 군사적인 작전을 위해 정보를 수집하는 등 적극적으로 손을 빌려준다. 임오군란은 의심의 여지없이 내정 문제였다. 물론 청의 개입으로 대원군파는 배제됐으며 일본의 개입도 막을

수 있었다. 그러나 조선은 이로 인해 외국군 진주(進駐)와 외국세력에
의한 국정 개입이라는 첫 사례를 남긴다. 이후 열강은 청의 예를 모방
하여 조선에 진출한다. 그리고 조선은 열강의 군대가 충돌하는 파워
게임의 장이 되어 주체성을 급속도로 잃어간다.

이러한 가운데 김윤식이 조선에 귀국한다. 그러면 조선에 돌아온
김윤식은 이후 어떠한 활약상을 보여주었을까. 다음에서는 이 점에
관해 살펴보기로 한다.

제5절 온건개화파의 시대

청조 종속관계의 실질화

조선의 정국은 명성황후가 복귀하고 대원군이 청나라 바오딩으로
납치됨에 따라 예전으로 되돌아간 것같이 보였다. 그러나 현실에서는
난(亂)의 영향이 여기저기서 보였다. 첫 번째로 당시 조정의 주요 자
리를 차지하고 있던 이최응의 피살은 결과적으로 정권 안에 여흥 민
씨 세도세력의 영향력을 키우는 작용을 했다. 즉 가문과 계유정변의
역할 등에서 한 수 앞서 있던 그가 없어짐에 따라 여흥 민씨는 행동의
자유를 얻었다. 그리고 이는 2년 후에 일어난 갑신정변에서 풍양 조
씨의 영수 격인 조영하(趙寧夏)가 살해됨으로써 한층 더 뚜렷해진다.
이른바 '민씨 세도정권'의 성립은 바로 이 시기에 시작됐다고 보아야
할 것이다.

그러나 이보다도 훨씬 중요한 점은 조선에 청의 영향력이 엄청나게
커진 것이다. 이전까지 청은 조선의 종주국으로서, 명목상으로는 국

왕의 임명 등을 집행하고 있었다. 조공관계에서 조공국의 내정에 간섭하지 않는 것이 종주국 쪽의 도리이므로 청은 그때까지 내정에 간섭하지 않는 태도를 고수하고 있었다. 그러나 임오군란 이후 청은 달라졌다. 군란이 진압된 후에도 청군은 서울에 머물렀다. 그리고 청군의 수는 3천에 달했다. 임오군란 때 일어난 일본공사관 습격을 명목으로 한국에 주재하기 시작한 일본의 공사관 경비대가 겨우 보병 2중대인 것에 비해 청 군대의 수는 과도하게 많았다.[60] 청은 이러한 병력을 배경으로 조선에 대해 영향력을 행사한다. 여기서 청과 조선과의 종속관계는 명목적인 관계에서 상당히 실질적인 관계로 전환한다.

이를 상징하는 것이 중조수륙무역장정(中朝水陸貿易章程)이다. 이 조약에는 청과 조선의 관계가 여타 국가 관계와는 동일시할 수 없는 특수한 관계라는 점을 명백히 하고, 나아가 청이 조선에 상무위원을 파견한다고 씌어 있었다. 즉 이는 청에서 고문(顧問)을 파견한다는 것이었다. 이로 인해 조선은 청 관료의 직접적인 간섭을 받게 된다.

이때 고문으로서 임명된 사람이 마건상(馬建常)과 독일인 묄렌도르프(당시 조선의 관례에 따라서는 목인덕(穆麟德)이라고도 했다—옮긴이)였다. 특히 마건상은 1883년(고종 20) 1월부터 3월까지 외국인으로서는 이례적으로 조선왕조의 '찬의(贊議)'로서 조정에 직접 이름을 올린다.[61] 본디 이러한 그들의 지위는 외교관으로서의 지위가 아니었다. 청과 조선의 관계가 근대 국제법 체제 아래의 '주권국가'의 원칙은 물론, 종래 조공관계에서의 '정교자주(政敎自主)'의 원칙에서도 크게 벗어났다는 점을 알 수 있다.

청은 단지 조선을 자신의 지배 아래에 두는 것에 만족하지 않았다. 이 기회에 조선을 개혁시키고자 했다. 그 배경에는 아마도 조선을 종전과 같이 불안정한 상태에 두는 것은, 결과적으로 일본을 비롯한 세력이 한반도에 진출하는 실마리가 될 것이므로, 결국 청 자신의 안전도 위협이 된다는 인식이 있었을 것이다. 이러한 관점에서 조선왕조를 폐지하고 청의 직접통치로 이행시켜야 한다고 주장하는 자까지 있었다.[62]

이러한 상황에서 조선의 개혁은 결코 조선이 주도한다고 할 수 없었으나 그래도 근대 조선사에서 '근대적'이라고 할 수 있는 개혁이 처음 이루어진다.

이때 부상한 것이 김윤식이다. 개화파의 계보를 이어 청에서 실제로 '양무'의 내청(內淸)을 관찰한 그는 경험과 지식 면에서, 또한 친청파라는 점에서 청나라에서 볼 때 개혁에서 없어서는 안 될 존재였다. 이후 김윤식은 개화관료로서 또한 조선 조정과 청 사이를 잇는 메신저로서 큰 역할을 한다.

임오군란 이후 몇 년 간은 실로 '개화관료'로서 김윤식의 수완이 가장 잘 발휘된 시기였다. 그러면 이러한 상황 속에서 김윤식은 어떤 생각을 하고 어떤 개혁을 하고자 했던 것일까. 다음에서는 이 점에 관해 그의 군사개혁 당시 역할과 부국론을 중심으로 고찰해보고자 한다.

군사개혁과 부국론

청군이 대원군을 납치하고 '난군(亂軍)'을 진압한 지 얼마 안 된 7월 26일 김윤식은 강화유수에 봉해진다. 강화유수는 바다에서 서울로 진입을 막는 군사적 요충지인 강화도의 총책임자이다. 귀국 후 바로 그가 이러한 위치에 봉해진 것은 조선왕조가 얼마나 김윤식의 수완에 기대를 했는지 알 수 있게 한다.

임명 당시 김윤식에게는 영선사 일이 남아 있었다. 유학생 송환 등 영선사의 남은 일을 처리하기 위해 그는 일단 톈진으로 돌아간다. 이 때 이미 서울에서는 청군 제독인 오장경(吳長慶)과 그가 파견한 젊은 인재인 원세개(袁世凱)가 신식 군대육성을 위해 훈련을 시작하고 있었다. 그 규모는 좌우양위(左右兩衛)를 합쳐 1천 명의 규모였다. 이 배경에는 임오군란이 군대의 반란에 의해 시작됐다는 점을 교훈으로, 왕조와 청에 충실한 군대를 육성해야 한다는 의식이 있었으리라 생각된다.[63]

청에 짧게나마 두 번째로 방문하게 된 김윤식은 이홍장, 묄렌도르프 등과 회담을 갖고 앞으로의 방침을 의논한다. 김윤식은 여기서 군란 이후 조선의 방침에 대해 그들과 의논하고 청의 조력에 의한 군사훈련 실시와 재정적 한계에 기인한 소규모 병기창 건설 방침을 최종적으로 확인한다. 이것이 소규모였는지의 여부는 청나라 병기창의 1년 간 운영비용이 동국(東局. 청나라 병기창의 한 부국(部局). 동국과 서국이 있었다―옮긴이)만으로도 거의 '60만 냥', 기기창 전체로는 10년 사이에 '5천만 냥'이 소요되던 것에 비해 건설 예정인 조선의 병기창이 '만냥 가량'에서 시작해 그 후 서서히 확대해간다는 방침을 보면 알 수 있다.[64]

김윤식이 다시 귀국한 것은 1882년(고종 19) 11월이다. 이 시기 묄렌도르프도 같은 배편으로 조선을 방문한다. 귀국한 김윤식은 가장 먼저 그가 부재중에 만들어진 '신군(新軍)'을 시찰하러 오장경과 원세개를 방문한다. 이때 김윤식은 오장경에게 자신이 강화유수로서 강화에 부임하는 이 시기에 즈음하여 원세개와 함께 강화도에 가서 강화도의 지세와 병정에 대한 의견을 들었으면 한다고 말한다. 이는 서울과 함께 군사상 요충지였던 강화도의 최고 책임자가 스스로 그 관리를 청에게 의뢰한 것을 의미한다. 오장경은 크게 기뻐하며 이를 받아들였다.[65]

김윤식은 원세개와 함께 강화도로 향한다. 그들은 강화도에 도착한 즉시 군대와 포대를 둘러보고 이 무기들이 대개 서울과 마찬가지로 구식이며, 현실적으로는 아이들 장난에 지나지 않는다는 점을 확인한다. 또한 여기에는 이 시기 청 쪽의 인원이었던 3명 중에 영국인인 부틀러(당시 한자음 표기로는 파이(巴爾)라고 했다―옮긴이)가 포함되어 있었다. '부틀러'는 청에서 일하던 영국인 광산기술자였는데 강화도에서도 당경성(唐景星)과 강화도 각지를 방문해 광맥을 조사한다.[66]

이는 즉 강화도의 군비확장을 실현하기 위해 재원확보를 꾀하는 한 가지 책략이었다. 이러한 발상을 김윤식이 하게 된 데에 대해서는 그의 청 체재시절로 거슬러 올라가지 않으면 안 된다. 조국에서 임오군란이 발발했던 때 김윤식은 청나라 사람인 나풍록(羅豊錄)과 다음과 같은 대화를 주고받는다.

김윤식　이재(理財)와 치병(治兵)은 실로 오늘날 급선무입니다. 그러나 치병은 재물이 있어야만 비로소 가능합니다. 우리나라는 재물을 만들어낼 방법이 전무하여 이재치병을 하려고 해도 생각대로 되질 않습니다.

나풍록　귀국의 재원은 많습니다. 단지 이를 이용하는 노력을 하지 않는 것뿐입니다.

김윤식　우리나라의 재원이라고 한다면 산천의 자연에서 나오는 것밖에 없습니다. 그러나 그 재원도 개발 방법을 모르면 고생만

하고 이익은 돌아오지 않습니다. 만일 그 방법을 안다 하더라도 개발에는 막대한 비용이 들어가겠지요. 개발비용을 염출하는 것 자체가 힘듭니다.

나풍록   광산을 열기 위해서라면 다른 나라에서 차관을 하기도 쉬울 것입니다. 이 경우는 다른 차관과는 다릅니다.[67]

같은 이야기를 허숙(許潚)과 묄렌도르프도 충고한다.[68] 김윤식은 이들의 의견에 대부분 동의한 것으로 보인다. 영선사 행 이전에 그는 광산에 대해 언급한 적이 없으며, 이 시기 조정에서 김윤식에게 특별히 광산개발 명령이 내려진 흔적이 없었던 점을 감안하면 군란 후 김윤식의 이러한 행동은 청의 양무관료들의 충고를 스스로 생각해보고 실제 행동으로 옮긴 것으로 추측된다. 즉 김윤식은 먼저 광맥을 발견하여 그 광맥을 담보로 열강에게 차관을 받고, 받은 차관으로 광산을 개발하여 광산의 이익으로 군비강화를 실현하고자 한 것이다. 이러한 발상은 당시 청의 양무론에서는 일반적인 것이었으므로 우리는 김윤식이 청으로부터 직접적인 영향을 받았음을 알 수 있다.[69]

당초 김윤식은 이렇게 강화지역의 군사력 육성에 적극적이었다. 1883년(고종 20) 1월 김윤식은 원세개와 함께 이 지역을 재차 방문하여 서울의 삼군부에서 훈련을 쌓은 황헌주 일행 16명을 사령관으로 둔 500명(일설에 따르면 800명이라고도 함)[70] 규모의 양식 군대를 만든다.

김윤식의 계획도 결국에는 재정적인 문제로 파탄에 이른다. 결론부터 말하면 강화도에는 열강의 흥미를 끌 만한 광맥이 없었으며 만일 있었더라도 군사개혁을 위한 비용을 염출하기에는 너무 늦었다. 차관의 움직임도 전혀 없었다.[71] 조정의 반대와 차관 문제로 결국 이 계획은 실현되지 않았다.

최종적으로 김윤식도 재원을 중앙에 요구할 수밖에 없었다. 즉 김윤식은 재원을 다른 곳에서 조달하여 이 위기에서 벗어나려 했다. 그가 주목한 것은 예전부터 강화의 군영을 위한 재원으로 쓰인 '삼세전(蔘稅錢. 조선 중기 이후 실물 징수의 인삼세—옮긴이)'을 다시 가져오는 것이었다.[72]

삼세전을 강화군에서 중앙의 무위소(武衛所)로 이관한 것은 계유정변 때의 일이었다.[73] 그 당시 군축과 긴축재정을 강하게 주장한 사람은 바로 김윤식의 스승인 박규수였다. 그러나 이때 김윤식의 입장은 1874년(고종 11) 박규수의 입장과는 달랐다. 오히려 여기서 우리가 알수 있는 점은 조선이라는 소국에서 군사라는 난관을 담당한 자가 짊어지지 않으면 안 되는 고뇌인데, 군비라는 문제는 박규수의 고민보다도 무신 신헌의 고민과 유사한 것이었다.

결국 김윤식의 강화개혁도 신헌과 마찬가지로 '재정'이라는 이름의 큰 벽에 부딪혀 성과를 올리지 못하고 끝난다. 이는 사상적·정치적 입장을 넘어 당시 조선에서 같은 실무를 담당하던 자들이 짊어지지 않으면 안 됐던 공통의 문제였다고 할 수 있다. 영선사 행과 강화유수. 이 두 경험으로 김윤식은 당시 조선이 직면한 문제를 진정 이해할 수 있었을지도 모른다. 문제는 김윤식이 이전부터 생각했던 것보다, 그리고 청의 양무관료들의 예상과 비교해서도 훨씬 심각했다.

소국인 조선이 얼마나 열강과 대등해질 수 있을까. 이는 답이 없는 물음이었을는지도 모른다. 1884년(고종 21) 3월 이러한 상황에서 김윤식은 강화유수와 외무협변이라는 두 개의 관직을 그만두고 고종에게 상소를 올린다.[74] 그래도 청과의 특별한 연결고리를 가지고 있으며 뛰어난 개화관료인 그를 필요로 하는 일이 없어진 것은 아니었다.

그의 사직요청은 수리되지 않았고 이후에도 그는 강화유수로서, 그리고 병제 전반을 담당하는 병조판서로서 관료생활을 계속한다. 이러한 상황에서 조선에 한 사건이 일어난다. 바로 갑신정변이다. 다음에는 갑신정변이 김윤식과 그의 사상에 어떠한 영향을 주었는지 살펴보기로 하다.

갑신정변과 두 개의 개화파

여기까지 김윤식의 행동을 정리해보기로 하자. 영선사 행 시절 김윤식은 조선의 개화에 대해 비교적으로 낙관시하고 있었다. 서양 열강에 대항하기 위한 군비개혁은 병력과 비용 면의 낭비를 감축하면 가능하고, 그러므로 특별한 재정적 조치는 필요하지 않다고 생각했다. 또한 국방개혁이 달성되기까지 세계에는 청과 미국 같은 '정의의 대국'이 있으므로 이들에게 일단 의지하면 된다고 생각했다. 또한 국내적인 군비개혁에서도 두 나라에게 의존할 수 있다고 생각했다.

이러한 그의 생각은 현실적인 재정의 벽으로 인해 무너지고 만다. 조선왕조의 재원으로는 영선사 일행의 여비를 충당하기도 힘들어, 청과 같은 거대한 병기창을 건설하는 것은 도저히 불가능했다. 현지에서 신식 군대를 육성하는 데서도, 현실은 김윤식이 당초 생각하고 있었던 것보다 훨씬 심각하여 많아도 500명 정도 인원의 군대를 육성하기에도 종래의 재원으로는 불충분했다. 결과적으로 그의 노선은 실패한다.

병력과 비용 면의 낭비를 없애 군대를 강화시키는 것과 '정의의 대국'에 의존하는 것. 전자가 실패한 시점에서 조선왕조는 후자인 대국에 의존하는 방법을 강화할 수밖에 없었다. 정권안정화를 위한 군사적 지원, 외교적 · 재정적 개혁을 위한 고문 파견, 그리고 재원개발을 위한 차관 시도. 결국 김윤식의 행동이 가져온 것은 조선왕조 개혁의 성공이 아니라 오히려 청나라와 청나라를 모델로 한 조선 국내 여러 열강들의 입지를 비대화시킨 것이다.

김윤식은 그럼에도 더욱 이러한 입장을 고수하려 했다. 당시의 많은 조선인들이 이러한 청 입지의 비대화를 호의적으로 보았을 리 만무하다. 그 중에서도 청군이 바오딩으로 대원군을 납치한 사건은 개혁을 위해 그의 '호위(虎威)'[75] 에 마음속으로나마 기대를 걸고 있던 일부 개화파에게 큰 충격을 주었다. 그들의 입장에서 보면 청이 조선의 '독립'을 침해하고 있다는 것은 너무나도 명백했다.

이때 비판세력으로 등장한 것이 이른바 '급진개화파'라 불리는 일련의 세력이다.[76] 김옥균, 박영효, 홍영식(洪英植), 서광범(徐光範), 서재필(徐載弼)과 같은 인물이 그 대표적인 예이다. 개혁은 정체되고 정치에는 청이 개입했다. 그들에 의하면 이러한 상황을 타파하기 위해서는 종전의 질서를 근본부터 뒤집는 '변법적' 개혁이 필요했으며 이를 위해서는 여흥 민씨의 척족에 의해 지배되는 현재의 조정을 타도하고 나아가 그 조정의 뒤에 방패막이 되어주고 있는 청의 세력을 추방해야만 했다. 이러한 의미에서 그들의 노선은 실로 '급진적'이었으며 그들이 대원군에게 호의를 보인 것도 이러한 '급진적' 개혁에 그의 탁월한 지도력이 반드시 필요하다고 생각하기 때문이었다.

급진개화파의 주요 인물 중에는 김윤식과 마찬가지로 박규수 아래에서 학문을 닦은 인물들이 다수 포함되어 있었다. 그들은 본디 같은 가르침을 바탕으로 조선의 장래를 걱정하는 '동지'였다.[77] 그러나 양자는 청을 사이에 두고 크게 대립한다. 청의 메신저 역할을 맡고 있는 김윤식과 그 청을 타도하고자 한 급진개화파. 결국 양자의 대립은 갑신정변 당시 양쪽이 청과 일본 각각의 세력에 호소함에 따라 서울에서 양군이 직접 전투를 하게 된다. 이 책에서는 정변의 추이에 대해 언급하지 않겠으나 급진개화파가 일본을 이용하여 정권획득을 노린 데에 비해 일본의 세력침투를 두려워한 김윤식은 원세개와 연락을 주고받으며 정변을 실패로 이끄는 역할을 했다.[78]

김윤식은 왜 박규수의 다른 문하생들과 행동을 달리 한 것일까. 이에 대해서는 이전부터 다양한 주장들이 있다. 여기서 간단히 정리해보면 첫째, 급진개화파가 체제 전체의 개혁을 지향했던 데에 비해 김윤식으로 대표되는 이른바 온건개화파는 종전의 유교적인 가치에서 벗어나지 못해서 체제 안의 개혁만을 목표로 했다는 설[79], 둘째, 김옥균 일당이 박규수가 죽고 난 뒤에 중인과 역관 출신의 사상가들과 교류를 가지면서 양반계급의 이익과는 동떨어진 보다 광범위한 민중적 시각을 가질 수 있었던 것에 비해, 김윤식 일당은 그 후 특정한 스승을 두지 않았기에 양반적인 박규수의 이론에서 벗어나지 못하고 부분적인 개혁을 주장하는 데 머물렀다는 등[80]의 설을 예로 들 수 있다.

그러나 첫째의 주장은 결국 '급진', '온건'을 다른 말로 바꾼 것에 지나지 않으며, 둘째의 설명도 실은 역관, 중인 등이 어떠한 사상을 가지고 있었는지가 명확하지 않아 설득력이 부족하다. 문제는 출발점을 같이했던 양쪽이 왜 다른 사상을 갖게 된 것일까이다. 이미 언급한 바와 같이 김윤식의 사상은 그가 영선사와 강화유수라는 실무를 거치면서 차츰 변화하고 있다. 때문에 이를 박규수의 가르침에서 벗어나지 못했다고 하는 것은 적절치 못할 것이다. 필자의 생각으로 상기해야 할 것은 이후 당시를 회상한 김윤식의 다음과 같은 언급이다.

김옥균과는 박규수의 문하에서 함께 배웠다. 그는 세계의 정세에 매우 정통하여 우리와 함께 나라를 걱정하고 뜻을 같이했다. 신미년이 되자 나는 영선사로서 톈진에 가고, 김옥균은 일본을 둘러본 뒤 함께 나라를 돕자고 약속했다. 그러나 나는 임오군란 때 청나라 군대를 이끌고 청에서 돌아왔으며 그 후 청은 우리나라에 크게 간섭하게 됐으며, 그 결과 나는 '청국당(淸國黨)'이라고 불렸다. 김옥균 등은 청이 국가의 자주적인 권리를 침해한다며 분노하여 오히려 일본 공사와 함께 갑신정변을 일으켰다. 그들은 이 결과 '일본당(日本黨)'이라고 불렸다. 게다가 이 계획이 실패한 결과, 국가로부터 역적이라고 불리는 몸이 됐다. 나는 정부에 몸을 담고 있어 정부 안의 다른 사람과 입을 맞추어 그들을 제거해야 한다고 주장하지 않을 수 없었다. 그러나 그들의 마음속을 생각해보면 이는 애국심에서 한 일이며 다른 마음이 없었던 사실을 나는 알 수 있다.[81]

김윤식은 김옥균의 의지에 공감하면서도 '나는 정부 안에 있기 때문에' 그들을 비판하지 않을 수 없다고 말한다. 그러면 왜 그는 이러한 급진개화파에 부합하여 '정부 밖으로 나가' 그들에 합류하지 않았던 것일까.

이 점을 이해하기 위해서는 두 파의 주요 인물의 출신과 정변까지의 경력이 중요하다. 여기서 급진개화파 안에는 갑신정변에서 주요한 역할을 담당한 다섯 명 즉 홍영식, 김옥균, 박영효, 서광범, 서재필 등과, 온건개화파에 지도적인 역할을 한 세 명 즉 김윤식, 어윤중, 김홍

집(金弘集) 등의 경력 등을 간
단하게 비교해보기로 하자.

먼저 첫 번째로 출신이다.
여기서 먼저 눈에 띄는 것은
급진개화파 쪽은 서재필을
제외한 네 명이 관직획득에
유리한 고위 명문양반 집안
이라는 점이다. 홍영식의 아
버지인 홍순목(洪淳穆)은 갑
신정변 당시도 조정의 필두
에 올라 있는 영의정이었으

〔표 5-1〕 개화파의 과거합격 연도 및 연령

이름	시기	합격년	합격연령	본관
김윤식	고종	11	39	청풍
김홍집	고종	5	26	경주
어윤중	고종	6	21	함종
홍영식	고종	10	18	남양
김옥균	고종	9	21	안동
박영효	고종	9	11	반남
서광범	고종	17	21	달성
서재필	고종	19	18	달성

* 철종의 사위였던 박영효의 경우는 정1품 금능위의
  지위를 받은 시기를 기준으로 했다.

며, 김옥균은 당시 여흥 민씨, 풍양 조씨와 어깨를 나란히 하는 세력
을 자랑하던 척족인 안동 김씨의 일원이었다. 서광범도 증조부는 영
의정까지 올랐고 고조부와 그 윗대도 판서, 참판까지 올랐던 집안이
다. 박영효는 고종 이전 국왕이었던 철종의 사위였다. 서재필은 같은
서씨인 서광범의 영향이 있었을 것이다.[82]

그들은 현실의 관료로서 지위획득 및 향상에서 다른 이들에 비해 유
리했다. 표 5-1에는 급진개화파의 구성원들의 과거합격 연령이 개화
파의 과거합격 연도 및 연령이 기재되어 있다. 그 중에서 그리 좋은 가
문의 출신은 아니었던 서재필도 포함하여 급진개화파의 일원들의 과
거합격 연령이 매우 젊다는 점, 그리고 비교적 합격이 늦은 온건개화
파 중에서도 김윤식의 과거합격이 특히 늦었다는 점을 알 수 있다.

그들의 관료로서 경력도 마찬가지이다. 이와 같이 표 5-2에는 그들
의 이름이 『비변사등록』(備邊司謄錄)[83]의 각 월의 맨 처음에 기재되어

〔표 5-2〕 비변사 명단 등장 당시 개화파							〔표 5-3〕 갑신정변 때의 개화파					
이름	시기	연	월	서열	당시 연령		이름	시기	연	월	서열	당시 연령
김윤식	고종	19	8	54	46		김윤식	고종	21	9	36	48
김홍집	고종	18	5	63	39		김홍집	고종	21	10	38	42
어윤중	고종	20	9	54	35		어윤중	고종	21	10	55	36
홍영식	고종	21	1	55	29		홍영식	고종	21	1	55	29
김옥균	고종						김옥균	고종				33
박영효	고종	20	1	1	22		박영효	고종	20	9	1	23
서광범	고종						서광범	고종				25
서재필	고종						서재필	고종				20

* 1. 서열은 시원임대신을 제외한 것이다.
  2. 갑신정변은 고종 21년 10월에 일어났는데, 이 달에 서열이 없던 인물의 경우는 가장 가까운 달의 서열을 표시했다.

있는 조정의 명단에 처음으로 등장한 시기와 그 순서, 그리고 연령도 나와 있다. 급진개화파 중에서는 김옥균, 서광범, 서재필 등의 이름을 조정 명단에서 볼 수 있으나, 이는 그들의 연령을 생각해보면 당연한 것이다. 오히려 이례적으로 젊은 나이에 발탁된 홍영식, 박영효의 예가 주목된다. 박영효는 조정에 처음 등장한 시기부터 대신 바로 아래의 지위에 올라 있으며 이는 대원군정권 이후의 『비변사등록』에 의해 제한됐으므로, 조정 명단에서 처음 등장한 사람으로서는 다른 이보다 월등히 빠른 것이었다.

이에 비하면 온건개화파가 조정 내부 서열에 처음 등장한 시기와 지위상승은 그다지 특별하지 않다. 게다가 김홍집은 갑신정변을 전후로 돌연 크게 발탁되어 이후 그 지위를 유지하기는 하지만 이에 대해서는 오히려 갑신정변 때 쿠데타정권이 온건개화파를 자기편으로 돌리기 위해 그의 지위를 올려준 결과, 서열이 크게 오르게 됐다고 봐야 할 것이다.[84] 표 5-3은 갑신정변 때 그들 개화파의 지위를 기록한 것이나 어윤중과 김윤식의 경우 조정 안의 서열은 이 자료에서 확인 가능한 범위에서 볼 때 첫 등장에서 갑오개혁까지 그다지 상승한 바가 없다.

온건개화파와 비교해 급진개화파의 인물들은 당시 조선에서 '엘리트'였다. 출신, 과거합격 연차, 승진속도 면에서 모두 온건개화파보다 우위를 차지했다. 자세한 내용은 언급하지 않겠으나 관직도 온건개화파가 '개화'라는 문제에 의해 실제 상응하는 지위에 있었던 데에 비해 급진개화파는 오히려 일반적인 관직에 있었던 예가 많다.[85]

그다지 유력하지 않은 출신, 늦은 출세, 전문적인 관직에 종사하는 것은 이른바 온건개화파가 급진개화파에 비해 '밑바닥부터 고생해서' 올라가는 실무관료로서의 성격을 짙게 띠고 있다는 뜻이다. 개화를 실현한다는 목적에서 양자는 공통적이었다. 명문 출신이었던 급진개화파는 그들 자신의 위신과 재력을 살려 자유롭게 행동할 수 있었다. 이와 함께 당시에 그들이 속했던 혈족세력은 모두 여흥 민씨의 세력이 확대됨에 따라 말하자면 쇠퇴해가고 있었다. 자신들이 권력을 쥐는 것이 당연시되던 환경에서 자란 그들에게 이것은 받아들이기 힘들었을 것이다. 이러한 의미에서 갑신정변은 '소외됐던 젊은 엘리트'에 의한 귀족혁명[86]이었다고 말할 수 있을 것이다. 그들에게 관직 같은 것은 언제라도 얻을 수 있는 것으로 여겨졌는지도 모른다. 그렇기 때문에 그들은 큰 시점을 가질 수 있었으며 대담한 행동에 호소할 수 있었다.

이에 비해 온건개화파는 달랐다. 획득시기와 연령에 차이가 있어 결코 유리한 혈족적 배경을 가지지 못한 그들에게 관직이란 쉽게 포기할 수 없었던 것임에 틀림없다. 본래부터 급진개화파와 같은 기반이 없었던 그들에게 자신들이 지향하던 개혁을 실현하기 위해서라도 관직을 고집하는 것은 필수적이라고 생각했는지도 모른다. 적어도 그 것은 일단 맡게 되면 자신의 직무에 대해서 쉽게 등을 돌릴 수 있는 것이 아니었다. 제5절에서 중요한 점은 이 같은 급진개화파와 대조되 는 온건개화파의 특징이 김윤식에게 가장 전형적으로 나타나 있다는 것이다. 김윤식에게 관직이란 유년시절부터 겪은 고생의 산물이며 이 를 얻기까지 급진개화파의 '엘리트'들은 상상도 할 수 없는 고통이 있 었던 것이다. 관직, 그리고 그 관직의 전제가 됐던 기존 체제를 파괴 하는 것은 그것을 얻기 위해 분주하게 뛰어다니고 그 안에서 노력해 온 그들에게 참기 힘든 일이었을 것이다. 김윤식에게는 개화파로서의 지식 또한 어떤 의미에서는 관직을 얻기 위한 도구였으며 이 같은 전 문지식이야말로 그를 여기까지 끌어올린 힘이었다. 지금까지 살펴본 것과 같이 그는 '온건개화파'로서의 사상도 이와 같은 관인으로서의 실무경험에서 구축됐던 것이다. 이러한 의미에서 김윤식은 그야말로 자수성가한 실무관료였다.

김윤식의 개화사상은 분명 어중간한 것이 아니었다. 그러나 실무관 료로서 경험을 쌓아온 김윤식에게 급진개화파의 사상은 몽상적인 요 소를 포함하고 있는 것으로 여겨졌을 것이다. 급진개화파가 호소하는 급격한 개혁 안에는 당시 조선왕조의 능력과 사회의 피폐함을 고려할 때 실행 곤란한 부분도 많이 있었다. 그 비제도적인 부분에는 김윤식 이 실행에 옮기려다가 단념할 수밖에 없었던 부분들이 많이 있었다. 이렇게 생각했을 때 오히려 김윤식의 사상과 행동에 당시 조선의 현 실이 많이 반영되어 있었다고 할 수 있지 않을까.

어쨌든 갑신정변에서 일본의 침략을 두려워한 김윤식은 왕조의 기존 체제를 유지하기 위해서 다시 청나라에게 도움을 요청했다. 청나라에게 두 번의 출병요청. 그것은 김윤식의 '청국당'으로서의 모습을 명확히 각인시키기에 충분했다.

이후 청나라와 조선은 점차 알력다툼이 심해진다. 그렇다면 김윤식은 이러한 상황에서 어떤 운명을 걷게 되는 것일까. 다음에서 이 점에 대해 구체적으로 살펴보도록 하자.

제6절 좌절 그리고 만년

청과 조선의 대립, 그리고 김윤식의 실각

갑신정변에서 청일 양군의 충돌과 청군의 승리로 인해 조선에서 청은 절대적인 지위를 확립하는 것처럼 보였다. 군란 직후 서울의 질서는 청군에 의해서 유지됐고, 패배한 일본은 물론 조선왕조마저도 이에 저항하기 어려웠다. 얼마 후 청군은 일본과의 사이에 체결한 톈진조약에 의해 공동 철병하지만 그것조차도 청나라의 일방적인 양보를 의미하는 것은 아니었다. 원세개를 선두로 많은 관료를 조선에 파견시켜 영향력을 행사했던 청나라의 힘은 다른 열강의 그것을 훨씬 뛰어넘은 것이었다.

이 같은 청나라의 압도적인 우위 상황은 반대로 조선 내부에 반청 감정을 불러일으킨다. 공동철병 후의 청이 조선에게 직접적인 영향력을 유지하기 위해 건설을 추진했던 서로전선(西路電線)은 조선에게 건설비용을 부담시켰는데, 이 때문에 강제 동원된 주변 주민의 반발을 샀다.[87] 더 중요한 점은 왕조 내부 특히 고종이 이 같은 자신들의 입장에 큰 불안을 느끼게 됐던 것이다. 그러나 조선이 청의 세력을 자신들의 힘만으로 몰아내기는 힘들었다. 이때 갑자기 주목을 받은 것이 러시아였다. "러시아는 청일 양국보다도 강대국이었으며 또한 청과 조선의 양국과 직접 경계에 있어 극동 정세에 중대한 관심을 가지고 있었기 때문에 조선 국내 권익에 어떠한 이해관계를 느끼면 곧바로 내정에 관여할 것임에 틀림없다"라는 다보하시 기요시(田保橋潔)의 언급은 고종의 측근인 묄렌도르프의 심중을 헤아린 말이었다. 이는 분명한 사실이었고 결국 고종이 '러시아를 끌어들이고 청을 배제하는 정책(引俄拒淸政策)'을 실행하기에 이른다.[88]

이와 같이 조선 정부는 독자적인 행동을 취하기 시작하여 드디어 두 번에 걸쳐 조선과 러시아 사이의 비밀협정 체결을 시도한다. 결국 이것은 국내와 청일 양국의 반대로 실현되지 않았지만 이것이 청을 크게 자극했다. 당시 조선에서 청나라 전체를 대표했던 것은 원세개였고, 그 결과 원세개와 고종의 관계는 매우 악화됐다.

청이 이 같은 정세를 타개하기 위해 생각해낸 것은 바오딩에 연금 중이었던 대원군을 풀어주는 것이었다. 원래 대원군은 임오군란 당시 청에 체포·납치됐지만 원래 반청적인 인물은 아니었다. 이홍장은 그러한 대원군을 돌려보냄으로써 왕조 내부에서 고종과 그 측근을 견제하고 그 영향력을 회복시키려고 했다.

이 같은 청의 의도, 그리고 대원군의 위험성을 알고 있는 조선왕조는 쉽게 그의 귀국을 인정하려 하지 않았다. 특히 계유정변 이래 원수가 됐던 여흥 민씨는 대원군의 귀국에 크게 반발했다.[89] 결국 일본에게 지지를 받았던 대원군의 귀국에 대해 유교 이데올로기와의 관계상 명확한 반대이유를 제시할 수 없었던 조선왕조는 끝까지 반대를 관철시키지는 못했다. 그러나 대원군이 귀국한 이후에도 정권의 반발은 강했으며 대원군은 사실상 유폐(幽閉) 상태에 머무를 수밖에 없었다.

청나라와 조선의 관계는 결정적인 대립으로 치닫는다. 이홍장은 종래 조선에서 영향력을 행사하는 데 여흥 민씨나 풍양 조씨와 같이 권력을 쥐었던 세력을 이용하는 데 힘썼다. 즉 그때까지 이홍장은 자기 나름대로 조선의 '자주'를 중시했다고 말할 수 있다. 그러나 그 후 이홍장은 척족세력을 확실한 적으로 간주하고 원세개를 자신의 대리인으로서 직접적인 영향력을 휘두른다.

이 같은 상황에서 김윤식의 입장은 복잡했다. 강화군(江華軍)의 지휘와 갑신정변 때의 출병 요청 등 그의 발탁 이전부터 원세개와 교류했던 김윤식은 '친청파'로서 청과 조선과의 긴장완화를 위해 어쩔 수 없이 힘을 쓰게 된 것이다. 당시 갑신정변에서 조영하 등 친청파의 대부분이 살해된 결과, 김윤식은 친청파의 대표적 인물로서 점점 독보적이게 됐다. 이와 함께 조선과 러시아의 협상이 비밀리에 이루어진 것도 김윤식이 병조판서에서 '표면'적으로 외교를 관할하는 독변교섭통상사무로 그 지위가 낮아져 그의 선택의 폭이 줄어든 결과였다. 외교의 총책임자이며 청나라의 옹호가 필요하다는 것을 가장 실감한 인물인 김윤식은 조선의 대러시아 접근을 쉽게 인정할 수 없었다. 또한 유교적인 교양을 갖춘 자로서 생부인 대원군의 귀국에 반대하는 고종에게 동의하기 힘든 부분이 있었는지 모른다.

이 같은 상황 속에서 1886년(고종 23)에 접어들면서 더욱 격해진 원세개와 조선 궁정과의 대립이 그의 입장을 궁지에 몰아넣었다. 4월 13일 그는 '정종황축(情踪惶蹙)'이라는 이유로 탄핵된다. 죄상은 갑신정변의 '죄인'이었던 박영효의 아버지를 무단으로 매장한 것이었다.[90]

김윤식은 이 죄에 대해서는 형식적인 처벌만으로 풀려났지만 그 후 완고하게 조정의 벼슬자리를 거부하고 결국 이듬해인 1887년(고종 24) 5월 일방적으로 조문을 만들어 조약을 맺었으므로 면천군으로 유배된다.[91] 이에 따라 김윤식을 후원하던 원세개와 고종 사이가 급격하게 긴장되고, 7월에는 조선과 러시아의 밀약이 발각됨에 따라 원세개는 고종 폐립 계획을 세우게 된다.

이후 김윤식이 조정에 재등장하는 것은 8년 후 갑오개혁 때이다. 그 후 김윤식은 유배지에서 풀려나고, 뒤에는 고향에서 은둔생활을 한다. 그렇다면 실각 전후 김윤식은 조선의 개화에 대해서 어떤 의견을 가지고 있었을까. 다음에서 이 점에 대해서 살펴보기로 하자.

'유교적 레세페르'로 복귀

개화관료로서 김윤식의 경력. 이는 그야말로 좌절의 반복이었다. 남은 군사력을 정리하는 개화부터 시작해 영선사 행의 경험을 통해 소규모 군사개혁을 시도하고, 이를 지원하기 위해 청의 힘을 빌리는 재원개발계획, 그리고 잠정적인 조치로서 기존 재정 안의 군사비 비율을 증가시키라는 요구까지. 이는 그가 실행에 옮기려고 할 때마다 장애에 부딪혔고, 그 결과 무엇 하나 만족스럽게 실현된 것이 없었다. 이러한 가운데 그 '힘'을 보충하기 위해 청의 '힘'을 이용하려고 했던 그는 결국 '친청파'라는 수식어가 붙게 되어 결국은 청의 세력이 실추됨과 동시에 정치적으로 실각한다.

그의 주장은 점점 변해갔다. 이것은 어떤 의미에서 1880년대 조선의 개화에 가장 중추적인 지위로 활약했던 관료가 걸어가야만 했던 길이었을지도 모른다. 이를 나타내는 문헌 중 하나가 『십륙사의』(十六私議)

이다.[92] 최진식(崔震植)에 따르면, 이것들은 김윤식이 갑신정변 이후 일본인인 이노우에 가쿠고로(井上角五郎, 1860~1938. 일본의 언론인) 등이 간행한 조선 초기의 근대적 신문인 『한성순보』(漢城旬報)의 후속지인 『한성주보』(漢城周報)에 1886년 게재된 것을 바탕으로 하고 있다고 한다.[93] 즉 실각 바로 전 김윤식의 사상을 나타내는 것이라 할 수 있다.

제목대로 '16개' 항목으로 구성된 이 문장에서 필자가 가장 주목하는 것이 군사적 개혁의 문제를 다룬 '제3양병' 중 특히 이 부분일 것이다.

지금 세계는 전란중이다. 소국이라 할지라도 재정을 쌓고 병사를 잘 훈련시키는 등 자강(自強)에 힘써야 한다. 하물며 우리나라는 동양의 요충지이면서도 혼자서 편안하게 준비도 하지 않고 문자를 지키는 것에만 노력해 스스로의 안전을 위한 수단을 갖고 있지 않다. 춘추시대의 나라와 최근의 류큐를 예로 생각한다면 이것은 무시무시한 일이다. 예전에 내가 톈진에 있었을 때 이홍장과 그 막료들은 나에게 천하의 형세를 설명하고 자강을 권했다. 나는 그들의 말을 들을 때마다 조선의 형국이 무서웠으며 마음이 움직였다. 그 후 우리나라는 친군영(親軍營)을 만들고 기기창(機器廠)을 마련해 열심히 무기 준비에 노력해왔다. 그 후 8~9년 사이 세계의 움직임을 보고 또한 때맞춰 논의를 반복해왔는데 오늘날에 이르러 그 생각이 잘못됐다는 것을 깨달았다. 즉 양병이 오늘날의 급한 과제가 아니라는 것을 알아차린 것이다.[94]

여기에는 그 당시 김윤식의 심경이 응축되어 있다. 즉 그는 영선사

행 이래 조선의 군사강화를 중심으로 하는 '자강'을 위해 노력해왔지만 이제 불가능하다는 것을 알게 됐다는 것이다. 이는 김윤식이 조선의 군사적 근대화를 적어도 당장 이루어야 할 '오늘날의 긴급과제'로 삼는 것을 포기했다는 선언이다.

그렇다면 김윤식은 '오늘날의 긴급과제'가 무엇이라고 말하고 있는 것일까. 여기서 그가 언급한 것이 전통적인 "식량이 풍족하든 아니든 군비가 풍족하든 아니든 중요치 않다. 중요한 것은 백성이 나라를 믿게 되는 것이다. 백성들이 나라를 믿지 않으면 나라는 존립할 수 없다. 믿음이야말로 정치의 기본이다(去食去兵 民無信不立 信者政令之本也)"라는 공자의 말이다. 그러나 그는 유교적 교의의 도그마적 주장을 언급한 것은 아니다. 여기에는 그가 조선의 실무를 경험하며 절실하게 느낀 현상 인식이 있다.

지금 백관(百官)의 평상시 봉급은 끊기고 공시(貢市)의 거래는 정체되고 국가의 재정은 기울었으며 백성의 힘은 고갈됐다. 기병을 7천~8천 명 양성하는 것만으로도 국내외는 원성으로 가득 차고 민중은 뿔뿔이 흩어지며 병사도 생각한 것처럼 맡길 수가 없다. 이를 계속하더라도 내란만 발생할 것이며 이것이 어떻게 해서 열강이 우습게 보는 것을 막는 데 도움이 된단 말인가.[95]

결국 그는 왕궁의 숙영을 위해 좌우에 불과 각각 1천 명의 군을 남겨놓고 나머지는 모두 철수시켜야 한다고 하고, 이와 같이 백성의 부담을 줄임으로써 '백성의 힘을 키운다'는 것을 우선해야 한다고 주장했다. 그 이상 열강이 갖추어야 할 군비의 양성은 백성의 힘이 회복되지 않고서는 불가능한 것이다.

이것은 언뜻 그가 영선사 행 이전의 주장으로 돌아간 것처럼 보인다. 분명히 국내 상황을 이유로 용병정리를 주장한 점에 대해서는 맞는 말이다. 그러나 중요한 점은 예전의 그것이 용병정리＝재정부유화＝그 재원에 의한 군비강화였던 것과는 대조적으로 이 시대의 용병정리는 재정을 위한 것보다 오히려 남은 비용을 백성에게 환원하기 위한 것이라고 생각했던 것이다. 부국강병은 이러한 백성에 대한 부의 환원이 경제를 활성화시키고 나서야 비로소 가능한 것이다. 여기서는 강병의 즉시 실현을 단념했다. 바꾸어 말하면 오늘날의 '천하의 형세'에 비해 조선이 독자적으로 대응하는 것을 일시적으로 포기했다.

여기서 볼 수 있는 것이 예전과 비교해 비관적인 조선의 현재 상황에 대한 인식일 것이다. 그의 주장이 예전 박규수에게 배웠을 때보다도 오히려 박규수의 사상에 더 가깝다는 것을 알 수 있다. 김윤식은 박규수의 사상에 '복귀'한 것이다. 박규수 사상의 배경에 있던 것은 독특한 '예(禮)'의 세계인식과 당시 지식인에게 공통적인 '소국의식'이었다. 박규수의 사상은 그의 오랜 동안의 공부와 실무경험의 산물이었다. 그러나 박규수가 살아 있을 당시 김윤식은 낮은 관직에 있었다. 이러한 그는 분명 당시 조선 정부가 어떤 상황에 있고 어느 정도의 여력을 가지고 있었는지 제대로 몰랐을 것이다. 그래서 그는 낙관적인 전망을 할 수가 있었다. 당시 그에게는 소극적인 스승의 자세가 답답하게 비쳐졌을지도 모른다. 여러 관직을 역임한 뒤 그는 당시의 박규수와도 견줄 만한 고관에까지 올라선다. 이때 그는 비로소 스승의 소극적인 자세를 이해하게 됐다. 그리고 스승과 같은 발언을 반복한다. 장기간에 걸친 그의 관료생활은 박규수의 이론이 옳았다는 것을 증명하는 결과가 됐다.

그의 주장은 '부국'의 방법에서도 박규수의 주장과 닮아 있다. 당시는 마치 대원군정권시대의 당백전이나 청전과 같이 화폐 인플레이션에 의한 재원확보를 의도하는 당오전이 유통됐다. 그는 당오전의 철폐를 요구하고 정부가 시장에 개입해서는 안 된다고 설득했다. 또한 구체적인 당국의 정책으로는 '호부(護富)' 즉 부자에 대한 보호를 주장하고 빈부 격차를 해소하기 위해서 정부가 시장에 개입하는 것을 강하게 경계하고 있었다.[96)]

유교란 본래 '부(富)'보다도 '평(平)'을 중시한다. 여기에는 북학의 흐름을 이어받은 '유교적 레세페르'의 주장과 그의 관인으로서의 실무 경험이 크게 반영됐다. 김윤식은 이러한 '호부'의 법은 서양 각국이 채용하는 것이며 서양 각국은 이러한 부를 가진 사람들의 활동을 보호하고 이와 협력함으로써 국가의 부강을 이루어왔다고 주장하고 있다. 이것은 그의 '유교적 레세페르'가 서구적인 자유방임의 주장과 일치하고 있다는 것을 의미한다.

이러한 사상을 갖추기에 이른 그가 더이상 적극적으로 '자강'으로의 수단을 강구할 리가 없었다. 그 후 그의 주장이나 행동은 소극적으로 바뀐다.

그는 조선에서 개화사상을 갖고 있던 인물 중 한 명이었다. 그의 사상은 현실로부터 크게 변화의 압력을 받고 급기야 여기에 이르게 된다. 예전에 그는 조선의 '힘'을 크게 믿었다. 이것을 김윤식이 '민족의식'이 부족해서 그런 것이라고 정리하기는 쉬울 것이다. 그러나 여기에는 단순하게 이것뿐만이 아닌 또 다른 중요한 요소가 있었던 것은 아닐까.

조선의 재정과 '연성국가'

앞서도 밝혔지만 김윤식은 개화의 필요성을 이해하지 못한 것도, 당시 열강의 위협을 인식하지 못한 것도 아니었다. 그의 이러한 언동을 '전통유교의 굴레에 묶여 있었다'고 정리하는 것은 적절치 못하다.[97] 아니, 병조판서로서 또한 독변교섭통상사무로서 조선의 군사개혁과 외교를 맡아온 그가 이를 이해하지 못했을 리가 없다. 이는 다음에 소개하는 청에 관한 글에서도 확실히 알 수 있다.

본디 각국에는 그때그때에 맞는 대응책이 있게 마련이다. 개인으로서 나를 버리고 공업이나 상업의 길을 넓혀, 사람으로 하여금 각각의 힘을 한껏 발휘토록 하며, 각각의 재능을 최대한 이용하여 그 권리를 갖도록 한다. 그리하여 결과적으로 나라의 부강을 실현하는 것이다. 그것이야말로 서양 각국이 지금 해야 할 일이다. 경전을 세우고 역사를 정리하며 인재를 뽑아 병사의 훈련과 기계의 습득에 힘써야 한다. 그 결과 주위가 업신여기지 못하게 할 것, 그것이야말로 중국이 해야 할 일이다.[98]

김윤식은 서양이나 청나라가 부국강병과 이를 위한 양무(洋務)에 힘쓰고 있음을 시인하고 있다. 그는 결코 유교를 절대시했던 것이 아니다. 그러나 그는 왜 조선에서 이를 관철시키지 않았을까. 계속해서 그의 말을 살펴보도록 하자.

절약에 힘써 서로 욕심 부리는 일 없이 백성을 돕는 데 전념한다. 조약을 지켜 우방과의 사이에 불필요한 문제가 생기지 않도록 한다.

이것이야말로 우리나라의 길이다. 만약 우리나라가 중국의 길을 모방하고자 하여 군대나 이를 뒷받침하기 위한 기계 설치에 힘을 쏟는다면 백성은 굶주리고 국가 재정은 바닥을 드러낼 것이니, 그 결과 체제는 순식간에 붕괴되고 말 것이다. 만일 중국이 서양을 본뜬다면 명분이 흐트러지고 기강이 해이해져 역성혁명이 일어날 것이다. 혹 반대로 서양이 동양의 규범을 본받는다면 정치는 지배자 마음대로 이루어져 결과적으로 국세는 기울 것이니 반드시 이웃 대국에 병합된다. 이에 기인하여 살펴볼 때 선법(善法)이 있다 하더라도 반드시 이가 세상 어디에서나 통용되지 않음은 명백하다. 지금 국세를 고려하지 않고 서양만 따라서 하는 것은 영토의 크고 작음을 불문하고 조조(曹操)와 천하를 겨루는 것과 마찬가지이다. 시세에 따라 자국의 힘을 잘 조절하여 정책을 실시한다면 현재 조선의 근본 정책은 재정에 부담을 주는 일도, 백성을 해하는 일도 없다. 근본 정책만 건재하다면 지엽적인 것은 내버려두어도 스스로 소멸한다. 지금 시세는 모두 서양을 본뜬 지엽말절적인 것에 지나지 않다. 근본을 세우지 못한 채 남의 것만 배우고자 하고 있으니, 사물의 본질을 잘 알고 있다 말할 수 있을 것인가.

김윤식은 조선이 '소국'이며 졸속으로 서양을 본뜨는 것은 불가능하다고 말하고 있다. 가장 큰 이유는 '재정'과 '백성'이 이에 견디지 못할 것이라는 점이었다. 우리는 여기에 유교적 사상이 남아 있음을 인정한다. 그러나 더욱 중요한 것은 그가 그러한 논리를 폈던 이유가 조선의 '힘'이 이에 미치지 못하는 '현실'을 근거로 삼고 있다는 점이다. 대국이고 힘 있는 서양이나 중국에 대해서는 개화를 시인하고 조선에는 유교적인 '레세페르'를 주장한다. 김윤식은 그 양자에 대해 우열을 가리지 않는다. 그 사이에 존재하는 것은 가능성의 문제이며 양자는 절대시되지 않는다.

조선에 합치하는 조선을 위한 정책. 문제는 김윤식이 조선의 현황을 어떻게 '인식'하고 있었는가 하는 점이며, 그 인식에 어느 정도의 타당성이 있었는가 하는 점이다. 국민총생산 등의 수치나 조세부담률 등의 수치를 따질 수 없었던 당시 상황에서 '백성'이 어느 정도 궁핍한 상황에 놓여 있었는지, 오늘날 객관적으로 알기는 어렵다. 빈곤이라는 것은 다분히 주관적인 개념이기 때문이다. '재정'에 대해서도 김윤식이 활약한 시대의 재정, 특히 그 흐름에 관한 수치는 조선왕조가 통계를 내지 않았기에 오늘날 이를 자세히 알기는 어렵다. 다행히 불완전하기는 하지만 갑오개혁 이후에는 오늘날과 비슷한 의미에서의 '재정'에 관한 수치가 남아 있어 우리는 여기에서 얼마간 시사점을 얻을 수 있다. 이는 김윤식이 공직을 떠나 있을 때의 수치인데, 이로써 조선왕조의 재정 상황에 관한 기본적인 이해는 가능할 터이다. 적어도 김윤식이 활약하던 당시의 재정이 그럭저럭 개혁이 실시된 갑오개혁 이후의 시대보다 양호했다고는 생각하기 어렵다.[99] 그러면 김윤식이 그렇게도 우려하고 있던 조선의 재정은 어떠한 상황에 빠져 있었을까.

표 5-4~6은 조선, 그리고 비교의 대상으로서 에도기에서 메이지기에 이르기까지 일본의 재정을 정리한 것이다.[100] 그러나 재정에 관한 수치를 그대로 기재하는 것만으로 당시 조선왕조의 재정 규모를 추측해내는 것은 어렵다. 그러므로 필자는 각각의 재정 규모를 그 시대의 쌀값으로, 쌀의 중량으로 환산해보았다. 물론 두 나라는 개개의 시대

〔표 5-4〕 에도막부의 재정표

연도	연호	연도	총세입	쌀가격	석단위로환산	t환산	군사비	t환산	군사비/세입
년		년	천량	량/석	천석	천t	천량	천t	%
1730	교호	15	798.8	0.609	1,311	196			
1843	덴보	14	1,543.0	1.086	1,420	213			
1844	고카	1	2,575.0	1.191	2,162	324			
1847		4	1,561.7	1.151	1,356	203			
1848	가에이	1	1,442.7	1.077	1,339	200			
1849		2	1,356.7	1.18	1,149	172			
1850		3	1,442.7	1.229	1,173	175			
1851		4	1,458.9	1.114	1,309	196			
1852		5	1,793.7	1.151	1,558	233			
1853		6	1,481.0	1.163	1,273	190			
1854	안세	1	2,586.5	1.143	2,262	339			
1855		2	1,718.1	1.114	1,542	231			
1856		3	2,111.0	1.191	1,772	265			
1863	분큐	3	5,331.0	1.209	4,409	661	469.8	58	8.8

에서 쌀이 경제 전반에서 차지하는 비율이 각각 다르겠지만, 적어도 양자의 재정 규모를 대략 비교해보기에는 도움이 될 것이다.

조선왕조의 재정 규모는 일본에 비해 극히 작았다. 같은 시대인 메이지시기의 일본과 비교해서는 물론이거니와 에도 막부의 재정 규모와 비교해봐도 조선왕조의 재정 규모가 상당히 작다는 사실을 알 수 있다. 이러한 사실은 에도시대 일본이 봉건제이며, 에도 막부가 국내 경제의 4분의 1 정도만 지배하고 있었음에 불과하다는 점, 반대로 조선왕조가 가산(家産)관료적인 중앙집권적 국가였으며, 적어도 표면상으로는 통계가 작성된 갑오개혁 이후의 시대에는 재정 전반의 관리를 서울에서 일괄적으로 행하고 있었다는 점을 고려하면 더욱 놀랍다. 당시 조선의 인구를 약 2천만으로 보더라도 같은 시기 인구 3천만 명

〔표 5-5〕 메이지 정부 재정표

연도	연호	연도	세입	쌀가격	석단위로 환산	t 환산	육군비용	해군비용	t 환산	군사비/세입
년		년	천엔	엔/석	천석	천t	엔	엔	천t	%
1875	메이지	8	69,483	7.28	9,544	1,431	6,959,736	2,825,843	201	14.0
1876		9	59,481	5.01	11,872	1,780	6,904,829	3,424,988	309	17.3
1877		10	52,338	5.55	9,430	1,414	6,137,293	3,167,512	251	17.7
1878		11	62,444	6.48	9,636	1,445	7,266,010	2,820,514	233	16.1
1879		12	62,152	8.01	7,759	1,163	8,757,161	3,138,750	222	19.1
1880		13	63,367	10.84	5,845	876	8,610,921	3,415,770	166	18.9
1881		14	71,490	11.20	6,383	957	8,691,948	3,285,718	160	16.7
1882		15	73,508	8.93	8,231	1,234	9,201,465	3,439,654	212	17.1
1883		16	83,107	6.26	13,275	1,991	12,202,774	6,096,496	438	22.0
1884		17	76,670	5.14	14,916	2,237	11,160,305	6,878,748	526	23.5
1885		18	62,157	6.53	9,518	1,427	10,189,894	5,334,129	356	24.9
1886		19	85,326	5.6	15,236	2,285	11,633,151	8,890,808	549	24.0
1887		20	88,161	5.00	17,632	2,644	12,419,674	9,818,276	667	25.2
1888		21	92,957	4.93	18,855	2,828	12,976,848	9,809,556	693	24.5
1889		22	96,688	6.00	16,114	2,417	14,125,703	9,323,158	586	24.2
1890		23	106,469	8.94	11,909	1,786	15,533,079	10,159,304	431	24.1
1891		24	103,231	7.04	14,663	2,199	14,180,167	9,501,692	504	22.9
1892		25	101,462	7.24	14,014	2,102	14,635,252	9,133,106	492	23.4
1893		26	113,769	7.38	15,415	2,312	14,721,226	8,100,921	463	20.0
1894		27	98,710	8.83	11,178	1,676	10,408,936	10,253,154	350	20.9
1895		28	118,433	8.89	13,322	1,998	10,015,935	13,520,269	397	19.8
1896		29	187,019	9.65	19,380	2,907	53,242,524	20,005,758	1,138	39.1
1897		30	226,390	11.98	18,897	2,834	60,147,988	50,394,534	1,384	48.8
1898		31	220,054	14.97	14,699	2,204	53,897,653	58,529,902	1,126	51.0
1899		32	254,255	9.99	25,450	3,817	52,551,198	61,661,610	1,714	44.9
1900		33	295,855	11.93	24,799	3,719	74,838,202	58,274,895	1,673	44.9
1901		34	274,395	12.22	22,454	3,368	58,381,708	43,979,328	1,256	37.3
1902		35	297,341	12.66	23,486	3,522	49,442,059	36,326,188	1,016	28.8
1903		36	260,221	14.42	18,045	2,706	46,884,562	36,117,857	863	31.8
1904		37	327,467	13.22	24,770	3,715	12,088,510	20,613,219	371	9.9

[표 5-6] 고종 집정기 조선왕조재정표

연도	연호	연도	세입	쌀가격	엔/원 교환율	t 환산	군사비	t 환산	군사비/세입
년	국왕	년	천원	엔/백kg	원/엔	천t	천원	천t	%
1895	고종	32	1,557				321		20.6
1896	건양	33	4,809	4.61	1.00	104	1,028	22	21.3
1897	광무	34	4,191	5.32	1.00	78	979	18	23.3
1898		35	4,527	7.04	1.00	64	1,251	17	27.6
1899		36	6,473	5.00	1.16	111	1,447	24	22.3
1900		37	6,162	5.27	1.27	92	1,636	24	26.5
1901		38	9,079	5.03	1.40	128	3,594	51	39.5
1902		39	7,586	6.19	1.78	68	2,786	25	36.7
1903		40	10,766	6.78	1.88	84	4,123	32	38.2
1904		41	14,214	6.91	1.98	103	5,180	37	36.4

* 석 단위 환산과 t 환산은 모두 당시의 쌀 가격이므로, 이는 재정규모를 쌀로 환산한 것이다.

일본의 일부분만을 지배하던 에도 막부의 단독 재정이 조선 정부의 재정 규모를 훨씬 웃돌았다. 이는 당시 조선 정부가 조선 경제의 극히 일부분밖에 지배할 수 없을 만큼 능력이 부족했음을 말해준다. 1896년 전후 사정을 고려하더라도 조선 정부의 총세입은 전년도 이월분을 포함해도 약 500만 원 정도에 지나지 않았던 것이다.

이 수치는 갑오개혁으로 재정적 개혁이 이루어진 뒤의 것이다. 본디 철저한 개혁이 이루어진 것은 아니었으나, 적어도 그 이전 조선왕조의 재정적 기반이 이보다 컸을 리는 만무하다. 어쨌든 조선왕조의 재정기반은 빈약했다. 이 사실을 알고 있을 때 비로소 우리는 김윤식이 왜 그토록 개화를 위한 재원에 고심해야 했는지를 진정으로 이해할 수 있을 것이다. 앞에서 우리는 김윤식이 조선왕조에게 겨우 4만 냥의 추가 재정 지출을 요구했다가 좌절됐음을 확인했다. 이는 일본이나 청나라에서는 하잘것없는 지출에 지나지 않았다. 그러나 조선의 경우 결코 적은 돈이 아니었다. 하물며 조선왕조의 입장에서 청나라의 북양(北洋)육군 같은, 연간 60만 냥이나 소비하는 병기창의 신규 설치가 가능했을 리 만무하다. 청나라의 양무관료에게 이를 들은 김윤식의 놀라움과 실망은 어떠했을까.[101]

당연히 그러한 조선왕조의 취약한 재정기반의 영향은 군사지출 면에도 드러난다. 표 5-5에서도 알 수 있듯이 조선 정부도 군비확장을 위한 노력을 하지 않았던 것은 아니다. 아니, 막부나 메이지 초기 일본과 비교할 때 오히려 재정의 많은 부분을 군사에 할당하고 있었다. 예를 들면, 이는 김윤식이 두 번째로 실각한 후의 일인데, 이른바 '광무(光武)개혁' 속에서 조선 정부는 세입의 40퍼센트 가까이를 군사지출에 퍼붓고 있었다. 그러나 그러한 노력에도 불구하고 그 군사비 '규모'가 1863년(분큐(文久) 3) 당시의 막부에도 미치지 못하는 수준이었다. 1900년대 초두의 한일 양국을 비교하면 그 차이는 거뜬히 10배를 넘는다. 이러한 사실을 볼 때, 당시의 조선왕조가 당초 김윤식의 생각처럼 기존 시스템을 변경하지 않고 단순한 재원의 배치 변경만으로 열강에 대항하는 것은 꿈같은 이야기였음이 명백하다. 이를 알면 김윤식의 비관적인 발언도 어느 정도 설득력이 있다.

이러한 조선의 재정적 기반. 이는 어떤 의미에서 본디 재정기반이 취약했던 조선이 말기에 가까워지면서 더욱 재정 상황이 악화됐기 때문일 것이다. 또는 조공체제에서 자신의 권력 정통화 논리를 갖지 못한 채 '중국의 평화' 아래에서 심각한 군사적 위협에 노출되지 않고 지나칠 수 있었던 조선왕조의 국가상이 있었기 때문일지도 모른다.

중요한 것은 메이지 일본과 조선/한국이 아닌, 오히려 근대화의 전제조건으로서 에도 일본과 조선왕조의 차이일 것이다. 막부 말기와 비교해봤을 때, 조선왕조의 상황이 어려웠음은 명백하다. 이는 바로 현대를 사는 우리가 상상도 할 수 없는 전형적인 전근대적 '연성국가'의 모습에 지나지 않았다. 더불어 당시는 국내에서 민란이 빈발하고 지방 유생들의 정부에 대한 압력도 심각했다. 우리는 '백성'의 생활상을 객관적으로 평가하지는 못할지언정 이러한 조건을 부여한 '실무관료' 쪽의 고뇌는 쉽게 상상할 수 있다.

조선이 처한 상황. 어떤 의미에서 이는 막다른 골목길이었다. 당시 실무적 개화관료의 대부분이 훗날 '매국노'로 전락해가는 과정을 이해하기 위해서는 이 점을 무시할 수 없다. 김윤식도 그러한 상황 속에서 차츰 개혁에 대한 의지를 잃는다. 그 후 김윤식은 어떠한 길을 걷게 되는지, 그것이 조선/한국을 살펴보는 데 어떠한 시사점을 제공하는지 짚어보면서 이 절을 마치기로 한다.

합병, 그리고 3 · 1운동

김윤식이 정식으로 그 죄가 해명되고 공직에 복귀한 것은 1894년 (고종 31)의 일이다.[102] 때는 청일전쟁 직전으로 조선 정부는 일본 정부에게 내정개혁 압력에 시달리고 있었다. 결국 그들은 왕궁을 포위한 일본군의 압력으로 일본에 굴하는 형태로 요구를 수용했으며, 이후 조선에서 본격적인 최초의 근대적 내정개혁인 '갑오개혁'이 시작된다.

조선에서 이러한 개혁을 담당한 것이 이른바 제2차 김홍집 내각이다. 김윤식은 이 김홍집 내각에서 난처한 상황 아래 조선외교를 일괄하는 외무협변으로 추대된다. 그들이 과거에 추구했던 '개혁'은 바야흐로 바로 눈앞에 있었다. 문제는 그러한 개혁이 오로지 일본의 주도로 이루어졌다는 사실이다. 그러면 김윤식은 이러한 상황 속에서 어떠한 의견을 가지고 있었을까.

예전의 김윤식이라면 청나라에 대해 그랬던 것처럼 일본까지 이용해서라도 개혁을 실현하고자 했을지 모른다. 그러나 이제 김윤식은 그러한 기개를 상실했다. 그는 당시 조선 주재 공사였던 이노우에 가오루(井上馨)에게 다음과 같이 말했다.

지금 우리나라는 마치 중병에 걸린 사람과 같아 이를 치료해 줄 충분한 능력을 지닌 주치의를 만나지 못하면 도저히 회복할 수 없는 단계에 이르렀다. 실로 정부는 한결같이 개혁안을 결행하고자 하지만 아무래도 궁핍한 재력 때문에 좀처럼 진전이 없다. 여하튼 여러 가지 사건에도 기운을 잃지 말고 온 힘을 다해 민생에 유익한 사항을 의안(議案)에도 포함시키지 않으면 안 된다. 당장 3남(경상, 전라, 충청)은 동학도와 어지러운 난(亂)에 휩싸여 있고, 서도(평안, 황해)는 청일 교전 때문에 통로가 막혀 있으니 널리 민심에 호소할 기회를 얻지 못한다. 또한 우리 정부가 공고하지 못하기에 계속해서 외부에게서 자극과 충격을 받고, 내부에는 풍파가 일어난다. 이에 뒷걸음칠 수밖에 없음이니 어찌 탄식하지 아니하겠는가.[103]

이는 일본이 말하는 내정개혁에 반대의 뜻을 표명한 것이었다. 그러나 김윤식이 반대의 이유로 들고 있는 것은 일본의 요구에 의한 개혁이 결코 조선의 주권을 위협하기 때문이 아니며, 조선에는 그러한 힘조차 없다는 점이다. 물론 이를 비상시 약국(弱國) 외무대신의 교묘한 외교전술이라고 볼 수도 있다. 그러나 지금까지 김윤식의 주장을 보면 그 말 자체가 오히려 김윤식의 심경을 직접적으로 드러냈다고 보는 편이 적절하다.

이노우에는 호의를 보이면서도 김윤식에게 재원이란 사용하기 나름이라고 전하고 있다. 어쨌든 이 시기의 김윤식이 과거와는 달리 개혁에 대해 적극성을 잃었음은 명백하다.[104] 이 시기에 작성된 그의 일지나 일본 쪽의 외교기록을 보더라도 우리는 임오군란 당시처럼 활발한 김윤식을 찾아볼 수는 없다. 오직 급격한 시대의 변화에 휩쓸리는 늙은 관료의 모습이 있을 따름이며, 그러한 의미에서 김윤식은 일본에 해가 되는 존재도 아니었을 것이다. 그는 결코 '친청파'에서 '친일파'로 노선을 바꾼 것이 아니었다. 아니, 개혁을 단념한 그로서는 노선을 바꾸는 것조차 무의미하게 느껴졌으리라. 그는 일본군의 서울 점거를 바람직하게 보지 않았다.[105] 그렇다고 해서 이에 대해 적극적인 반의를 표한 것도 아니었다. 김윤식은 일본의 내정개혁 요구에 대해서도 적극적으로 협력하지 않았지만 그렇다고 해서 나서서 반대한 것도 아니었던 것이다. 일본의 입장에서 그러한 김윤식의 모습이 '수구파(守舊派)'처럼 비쳐졌음[106]은 당연하다.

갑오개혁은 명성황후계 세력의 반격과 보복으로 일본의 명성황후 살해, 나아가서는 여기에 위기의식을 느낀 고종이 아관파천(俄館播遷)을 단행한 결과 수포로 돌아간다. 일본세력은 다시금 조선에서 추방당했으며, '친일파'로 지목된 김윤식은 또 귀양의 길에 오른다.

김윤식이 관직에 복귀한 것은 러일전쟁에서 일본이 승리를 거둔 뒤이다. 이후 그는 명예직 성격의 관료에 올라 대한제국의 멸망을 그저 방관자로 지켜본다. 그러한 그도 한일합방 당시에는 '극진(極陣) 불가'라고 말한다.[107] 그러나 이러한 그의 발언은 결국 받아들여지지 않았으며, 세가 기울었다고 판단한 그는 이후 근신하며 세상과 발을 끊는다. 그의 조선에 대한 '절망'이 극에 달했다고 할 수 있다.[108]

합병 뒤 김윤식은 본의 아니게 자작의 지위를 수여받고, 새로이 정해진 조선 귀족의 일원으로 그 이름을 올린다. 그리고 그대로 10년이 흐른다. 그 사이에 김윤식은 적극적인 활동을 하지 않았다.

3 · 1운동이 일어났다. 일본 통치에 대한 민중의 갑작스런 저항은 김윤식의 세계관, 그리고 무엇보다 조선과 조선사회에 대한 시각을 크게 동요시켰다. 소국 조선은 비정한 제국주의 세상에서는 살아남을 수 없었다. 그러한 체념의 경지에 이르렀던 김윤식에게 민중의 돌연한 행동은 너무나도 무모한 것이었으리라.

김윤식은 몇 년 후 조용히 세상을 떠난다. 3 · 1운동 당시 김윤식이 예전 동료 이용직(李容稙)과 함께 올린 상서는 그의 정치적 유서가 된다. 마지막으로 그 상서를 살펴보며 이 장을 마치고자 한다.

제7절 인식 속의 대국과 소국

시심(矢心)의 향배는 백성의 안녕에서 생겨나느니, 무릇 때를 타고난 성인(聖人)도 이를 거스르고는 그 국토를 잘 보유하는 자가 예로부터 아직 존재치 않는다. 우리들은 힘겨운 시대를 만났으니, 합병 때에 일본의 작위를 받아 수치스럽게 됐노라. 그리하여 면(面)을 혁(革)한 지 오래여서 금차(今此)에 죄 없는 백성들이 물, 불에 휩싸인 것을 보고 침묵을 참지 못하고 노예들도 또한 암실(暗室)에서 홀로 외친 자의 한 사람으로 위험을 피하고 간담(肝膽)을 강하게 하여 다행히도 이러한 실상을 천황폐하에게 전달하고 내각의 모든 대신 들에게 알려라.[109)

3·1운동은 김윤식에게 청천벽력 같은 일이 아니었다. 3·1운동의 지도자는 당초 독립선언서 첫머리에 옛 유력 조선 귀족의 이름을 올 리고자 그들에게 협력적이라고 생각된 인물들에게 서명을 요청했으 며, 김윤식까지 방문한 것이다. 그러나 이러한 독립지도자에 대한 김 윤식의 대답은 냉담했다. 가로되, "경거망동해서는 안 된다. 현재 국 가도 정부도 존재하지 않는 상황에서 무슨 선언을 할 수 있단 말인가. 이는 지나친 시기상조이다(不可輕擧 現無國無政府 誰爲宣言乎 時期太 早)"라고 했다. 그 후 그들은 김윤식을 다시 방문하지 않았다.[110)

김윤식이 그들의 의지를 이해하지 못했던 것은 아니다. 아니, 그는 독립 지도자들과 '뜻을 함께 했던 것'이다. 그럼에도 불구하고 김윤식 이 이에 동의하지 않았던 이유는 쓸데없는 일이라고 생각했기 때문이 다. 그는 3·1운동이 일어나기 직전까지 조선의 '힘'에 대해 비관론 자였다.

그러한 가운데 일어난 갑작스런 대중운동은 김윤식에게 큰 충격이 었다. 김윤식도 세상을 등지고 집에 틀어박혀 있을 수만은 없었다. 그 는 옛 동료였던 이용직과 함께 당시의 내각총리대신인 하라 다카시(原 敬宛) 앞으로 상서를 보내 조선을 독립시키는 것이야말로 일본의 이익 이라고 호소했다.

합병이 이루어진 지 약 10년, 실질적인 정계 실각 때부터 계산하면 실로 30년 만에 그는 자신의 목소리를 드높이기 시작했다. 이미 80세가 넘었으니 허무한 면도 없지 않았을 것이나 현대적 시점으로 이 상서는 물론 훗날 이 때문에 법정에 서게 된 그의 설명 또한 실로 당당했다.

도대체 무엇이 그를 그러한 행동으로 몰아세웠을까. 생각건대 대규모의 대중운동이 그로 하여금 조선의 '힘'을 재인식하게 한 것은 아닐까. 확실히 그는 이러한 자신의 행동을 3·1운동의 결과 탄압받을 민중의 모습이 견디기 힘들었기 때문이라고 했다. 그러나 그것뿐이었다면 그는 강력하게 조선의 독립을 호소할 필요는 없었을 것이다.

생각해보면 김윤식이 관직에 있을 때 시도한 조선자강을 위한 방책은 조선의 '힘'이 부족했기 때문에 계속 좌절될 수밖에 없었다. 그는 그때마다 조선이 '소국'임을 깨닫고 점차 개혁에 대한 의욕을 잃게 된다. 그러나 그때 그가 조선의 '힘'이라고 생각한 것은 실은 '조선이 국가로서 가지고 있었던 힘'이지 않았을까.

김윤식이 말하는 대로 합병은 조선 정부를 소멸케 한다. 그러나 김윤식은 국가가 소멸하고서야 비로소 국가라는 차원을 떠난 조선의 잠재적인 '힘'에 대해 생각이 미치기 시작한 것은 아닐까. 필자는 여기에서 민중의 힘에 대해 운운하고자 하는 것이 아니다. 필자가 말하고 싶은 바는 오히려 조선의 '기본적 국력'이라는 문제이다.[111] 조선은 당시 세계에서 '소국'이었으며 가령 김윤식이 처음부터 조선의 잠재적인 힘을 깨닫고 있었다 하더라도 조선의 식민지화는 피할 수 없었을지 모른다. 그러나 김윤식의 '자국인식'은 지나치게 비관적이지 않았나 생각한다. 이는 김윤식이 오직 조선왕조라는 '국가'에만 연연해했기 때문은 아닐까. 또는 조공체제에서 오랜 세월 방치되어온 결과로서의 '소국의식'이 강하게 나타나 있는 것은 아닐까. 그리하여 결국 그는 조선이라는 '국가'의 '힘'과, 조선이라는 '사회'가 잠재적으로 지니고 있던 '힘'을 잘못 생각하고 있었던 것은 아닐까.

조선은 당시 인구 면에서도 국토 면에서도 일본의 약 3분의 2 규모였다. 이 사실은 지금도 변함없다. 일본인이 때때로 세계 제7위의 인구 규모를 자랑하는 자국을 '소국'이라 부르는 것처럼, 실은 각각의 시대, 각각의 사람이 자국의 크고 작음을 논할 때의 인식은 결코 객관적인 평가에 근거한 것이 아니다. 이는 조선/한국을 말할 때도 마찬가지이다. 우리는 과거와 현재의 조선/한국을, 그리고 국가와 정치를 고려할 때, 이러한 '자국인식'에 대해 다시 한번 생각해볼 필요가 있지 않을까 생각한다.

제3장 '매국'의 논리

● 이완용을 통해본 한국합병과 근대 조선/한국사에서의 '국가'와 왕조

김윤식에게서 전형적으로 엿볼 수 있듯이 조선/한국의 근대화에서 가장 큰 장애는 한반도의 국가가 '연성국가'였던 점, 그 결과로서 조선/한국이 자국을 '소국'으로 느끼지 않을 수 없었던 점이다. 즉 그들은 일단 개혁을 실시했지만 금방 개혁 리소스(resource)의 고갈이라는 심각한 현실에 직면했다. 그리하여 그들은 깊은 고뇌와 절망 속에서 자국이 소국임을 인정할 수밖에 없음과 동시에 자국 근대화를 위한 개혁을 단념하지 않을 수 없었다.

이렇듯 근대화에 실패한 조선/한국은 가혹한 '근대' 속에서 나아가 일본의 식민지로 전락한다. 그렇다면 한국을 식민지화로 이끈 당사자는 이 문제에 어떻게 대처했을까. 또한 이완용이 그러한 선택을 한 것은 자국이나 자신의 네이션에 대해 어떠한 생각을 하고 있었기 때문이었을까. 다음으로 그 점에 대해 이완용을 예로 들어 살펴보도록 하자.

제1절 친일파 문제

제3대 장택상(張澤相)에게 특별히 친일행위가 있었던 것은 아니다. 그러나 세 형제 가운데 맏형인 장길상(張吉相)은 1914년에 물산 공진회 평의원을, 1926년에 경상북도 농회(農會) 부회장을, 1927년에 조선 농회 통상의원을, 1929년에 조선박람회 평의원을 지내는 등 일본에 협력한 경력이 있는 인물이다. (중략) 이러한 경우, 즉 본인에게는 특별히 친일행위가 없을지라도 직계 혈족에게 매우 현저한 친일행위가 보일 경우, 필자는 친일권(親日圈)에 넣어 분류키로 한다.[1)]

한국의 친일파 문제. 군사정권시대가 종결되고 민정이관(民政移管)이 종료된 오늘날, 다시금 이 문제가 여론을 떠들썩하게 하고 있다. 위에서 인용한 문장은 이러한 친일파 문제 연구의 선구자인 임종국(林鍾國)의 저서 중 한 구절이다. 그에 따르면 '매국노'로서 경계의 뜻은 정도의 차이는 있을지언정 '친일파' 본인뿐만 아니라, 친족 등 그 인물과 일정한 관계를 갖는 '친일권'의 인물에게까지 향해야 한다고 한다. 이 한 구절을 보더라도 친일파 문제에 대한 한국인의 분노가 얼마나 큰지, 또한 뿌리 깊은지 알 수 있다.

그러면 오늘날 한국에서 여전히 규탄을 받고 있는 '친일파'란 도대체 어떤 사람이었을까. 이러한 물음이 나올 때, 필자는 우리가 친일파에 대해 무지하다는 것에 놀라움을 금치 못한다. 확실히 최근 친일파에 대한 관심의 고조는 많은 연구 결과를 낳았으며, 여기에서 주목해야 할 점이 많은 것도 사실이다. 그러나 여전히 친일파를 규탄하는 것이 주된 목적인 경우가 많으며 그들이 왜 친일행위에 이르렀는지에 대한 내재적 설명은 이루어지지 않았다.[2]

필자는 이러한 관점에서 한국 친일파의 대표적인 존재였던, 한국합병 당시의 한국 총리 이완용를 거론해보고자 한다. 다음에 서술하듯이 이완용은 그 경력에서도, 또한 사상편력에서도 복잡한 경로를 걸어온 인물이다. 그러한 그가 왜 최종적으로 친일파가 되어 대한제국의 막을 내린 것일까. 그러한 이완용이 한국을 이끌었던 한국합병의 논리는 무엇이었을까. 그리고 합병이란 도대체 무엇이었을까.

물론 이는 이완용의 입장을 긍정하는 것도 아니고 변호하는 것도 아니다. 단지 이완용의 입장에서 한국합병의 문제를 생각할 때, 과연 우리는 어떤 그림을 그릴 수 있겠는가. 필자의 관심은 그 점에 있다. 이완용에 대한 역사적 평가는 그때부터 시작해도 늦지 않을 것이다.[3]

그렇다면 이완용은 어떤 인물이며 어떻게 친일파가 된 것일까. 그리고 이러한 이완용의 존재는 그 시대의 배경과 어떻게 연관되어 있을까.

제2절 이완용의 등장

소장 유교관료시대

이완용은 자를 경덕(敬德), 호를 일당(一堂)이라 하고 본관은 우봉(牛峰)이며, 경기도 광주군 낙생면 백현리에서 태어났다. 생부는 이호석(李鎬奭), 어머니는 신씨(辛氏)였다.[4] 그의 생가를 성문(盛門)이라고 할 수는 없지만 만 9세에 이호준(李鎬俊)의 양자가 되면서 그를 둘러싼 환경은 조금이나마 개선됐다. 이호준의 가계는 우봉 이씨 중에서는 가장 번성했다. 그가 양자로 이 집에 들어오게 됐다는 점에서 그의 재능이 일족 안에서 주목받았다는 사실을 알 수 있다.

유소년기부터 재능에 주목을 받았던 그였지만 그의 이름이 처음 공적으로 기록된 것은 1882년(고종 19)이었다. 그는 증광시(增廣試)에서 병과급제를 했는데 급제 때 고종에게 특별한 포상을 받았다.[5] 그가 25세 되던 해였다. 오늘날 그가 하사받은 포상의 근거는 알 수 없지만 이 시험에서 그가 고종의 관심을 끌었다는 것을 추측할 수 있다.

그가 관료로서 나중에 출세를 하는 것은 출신을 생각하면 순조로웠다고 할 수 있다. 이듬해인 1883년(고종 20) 4월 승지(承旨) 및 주서(注書)로서 고종에게 강목(綱目)을 강연한 것[6]을 계기로 그는 규장각과 홍문관 등 고종의 측근으로 여러 가지 충언을 하는 관직을 맡는다. 즉 과거에서 고종의 주목을 받은 그는 항상 고종 옆을 지키는 측근으로서 활약을 했다.

그의 사상은 어떠했을까. 우리들은 이 당시 그가 직접 발언한 내용을 그다지 많이 발견할 수 없지만 그가 재직했던 당시 규장각 등의 기록을 통해 어느 정도 그의 생각을 읽을 수 있다. 당시 조선왕조의 가장 큰 사건은 갑신정변이었다. 이 정변의 처리를 둘러싸고 그는 규장각 시교(侍敎)의 한 명으로서 동료들과 함께 관계자에 대해 조정이 결정한 이상의 엄벌을 요구했지만 고종이 이를 거절했다.[7] 이 시점의 이완용은 개화파에 친근감을 느끼지 않았다. 그는 조선의 개화나 외국과의 협상을 지지했다기보다는 오히려 공부했던 유교 지식을 바탕으로 충실하게 정답을 이끌어내려고 했던 전형적인 '유교적' 관료 중의 한 명이었다.

그러나 그는 언제까지나 이런 위치에 머무르지 않았다. 이후 이완용은 어떤 길을 걸었을까. 계속해서 이어지는 시대를 살펴보도록 하자.

서양과의 만남

1886년(고종 23) 중반이 되자 이완용은 고종 옆에서 진언을 하는 것뿐만이 아니라 의정부나 군대와 같은 직무를 담당한다.[8] 그는 종래의 단순한 '유교적'인 측근 관료에서 실무관료로 성장했던 것이다.

그러던 중 이완용에게 보다 큰 전기가 된 것은 '영재'라는 이유로 육영교원(育英敎院)의 좌원(左員)학생으로 임명된 것이었다.[9] 육영교원이란 본격적으로 시작된 서양 열강과의 외교적 절충에 대비해 조선의 실무관료를 키우기 위해서 설치된 기관이며 주로 구미 국가들의 언어를 습득하는 것을 목적으로 하는 통역관료 양성소였다. 이것은 종래의 통역관 양성조직처럼 대상을 신분이 낮은 사람으로 제한하는 것이 아니라 오히려 모든 학생을 양반고관의 자제 혹은 양반들로 구성한 엘리트 양성기관이었다. 이 육영교원의 학생을 선발하는 권한은 최종적으로 고종에게 있었다. 고종이 측근이었던 이완용을 그 중 한 명으로 선별했다는 사실에서 우리는 고종이 방침을 바꿨음을 알 수 있다.

육영교원에 입학한 것은 이완용에게 큰 분기점이 됐다. 육영교원에서는 어학뿐만 아니라 수학과 역사, 정치 등과 같은 수업도 받았다. 새로운 지식은 종래의 유교적인 지식을 주된 바탕으로 삼았던 그에게 신선하게 비쳐졌을 것이다.

고종이 이완용을 육영교원에 입학시킨 의도는 이듬해인 1887년(고종 24) 주차미국참찬관(駐箚美國參贊官) 임명[10]에서 밝혀진다. 이완용은 이때 주미특명전권공사로 임명받은 박정양(朴定陽)을 보좌하는 조선왕조 미국 대표부의 차석대표에 임명되어 미국 행을 명령받는다. 이 미국 파견사절단은 역사적 의미를 가진다. 이 사절은 조선왕조가 처음으로 파견을 시도했던 서양 국가들에 대한 상주(常駐)사절단이었다. 이것은 조선이 종래의 청에 의존했던 대(對)서양외교의 모습을 바꾸어 스스로 진정한 의미의 '독립국'으로서 독립 외교로의 행보를 시작하려고 했던 것을 의미한다.[11] 물론 그 배경에는 갑신정변 이후 조선에서 압도적인 지위를 차지하고 다양한 형태로 협상을 하려 했던 청에 대한 반발이 있었다. 조선은 동시에 미국 정부에 광산 기술자를 파견해 줄 것까지 요구했다.[12] 이러한 조선왕조가 미국에 대해 취한 편향적인 자세는 거의 같은 시기에 이루어진 조러(朝露)밀약의 시도[13]와 맞물려 열강의 힘을 빌려서 청으로부터 자립을 시도한 것이라고 볼 수 있다.

청은 당연히 이에 반대했다. 자세한 경과를 여기서 기술할 수는 없지만 그 결과 주미공사였던 박정양은 건강상의 이유로 귀국한다.[14] 물론 이완용도 청의 압력 밖에 있지는 않았다. 그는 박정양보다도 빠른 1888년(고종 25) 5월 27일 박정양과 같이 건강상의 문제를 내세워 귀국했다.[15]

이완용과 미국과의 관계가 이로 인해 끊기지는 않았다. 약 반 년 간 승정원과 규장각 등에서 직무를 맡고 또한 이조참의나 전보국회변(電報局會辨), 외무참의를 거친 후 그는 다시 미국으로 향한다. 즉 그는 참찬관으로서 미국에 다시 머물고 결국 대리공사에 임명받아 1890년(고종 27) 10월 귀국할 때까지 약 2년 동안 대미국 외교의 현지 책임자로서 파견된다.[16]

오늘날 이완용이 미국에서 활동했던 시대에 대해서 많은 부분을 파악할 수는 없다. 그러나 주목해야 할 점으로는 다음과 같은 글을 들 수 있다.

이완용 후작이 한일합방에 가담하게 된 동기는 구한국시대에 전권공사의 입장으로 미국에 부임을 했던 당시 배태된 것이라고 전제하고 화제는 전권공사가 새롭게 임무를 띠고 의기양양하게 부임했을 때 요코하마 항과 샌프란시스코 항을 항해하던 중 생각지도 못하게 한 미국인에게 큰 모욕을 받은 일에 기인한다고 한다. (중략) 앞에서 말한 경험은 후작으로서 세계의 열등민족을 시찰, 연구하기로 마음먹고 (중략) 그런데 결론은 슬프게도 조선인보다 열등한 인종을 찾는 것은 어려웠다고 한다.[17]

육영교원에서 서양식 교육을 받았던 경험과 두 번의 미국 행을 통한 서양과의 직접적인 접촉. 이것은 그의 개화에 대한 의지를 더욱 굳게 해주었으며 동시에 그는 조선의 후진성을 강하게 인식하게 됐다. 이대로는 조선이 '독립'을 유지할 수 없다. 이러한 그의 인식은 결국 대국에 대한 의존으로 크게 기울게 된다.

개화로의 의지와 대국에 대한 의존. 이처럼 그의 두 가지 의지가 복잡하게 얽히면서 나타나게 되는 것이 갑오개혁 이후의 시대였다. 그렇다면 다음으로 그 시대 속의 이완용에 대해서 살펴보도록 하자.

정동클럽과 아관파천

1890년(고종 27) 미국에서 귀국한 후 얼마간 이완용에게 눈에 띄는 움직임은 없었다. 그동안 그는 예전과 같이 승정원 부승지와 내무참의와 같은 궁중에 가까이 있는 직무를 맡고 있으면서, 형조참판, 공조참판 등의 일반적 직무에도 임명되어 차례로 직책을 높여갔다.[18) 이것은 나중에 그가 대두하게 되는 발판이 된다.

순조롭고 평범했던 그의 생활이 다시 크게 변화하게 된 계기는 청일전쟁의 발발과 이보다 앞선 일본군의 서울 군사점령이었다. 그는 이와 함께 보빙(報聘)대사에 임명된 박정양과 함께 전권공사로서 일본과의 협상에 임하는 사절의 일원으로 임명된다.[19) 이완용은 이때 생모가 전년도에 사망했다는 구실로 일본에 부임하는 것을 포기하지만 그 후에도 외무협변 등으로 외교의 제1선에서 활약한다.[20) 첫 미국 사절의 일원으로서의 임무라고는 하더라도 이 같은 곤란한 국면에서 외교단의 일원으로 재차 임명됐다는 것에서 고종이 얼마나 이완용의 외교적 능력을 높게 평가했는지 알 수 있다. 그렇다면 고종은 그에게 무엇을 기대했던 것일까.

당시 그는 어떠한 인물로 평가받고 있었는가. 이 점에 대해서 당시의 미국 외교문서에서 다음과 같은 문장을 볼 수가 있다.

소위 '미국당'을 대표하는 인물은 현재 학부대신이며 주미공사의 경력을 가진 박정양이다. 외무협변 이완용과 농상무협변 이채연(李采淵)은 각각 워싱턴에서 주미변리공사로서 근무를 했던 적이 있던 인물이며 법무협변 정경원(鄭敬源)은 시카고의 만국박람회에서 출품사무대인이었던 적이 있다.[21)

당시 일본의 임시대리공사였던 스기무라 후카시(杉村濬)의 견해도 같았다.

　신파(새로운 개화파) 중에도 은밀히 두 파로 나누어져 있어, 그 중
하나는 정동파라고 불리며(정동은 외국공사관의 소재지이고, 이런 외국
공사관에 빈번히 출입하는 자를 가리킨다), 신학부대신 이완용, 농상공
부협변 윤치호(尹致昊), 궁내회계원장 이하영 등은 중요한 인물들이
며 그들의 목적은 각국과 교제하고 각국 공동의 보조 역할을 하며
한 국가의 강제를 피하려고 하는 것이었음이 여실히 드러난다. (이하
생략)22)

　스기무라가 말한 대로 '미국당'은 정동파라고도 불렸다. 정동이란
당시 미국과 러시아를 비롯해 각국의 공관이 있던 서울 시내의 지명
이다. 당시 이 정동 주변에 주재했던 각국 공사관원들은 손택호텔을
거점으로 정동클럽이라고 불리던 친목단체를 결성했으며, 정동파란
이 정동클럽을 출입하는 서양 각국의 공사관원과 조선인 고급관료들
을 의미했다.23) 정동클럽은 당초에는 정치적인 색채보다 오히려 친목
장소로서의 성격이 강했지만 일본군의 서울 진주와 영향력이 강해지
면서 결국은 서양 각국이 일본에 대항하기 위한, 그리고 조선인 관료
들이 일본에 저항하기 위해 서양 각국의 힘을 이용하기 위한 정치적
절충 장소로 바뀌어갔다. 이러한 서양 각국 중에서 중요한 역할을 담
당했던 것이 미국과 러시아였다. 이미 기술했던 것처럼 이완용은 이
러한 정동파 중에서도 박정양 다음으로 핵심적인 인물이라 평가받고
있었다.

　또한 스기무라는 다음과 같이 밝혔다.

지금은 아직 입장을 확실히 하지는 못하고 있으나 소위 민파(閔派)의 색채를 띤 이윤용(李允用), 안경수(安駉壽), 이완용, 이채연은 모두 개화당이라고 칭하고 있으며 정부 쪽에 서면서도 마음은 우리를 떠나 미국으로 기울어져 (소위 정동파) 왕비를 대(戴)하여 정부를 경복(傾覆)하려 하고 있다.[24]

이완용이 고종과 명성황후 편에 속한 인물이라는 점을 시사하고 있다. '미국당'이며 '민파'. 말하자면 이 시점의 이완용은 자신이 측근으로서 섬겨온 고종과 미국, 러시아 사이에서 연결파이프 역할을 했던 것이다.

알고 있는 바와 같이 일본은 이 같은 서양 열강의 움직임에 저항하기 위해서 조선 쪽 반일세력의 핵심이라고 생각했던 명성황후를 암살하기에 이른다. 이 같은 일본의 움직임은 당연히 정동파의 이인자 격이었던 이완용에게도 위협을 준다. 이완용은 사전에 이 위험을 알아차리고 서형(庶兄)인 이윤용과 함께 일찍 미국공사관으로 피신한다. 이완용의 능력이 발휘된 것은 이때부터이다. 미국 공사관으로 피신한 이완용은 정동파 세력이 아직 궁중에 남아 있었기 때문에 미러 양국이 연락이 끊긴 점을 이용하여, 미러 양국에 더욱 적극적으로 연락을 했다. 그리고 그는 결국 고종의 아관파천을 실현한다.[25] 이완용은 이 공적으로 인한 것인지, 아관파천으로 인해 성립된 새로운 친러·친미 내각에서 외무대신으로 임명받고 동시에 학부대신, 농상공부대신의 서리까지 임명받는 등 중요한 지위를 맡는다.[26]

아관파천과 그 후 친러·친미정권의 성립은 어떤 의미에서 친미파로서 이완용의 정점이었다. 이 정권의 성립에 중요한 역할을 담당한 이완용의 지위는 흔들리지 않을 것처럼 보였다. 그러나 여기서부터 이완용의 운명은 크게 바뀐다. 그렇다면 다음 절에서는 이완용의 변화과정에 대해서 살펴보기로 하자.

제3절 '친일파'의 탄생

독립협회운동과 이완용의 실각

아관파천 이후 조선의 정국은 복잡했다. 영향력을 확대하려고 하는 미·러 양국의 집착, 그리고 일본의 반격 등이 이루어지는 가운데 국내의 여러 세력들 사이에서도 심각한 분열이 생기기 시작했다.

특히 심각했던 것은 정권 내부의 수구파와 개화파의 대립이었다. 원래 아관파천에 협력했던 여러 세력은 '반일'이라는 한 가지 점에서만 연결되어 있었으며 그 외의 방침은 전혀 일치하지 않았다. 무엇보다도 본디 '반일'의 이유 자체가 본질적으로 분열되어 있었다. 즉 여기에는 크게 나누어 '개화가 일본에 의해 이루어지는 것'에 반대하는 세력과 '일본이 개화를 실시하는 것'에 반대하는 세력이 있었다. 당연히 이것은 일본배척에 성공한 후 개화에 적극적으로 임할 것인지 아닌지의 대립으로 발전한다.[27]

이 시절에 이완용은 자신의 경력으로 인해 개화파의 중요한 인사 중 한 명으로 지목받았다. 당시 개화파 세력은 정권 안에서 열세였으며 개혁은 후퇴할 수밖에 없었다. 정권에는 노련한 수구파가 중심에 앉아 있어 개화파의 영향력이 점차 약해져갔다. 이러한 가운데 개화파 인사가 자신들의 교류의 장으로, 그리고 일반적으로 개화의 필요성을 호소하기 위해 독립협회를 만든다. 이것은 조선 초의 본격적인 계몽단체였다.[28] 독립협회는 당초 관민 유지의 단체였으며 조선왕조에게 승인과 지원을 받는 단체였다. 아니, 오히려 주체는 외국 사정에 정통한 개화파 고급관료들이었다고 보는 편이 정확할 것이다.[29] 적어도 발족 당시 독립협회는 국가와 대립하는 존재가 아니라 오히려 당시의 조선왕조가 동시에 가지고 있었던 두 가지 방향성, 즉 개화와 수구 중 개화의 부분을 대표하는 단체였다.

이러한 협회에 외부대신으로서 서양 각국과의 접촉 제1선에 서서 정권 내부 개화파의 선봉이었던 이완용이 '관'을 대표하는 인물 중 한 명으로서 참가했다. 실제로 이완용은 발족 당초 독립협회에서 위원장의 직책을 맡은 중심인물 중 한 명이었다. 위원장은 당시의 협회에서 회장 아래에 있는 중요한 자리였으며 협회 내부에서 그의 위치는 오늘날 인식되고 있는 것보다 훨씬 높았다.[30] 예를 들면 당시에 이 독립협회의 기관지 역할을 했던 『독립신문』에 다음과 같이 이완용을 찬미하는 표현을 쉽게 발견할 수가 있다.

외부대신 이완용 씨는 평소부터 애국애민의 정신에 넘치는 인물이며 국가를 구하고 백성을 도우며 국권을 외국에게 빼앗기지 않도록 하는 데 전력을 다하고 있다.[31]

독립협회 창설 이후 활발하게 활동하고 있던 이완용은 그 안에서 부회장, 회장과 같은 중요한 자리를 역임한다. 독립협회는 점점 당초의 계몽단체적인 존재에서 정치결사적인 단체로 성격을 바꾸어간다. 말하자면 협회는 점점 현실의 정치 즉 당시 정권의 정책과 왕조의 모습 그 자체에 대해 비판적인 자세를 취한다. 이것은 기존 정권의 유지, 강화를 위해 조선사회의 계몽을 호소해왔던 독립협회가 기존의 정권과 체제를 비난하고 공격하는 존재로 변해간 것을 의미한다. 그 결과 왕조와 협회는 심각하게 대립한다.

여기서 이완용의 입장은 애매해진다. 즉 그는 왕조와 협회의 대립이 심각해지는 가운데 자신의 위치를 '방황'으로 몰아간다. 이완용과 다른 협회원의 의견은 점점 대립을 보이기 시작한다.[32] 1897년(광무 원년)경이 되자 조선왕조와 러시아 사이에 절영도조차(絶影島租借) 문제에 이어 조선군에 대한 러시아인 고문 초빙 문제가 발생함에 따라 정권과 협회의 대립은 점점 더 현저해진다. 그리고 마침내 이듬해인 1898년(광무 2) 2월 21일, 협회는 서울 시내에서 정부의 시책에 반대하는 대규모 집회를 열었다. 그 결과 3월 12일 왕조는 러시아와의 관계를 재정비하기로 약속한다.[33]

이 시점에 이완용은 아직 협회에 어느 정도의 발판을 가지고 있었다. 양쪽 사이에는 대립도 있었으나 동시에 여전히 일정한 협력관계도 있었다. 그리하여 이완용은 종래의 친러적 입장을 버리고 독립협회에 맞춘 형태로 반러적 성명을 발표했다.[34] 그러나 왕조도 협회의 압력에 계속 굴복하지만은 않았다. 즉 3월 13일 왕조는 협회의 주요 인물 중 한 명인 이완용을 전라북도 관찰사로 임명한다.[35] 학부대신이나 외부대신과 같은 요직을 역임했던 그에게 서울에서 멀리 떨어진 곳의 관찰사로 임명했다는 것은 왕조가 징벌의 의미를 실었다는 것을 추측할 수 있다.

독립협회는 이완용을 따뜻하게 배웅했다.[36] 이완용이 협회 내부에서 지닌 영향력의 크기는 단순하게 그가 왕조의 고관을 대표해서 독립협회에 가입되어 있었기 때문만이 아니었다. 만약 그렇다면 본래 정권과 협회가 대립했을 때 협회가 그를 변호하는 일도, 양쪽 대립의 결과로 그가 정권의 핵심적인 위치에서 내몰리는 일도 없었을 것이다.

마침내 왕조를 향한 협회의 공격은 심화되고 그 공격은 왕조의 과거 정책까지 향하게 된다. 독립협회의 공격 대상은 왕조의 일각을 짊어지고 외교를 추진해온 이완용에게도 향한다. 서울에서 멀리 떨어져 있게 된 이완용의 권위는 마침내 협회 안에서 크게 위축됐다. 앞서 기술한 다른 회원들, 예를 들면 서재필이나 윤치호 등과 같은 인물과의 대립이 격렬해졌고 이완용은 결국 고립된다. 그리고 마침내 그는 협회에서도 쫓겨난다.[37]

정권의 핵심에서 쫓겨나고 개화파 안에서도 위엄을 잃어버린 이완용. 이때 그를 주목한 것이 일본이었다. 그렇다면 일본과 이완용과의 관계는 어떻게 해서 생겨났을까. 다음으로 이 점에 대해서 살펴보도록 하자.

'친일파'로 등장

독립협회운동의 좌절과 그곳에서 탈락된 이후 이완용의 주위는 좋든 나빴든 조용했다.[38] 그는 이 시기에도 관계에 지위를 가지고 있었지만 특히 중요한 자리를 맡고 있는 것도 아니었으며 어중간한 위치에 있으면서 시간을 보냈다.

이완용이 다시 역사의 무대에 서게 된 시기는 바로 일본이 한국에 군사적 침공을 실시할 때였다. 일본은 러일전쟁의 발발과 함께 한반도에 군사를 파견하고 다시 서울을 군사 점령 아래에 두고 대한제국 정부에 내정개혁 등 자신들의 정책을 강요하려 했다.[39] 당초 한국 정부는 일본 정부에 이런저런 저항을 했다. 한국은 일본에 대해 불신을 품고 있었으며, 개화에도 소극적이었다. 게다가 당시 한국 정부 요인들의 대부분은 일본이 러시아에게 승리를 거두는 일은 절대 없을 것이라 생각했다. 어쨌든 이 같은 한국 정부의 비협조적인 자세 때문에 일본은 강력한 군사력을 가졌음에도 불구하고 정책 수행에 많은 곤란을 겪었다.[40]

이러한 한국 정부의 태도는 일본이 전쟁에 승리하고 나서도 크게 변하지 않았다. 전쟁에 승리해 경쟁국인 러시아세력을 쫓아내고 다른 열강에게서 한반도를 지배하는 권리를 승인받은 일본은 드디어 한반도를 자신들의 직접적인 통제 아래에 두기 위해 한국 보호국화에 들어간다.

일본은 한국에서 실시하고자 하는 정책을 원활하게 수행하기 위해 협력자가 필요했다. 일본이 당초 주목한 것은 당시 외무대신이었던 이지용(李址鎔) 등이었다. 당시 정계는 고종의 '꼭두각시(傀儡)'[41]라고까지 불릴 정도로 고종의 신뢰를 받고 있던 최고실력자 이용익(李容翊) 등을 중심으로 움직였다. 이지용 등은 고종이나 이용익 등과 격렬하게 대립하는 세력이었으며 일본은 이러한 정권 내부의 대립을 이용해서 영향력을 발휘하려 했던 것 같다. 그러나 그들은 일본과 관계를 맺은 결과 오히려 다른 관료들로부터 배척을 당하고 고종의 신뢰를 잃어버린다. 이에 더해 이지용은 일본에서 보면 너무 약했으며 그야말로 신뢰하기 어렵다고까지 평가를 받았던 것으로 보인다.[42]

이완용이 다시 학부대신으로 임명된 것은 이때였다.[43] 이완용의 임명이 당초부터 일본이 그를 이용하려고 획책하려는 의도로 한국 정부에 강요한 결과인지는 필자로서도 잘 모르겠다. 그러나 이토 히로부미(尹藤博文)가 한국에 부임해 그와 직접 대면할 때까지 일본의 외교 문서에 이완용의 이름이 '친일파'로 나와 있던 적은 없었다. 오히려 일관되게 일본에 맞서는 인물이었다. 당시 한국에서도 그는 여전히 '친러·친미'의 중요 인사 중 한 명으로 여겨지고 있었으며,[44] 오히려 그의 서형(庶兄)인 이윤용이 일본과의 연결고리를 가지고 있을 가능성이 있었다.[45]

이완용의 언동이 갑자기 바뀐 것은 이토 히로부미가 한국의 보호국화를 정하는 제2차 한일협약(이하 을사조약) 체결을 위한 특파대사로 한국에 부임하고 나서부터이다. 이토 히로부미는 서울에 도착해서 고종를 알현한 후 곧바로 한규설(韓圭卨) 참정대신과 한국의 대신들을 자신이 머무르고 있던 곳에 초대해 회담을 가졌다.[46] 이때 함께 참석했던 이완용은 다음과 같이 발언했다.

대사의 상세한 설명과 이하영(李夏榮) 법부대신의 이에 대한 답변은 모두 수긍이 가는 내용이다. 즉 일본은 한국 문제 때문에 두 번에 걸친 대전쟁을 겪고 끝내 강국 러시아를 무릎 꿇리고 지금은 그 전쟁 승리의 결과로 우리나라에도 손을 뻗치고 있다. 어떠한 일을 하기 위해서는 오직 이를 펼칠 장소가 있어야 한다. 그런데도 어디까지나 타협을 중시하는 귀국의 황제폐하를 비롯한 정부의 의향은 충분히 이해한다. 그러므로 우리 정부에게도 이는 신중히 해야 할 일이며 타협에 힘을 기울일 필요가 있다.[47]

이완용의 자세는 궁중에서 이루어지는 회의에서도 다르지 않았다.[48] 이 같은 명확한 이완용의 태도표명은 일본에게는 호감을, 그리고 한국 민중들 사이에서는 큰 분노를 불러일으켰다.[49] 실제로 일련의 이완용의 발언은 한국 쪽 대표자의 대부분이 을사조약에 대해 소극적이기는 하나 집요한 반대의 의도를 표명하는 가운데 이토의 의사진행에 크게 도움을 주었다.[50] 이 시기 이완용의 '활약'은 현저했으며 이것이 이토, 그리고 일본 정부에 강한 인상을 심어주었다.

을사조약에 마지막까지 반대한 한규설은 참정대신의 직책을 빼앗긴다.[51] 대신에 취임하게 된 박제순(朴齊純)은 의지가 약하여 일본에게는 도움이 되는 인물이었지만, 그 후 조야(朝野)의 강한 반발이 일어나는 가운데 심신이 모두 쇠약해져 스스로 사임한다.[52] 조병세(趙秉世)나 민영환(閔泳煥)은 자결했으며 이완용의 저택은 불태워졌다. 이같은 상황 속에서 이완용은 임시의정대신서리가 되어 이듬해에는 정식으로 참정대신이 된다. 그 배경에는 이토가 고종에게 추천한 일이 있다고 한다.[53]

이렇게 해서 이완용은 대한제국 마지막 몇 년 간을 정권의 핵심적인 인물로 지낸다. 그렇다면 한일합방으로 이어지는 커다란 역사 속에서 이완용은 어떤 선택을 하는가. 제3절을 끝내기 전에 마지막으로 이러한 점들을 확인해보고 이완용의 정치활동의 분석에 비추어보기로 하자.

'한일합방'으로의 길

을사조약 이후 이완용의 친일노선은 철저했다. 그는 대한제국의 마지막 외부대신으로서 스스로 한국외교의 마지막을 지도함과 동시에 정권의 핵심에 있으면서 일본의 여러 가지 요구에 적극적으로 찬성의 뜻을 나타내고 한국 식민지화에 중요한 역할을 담당한다.[54]

이와 같은 이완용의 정권을 외부에서 지탱한 것은 초대 한국 통감인 이토 히로부미였다. 이완용에 대한 이토의 신뢰는 두터웠으며 또한 이완용도 이토에게 많은 것을 기대했던 것 같다. 이 같은 이토와 이완용의 연계가 가장 전형적으로 나타난 것은 헤이그밀사사건과 그후 고종 퇴위에 이르기까지 경위일 것이다. 헤이그밀사사건이란 1907년(광무 11) 헤이그에서 열린 제2회 만국평화회의에 갑자기 대한제국황제 고종이 보낸 특사가 나타나 일본이 한국에 '침략'했음을 호소한 사건이다.[55] 한일의정서에서 을사조약에 이르는 과정에서 자신들의 권력을 빼앗겼다고 생각했던 고종[56]은 그때까지도 일본, 그리고 일본을 대표하는 이토에게 음으로 양으로 저항하고 일본에 대한 열강의 간섭을 이용하기 위해 계획을 세웠다. 헤이그밀사사건은 이러한 고종의 최후의 저항이며 가장 큰 저항이었다.

고종과 궁중의 일련의 저항은 국내에서 일어난 활발한 의병운동과 함께 이토가 추진하는 '일본을 위한 개화정책'의 실현을 크게 저해하는 요인이 됐다. 이러한 상황 속에서 헤이그밀사사건이 일어나기 약 반년 전 이완용은 당시 이토가 일본에 가 있었을 때 지휘를 대신하고 있던 하세가와 요시미치(長谷川好道) 사령관을 방문해 다음과 같이 말한다.

이토 통감이 다시 한국을 방문해 간신히 폐하의 생각을 바꾸어, 국정을 개선하기 위해 열심히 노력했으나 결국 마지막에는 폐하의 생각은 변하지 않는다는 것을 인식하게 됐다고 믿어 우리들 대신들은 긴 세월 군신의 정의(情誼)로서 모든 성의를 다해 노력하면 비록 무익(無益)한 일이 될지라도 폐하의 색각을 바꿔보려고 했지만 불가능하다는 것을 깨달았다. 나아가 다음의 수단은 당국의 역사에 그 실례를 보여주는 폐위(廢位)의 거(擧)가 되지 않을 수 없다고 믿는다.[57]

이완용은 헤이그밀사사건 이전부터 고종의 폐위를 생각하고 있었다. 또한 이를 이완용 자신의 의견으로 일본 쪽에 제안했다. 이러한 이완용의 행동은 바로 그가 직접 일본의 정책을 일본보다 앞서서 실행하려고 했다는 것을 의미한다. 이완용은 이를 실현하기 위해 직접 일본에 다가갔다. 고종의 저항에 골치를 썩고 있던 통감부로서는 그야말로 기다리고 있던 제안이었다. 이완용에 대한 일본 쪽의 신뢰는 이로 인해 매우 높아진다.[58]

이러한 가운데 발생한 밀사사건은 결과적으로 일본과 이완용에 의한 고종폐위계획에 절호의 구실을 마련하는 결과가 됐다. 조정은 고종의 폐위를 둘러싸고 크게 분열됐지만[59] 이완용은 일본의 강력한 지지를 받으면서 송병준(宋秉畯) 등과 함께 조정 안의 반대세력을 뿌리치고 고종의 폐위를 실현한다.

그의 '친일파'로서의 지위가 확립된 것은 바로 이 시기였다. 사력을 다해 끝까지 일본에 반대하고 열강에 원조를 구한 고종. 그러한 고종이 황제로서의 지위를 잃었으며 고종을 지지하던 왕조 내부의 세력이 추방됐다. 이는 대한제국 정부가 일본에 저항할 정치적 중심을 잃었음을 의미했다. 한일합방은 바로 눈앞에 닥친 일이었다.

한일합방이 이완용의 손에 의해 이루어진 것은 그로부터 3년 후의 일이었다. 이완용은 그 직후 이 공적에 따라 대한황족과 친족이 아닌 자 중에서는 최고인 백작위(伯爵位)를 받고 '조선 귀족'으로서 말년을

보낸다.[60]

여기까지 이완용이 걸어온 길이다. 그렇다면 이완용은 무엇을 추구했으며 무엇을 위해 이러한 길을 선택했을까. 그리고 '친일파'로 전향한 이유는 어디에 있는 것일까.

필자가 이완용을 연구하는 목적은 바로 이것을 확실히 밝히는 것이다. 다음에서는 절을 바꾸어서 이완용의 이러한 행동이 어떤 의도에서 나온 것인가에 대해 살펴보기로 하자.

제4절 '합병'의 논리

양보전술

우선 그의 행동양식에 대해서 살펴보기로 하자.

이완용이 마지막으로 조선 민중에게 자신의 의견을 호소한 것은 3·1운동 때였다. 그는 3·1운동의 발발에 즈음하여 조선총독부의 의견을 수용한 성명문을 발표했다. 다음의 문장은 그 일부이다.

우리 조선은 국제 경쟁이 치열해지는 시기에 하나의 국가를 완전히 유지하지 못했다는 사실을 제군들도 알 것이다. 하물며 오늘날과 같이 유럽대전에 의해 전세계가 변화되는 시대에 우리들은 온 사방이 1만여 천 리밖에 되지 않는 강토와 모두 합쳐도 천수백만 명밖에 되지 않는 인구로 독립을 제창하는 것은 실로 허황된 일이라고 해야 할 것이다. (중략) 제군들은 결코 의심하거나 우려해서는 안 되며, 제군들이 가장 힘써야 할 일은 실력 양성을 위해 노력하는 것이며 내지인 중에도 동양의 영원한 대계(大計)를 이해하지 못하고 폐하의 성스러운 취지를 망각하여 조선인을 대할 때에 조선인과 일본인 사이에 우열이 있는 것처럼 행동하는 자도 있지만, 제군들이여 우리들은 내지인과 비교해서 아직 실력의 차이는 있으나 넓은 도량으로 가급적 반성을 촉구하고, 이해를 구하기 위해 결코 일시적인 감정에 사로잡혀 일시동인(一視同仁)의 성지(聖旨)를 그가 그랬던 것같이 오해해서는 안 될 것이다.[61]

이미 지적된 것처럼 이 성명문의 가장 큰 특징은 조선의 '힘'을 과소평가했기 때문에 독립이 불가능하다고 한 점이다.[62] 그러나 동시에 그는 당시 일본의 조선정책에 전면적으로 찬성한 것도 아니었다. 그는 일본인이 조선인에 대해 우월감을 가지고 임하는 것을 고통스러운 마음으로 바라보았으며 조선인에게 내지인 즉 일본인과 같은 참정권 등의 권리를 주지 않는 것을 불만스러워했다. 즉 현실적으로 일본의 조선 통치는 한일합방의 주역이었던 이완용에게도 전면적으로 옹호할 수는 없는 사건이었다.

그는 그러한 내지인의 업신여김을 피하기 위해서라도 조선은 자력으로 힘을 키워야 한다고 주장했다. 생각해보면 그는 합병 전에 정권 내부의 개화파를 대표하는 인물이었다. 가장 중요한 것은 자력으로 힘을 키우는 것이다. 이 점에서 그의 주장은 합병 전이나 후에도 어떤 의미에서 '일관성'이 있었다.[63]

그렇다면 그에게 합방이란 무엇이며 그는 왜 합방을 선택했을까. 대한제국 말기에 이완용의 친일적인 행동에는 하나의 일관된 패턴이 있었다. 이것은 이미 앞에서 인용했던 문장 속에서도 나타나 있다. 이는 다음과 같다. 분명히 내지인의 행동에는 인정하기 힘든 부분이 있다. 하지만 우리들은 힘이 없고, 이 때문에 어느 정도의 업신여김이나 굴욕을 받는 것은 어쩔 수 없는 부분도 있다. 적어도 여기서 문제를 더욱 복잡하게 만드는 것은 바람직하지 않다. 그것보다도 지금은 '아량을 넓혀' 그들이 말하는 부분을 수용하고 조건적인 투쟁을 하는 것이다.

이완용이 친일파로 대두하는 계기는 바로 이 을사조약 체결이다. 이때 이완용의 행동을 보더라도 우리는 일관된 논리를 찾아볼 수 있다. 이완용은 조정에서 유일하게 일본에 적극적으로 찬성한 인물이다. 그러나 이러한 그도 일본의 원안을 그대로 승인하려고 했던 것은 아니다. 즉 그는 적극적으로 일본에 협력하기는 했으나, 일본에 최소한의 요구를 했고 일정한 양보를 이끌어내는 데 성공했다.[64]

이것은 헤이그밀사사건 때[65]에도, 한일합방 때[66]에도 마찬가지였다. 이완용은 '한일합방 그 자체를 원한다'라는 주장을 적어도 합방 직전까지 한 번도 하지 않았다. 이 점에서 같은 '친일파'로 불리는 세력인 이용구(李容九), 송병준 등 일진회계열과 이완용의 입장은 명확하다. 즉 전자는 한국의 국익을 유지하고 동아시아에 평화를 가져오기 위해 일본과 적극적으로 협력하고, 나아가 '대동합방(大東合邦)'을 실현하려고 했다. '한국인으로서 삼류 국민으로 살아가는 것보다 일본인으로서 일류 국민으로 살아가는 편이 한국인에게도 행복이다'라는 것이 일진회 쪽의 주장이었으며 그들의 배후에는 합병의 조기 실현론을 옹호하는 우치다 료헤이(內田良平) 등의 흑룡회가 있었다.[67] 이에 비해 이완용은 '한국'의 틀을 가능한 한 유지하고 어쩔 수 없는 부분에 대해서만 일본에 권리를 양도하려고 생각했다. 이러한 이완용의 배후에는 흑룡회와는 다른 생각을 가진 이토 히로부미가 있었다.[68] 이토·이완용의 '관' 쪽과 흑룡회·일진회의 '민' 쪽은 마침내 격렬하게 대립한다.[69]

어쨌든 이완용은 가능하다면 합방을 피해야 한다고 생각했던 점에서 많은 한국인과 공통된 점이 있었다. 다른 사람들과 달랐던 점은 그가 일찍이 일본에 대한 저항을 포기했으며, 일본과 정면 대응하는 것은 불가능하다고 생각했다는 점이다. 다시 한번 을사조약 당시 그의 발언을 살펴보자. 그는 다음과 같이 밝힌다.

> 다음 일본의 요구는 실로 그렇게 되도록 만드는 많은 경우가 있어 (중략) 또한 한일은 이미 그 강약을 달리하여 우리에게는 이를 거부할 힘이 없으니 아직 감정을 충돌시켜서는 안 된다. 시기가 절박하게 다가온 오늘날 원만하게 타협을 이루고 일본의 요구를 받아들임과 동시에 일본이 우리의 요구를 받아들이게 함으로써 상호 합의 아래에 체결을 이루어야 한다.[70]

필자는 위의 문장이 이완용의 정치적 선택을 모두 설명할 수 있다고 생각한다. 즉 현재 한국의 실력으로는 일본에 대항하는 것이 불가능하기에, 그렇다면 오히려 일찍부터 일본과 '타협'하여 조금이라도 '우리들의 요구'를 받아들이도록 하는 편이 낫다는 것이다. 바꾸어 말하자면 그는 적어도 주관적으로는 한국이 일본과 합방되는 것을 막기 위해서 솔선해서 일본에 협력한 것이다. 이것은 일종의 '양보전술'이며 1930년대 일본 총리인 고노에 후미마로(近衛文麿) 식[71]으로 말하자면 항상 일본의 '선수'를 친 전술이었다고 할 수 있다. 그는 일본에게 먼저 다가가 협력하고 '감정의 충돌'을 일으키지 않는 것만이 한국을 지키기 위해서 필요하다고 생각했던 것이다.

이러한 의미에서는 이완용의 선택도 결국 한국의 권익유지를 목적으로 한 것이었다. 물론 필자가 여기서 이완용을 개인적으로 옹호하려는 의미가 있었다는 것을 부정하는 것은 아니다. 나중에 밝히게 되지만 단순히 이를 옹호라고 보기에는 그가 걸어온 길이 너무 위험하지 않았을까.

현실적으로 그는 마침내 한국을 일본에 합방시키기에 이른다. 역시나 1930년대 고노에 후미마로의 '선수론(先手論)'이 일본 군부의 폭주를 막지 못했던 것처럼 이완용의 선택도 잘못됐다고 할 수밖에 없다. 그렇다면 이완용은 자신의 양보전술로 한국의 '무엇'을 지키려고 했던 것일까. 다음에서는 이 점에 대해 살펴보도록 하자.

군(君)과 국가

강대한 일본과 약체 한국. 이완용은 이러한 인식 아래에서 일본에 적극적으로 협력해 일본의 경계를 풀고 합방을 지연시켜 한국의 이익을 보호하려고 했다.

그렇다면 그가 지키려고 했던 것이란 구체적으로 무엇이었을까. 이 점을 분명하게 밝히기 위해서 을사조약 이후 이완용이 일본의 요구에 대해, 어떤 '수정'을 요구했는지 살펴보도록 하자.

우선 주목해야 할 부분은 헤이그밀사사건 당시 조정에서 일어난 다음과 같은 대화이다.

송병준 오늘은 군(君)을 중시할 것인가, 사직(社稷)을 중시할 것인가. 우선 이것을 묻고 싶다.

각료들 모두 국가를 중시한다.

송병준 오늘날의 일은 하야시 다다스(林董) 외상의 입경(入京)에
앞서 양위를 결행할 것인지, 요구대로 따를 것인지, 그렇지 않으
면 일전을 펼칠 것인지 세 가지 길밖에 없는데 어떤 길을 택할 것
인가.

이완용 합병 소식은 들었으나 정권 위임과 같은 일이 벌어진다
면 나는 죽어도 승복할 수 없다. 오늘에 이르러서는 가장 빠른 양
위의 길이라고 나는 믿는다. 각 위의 의견을 듣고 싶다.[72)]

필자가 주목한 점은 여기서 볼 수 있는 '군', '사직', '국가'라는 말
이다. 이 경우 '군'이 고종을 의미하는 것은 분명하다. 한편 문맥에서
생각해볼 때, 그리고 유교세계에서 평소 용어방법에서 생각하더라도
'사직'과 '국가'는 거의 같은 의미로 사용되고 있다. 즉 이때의 각료들
사이에서는 '군'보다도 '국가', '사직'이 중요하다는 것은 공통된 인식
이었다. 이완용은 이러한 인식을 전제로 '국가'나 '사직'을 지키기 위
해서는 '군'의 폐위도 불사해야 한다고 주장하고 있다. 즉 그가 지키
려고 했던 것은 '국가'나 '사직'이었지 결코 '군'이 아니었다.[73)]

이완용은 '국가'를 지키기 위해서 고종의 폐위를 단행했다. 그렇다
면 '군'을 희생하면서까지 지켜야 했던 '국가'란 어떤 존재였을까. 이
러한 질문에 대해 우리들은 일본과의 협상에서 이완용이 무엇을 양보
하고 무엇을 양보하지 않았는지를 살펴봄으로써 이 문제에 접근할 수
있을 것이다.

우선 이완용이 무엇을 양보했는지에 대해 살펴보기로 하자. 앞에서

기술한 것처럼 그는 을사조약 때 일본에 외교권을 양도하는 문제에 대해 상황을 고려할 때 어쩔 수 없다고 생각했다. 이러한 외교권의 양도를 반대하는 세력에 대해 그는 다음과 같이 밝혔다.

새로운 조약의 취지에 대해서 말하자면 독립의 칭호와 제국의 이름은 종래대로이며 종사(宗社)는 평안하며 황실의 존엄도 유지됐다. 단 외교에 대해서는 잠시 이웃나라에게 맡기고 우리들이 부강해지는 것을 기다려 언젠가 그 권한을 돌려받자는 것이다.[74]

한편 그는 일본에 계속해서 제3조에 '내정에 간섭하지 않는다'는 문언을 포함시키도록 요구했다. 이것은 을사조약의 애매함을 이용해서 통감이 한국 정부에 대해 간섭을 무제한적으로 늘려 한국이 사실상 식민지화되는 것을 우려한 것일 것이다. 그는 내정과는 달리, 외교권은 본질적인 권리가 아니라고 생각했다. 즉 '외교 한 가지'만을 부각시켜 이러쿵저러쿵 소란을 피우는 것은 바보 같은 짓이며 중요한 것은 독립의 '칭호'와 제국의 '이름'이 유지되는 것이고 이것만 있으면 언젠가 한국이 부강해져서 외교권 따위는 언제라도 회복할 수 있다는 것이다. 이완용은 또한 다음과 같이 말했다.

본인은 각료 일동을 대표해서 밝혀야 한다. 각료들 사이에서는 일본과 제휴하고 친선을 도모해 평화롭게 일을 진행시키는 데 의견이 일치됐다. 국가로서 독립을 행할 실력 없이는 독립을 바라는 것조차 불가능한 것이다. 때문에 어디까지나 일본과 제휴를 할 수밖에 없다는 점은 말할 필요도 없을 것이다. 지금 일본과 제휴를 맺을 수밖에 없는 이유는 지리상 일본과 제휴를 맺는 것이 가장 큰 이익이 되기 때문이다. 한국은 오랫동안 중국의 속국이었다. 그러나 중국에게서 어떠한 이익도 받은 적이 없다. 일본은 어디까지나 한국을 개발하려고 하는 방침으로 일관하고 있다. 따라서 일본과 제휴를 맺는다면 이익을 가져다줄 것이다.[75]

외교권을 잃어버린 보호국 한국의 모습이 예전의 조공국 조선의 모습과 동일시되어 있다. 즉 예전의 조선은 '중국의 속국'이었지만 이번에는 '일본의 속국'이 된다. 속국이 된다는 것은 큰 문제가 아니며 문제는 여기서 어떠한 이익을 받을 것인가 하는 것이다. 예전에 조선이 청나라의 속국이었던 시절 조선은 '중국에게서 어떠한 이익을 받은' 적이 없었다. 이와 비교한다면 일본은 적어도 한국을 개발해 근대화시켜준다. 가령 이것이 일본의 이익이라 할지라도 말이다. 이를 위해서는 외교의 권리를 양도하는 것도 큰 문제는 아니다. 이익은 손실보다도 컸다.

이완용은 일본의 힘을 빌려 한국을 근대화하는 데에도 열성적이었다. 그는 다음과 같이 밝힌다.

국력을 키우기 위해 자금이 필요하다는 것은 당연한 일이므로 우리들은 결코 차관을 두려워하지 않는다. 일가(一家)의 경제를 보면 새로운 사업을 경영할 때에 장래의 성공을 기대하고 빚을 내는 경우도 적지 않다.[76]

장래의 독립과 한국의 발전을 위해서 열강의 힘을 빌린다. 이 점에서 이완용은 좋든 나빴든 조선왕조 개화파의 흐름을 이끈 인물이었다. 이것은 그가 친일파가 되기 이전부터 일관된 그의 사상이었다.[77] 그리고 이완용은 이러한 개화파의 흐름을 이끌어가는 인물 중 가장 극단적인 예라고 할 수 있다.

이완용이 양보해도 좋다고 생각한 것은 이러한 권리였다. 그렇다면 이러한 이완용의 정책은 '국가'의 무엇을 지키는 것을 목적으로 삼고 있었던 것일까. 또한 그가 지키려고 했던 '국가'란 무엇이었을까. 다음에서는 이 점에 대해서 생각해보기로 하자.

국호와 왕호

헤이그밀사사건 당시 이완용이 '국가'를 위해서 '군(君)'이었던 고종을 버리려고 했던 것과 외교권에 대해서는 이미 기술했다. 대한제국 말기 그의 정책은 이러한 '국가'의 여러 가지 요소를 버리고 '국가'의 핵심적 부분을 지키려고 했던 것이었다.

그렇다면 이완용이 지키려고 했던 '국가'란 구체적으로 무엇이었을까. 여기서 다시 헤이그밀사사건 직전으로 돌아가보자. 헤이그밀사사건은 고종의 퇴위 이외에도 한국에 여러 가지 영향을 미친다. 첫 번째 영향은 제3차 한일협약이다. 이 협약으로 한국 정부는 거의 모든 권력을 잃어버린다.

이 단계에서는 아직 일본이 한국을 전적으로 식민지화하지 못했다. 즉 한국은 실리적으로 볼 때 독립은 잃어버렸지만, 독립의 '이름' 즉 국가를 잃어버린 것은 아니었다. 제3차 한일협약에 일본은 만족하지 않고 그 후에도 한국을 식민지화하기 위해 한발 한발 내딛는다.

이때 갑자기 주목을 받게 된 것이 당시 한국 국내에, 그리고 정권 내부에서 이완용과 격렬하게 대립했던 일진회였다. 이런 시대상황 속에서 일진회는 이완용을 따돌리고 정권 내부의 지위를 높이기 위해서 한층 더 일본 쪽으로 기울어진다. 그리고 마침내 일진회는 한일합방의 즉각적인 실현을 요구하는 성명문을 발표한다.[78]

이완용은 일진회의 합방제안에 명확하게 반대하는 뜻을 내비쳤다. 그는 먼저 나아가 다른 '애국적' 여러 단체들과 연합하고 일진회의 합방성명에 대한 국민적 규모의 반대운동을 조직한다.[79] 여기서 이완용의 선택은 얼핏 일본보다 '선수'를 치는 그의 방침과 모순된 것처럼 보인다. 그러나 이 시기에 일본의 한국합병은 구체적인 일정상으로는 아직 정식으로 결정되지 않았다. 더 정확하게 말하자면 이 시점의 일본은 장래의 계획으로서 합병을 생각하고는 있었지만 이것을 곧바로 실현해야 한다고는 생각하지 않았다.[80] 적어도 일본의 합방 실시 방침이 이완용에게 전해진 때는 이로부터 9개월 뒤였다.[81]

바꾸어 말하자면 이 시점에 '일본의 다음 수'가 무엇이었는지는 분명하지 않았다. 이완용의 '반일적' 행동은 이 같은 당시의 상황 속에서 일본의 향후 정책에 미치는 영향을 의식한 작전이었다고 생각된다. 왜냐하면 항간에 들리는 소문처럼 단순히 일진회와의 권력투쟁 때문에 이러한 행동을 했다면 이 시기에 이완용의 행동은 너무나도 모험적이었으며 이러한 명확한 반일행동은 그가 이때까지 일본에게 받은 신뢰를 일순간에 무너뜨릴 가능성까지 있었기 때문이다. 즉 그는 이러한 행동을 취함으로써 합병의 시기와 내용을 조금이라도 한국에 유리하게 이끌어가고자 한 것이다. 이완용의 목적은 분명히 여기에 있었을 것이다. 실제로 당시 자신에게 협력한 사람들을 이용해 정권을 굳힌 이완용의 입장은 비교적 견고했으며[82] 그는 비교적 행동이 자유로웠다.

　이것은 '친일파' 이완용으로서는 큰 도박이었다. 그러나 시대는 크게 변하기 시작했다. 이완용이 기대고 있던 이토는 이미 한국을 보호국으로 통치 및 유지하는 데에 한계를 느끼고 통감직을 그만두었다.[83] 이러한 이토가 만주에서 암살되자 일본 정부 안에서는 권력의 균형이 무너지고 즉시 합병파의 힘이 급속하게 커졌다. 일진회의 합방성명은 이 시기를 교묘하게 읽어낸 것이었으며 이러한 의미에서 그들은 상황을 정확하게 파악했다고도 할 수 있다. 1910년 8월 드디어 한일합방 방침이 한국 정부에 전해진다. 이완용은 나서서 합방에 반대하는 뜻을 내비치지는 않았다.[84] 그는 일본에 대한 저항운동을 중지하고 합방에 대한 최후의 한 걸음을 내딛는다.

　한일합방에 대한 열렬한 반대운동과 그 합방조약 직후의 조인. 이완용의 이러한 사고의 전환은 극단적인 것처럼 보인다. 우리들은 이러한 이완용의 정책전환을 어떻게 생각해야 할 것인가. 우선 첫 번째로 지적할 수 있는 것은 앞에서 기술한 것처럼 이완용의 정책방침이 일본보다 '선수'를 치는 것이었으며, 일본에 저항하는 것이 아니었다는 것이다. 일본의 정책이 공식적으로 합병이라고 결정된 이상 이에 저항하는 것은 '소국'인 한국 입장에서는 불가능했다. 이완용의 기본방침은 이러했으므로, 이완용이 한일합방을 선택한 것은 그의 입장에서는 오히려 당연하다.

　이완용이 전년도 12월 '일진회가 주장하는 합병'에 반대한 이유는 그것만은 아니었다고 생각된다. 이는 일진회의 다음과 같은 주장을 살펴보면 이해할 수 있다.

양국 사이의 국경을 없애고 양 국민을 자유롭고 동일한 정치 사회의 공동체 속에 두고, 같은 국가의 같은 체제 아래에서 복리를 누리도록 해야 한다. (중략) 이렇게 해야만 우리들은 새롭게 생을 얻을 것이며, 죽었는데도 죽지 못하고 있는 이 국가에 비로소 죽음을 줄 수 있을 것이다.[85]

일진회의 합방안은 대한제국이라는 국가가 대일본제국으로 편입되든가 혹은 새롭게 전혀 다른 국가로 태어나는[86] '죽음'을 선택해야 함을 의미한다. 즉 일진회는 '합방'에 의해 기존의 한국이라는 국가를 해체할 것을 주장했다.

이완용의 생각은 이와 달랐다. 이완용은 일본에 의한 합방이 눈앞으로 다가온 것을 일찍부터 느끼고 있었으며 그는 그 나름대로의 방식으로 장래에 대비한 것이다. 그는 일진회 식의 '합방'에 반대하면서 비밀리에 일본과 협상을 시작했다. 이완용이 일진회 식의 '합방'에 반대한 것을 필자가 '합방의 시기와 내용을 조금이라도 한국에 유리하게 이끌고 가기' 위한 것이었다고 해석한 이유도 여기에 있다. 즉 그가 목표로 했던 '합방'은 일진회 식의 '합방'과는 내용이 달랐으며 필자는 여기서 이완용이 일진회에는 반대하고 1910년 8월 합방에는 찬성한 이유를 읽을 수 있다고 생각한다.

그렇다면 이 시점에 이완용이 목표로 삼았던 합방이란 어떤 것이었을까. 이완용은 일진회가 합방성명을 내기 직전에 자신의 심복을 일본에 파견했다. 여기서 이완용이 합방의 조건으로 제시한 것은 다음의 다섯 가지였다.

1. 한국 제위(帝位)의 안녕을 유지할 것.

2. 원로를 화족(華族)과 같이 우대할 것.

3. 상당한 이력을 가진 자에게는 질록(秩祿. 나라로부터 받는 급료.
   녹봉─옮긴이)을 지급할 것.

4. 한국민은 모두 일본에 입적(入籍)시켜 일본 국민과 같이 취급
   할 것.

5. 한국에 있는 정계의 수반(대신)은 한국인을 임명할 것.[87]

일진회는 이러한 이완용의 움직임에 대항하기 위해서 합방성명을 발표했다고 알려져 있다. 어쨌든 우리들은 여기서 다시 이완용이 대한제국의 '국가'—다른 말을 인용하자면 왕조─의 한 부분을 유지하려고 했음을 확인할 수 있다. 그는 민족적인 관점에서는 한국민을 '모두 일본으로 입적'시키고 일본 신민 안에 해체시키는 한편 국가적 관점에서는 '제위'와 '정계의 수반'과 같은 종래 왕조질서의 골격 부분을 유지하려고 했던 것이다. 즉 이완용이 지키려고 했던 것은 어디까지나 '국가'였으며 '민족'이나 특정의 '군주'는 아니었다. 여기에는 분명히 당시 조정의 수반이었던 자신의 지위와 재산을 유지하려는 개인적인 의도도 있었을 것이다. 그러나 그것만을 위해서라면 일진회의 합방성명에 그렇게까지 격렬하게 반발하지 않았을 것이다. 또한 일본의 환심을 사고 싶었다면 이 같은 요구는 하지 않고 여유롭게 그 요구를 받아들이는 편이 이로웠을 것이었다. 문제는 이완용이 왜 언뜻 보기에 가치 없어 보이는 껍데기뿐인 '국가'를 지켜야 한다고 생각했느냐이다.

한편 일본은 이러한 조건에 동의할 리가 없었으며 결국 일본은 자

신들의 의지에 의해서 자신들의 계획에 의한 합방을 이완용에게 통고한다. 그러나 여기서도 이완용은 이를 그대로 수락하지 않고 일정한 양보를 요구한다.

그렇다면 이완용이 마지막으로 이끌어내려고 했던 양보란 무엇이었을까. 그는 데라우치 통감에게서 처음으로 한일합방의 방침을 전해 들었을 때 다음과 같이 대답했다.

> 오늘은 자신의 의견을 말할 시점은 아니라고 생각하지만 지금 이 시점에서 바라는 바를 한 가지 말하자면 국호 및 태공(太公)의 칭호에 대해 조금만 고려해달라고 하고 싶다. 즉 국호는 계속해서 한국이라는 이름을 남기고 황제에게는 왕의 존칭을 붙일 수 있도록 해달라는 것이 지금 나의 마음속에 있는 바람이다. 아마도 주권 없는 국가나 왕실에게는 단순한 형식에 지나지 않겠지만 일반 국민들의 감정에서 생각한다면 중대한 문제라고 생각한다. 한국이 청나라에 귀속됐던 시대에도 항상 국왕의 칭호를 유지했던 역사가 있으니 앞서 언급한 우호의 정신에도 일치되는 일이라고 믿는다.[88]

즉 그의 마지막 요구란 한국이라는 국가의 '왕호'와 '국호'를 유지하는 것이었다. 이완용은 구한국황실의 장(長)이 '왕'이라는 호를 사용한 것과 독자적인 국호를 유지하는 것을 요구했던 것이다. 국호와 왕호만의 유지. 이것은 결국 왕조의 가장 중심이 되는 '이름'만이 유지된다는 것을 의미한다. 그렇다면 왜 이완용은 이러한 언뜻 보기에 아무런 가치도 없어 보이는 것에 계속 집착했던 것일까. 그리고 왜 그는 이러한 선택을 해야만 했을까. 다음에서는 절을 바꾸어서 이러한 이완용의 선택과 전술이 근대조선/한국사 안에서 어떻게 자리매김되어 있는지에 대해 살펴보도록 하자.

제5절 조선/한국사에서의 이완용

무력한 리더

지금까지 기술한 것처럼 이완용의 정치행동에서 가장 인상적인 것 중의 하나가 일본에 대한 극단적이기까지 한 타협적인 정치자세이다. 오늘날에도 이완용이 한국에서 강하게 비판을 받는 이유가 여기에 있다. 그렇다면 이 같은 이완용의 정치자세의 원점은 어디에 있는 것일까.

이완용은 흔히 말하는 명문 양반 출신이 아니었다. 그의 집은 가난하지 않았지만 그렇다고 명문이라고 할 정도는 아니었다. 가문도 학벌도 명문 출신의 인물과는 달리 유력한 배경을 가지고 있지 않았다. 대한제국 말기의 '이완용파'도 단순하게 그의 입장과 의견을 같이하는 인물들의 집단에 지나지 않았고 강력한 배경과는 차원이 다른 존재였다.

이완용이 정계로 진출한 것은 가문과 학벌의 힘에 의해서라기보다 그의 개인적인 재능, 그리고 고종이 그를 발탁했기에 가능한 것이었다. 고종에게 이완용은 신뢰할 수 있는 측근이었으며 유능한 관료였다. 이는 한국이 중대한 국면에 설 때마다 이완용이 중요한 역할을 담당하는 직책에 임용된 점에서도 알 수 있다.

여기서 당시 조선왕조 국왕의 지위 문제를 생각해볼 필요가 있다. 조선왕조의 국왕은 이 시절 중앙의 세도(世道)라고 불린 명문 척족의 방자함과 지방의 재지사회가 변모한 결과, 자신들이 의지해온 독자적인 기반을 잃어버리고 사회에서 붕 뜬 존재가 되어버렸다.[89] 고종은 이러한 상황 속에서 자신의 왕권을 강화하기 위한 도구로, 유능하면서도 거대 척족의 영향이 적은, 그리고 비교적 세력이 작은 양반 출신의 소장 관료나 무반 출신자를 발탁해 자신의 수족으로 키웠다.[90] 이렇게 해서 만든 측근 관료집단은 고종이 종래 조선의 정치사회에 저항하는 데에 중요한 수단의 하나가 됐다.

고종에게 발탁되어 교육을 받게 된 그들은 마침내 시대의 변화와 함께 조선정계에서 중요한 역할을 담당한다.[91] 대한제국 말기 정국에서 중요한 역할을 담당한 인물의 대부분은 이 같은 경력의 소유자였다. 이완용은 바로 이러한 인물의 전형이었다. 제1절에서 살펴본 것처럼 이완용은 당초에는 유교적인 충언을 하는 인물로, 후에는 외교관으로, 나아가서는 개화사상의 주도적인 인물로 항상 고종의 의지를 표현하는 자리에 있었다. 이완용은 고종의 왕권강화 시도의 산물이었던 것이다.

독립협회와 정권이 대립하는 가운데 이완용은 고종에게 배신당하고 정권의 핵심에서 내몰린다. 여기서 이완용은 종래의 보호자이자 자신에게 방침을 제시해주던 인물을 잃어버린다. 고종에게서 떨어져 나간 이완용의 입장은 본래 고종의 권위에 의지해왔던 만큼 너무 약해졌다. 이미 몇 번이나 밝힌 바와 같이 이 같은 이완용에게도 자신의 주장은 있었다. 그것이 바로 조선의 '국가'를 유지하는 것이었으며 그는 이를 위한 수단을 찾게 된다.

최종적으로 이완용이 발견한 수단은 일본이었다. 여기서 흥미로운 부분은 이완용의 선택이 고종의 측근 때부터 어떠한 의미에서 일관성이 있었다는 점이다. 즉 '가장 거대한 세력에게는 칼을 빼들지 않고 타협을 통해 해결책을 모색해간다'는 것이다. 그 배경에는 그의 무력함이 있다. 그리고 이완용은 자신의 무력함을 조선/한국 국가의 무력함과 동일시하기에 이른다. 그는 자신이 타인의 도움을 받지 않고 정치적인 역할을 수행하는 것이 불가능하다고 여긴 것같이 조선도 열강의 도움을 받지 않고는 '국가'를 유지하기 어렵다고 생각했다.

바꾸어 생각하면 고종도 왕권강화와 조선의 독립유지라는 두 가지 차원에서 자신의 힘을 보충하기 위해 열강의 힘을 적극적으로 이용하려 했다.[92] 을사조약 이후 일본과 일본이 지지하는 이완용정권에 혐오감을 보인 고종이 선택한 수단은 어떻게 해서든지 다른 열강의 간섭을 한국에 끌고 들어와서 조금이라도 자신의 권한을 회복하고자 하는 것이었다. 이러한 고종 아래서 교육을 받고 또한 마찬가지로 기반이 약했던 이완용이 고종과 비슷한 선택을 한 것은 극히 자연스러운 일이다. 단지 그가 고종의 퇴위에 찬성한 것은 그가 고종이 아니었기 때문이다.

이완용 권력의 약체성은 그가 총리 자리에 앉고 나서도 바뀌지 않았다. 전근대한국의 국가는 '부드러운' 국가였으며,[93] 그곳에는 리더십이 결여되어 있었다. 국왕이든 총리이든 정권의 최정상은 항상 불안정했으며 그들이 할 수 있는 일은 극히 제한되어 있었다. 여타의 세력들은 타협과 다른 세력의 도입으로 그들의 정책을 일부분이라도 실현하고자 했다. 이완용은 이러한 전근대한국 리더의 전형이라고 할 수 있을 것이다.

힘없는 리더가 다른 세력에게 계속 양보를 한다. 드디어 이완용은 마지막으로 '국가를 팔게' 된다. 그렇다면 그가 '팔았다'고 하는 조선/한국이란 '국가'는 어떠한 국가였으며 또한 근대의 조선/한국사 속에서 '이완용의 합방'은 어떻게 평가되고 있을까. 이 점에 대해서 필자 나름대로 정리해보고자 한다.

조공, 독립, 그리고 식민지

근대의 조선/한국사를 말하는 데 중요한 요소 중의 하나는 조선왕조의 역사가 조선은 조공국이었다는 점부터 출발한다는 것이다. 그 이전의 조선은 내정에서는 '자주'였지만 적어도 명목적으로는 중화제국에 종속된 존재였으며 왕조의 권위도 중화제국의 권위를 전제로 해서 성립되어 있었다.[94] 이것은 아시아에서는 특별한 정치체제가 아니었다. 이러한 출발점에서 시작할 수밖에 없는 근대의 조선/한국사에서 최대 과제 중 하나는 이러한 전근대적 국가체제를 고쳐 근대사회에 적합한 주권국가로 스스로 변모하는 것이었다. 이 여정은 힘들었으며 조선의 갖은 노력에도 불구하고 조공체제의 잔상은 1895년까지 조선에 계속해서 영향을 미친다.

1897년 대한제국의 성립은 한국이 주권국가로서 형태를 정비했다는 선언이었다. 어떤 의미에서 한국근대의 최대 문제는 우선 이때 해결됐다. 여기에 이르기까지에는 일본, 청, 러시아, 미국 등 여러 열강의 힘을 이용한 고종의 세력균형정책[95]이 작용했다. 그러나 그대로 '독립'을 유지하기에 한국은 약했다. 또한 고종의 세력균형정책은 결과적으로 '독립'에 이르기까지 한국에 많은 외국세력을 끌어들였다. 열강이 서로 균형을 유지하는 동안에는 좋았으나 이 균형이 붕괴되자 함께 위기에 빠지고 말았다.

이완용이 정권을 맡게 된 때는 바로 한국이 그때까지 고생해서 얻은 '주권국가'로서의 권리를 잃어버린 시대였다. 이것은 어떤 의미에서는 조공국가시대에 대한 역행이었으며 먼저 설명했던 이완용의 조공 운운하던 말들도 이러한 문맥에서 이해해야 할 것이다. 보호국화에 의한 외교권의 박탈은 조공체제에서 조선이 중화제국의 허락 없이 새로운 외교활동을 하지 않는다고 했던 원칙과 유사하다.

당시 한국은 주권국가로서의 여러 가지 권리를 비교적 최근에 얻었다. 새롭게 얻은 권리라면 그것을 양보하는 것도 이론적으로는 가능할 것이다. 이완용은 이렇게 생각한 것으로 여겨진다.[96] 그에 따르면 국가에는 중심이 되는 부분과 주변적인 부분이 있어, 지켜야 할 것은 중심이 되는 부분이다. 바꾸어 말하자면 그에게 자신이 이해하는 주변적 부분이란 즉 타협 가능한 영역이기도 했던 것이다.

이완용의 정책은 한국이라는 주권국가의 여러 가지 권리를 양파 껍질을 하나하나 벗기는 것처럼 한장 한장 포기해가는 것이었다. 그리고 그것을 계속해서 벗긴 결과 남은 것은 왕호와 국호라는 두 가지 '이름'뿐이었다. 흥미진진한 것은 중화제국이 조공국에게 건네준 권리는 상대국에 따라 달랐다.[97] 베트남과 같이 비교적 자유롭게 행동할 수 있는 나라에서부터 조선과 같이 여러 가지 제약을 받는 나라 등 그 실태는 다양했지만 어떤 경우라도 조공국이 공통적으로 가지고 있던 것, 그것은 즉 왕호와 국호였다. 바꾸어 말하자면 동아시아세계에서는 이 두 가지를 가지고 있는 것이야말로 국가의 필요조건이었으며 충분조건이었다.

여기서 우리는 이 지역에서 '사직'과 '국가'를 동일하게 여겼다는 점을 상기할 필요가 있다. 동아시아에서 '사직' 없는 국가는 국가가 아니었다. 그리고 이 '사직'을 정식으로 모시기 위해서는 자신이 국가라는 것을 중화제국에게 승인받는 것, 즉 천자로부터 국호와 왕호를 받아 국가라고 하는 것을 정식으로 인정받을 필요가 있었다. 이는 바꾸어 말하면 아무리 광대한 지배지역을 가지고 있더라도 '사직'을 모실 권한을 가지지 않는 정치조직은 정식으로 국가로 인정받을 수 없다는 것이다. 현실적인 지배지역을 가질 수 없다 하더라도 두 가지의 '이름'을 중화제국에게서 부여받아 '사직'을 유지만 하고 있으면 그것만으로도 훌륭한 '국가'라는 것을 의미했다. 후자는 중화제국의 '법치의 영역' 내부에 존재했던 여러 '왕'들에게서 전형적으로 볼 수 있다. 그들은 그 실체를 보면 더이상 국가라고 부르기 어려운 존재였지만 중화제국에서 다른 국가나 국왕과 동등하든지 그 이상으로 대접을 받았다. 왜냐하면 그들은 이념적으로는 '국가'였기 때문이다.

이는 한마디로 말하자면 동아시아에서의 '국가'의 본질이 그 '이름'에 있었다는 것을 의미하고 있다. 그리고 이러한 관점에서 봤을 때 우리들은 이완용이 왜 그렇게까지 '이름'에 집착했는지를 이해할 수 있을 것이다. 여기서 이완용이 '합방'과 '망국'을 다른 것으로 인식했다는 것은 시사적이다. 그는 다음과 같이 밝히고 있다.

> 아무리 민족적 자존심을 가지고 있어도 현재는 말할 시기가 아니며 우선 머지않은 장래에 현재 조선민족의 역량을 이용해 독립국가의 모습을 유지하고 인간으로서의 행복을 누린다. 그렇다면 합병인가 망국인가, 이는 조선민족의 필시 운명이다. 합병을 선택하는 데 상대국은 모름지기 일본이 되어야 할 것이다.[98]

결국 양보에 양보를 거듭한 이완용이 남긴 '국가'란 바로 동아시아에서 최소의 형태만 남은 국가였다. 그렇다면 이러한 이완용의 식민지화는 뒤의 조선/한국에 어떤 영향을 미치게 될까. 마지막으로 이 점에 대해서 언급하고 제3장을 끝내도록 하자.

제6절 동아시아의 국가와 일본통치

천자(天子) 장(將)에 나오니 상제(上帝)를 류(類)하고, 사(社)를 선(宣)하며, 사당(禰)을 만든다. 제후 장(將)에 나와 사(社)를 선(宣)하며, 사당(禰)을 만든다.[99]

동아시아의 국가. 이는 즉 천자에게서 특정 지역을 지배할 수 있는 권한을 위임받는 존재였다. 천제는 천자에게 지상을 지배할 수 있는 권리를 일임한다. 이로 인해 천자는 스스로 '아버지'인 하늘을 모시고 자신이 지배할 수 있도록 위임받은 지상의 '사(社)'와 '직(稷)'을 모실 수가 있다. 천자는 이 지상을 지배할 수 있는 권리를 특정 제후들에게 분배할 수가 있다. 제후는 천제에게서 지상의 지배를 직접 위임받지 않은 이상 하늘을 모시고 하늘과 직접 접촉할 수가 없지만 자신이 지배를 위임받은 땅의 '사'나 '직'을 모실 수는 있다.

이러한 국가에서 사직과 국가가 동일시됐던 것은 당연한 일일 것이다. 왜냐하면 그곳에는 사직을 모실 수 있는 권한을 가지는 것이 그 국가가 진정 국가라는 의미이기 때문이다. 그리고 사직을 모시기 위해서 필요한 것은 국가의 '실'이 아니라 '이름'이었다. 바꾸어 말하면 '국가'라고 하는 '이름'을 가지고 '왕'이 계속 존재한다면 실태가 어떻든 간에 그것은 항상 국가로 남아 있을 수 있는 것이다.

전통적인 조선왕조국가란 이렇게 해서 정통성을 부여받은 전형적인 조공국가였다. 그렇다면 조선의 사직은 어떻게 됐을까. 우리들은 1911년 2월 20일 사직단의 건물과 부지가 총독부로 계승됐다는 기사를 찾아볼 수 있다.[100] 유교적인 입장에서 본다면 조선의 '국가'는 이때 정식으로 무너졌다고 할 수 있다. 여기서 '계승됐다'는 표현이 사용된 것은 시사적이다. 이때 조선 전국의 신을 모시는 권한은 바로 총독부로 '계승'된 것이다. 전근대적인 '국가'는 근대 주권국가시대에서도 그 형식적 존재조차 용서할 수 없었다.

이것은 이완용의 양보전술의 도착지였다. 그는 일본에게 양보에 양보를 거듭한 결과 언젠가 지켜야 할 모든 것을 잃어버리게 된 것이다. 그리고 남은 것은 '조선'이라는 행정구역의 '이름'과 '이왕(李王)'이라는 어중간한 '왕'뿐이었다. 그리고 이것은 또 하나의 부산물을 가져왔다. 즉 '이완용의 합병'의 결과 조선은 내지 즉 일본 본토와 구분되는 지역으로 남게 되고, 일본이 조선과 내지를 구별하는 것을 정당화하게 됐다. 그 의미는 합병이 일진회의 주장처럼 한국의 해체를 전제로 행해졌다는 점을 생각해볼 때 확실해진다.

이완용은 형태만을 남겼다. 이것을 오늘날 우리들이 어떻게 평가할지는 다른 문제일 것이다. 필자는 여기서 이러한 이완용의 선택에 대해 그 시비를 논하지는 않는다. 그러나 모든 것은 이때부터 시작된다.

제4장 평화주의에서 친일파로

● 이광수 · 주요한에게서 보는 일본통치 아래 독립운동과 친일파

이완용이 한국을 식민지화시킨 배경에는 국가와 네이션에 대한 소국의식—이완용의 경우에는 열등의식이라고까지 할 정도였다—이 있었다. 그는 여기서부터 양보전략을 택하고 그가 가장 중요하다고 생각했던 조공체제적인 왕조국가를 유지하는 데 자신의 목표를 두었다.

이것은 이른바 자국의 네이션에 대해 자신과 확신이 없는 자가 근대적인 의미의 내셔널리즘에서 탈락해가는 과정이라고 할 수 있다. 이러한 의미에서 이완용의 합방이란 조선/한국이 네이션적인 것, 바꾸어 말하면 개국 이래 일관적으로 모색해왔던 주권국가로 향하는 길을 계속 걷는 것을 스스로 단념 혹은 타인에 의해 단념당하게 되는 것의 단적인 발로였다.

물론 이것을 극히 일부 매국노의 논리라고 하면 간단할 것이다. 그렇다면 이러한 움직임에 반대하고 항일운동을 한 사람들에게는 같은 문제가 없었는가.

다음에서는 장을 바꾸어 일본 통치시대의 항일운동에서 한때 주도적으로 활동하다가 마지막에 친일파로 변한 이광수(李光洙)와 주요한(朱耀翰)의 움직임을 살펴보기로 하자.

제1절 정치와 문학의 틈

그래서 우리들이 일본에 협력하는 태도를 보인다면 무슨 손해를 본다는 것인가. 나는 어떠한 손해도 입지 않을 것이라고 생각한다. 우리들이 협력하는 태도를 보이든지 보이지 않든지 징용이라는 수단으로든지 징병이라는 수단으로든지 일본은 우리들에게 필요한 것을 빼앗아갈 것임에 틀림없다. 3천만 명의 민족이 모두 일어나 대규모의 반항운동을 하더라도, 그리고 수만 명의 피가 흐르더라도 징용이나 징병을 피해갈 수 있을지는 모른다. 애당초 당시 이러한 일이 가능했다고 하는 말인가.[1]

일본의 조선지배. 이것은 가혹했으며, 오늘날까지 조선/한국인의 마음에 깊은 상처를 남겨놓았다. 한반도에서 계속해서 들려오는 지배에 대한 보상과 사죄를 요구하는 목소리는 지금도 여전히 높아서 일본인은 당혹해하면서도, 과거 세대가 저지른 죄의 무게를 실감하기도 한다.

일본의 지배는 조선/한국에 수많은 상처를 남겼다. 숱한 사례가 있을 것이다. 그 중에서도 가장 큰 상처 중의 하나가 일제 치하에서 일본에 협력하는 조선인 협력자들이 많이 생겨났다는 점이다. 자신의 민족을 '배신'하고 일본에 '팔아넘긴' 사람들. 오늘날 '매국노'라고 크게 비난을 받고 '친일파'라며 규탄을 받는 그들은 대체 무슨 생각을 한 것이며, 구체적으로 어떤 행동을 했던 것일까.

필자는 이 점에 대해서 앞장에서 한국합병 때 한국 총리였던 이완용에 대해서 기술했다.[2] 그러나 친일행위는 그의 '매국'으로 끝나지 않았다. 아니, 실제로 진정한 비극은 일본의 조선통치가 본격화되면서 서서히 시작됐다고 할 수 있다. 이완용 시절 '친일'파로 내몰린 사람들은 정부 수뇌 등 비교적 소수 사람들이었다. 그러나 일본 통치가 본격화됐을 때 조선인은 사회와 민족을 일본에 넘기고 대일협력을 하는 굴욕 아래에서 안정을 취할 것인가, 아니면 민족에 대한 충성으로 일관하는 자부심을 갖는 대신 고통을 당할 것인가 하는 극단적인 양자택일을 강요당한다. 그들 중에는 전자를 선택하는 사람이 적지 않았다. 한마디로 '일제 36년'이라 하더라도 이것은 개개인에게는 영원과도 같은 시간이었으며 당시 일본의 지배는 언제까지나 계속될 것처럼 느껴졌다. 많은 사람들이 일본의 지배 이외의 것을 경험하지 않고 성장했다.[3]

이는 친일파에게도 같았다. 그들은 그때까지의 자신을 어떻게 되돌아보았을까. 친일파 중에는 당시 이 행위나 발언에는 어울리지 않을 정도로 화려한 과거를 가진 사람들도 많았다.[4] 그들은 개화의 선도자였으며 위대한 민족주의자였으며 또한 훌륭한 교육가였다. 그 중에 조선 근대문학의 초창기를 주도하고 대한민국 임시정부에서 활약한 두 인물이 있다. 즉 조선 근대소설의 아버지로 불리는 이광수와 근대 시사(詩史)에서 큰 역할을 한 주요한이다. 한국인에 의한 정치가 없어진 당시, 그리고 그 후의 조선/한국인의 국가나 민족, 근대에 대한 인식을 결정하는 데 그들 문학자의 역할은 무시할 수 없는 것이었다. 이러한 그들이 왜 친일로 돌아섰을까.

필자는 이러한 관점에서 두 인물 특히 이광수를 중심으로 한 조선의 친일과 일본의 조선지배, 나아가서 근대와 내셔널리즘 문제에 대해 논해보고자 한다. 문학사의 거장인 두 인물에 대한 연구는 오늘날에 이르기까지 너무 많아서 셀 수가 없으며 필자와 같은 문학연구의 문외한이 논할 부분은 없을지도 모른다.[5] 그러나 조선의 정치나 국가, 그리고 민족과 근대에 대한 의식이 어떻게 변화해갔는지 이해하기 위해서는 역시 두 인물에 대한 분석이 반드시 필요할 것이다. 그들의 영향력은 매우 컸으며 이는 직접 '정치'에 종사했던 인물과 비교해보더라도 결코 뒤지지 않는다. 이러한 그들이 '친일'로 기울어지는 과정에서 그들의 사상은 어떻게 변해갔을까. 혹은 변하지 않았을까. 그들은 국가나 민족, 근대에 대해 어떤 생각을 가지고 있었을까.

다음으로 필자는 주로 이러한 점을 중심으로 그들의 사상과 행동에 초점을 맞추어보고자 한다. 이 시도가 과연 성공할 것인지 못할 것인지에 대한 최종적인 판단은 독자 여러분들에게 맡기기로 하고 곧바로 내용으로 들어가보도록 하자.

제2절 근대문학의 기수

시대배경─이광수와 함께

이광수의 경력과 함께 이 시대를 살펴보도록 하자.[6]

이광수가 태어난 곳은 1892년 평안도 정주군 갈산면 익성동이었다. 이 시기는 조선왕조에서도 큰 전환점에 해당되며 2년 후에는 청일전쟁이 발발하고 이와 동시에 왕조재건, 근대화의 시도로 갑오개혁이 이루어졌다. 왕조와 민족이 시련에 직면한 시기였다.

유년시절의 생활은 문자 그대로 '적빈(赤貧. 몹시 가난함)'이었던 것 같다. 게다가 이광수는 11세 때 부모를 모두 잃고 고아가 되는데 그는 이것이 계기가 됐는지 이 무렵 활동이 왕성했던 동학에 들어간다. 그에게 첫 '민족의식'의 세례는 그 후에 찾아왔다. 그때까지 서울에서 멀리 떨어져 살았으며 '민족'을 의식할 기회가 없었던 그는 한 사건으로 인해 좋든 싫든 이를 실감하게 된다. 그것은 바로 러일전쟁이었다. 그는 이 사건을 다음과 같이 되돌아본다.

> 내가 12세 때였으니까 그것은 계묘년이다. 서기로 말하자면 1903년이 된다. 그해 겨울 러시아 병사가 정주에 들어왔다. 그들은 길을 돌아다니면서 약탈과 강간을 닥치는 대로 저지르고 성 안에 남아 있던 사람들은 소수의 노인을 제외하고 모두 피난했다. (중략) 러시아에 대한 사람들의 감정은 매우 나빠졌다. 이러한 가운데 2월 초순이 되어 이번에는 일본 병사가 쳐들어와 정주는 러일전쟁 최초의 육상 전투장이 됐다. (중략) 일본 병사가 입성함과 동시에 피난했던 주민은 2~3일 안에 돌아왔다.[7]

일본 병사도 구세주는 아니었다. 그는 이야기를 계속한다.

> 어느 날 내가 친척 집에 갔다가 마을에 돌아올 때 일이었다. 일본 병사를 보면서 고개에 다다르니 어느 집 앞에 사람들이 모여 있었다. 흥미를 느낀 나는 사람들 사이에 끼여들어 그들이 보는 곳을 바라보았다. 거기에는 가늘고 긴 종이에 묵으로 쓴 방이 붙어 있었다. 놀랍게도 그것은 나를 체포하라고 일본 헌병대가 붙인 글이었다.[8]

얼마 지나지 않아 일본군에게 동학 무리라는 이유로 쫓기게 된 이광수는 그대로 서울로 향한다. 상경한 이광수는 그 후 동학의 한 후신(後身)인 일진회가 경영하던 광무(光武)학교에 다니며, 훗날 일진회의 동경유학생으로 선발되어 일본으로 건너간다. 충격적인 을사조약이 체결되기 겨우 3개월 전의 일이다. 동경에서 을사조약 체결 소식을 들은 그는 "밖에 나가 죽으려 했으나 눈에선 눈물이 흐르고 피가 거꾸로 솟을 뿐이었다"[9]며 당시 자신의 상황을 말하고 있다. 그는 결국 다른 유학생들과 격론을 주고받은 끝에 미래를 위해 일본에서 공부를 계속하기로 한다.

오시로(大城)중학에서 메이지학원 중등부까지 일본에서 공부를 계속하고 있을 무렵 이광수는 문학에 대한 의지를 가지게 됐다. 일본에 와서 처음으로 본격적인 근대소설을 본 그는 다양한 작품을 읽었으며 특히 톨스토이의 작품들에서 깊은 감명을 받은 것으로 보인다.[10] 이윽고 그는 붓을 든다.[11]

동시에 그는 같은 유학생들과 '비밀결사'를 만들어 민족활동도 한 것으로 보인다. 이러한 그가 자신의 '최초 민족활동의 실천'[12]이라고 평가한 것은 일본을 떠난 뒤 교사로서 활동한 것이었다. 메이지학원을 졸업하고 제1고등학교에 합격한 이광수는 고향 정주에 있는 오산(五山)학교로부터 의뢰를 받아 학문을 중도에 그만두고 귀국했다고 한다. 그는 자신의 선택을 다음과 같이 회상하고 있다.

고등학교 진학을 포기한다는 것은 일상적인 개인의 영화를 얻겠다는 야심을 버린다는 의미이다. (중략) 당시 우리 학생들 사이에는 '나라를 위해 자신을 희생한다'는 사고방식이 유행하고 있었다.[13]

교사로서 그의 목적이 민족의 계몽에 있었다는 점은 확실하다. 그러나 교사로서 이광수는 그리 성공적이지 못했다. 그가 교사로 재직하던 학교는 기독교 학교였는데 그는 톨스토이주의를 주창했다. 결국 그는 학교 방침에 반하는 자라 하여 고향을 떠나게 된다. 그의 실패는 자명했다.

그가 조국의 멸망을 알게 된 것도 오산학교에서였다. 그는 그날의 일을 다음과 같이 회상했다.

나는 여행을 그만두고 철도역에서 학교로 향했다.

'오늘부터 나는 망국의 국민이다.'

이러한 생각만이 머릿속에 뱅글뱅글 돌고 있다.

나는 길의 한복판에 주저앉아 시간도 잊은 채 혼자 울었다. 조국이 없어졌다. 없어졌다. 설마 정말인가. 몇 번이나 그렇게 되새겨보았다.

'왜 이런 일이! 황제는 이 나라를 아무렇게나 해도 된단 말인가. 그가 무슨 권리로 국가와 민중을 타인에게 팔아넘길 수 있단 말인가.'

이런 생각이 떠올랐다가 사라졌으나 그러나 이도 '힘'이 있어야만 할 수 있는 일이다. 힘. 문제는 바로 힘이다! 일본은 우리나라를 힘으로 빼앗은 것이 아닌가. 빼앗긴 나라를 되찾기 위해서라도 '힘'이 필요하다![14]

이광수에게도 망국은 큰 충격이어서 그는 긴 기간 동안 문필활동을 중단한다. 망국의 백성이 된 점과 교사로서 실패한 점. 이광수는 두 가지 실망을 가슴에 품고 다시 고향을 떠난다. 그의 말에 따르면 떠나는 목적은 세계를 돌면서 '멸망해가는 민족의 상황을 보는 것'이었으며 거기서 그들이 '어떻게 독립을 위해 노력하고 있는지'를 보고 오는 것이었다.[15] 그 이후 그는 중국에서 시작하여 러시아, 미국까지 가는 계획을 세우고 이를 실행에 옮기나 결국 제1차 세계대전의 발발과 자금난에 의해 그의 여행은 러시아에서 중단된다고 한다. 그러나 중국과 러시아에서 본 독립운동가들의 모습은 그 후 그의 행동에 영향을 준다.

해외에서 돌아온 이광수는 잠시 오산학교에 몸을 의탁하고 있다가 다시 일본으로 건너간다. 이 시기 동경에서 비로소 근대 조선문학의 최대 걸작 중 하나인 『무정』(無情)을 집필한다. 첫 번째 일본유학에서 시작된 그의 문학에 대한 애정은 그 후에도 사라지지 않았다. 그는 다양한 형태의 문학활동을 계속했다. 조선총독부의 기관지인 『매일신보』(每日新報)는 이러한 그의 문학적 재능에 주목하여 신문소설과 기행문 등을 의뢰했다. 이때 의뢰한 작품 중 그가 그때까지 자신의 작품들을 재정리하는 형태로 쓰기 시작했던 것이 바로 『무정』이다. 이 작품은 이윽고 다수의 독자들에게 읽혀 그의 이름을 널리 세상에 알리게 된다.[16]

드디어 제1차 세계대전이 끝나고 월슨의 민족자결주의가 발표된다. 동경에 살고 있던 조선인들 사이에서도 이에 호응하여 민족주의의 흐름이 생겨난다. 이때야말로 이광수와 주요한의 운명이 크게 바뀌기 시작한 시기였다. 다음에서는 이 시절 그들에 대해 구체적으로 살펴보기로 하자.

두 사람의 유학생—동경

이 시기 조선은 격동의 한 해였다. 같은 시기 이광수가 단념한 제1고등학교 진학의 꿈을 이룬 조선인 유학생이 있었다. 바로 주요한이다.[17]

주요한은 1900년 평양에서 태어났다. 고향 평양의 숭덕학교를 졸업한 후 그는 선교사로서 동경에 주재하게 된 아버지와 함께 1912년 일본으로 건너온다. 그는 메이지학원 중등부를 거쳐 1918년 제1고등학교에 입학한다. 그야말로 제1고등학교 최초의 조선인 학생이었으며 메이지학원에서 제1고등학교로 가는 코스야말로 예전에 이광수가 가고자 했던 길이었다.

주요한은 문학 분야에서도 이광수의 뒤를 이었다. 그는 이해 교토의 동인지 『학우』(學友)에 「에투우드」(습작)라는 제목으로 다섯 편의 시를 발표한 것을 시작으로 2월에는 동경에서 동인문예잡지 『창조』 창간호에 「불놀이」 등 4편의 시를 발표한다. 창가조(唱歌調)를 탈피해 폭넓고 자유로운 표현법에 기초한 그의 조선어 시(詩)는 큰 반향을 불러일으켰다. 이는 오늘날 "시인으로서 주요한의 위치를 결정했다. 실로 한국 근대시의 여명"[18]이라고 불릴 정도였다.

주요한이 자신의 작품발표의 장이라고 생각하던 『창조』 2호는 그후 한동안 빛을 볼 수 없었다. 사태의 변화 때문이었다. 일의 첫 발단은 이광수였다. 이 잡지가 휴간되기 한 해 전인 10월, 허영숙(許英肅)과의 결혼 문제가 꼬이자 북경으로 '사랑의 도피행'에 나섰던 이광수가 다시 동경로 돌아왔다. 이는 같은 해 12월이었다. 이광수가 가져온 것은 로맨틱한 '도피행'과는 어울리지 않는 정보였다. 11월 윌슨의 '평화를 위한 14원칙'에 근거하여 평화회의가 열린다는 정보를 듣고

급히 북경에서 귀국을 결심한 그는 도중에 서울에서 현상윤(玄相允), 최린 일행과 회담을 갖는다. 동경에 돌아온 그는 조국의 상황과 재중(在中)망명자들의 운동 소식을 전하면서 동경에서도 운동을 일으켜야 한다고 역설했다. 유학생들은 당장 행동을 개시한다. 당시 학우회장이었던 최팔용(崔八鏞)이 중심이 된 운동에서 이광수는 일본의회완청원서(日本議會宛請願書)와 독립선언서를 집필했고 이들 문서를 영어와 일본어로 번역했다.[19]

이광수의 움직임을 과대평가하는 것은 아니다. 실제 윌슨의 14원칙 자체는 이미 1918년 1월에 공개되어 이에 자극받은 재일유학생들의 활동은 이광수의 행동을 기다릴 것도 없이 활발하게 진행됐다. 폴란드를 시작으로 한 동유럽의 새로운 독립국의 출현은 그들에게 큰 희망을 주었다. 집회가 빈번하게 열렸고 연설도 많았다. 이러한 연설을 한 사람들 중에는 제1고의 학생인 주요한의 이름도 있었다. 그는 다음과 같은 내용의 연설을 했다.

동서고금을 막론하고 국가의 성쇠, 민족의 흥망은 첫 번째로 전쟁에 의해 지배된다. 부국강병을 이룬 국가는 멸망하지 않으며 국가가 가난하고 병약한 나라치고 멸망하지 않는 나라가 없다. (중략) 우리 조선의 현재 상황은 실로 비참하다고 아니할 수 없다. 그리하여 여타의 문명국가와 대등하기 위해서는 역시 전쟁의 승리에 기댈 수밖에 없다.[20]

이광수의 행동은 유학생들 사이에 이미 분위기가 조성되어 있었기 때문에 성공했다고 할 수 있다. 그러나 거기서 주목해야 할 점은 주요한의 연설에서 알 수 있듯이 당시 재일유학생의 무력투쟁 자세가 적극적이었다는 점이다. 이는 그 후 본국에서 일어난 3·1운동이 '위력의 시대는 지나가고 도의의 시대는 오리라'[21]는 시대인식 아래에서 평화적인 운동으로 전개된 것과 대조적이다. 이는 이광수가 집필한 동경주재 유학생 등의 선언서에서도 엿보인다. 예로 다음과 같은 한 구절을 들어보겠다.

오족(吾族)은 정당한 방법으로 오족의 자유를 추구하겠지만 만약 차(此)로써 성공치 못하면 오족은 생존의 권리를 위하여 모든 자유행동을 수(受)하여 최후의 1인까지 자유를 위하여 열혈의 희생도 불사할 것이다. 이 세상이 동양평화의 소용돌이(禍源)가 아니냐, 오족은 일병(一兵)도 유(有)치 못하니 오족은 병력으로 일본에 저항할 실력은 없다. 연(然)이나 일본이 만약 오족의 정당한 요구에 응하지 않으면 오족은 일본에 대하여 영원한 혈전(血戰)을 선언하겠다.[22]

실제 이광수도 당시 일본경시청에서 '항상 교격(矯激) 불온의 언사를 내뱉어 반일적 사상에 고취되어 있다'고 보고 있었다. 이 선언서는 유학생 전체의 뜻을 반영하여 작성된 것이나, 그가 '자신이 집필했다'고 자랑스럽게 쓰고 있다는 점에서 그의 사상을 엿볼 수 있다. 적어도 이 선언서 전체가 그의 본뜻이 아니었다고 하는 것은 그때까지, 그리고 그 이후에도 그의 일련의 행동을 보았을 때 적절하지 않다. 1919년 2월 8일 2·8선언서가 발표됐을 때 이광수는 이미 동경에 없었다. 학우회는 이러한 움직임을 내외에 연락하기 위해 본국과 상하이에 연락원을 파견하기로 결정했는데 이광수가 그 연락원으로 뽑혀 이미 1월 31일 일본을 떠난 것이다. 이후 그는 활동의 무대를 상하이로 옮긴다.

얼마 뒤 주요한도 상하이로 향한다. 3·1운동과 그 후 대대적인 주동자 체포에 많은 충격을 받은 그는 동지들과 함께 제1고를 포기하고 민족독립운동에 본격적으로 임하기로 결의한다.[23] 1919년 여름이었다. 상하이에 도착한 그를 기다리고 있었던 것은 아직은 그 형태도 제대로 갖추지 못한 '대한민국 임시정부'와 그 기관지인 『독립신문』의 주필을 맡은 이광수였다.

그러면 상하이에서 그를 기다리고 있었던 것은 어떠한 운명이었을까. 다음에는 주요한이 도착하기까지 상하이의 정세에 대해 한발 먼저 도착한 이광수의 입장을 중심으로 살펴보자.

제3절 평화적 투쟁으로 가는 길

대한민국 임시정부

이광수 일행이 동경에서 시작한 운동은 이윽고 한국에서 본격적인 독립운동으로 이어진다. 이것이 바로 3·1운동이다. 이러한 움직임에 대해 지금 다시 살펴볼 필요는 없겠지만 고종의 죽음을 마지막 계기로 발발한 이 운동은 서울에서 전국으로 불붙듯이 번져, 총독부와 일본 정부를 뒤흔드는 규모로까지 발전했다.

운동은 한국과 일본에서만 전개된 것은 아니었다. 해외에 망명한 조선인 운동가들은 자신들의 거주지에서 다양한 항의활동을 했다. 그리고 그들은 한국, 일본, 그리고 제3국에 분산된 운동을 하나로 집약할 필요성을 느꼈다.

이때 그들이 가장 필요성을 느낀 것은 '독립'을 실현하고 조선인의 의지를 대변할 정부의 존재였다. 3·1운동에 힘입어 조선 내외에 많은 '정부'들이 수립됐다. 그 중에서도 조선 국외에 있던 3개의 '정부' 즉 러시아 영내의 대한민국회의, 상하이의 대한민국 임시정부, 그리고 명목적인 소재지는 서울이었으나 실제로는 워싱턴에 거점을 두고 활약한 한성(漢城)정부 등이 비교적 유력한 조직이었다. 그리고 세 개의 정부는 워싱턴과 러시아의 정부가 상하이의 임시정부에 병합되는 형태로 통합된다. 여기서 조선인은 한일합방 후 약 9년 만에 조선인의 손으로 세운 '통일정부'를 갖는다.[24]

이광수는 이 소용돌이 안에 있었다. 2·8선언을 세계에 발신한다는 당초의 목적을 달성했기 때문인지 그 후에도 그는 상하이 주재의 조선인청년조직인 신한청년당의 간부들과 합류하여 활발한 운동을 펼친다.

활동 중에는 성명문과 기사를 각종 보도기관에 투고하거나 미국, 영국, 프랑스 3개국의 지도자에게 조선이 독립을 선언한다는 전보를 보낸 경우도 있었다. 그 중에서도 가장 중요한 활동은 바로 임시정부를 조직한 것이다. 당시 이광수와 신한청년당의 간부들은 임시정부의 수립을 위해 한국 등에서 정세에 대한 정보를 수집하는 한편, 임시정부 설립의 시기 등을 둘러싸고 계속 격론을 주고받았다. 젊은 사람들이 중심이었기 때문에, 그들은 연령 면에서도 경험 면에서도 직접 정부의 상층부에 서지는 못했으나 세계 각지에 흩어져 실질적인 의사결정이 곤란한 독립운동의 거물들을 대신해 정부의 실현을 도모하고 준비하는 그림자로서 활약했다. 당시의 모습을 이광수는 다음과 같이 회상한다.

식당에 앉은 채 논의가 시작됐다. 국호를 '대한민국'으로 하는 것에 대해서는 어떠한 이의도 나오지 않았다. 국무총리제를 도입하는 것에 대해서도 의견은 일치됐으나 정부의 인선에는 엄청난 시간이 들었다. 이승만 박사를 국무총리, 안창호를 내무총장으로 하자는 제안에 대해서는 반대가 있어 장시간의 격론이 전개됐으나 최종적으로는 절대다수가 찬성하여 반대파의 의견을 제치고 이승만을 국무총리, 안창호를 내무총장으로 결정했다.[25]

그들이 초창기 임시정부를 실제로 주도했다. 이렇게 출발한 임시정부는 부족한 점이 많았다. 이승만 국무총리를 필두로 한 각료들 중 당시 상하이에 거주하는 자는 거의 전무했으며 또한 그들은 자신이 '선출'될 당시 어떠한 형태로든 동의를 한 적도 없었다. 말하자면 그들은 상하이 주재의 청년들에게 일방적으로 임시정부 각료의 지위를 강요당한 셈이다. 당연히 임시정부의 그리 많지 않은 직무는 정체될 수밖에 없었다. 이러한 상황도 4월 말로 들어서면서 안창호가 미국에서 상하이로 옮겨와 조금은 개선됐다. 안창호는 마치 당연한 순서인 듯이 국무총리 대리로 격상된다.

이광수가 안창호와 처음으로 이야기를 나눈 것은 이때이다. 본디 그와 안창호는 이전부터 인연이 있었다. 이광수가 교사생활을 한 오산학교는 안창호에게 감화받은 이승훈(李昇薰)이 창건했다. 다음에 이야기하겠으나 이광수와 안창호는 사상적으로 가까웠으며 이후 때로는 대립하고 때로는 협력하면서 밀접한 관계를 유지한다.[26]

임시정부는 안창호가 상하이로 건너오면서 어느 정도 상대적인 안정을 확보했다. 이러한 상황 속에서 이광수도 한 가지 역할을 맡는다.

그것은 사실상 임시정부의 기관지인 『독립신문』(원래 명칭은 『독립』)의 발행과 편집을 맡은 것이다. 그는 임시정부 의정원(議政員)의 지위를 버려가면서까지 이에 협력한다. 이는 소설가로서 이름을 쌓아가던 그에게 자신의 문학적 재능을 독립운동에 연결시킬 수 있는 직무였던 것이다.

창간호가 발행된 것은 대한민국 원년 즉 1919년 8월 21일이었다. 권두(卷頭)의 인사말에서 『독립』은 스스로의 존재의식에 대해 다음과 같이 소리 높여 외치고 있다.

문명인의 생활에 언론기관이 필요한 것은 새삼 이야기할 필요도 없다. 그러나 오늘날과 같은 광복이라는 대사업 실현을 앞둔 상황에서는 거국일치(擧國一致)가 필수 불가결하며 필자는 이에 언론의 긴요함을 다시 한번 실감하지 않을 수 없다. 전국민이 일심(一心) 일체(一體)가 되어 견고한 통일을 이루고 대단결하는 데에는 재력이나 병력보다도 우리 대사업의 기초가 중요한 것이다. (중략) 건전한 언론기관이 있어야만 비로소 동일한 사상을 고취시키고 동일한 문제를 제창하고 나아가 개인과 개인, 단체와 단체의 사이에서 의지의 소통을 가능하게 한다. 사상고무와 민심통일만이 본보(本報)의 사명이다.[27]

민족독립을 위한 사상고무와 민심통일. 이러한 독립을 위한 계몽활동이야말로 이전의 이광수가 교사로서 지향하던 것이었으며, 문학 활동의 목적이기도 했다. 임시정부 기관지의 주필 겸 편집인. 이광수는 그의 목적 실현과 자신의 능력발휘에 가장 상응한 지위에 있었다. 그리고 얼마 뒤 동경에서 온 주요한이 이에 가세한다. 이후『독립신문』은 두 청년이 짊어지고 간다.

그렇다면 그들은 이 기관지에서 대체 무엇을 호소하고, 주장한 것일까. 또한 그 주장은 실제 활동에서 어떻게 변화해갔을까. 다음에서 그 점을 구체적으로 살펴보자.

『독립』의 정신

이미 말한 바와 같이『독립』후의『독립신문』은 사실상 임시정부의 기관지이며 정부의 입장을 대변했다. 임시정부의 입장은 도산(島山) 안창호의 다음과 같은 생각으로 대표된다.

> 도산은 독립의 궁극적인 달성이 독립전쟁의 승리를 통해 이루어야만 한다는 신념을 가지고 있었다. 그는 국제기관을 이용하는 데에 반대했으며 우리들의 힘과 피로 성취하지 않은 독립, 즉 시모노세키(下關)조약으로 일본에 배신을 당한 독립과 똑같은 거짓 독립이 된다고 생각했다. 그는 이러한 독립은 피해야 한다고까지는 말하지 않았으나, 실제로 그렇게 되면 유지하기가 곤란하다고 주장했다. 그리고 그는 본디 우리의 힘으로 어떻게 일본에 승리하겠느냐고 생각하는 것 자체가 이미 망국적인 사고라고 생각했다. 자국의 독립을 타인에게 부여받고 건네받는 것과 같은, 즉 타인이 해줄 것이라는 기대 자체가 우리 민족의 마음속에서 없어져야 하며, 그것이 진정한 독립운동이라고 그는 말했다.[28]

임시정부의 뜻을 이어받고 또 개인적으로도 안창호가 심취하던 이광수가 안창호의 영향을 받지 않을 리가 없었다. 이에 「독립군 소식」 등의 작은 제목 아래 '최후의 혈전'과 '절대독립의 요구' 등 용맹한 문구들이 늘어선다. 예를 들면 제11호 1면 「일본 국민에게 고한다」라는 제목에는 다음과 같은 논설이 실린다.

　우리들이 요구하는 유일한 것은 자주독립이다. 자주독립의 목적이 달성되는 날까지 우리들은 외치고, 전투하고, 최후의 한 사람이 죽는 날이 올 때까지 싸워나갈 것이다. 2만 명 우리 국민이 피를 흘려도 목적이 달성되지 않는다면 20만 명이, 그리고 20만 명으로도 부족하다면 200만 명, 우리들은 2천만 동포가 있기 때문이다.[29]

이렇게 설립 당초의 『독립』과 『독립신문』에는 과격한 무력투쟁으로 기울어, 이를 지지하는 기사가 다수 게재됐다. 그러나 이러한 신문의 성격은 점차 변해간다. 우선 첫 번째로 정부 방침에 괴리가 있었기 때문이다. 먼저 임시정부의 방침에 대해 확인해둘 필요가 있을 것이다. 1월 8일호에는 신년 축하회에서 임시정부의 대표로서 안창호의 연설이 실린다. 안창호는 「전쟁밖에 없다」라는 제목으로 이렇게 말했다.

　우리가 당면한 큰 문제는 우리의 독립운동을 평화적으로 계속한다는 방침을 버리고, 전쟁으로 전환하는 것이다.[30]

임시정부는 전쟁을 확실히 주장하고 이를 위한 준비의 필요성을 역설했다. 그가 주장한 것은 군사 면에서의 국민개병주의(國民皆兵主義)이며 재정 면에서의 국민개납주의(國民皆納主義)였다. 나아가 그는 이를 실현하고자 국민의 단결을 강조한다.

그러나 『독립신문』이 주목한 것은 '전쟁의 해'라는 안창호 연설의 주제가 아니라 그가 부수적으로 언급했던 전쟁을 준비하기 위한 재정적 문제였다. 「독립전쟁과 재정」이라는 논설은 전쟁준비에는 막대한 자금이 필요하다는 점을 지적하며 다음과 같이 말하고 있다.

가능하다면 우리 조국독립을 위해서 동전 한 푼도 받지 않는 것보다 더 좋은 방법은 없을 것이다. 우리의 독립은 우리의 힘으로 이루어야 하는 것인데 타인의 원조를 받는 것은 정당한 일일까. 그러나 우리가 모든 재력과 모든 생명력을 다해 혈전을 벌인다면 의기가 있는 세계 동맹들이 원조를 해주거나 또한 거꾸로 원조를 먼저 요청하는 것과 같은 일은 인류공존의 정의상 오히려 당연한 것이다.[31]

같은 지면에는 「미국은 적극적으로 한국을 원조하라」는 논설도 실려 있다. 이러한 입장이 1월, 그리고 종전 임시정부의 방침에서 후퇴한 것이라는 점은 자명하다. 『독립신문』의 무력투쟁과 자력에 의한 투쟁완수에 대한 자신감은 크게 흔들리고 있었다. 실제로 그들이 같은 논설에서 말하고 있는 바와 같이 임시정부의 재정은 심각한 상황이어서 자력만으로 '전쟁'을 벌이는 일은 불가능했다. 안창호의 헌신적인 노력에도 불구하고 정부는 여전히 실태를 반영하지 않고 오히려 더 나쁜 방향으로 내부 항쟁에 휩싸여갔다. 상하이에 유력한 망명자가 집결하기 시작한 것은 좋은 현상이었지만 이는 오히려 정부 안에 치열한 권력투쟁을 일으켰다.

재정난은 『독립신문』도 마찬가지였다. 신문발행을 위한 예산은 당초부터 불충분해서 발행횟수도 예정보다 줄이지 않을 수 없었다. 이에 영향을 받아 이광수가 받아들인 또 하나의 직무인 자료편찬을 위한 위원회 일도 운동의 성과를 일부 발행하는 정도에 그쳐 해산하게 됐다.[32] 이러한 와중에 그들은 하나의 결론에 이른다. 그리고 그 결론은 서명 기사 등으로 더욱 존재감이 커진 두 사람의 편집자 겸 집필자의 주장으로 나타나게 된다. 그러면 그들이 도달한 결론이라는 것은 무엇일까. 다음에서는 그 점에 관해 살펴보기로 하자.

'적수공권'

당초 『독립신문』은 용감하게 무력투쟁할 것을 주창하며 만주지역 '독립군'의 빛나는 전쟁성과를 보고하는 기사로 도배됐다. 『독립신문』은 일본에 무력투쟁으로 대항한다는 부동의 전제 아래 무엇을 할 것인지 하는 방법론을 주로 논의했다.

임시정부의 현실은 이러한 활동을 벌이기에 무리가 있었다. '독립군'의 대부분은 딱히 임시정부에게 큰 재정적 뒷받침을 받았던 것이 아니며 스스로 재원을 조달했으므로 제각각 행동하는 것이 실상이었다. 안창호와 이광수가 계속해서 국민적 통일의 필요성을 주장한 것에는 이러한 배경이 있었을 것이다. 그리고 이윽고 그들이 그렇게 의지하던 독립군의 움직임도 점차 제압되어 큰 전과를 기대하기 힘들게 된다.[33]

이러한 실정을 고려해 『독립신문』의 논설도 변해갔다. 첫 번째로, 전에 지적한 바와 같이 이전에는 그들이 부정하던 열강의 후원을 강력히 요청했다. 그러나 더욱 흥미로운 것은 『독립신문』의 논설로 새로운 사상이 받아들여졌다는 사실이다. 그 사상은 독립투쟁에서 군사적·물리적 측면보다 오히려 평화적·이론적 측면을 강조하는 것이었다. 이러한 경향은 1920년 4월경이 되면 더욱 현저해진다. 당시『독립신문』의 지면을 크게 차지한 사건이 있었다. 바로 당시 미국 의회에 제출한「조선독립동정안」(朝鮮獨立同情案)과 그 심의과정이다. 이 제의안은 파리평화회의에서 조인된 강화조약에서 윌슨의 '민족자결'주의 원칙이 지켜지지 않고 있다는 점을 비판하고 이에 수정을 요구하는 것이었다. 그리고 그 요구내용 중 조선의 독립도 포함되어 있었다.[34]

『독립신문』도 이에 기대하는 바가 컸다. 이 무렵 신문에는 연일 '미일전쟁'이 헤드라인으로 등장했으며 마치 지금 당장 미국이 조선의 독립을 위해 일본과의 전쟁을 시작하는 것같이 보도되기도 했다. 그러나 3월17일에 토머스 상원의원에 의해 제안된 이 결의안은 3월20일 표결에 부쳐져 결국 34대 46으로 부결된다. 당시 미일관계를 되돌아보면 미국과 일본이 바로 전쟁을 시작할 만한 상황이었다고는 할 수 없다. 기대는 깨졌다.

『독립신문』의 실망은 컸다. 조선의 독립은 국제여론에 받아들여지지 않았던 것이다.[35] 그러나 이와 동시에 미국의회에 제출되어 가결된 제안이 하나 있었다. 이는 아일랜드 독립승인안이었다. 아일랜드의 독립안은 뒤이어, 같은 달 31일 종주국인 영국에서도 승인되어 독립이 실현된다. 아일랜드의 예에 그들이 주목한 것은 당연하다. 그리고 4월 20일 아일랜드로부터 소식이 도착해 한 기사가 실리게 된다. 이는「애란(愛蘭. 아일랜드)의 정치적 파공(罷工)」이라는 제목의 기사로 아일랜드인이 영국 정부에게 정치범석방을 요구하며 실행한 파업에 관한 이야기였다.[36]

이광수는 바로 다음호의 논설 「독립운동의 문화적 가치」에서 학생들의 '파업시위정책'에 대해 언급한다.[37] 그는 조선의 운동에서도 사실상 파업시위정책이 중심인 점을 지적하고 독립운동에는 단순한 민족해방을 위한 무장투쟁에 머무르지 않는 '문화적 가치'가 있음을 주장했다. 또한 다음호에서는 「정치적 파공」이라는 제목으로 아일랜드의 투쟁에 대해 다음과 같이 다루고 있다.

일본에 도전하는 이상 우리가 취해야 할 최종 수단은 독립투쟁 하나밖에 없다. 그러나 독립투쟁이라는 말은 단순히 무기나 탄약으로 승부를 결정하는 적극적 전쟁만을 의미하는 것은 아니다. 위에 서술한 바와 같이 평화적 수단에 의한 소극적 전쟁을 포함하고 있다. 오늘까지 최근 1년 간 계속되어온 운동을 앞으로, 그리고 정식 선전포고 후에도 계속한다면 이러한 소극적 전투의 효과는 결코 무력투쟁에 뒤지지 않을 것이다.[38]

학생시절 톨스토이를 읽고 비폭력주의에 감명받은 그에게 이러한 아일랜드의 모습은 이상적인 것으로 비쳐졌을 것임에 틀림없다. 이 점은 이광수와 함께 독립신문사에서 숙식을 하면서 신문을 편집하던 주요한도 마찬가지였다. 그는 이러한 이광수의 의견을 정리 및 발전시켜 이윽고 하나의 명확한 사상을 주창한다. 이것이야말로 6월 5일부터 4회에 걸쳐 연재된 「적수공권」(赤手空拳)이라는 제목의 논설이다. 그는 이광수의 「정치적 파공」을 이어받아 당시의 독립운동에 대해 다음과 같이 비판했다.

해외 2백만 동포가 '싸우리라, 그리고 죽으리라', '자, 나가자 피를 흘리자'는 등 일시적인 혈기에 의해 짧게 생각하고 원대한 방략(方略)을 잃고 있다. 여기서 그들은 단순히 허세를 부리고 있을 뿐이라는 소리를 들어도 어쩔 수 없을 것이다. 진정한 우국의 선비라면 이러한 상태를 한탄하지 않을 수 없을 것이다.

그는 계속해서 말한다.

위와 같이 말하면 독자들은 우리를 비관론자라고 부르고 약자가 하는 언사라며 배척하고 비웃을지 모른다. 또한 분개하는 사람이 있을지도 모른다. 그러나 우리들이 확언하고 있는 것은 먼저 우리들은 국민과 함께 오늘날 우리 민족이 처해 있는 상황과 능력, 그리고 실적에 관해 철저하게 연구하고 그 연구성과를 잘 이해한 후에 앞으로 우리의 진로를 확정하지 않으면 안 된다는 것이다. 우리들의 힘으로 우리들이 실천할 수 있는 범위에서 실제적인 계획과 사업을 하는 것, 이것이야말로 우리의 최대 책무인 것이다.[39]

이것은 명백하게 종래의 임시정부가 부동의 전제로 삼고 있던 무력투쟁 방침 자체에 대한 비판이었다. 주목할 만한 점은 이광수와 주요한 두 사람이 다른 저자의 글을 '우리'라는 말로 연결시키고 있다는 점일 것이다. 양자의 견해는 일치된다. 그러나 보다 중요한 점은 그들의 '평화적 투쟁' 주장이 무장투쟁에 대한 비관적인 입장에서만 나온 것이 아니라 더 나아가 적극적인 가치를 가지고 있었다는 점일 것이다. 즉 소극적 전쟁은 단순한 적극적 전쟁의 대체물이 아니었다. 이는 오히려 뒤쳐진 '위력(威力)의 시대'를 상징하는 일본의 만행에 대해 새로운 시대의 새로운 이상을 제시하는 '문화적 가치'를 가진 것이었다. 그들은 논설의 마지막에 '의견을 구한다'는 주석을 달고 있다. 이 이례적인 행위에 그들이 이 논설에 건 기대가 나타나 있다.

이와 같은 변화는 이광수의 회상록에서도 엿볼 수 있다. 1920년 9월 21일 중국의 이른바 '마적'이 혼춘(琿春)의 조선인을 학살하는 사건이 일어난다. 일본군이 마적을 매수해 일어난 것이었다. 이른바 제1차 혼춘사건이다.[40] 이 소식이 10월 상하이에 전해지자 임시정부는 소란스러워졌다. 임시정부는 바로 각료급의 인사들을 소집했다. 『독립신문』의 책임자인 이광수도 그 중의 한 사람이었다.

임시회의는 사건에 대해 보복하는 의미로 일본에게 정식 선전포고를 할 것인지 가부를 묻는 의제가 채택됐다. 이 회의의 당시 상황을 이광수는 다음과 같이 회상한다.

나는 임시정부 발족 후 '회의의 자리에서' 적극적으로 발언한 적이 없다. 이날도 당초 발언할 생각이 없었으나 이 자리에서 선전포고가 결정된다면 우리 정부는 타인의 실소(失笑)를 사고 많은 동포들이 희생될 것이라 생각하여 선전포고는 불가하다고 발언했다. 간단히 말하면 나는 군대를 준비시키지도 않고 어떻게 전쟁을 하겠다는 것인지 묻고 싶다. 오히려 민간의 격분을 누르는 것이야말로 지도자가 해야 할 책무가 아니냐고 발언한 것이다. 나의 발언에 대해 이총리는 이 자리에서 반전론을 주장하는 행위는 가만두지 않겠다고 나를 가책했다. 나는 분개하여 자리를 떠났다.[41]

이광수가 항의하는 등 이 문제는 민간인을 포함한 보다 많은 참가자를 모아 다시 토의하게 됐다. 이 회의에서 그는 이영근(李英根)의 발언을 다음과 같이 기록했다.

도검을 차고 나가자고 말씀하시나 누가 정말 스스로 나갈 생각이 있을까. 우리들은 스스로 안전한 장소에 몸을 의탁하고 본국과 서·북간도의 동포들에게 '나가서 죽을 때까지 싸우라'고 말하는 것이 아닌가. 정말 칼을 들고 죽을 때까지 싸울 생각이 있었다면 우리들은 왜 나라를 빼앗기고 나서 10년도 지난 지금까지 뻔뻔스럽게 살아 있는 것인가. 정말 출전할 의사가 있으면 총리, 총장, 모두가 칼을 들고 전선에 서라. 그러면 우리들도 뒤를 따르리라.[42]

이 한마디로 회의장은 침묵했다고 한다. 이광수는 확실히 이 발언을 호의적으로 쓰고 있다. 그들이 주전론(主戰論)에서 벗어난 것은 이미 분명했다. 이는 그들 이후에 임시정부에서 탈피할 것임을 의미한다. 이후 이광수와 주요한은 스스로 운명을 거의 같이했다고 한다. 이는 그들이 민족주의와 민족독립운동 그 자체를 포기한 것을 의미하지는 않는다. 그들은 그들 나름대로의 방법으로 '민족'에 계속 봉사한 것이다.

그러면 그들이 민족에 봉사한다는 것은 어떠한 것이었을까. 다음 절에서는 이 점에 대해 살펴보도록 하자.

제4절 개조의 시대

불명예스런 귀환

「적수공권」 제4부가 게재된 1920년 6월 24일 후 『독립신문』은 오랜
동안 발간을 중지한다. 이유는 말할 필요도 없이 재정난 때문이다. 이
무렵 이광수는 급속도로 임시정부에 대한 열의를 잃어가고 있었다.
우리들은 장기 발간 중지의 배후에 이러한 그의 정신적인 이유가 있
었다는 점을 추측할 수 있다. 이미 언급한 것처럼 생각만큼 진전되지
않는 독립운동과 『독립신문』의 경영상의 어려움은 이광수에게 큰 무
력감을 주었다. 그는 다음과 같이 말했다.

> 첫째로 나는 정치와 외교의 문외한이며 두 번째로 경력에서도 공
> 부 면에서도 우리나라에 대한 지식이 부족하다. 세 번째로 나의 언
> 어능력은 일본어도 영어도 독일어도 프랑스어도 모두 어중간하다.
> 그리고 동경에서 있던 무렵부터 나빴던 건강상태가 2년에 걸친 상하
> 이 생활로 더욱 악화됐다.[43]

문득 깨닫고 보니 그가 신뢰하는 안창호도 이미 정부를 떠났다. 정
부를 떠난 안창호가 힘을 쏟은 것이 흥사단이었다. 흥사단이란 안창
호가 제창한 민족계몽단체이다.[44] 안창호는 민족의 단결만이 민족의
계몽과 실력부양에 필수 불가결한 요소라고 하고 있는데 흥사단은 이
운동의 핵심이었으며 여기서 행해지는 계몽운동은 민족계몽의 축소
판이었다. 흥사단운동을 보고 이광수는 자신의 의지를 결정한다.

이를 일단 깨달은 나는 동포들이 많이 사는 지역에 들어갈 수밖에 없었다. 주권이 있는 독립국가의 혁명운동은 국외에서 하는 것이 바람직하다. 그러나 주권을 잃은 식민지의 독립운동은 국내에서 하지 않으면 안 된다라는 결론에 나는 다다르게 됐다.[45]

독립전쟁을 최종 목표로 국력을 강화한다. 이러한 운동을 하기 위해서는 상하이와 같은 곳에 머무는 것은 바람직하지 않다. 실제 상하이에서는 아무것도 할 수 없다고 이광수는 생각하고 있었다. 그는 이야기한다. "인도의 독립운동을 보면 간디를 비롯해 독립운동가는 모두 모국에 살면서 대부분의 활동을 합법적으로 하고 있지 않은가."[46]

「적수공권」을 연재하던 무렵 이광수와 주요한은 평화적 투쟁을 지향하며 무장투쟁을 용인하지 않았다. 그러나 이 무렵 이광수의 사상은 '평화적'에서 한발 나아가 '합법적', 게다가 일본의 법체계 아래에서 활동할 것을 주장한다. 이는 2·8선언 무렵 그의 주장과는 크게 다른 것이었다.

이광수는 귀국을 결단했다. 안창호는 이광수의 이런 결단에 반대했다고 한다. 이광수에 의하면 안창호는 "귀국하면 너는 운동가로서의 명성을 잃고 네가 지향하는 운동도 할 수 없게 될 것이다"고 그를 말렸다고 한다. 필자는 안창호의 진의를 아직 이해하지 못한다.[47] 어떻든 간에 이광수는 안창호의 제지를 만류하고 귀국한다. 그는 다음과 같이 말한다.

이렇게 해외에서만 독립운동을 하는 시기에 생각할 수 있는 방법은 먼저 서·북간도와 소련령의 동포들에게 독립군을 조직시켜 국내에 진입시키고 다음으로 국제정세를 이용하여 독립을 달성하는 방법이다. 독립운동 지휘자의 대다수는 이를 바라고 있는 것 같다. 나는 남이 이루어주는 독립은 진정한 독립이 아니라고 생각했다. 그러면 민족독립의 정론(正論)이란 무엇일까. 이는 민족 스스로의 힘을 키우는 것이다.[48]

그는 이러한 입장에서 후에 종래의 민족운동이 과도하게 정치적ㆍ비합법적 활동으로 치우친 탓에 실패했다고 주장한다.[49] 그리하여 그의 사상과 운동은 2ㆍ8선언 당시의 자력무장투쟁노선에서 이윽고 열강에 대한 기대, 평화적 투쟁으로 전개되며 국내의 합법적인 민족계몽운동으로 귀착한다. 그가 일본 치하 조선으로 귀국한 것은 1922년 3월이었다. 그의 귀국은 독립운동을 포기한 것이라고 조선언론계가 통렬히 비난했다.

그러면 그가 전개한 것은 어떠한 운동이었을까. 그 점을 살펴보자.

민족개조론

압록강을 건너 귀국한 이광수는 바로 『조선일보』를 비롯한 조선 언론들로부터 '독립운동의 배반자'라는 비난을 받는다. 3ㆍ1운동 이후 조선에는 많은 민족지지(紙誌)가 생겨나 조선인에 의한 조선인을 위한 언론기관이 활약하고 있었다. 이광수는 이러한 조선 언론의 공격 대상이 된 것이다.

이러한 상황에서 이광수가 발표한 「민족개조론」이라는 논설이 조선의 여론에 큰 논쟁을 일으킨다. 그는 다음과 같이 말했다.

'지금이야말로 개조의 시대이다!'라는 것이 현대의 표어이며 정신
이다. 제국주의의 세계를 민주주의세계로 개조하고 (21자 생략) 생존
경쟁의 세계를 상호부조의 세계로 개조하고 남존여비의 세계를 남
녀평등의 세계로 개조한다. 이것이야말로 현대 사상계의 모든 목소
리이다.[50]

이를 발표한 이광수 의식의 근저에 흐르고 있었던 것은, 위의 내용
에서 알 수 있듯이, 한 시대인식이었다. 즉 '개조'의 시대이므로 조선
도 이에 따르지 않을 수 없다. 조선이 현재의 '쇠퇴'에서 탈피하여 독
립을 이루기 위해서는 이러한 '개조'에 적극적으로 임해야 한다고 주
장한 것이다.

이광수가 주장한 '개조'는 내용 면에서 안창호의 주장과 비슷했다.
적어도 이광수의 주관은 안창호의 의지를 국내에서 실행하는 것이었
다. 그는 다음과 같이 언급했다.

이 문장의 내용인 민족개조의 사상과 계획은 재외 동포들에게서
나온 것이며 내 생각과도 일치했다. 그리고 오늘까지 나의 일생의
목표가 된 것이기도 하다.[51]

'재외동포'가 안창호를 의미한다는 것은 명백하다. 그는 안창호와
자신의 의견이 일치한다고 생각했다. 이광수에게는 안창호의 전략이
야말로 옳은 것이었으며 시대의 최첨단을 걷는 것이었다. 앞서 말한
바와 같이 안창호가 지향한 것은 흥사단을 중심으로 한 민족계몽운동
으로 민족의 힘을 길러 독립을 이룩하는 것이었다. 이러한 생각은 때

로 '선 실력양성 후 독립'론이라고 불리기도 했다.[52]

이광수는 안창호의 이론을 받아들여 민족의 단결과 교육의 중요성, 그리고 도덕적 성장을 말하고 이를 위해서는 '동맹으로 맺어진 단체'가 필요하다고 역설했다. 단 이광수의 주관과는 별도로, 객관적으로 보면 이광수와 안창호의 생각에는 큰 차이점이 있다. 이 차이점은 한마디로 말하면 다음과 같다. 안창호는 흥사단운동을 하면서도 항상 정신적·교육적인 면에서 정체하면 안 되며 군사 활동을 포함한 물질적인 독립운동을 재건하기 위해 노력했다. 즉 안창호는 기존의 독립운동과 전쟁에도 의미를 부여하고 항상 이를 위한 노력했다. 이러한 의미에서 '선 실력양성 후 독립'론이라고 하기에 안창호의 사상은 부적절한 것이었다. 이에 비해 이광수의 노선은 확실했다. 그가 지향한 것은 '합법적 운동'이었다. 이는 그가 말하는 '인도의 간디와 같은 운동'[53]이었으며, '무력'은 시대착오적인 수단으로 판단했다. 독립을 위해서는 먼저 조선이 문명국이 되지 않으면 안 된다. 그 문명이란 '생존경쟁'에서 '상호부조'로 향하고 있다. 따라서 조선도 우선 이러한 문명의 흐름에 따르지 않으면 안 된다.

이렇게 이광수는 '민족개조'를 단순한 조선민족이라는 특수한 존재의 독립운동이라는 특수 가치를 실현하기 위한 수단으로 보는 데 머무르지 않고, 보편적인 가치를 부여하고 있다. 이는 이론적으로는 잘 정리되어 있었다. 그러나 그는 다음과 같은 결론에 도달한다.

만일 첫 해에 20명을 맞고 각각 매년 1명의 동지를 확보한다면 두 번째 해에는 40명, 세 번째 해에는 80명 (중략) 10년째는 1만 240명이 될 것이다. 사상의 전파는 수적으로 이루어진다는 것이 사회심리학의 대법칙이다. 동지를 존중하여 선택하고 또한 동지 중에 사망, 제명, 그 외 사고 등이 일어날 가능성도 생각하지 않으면 안 되나 그렇더라도 시간을 세 배로 생각해 30년이라고 보면 1만 명의 개조동맹자가 생겨나는 것은 확실하다.[54]

그는 1만 명 정도의 개조동맹자가 있어야 비로소 전민족적인 계몽활동이 가능해진다고 생각했다. 즉 그는 조선에서 본격적인 전민족적 계몽활동이 가능하려면 30년 정도가 필요하다고 보았다. 그러나 그렇더라도 민족계몽활동은 이제 겨우 출발선에 섰을 뿐이었다. 그는 또 말했다.

그러므로 경제적으로도 체격적으로도 사회의 각종 사업에서 가장 문명적으로 가장 우수한 민족을 만들어낸다. 안으로는 행복하게 사는 인민이 되고, 밖으로는 세계 문화에 이바지하는 민족이 된다. 이 것이야말로 개조사업의 완성이다. 그렇기 때문에 이 사업은 50년, 100년, 200년의 영구적인 사업이다.[55]

결국 무력투쟁은 끝까지 언급되지 않았다. 목표는 '개조'에 의해 민족의 힘을 기르는 것이었다. 독립은 그 과정 속에서 자연스럽게 손에 넣는 것으로 생각됐다.

그 무렵 역시 민족독립운동의 최전선에서 빠져나온 주요한은 상하이의 대학생으로 학문을 쌓는 나날을 보내고 있었다. 그러나 이윽고 주요한도 이광수를 뒤쫓듯이 귀국한다. 그러면 그들의 '민족개조'의 실태는 어떠한 것이었을까. 다음에는 그들의 문학활동을 살펴보며 이

점을 생각해보기로 하자.

계몽과 민족주의와……

의혹의 귀국과 '민족개조론'에 대한 반감. 이 때문에 잠시 동안 어쩔 수 없이 칩거생활을 하게 된 이광수는 1923년 다시 활발히 활동한다. 복귀 무대는 『동아일보』였다. 송진우(宋鎭禹)의 추천으로 2월에 「Y생」이라는 익명으로 연재를 시작한 그는 곧 객원대우가 됐고 5월에는 정식 사원이 된다.

그 뒤 1925년 상하이의 호강(滬江)대학을 졸업한 주요한도 다음해 동아일보사에 취직한다. 이는 이전의 『독립신문』에서 보았던 콤비의 부활이었다. 그리고 이후 두 사람은 동아일보사에서 퇴사한 뒤 라이벌인 조선일보사에 입사, 다음해 이도 사직하면서 계속 운명을 같이한다.[56]

그러면 일본 통치 아래 조선에서 그들은 구체적으로 어떠한 활동을 한 것일까. 먼저 언급해야 하는 점은 조선판 흥사단이라고 불러야 할 수양동맹회(修養同盟會)에서의 활동이다. 그들은 이 단체를 기반으로 적극적으로, 그리고 합법적인 범위에서 벗어나지 않도록 주의하면서 계몽활동을 펴나갔다. 이윽고 안창호도 이 범위에 들어간다.[57]

두 사람은 특기인 분야, 즉 문학 분야에서 활약한다. 이 시대 두 사람의 활동을 가장 잘 상징하고 있는 것은 두 사람이 중심이 되어 만든 문예잡지 『조선문단』에서의 활동이며, 소설과 시 각각의 분야에서 당시 조선문학계에서 제1인자였던 두 사람은 이 잡지에서도 각각의 특기 부문을 담당한다. 1924년 10월에 발행된 이 잡지의 창간호에는 「시작(詩作)을 지향하는 자들에게」라는 당시까지 상하이에 있던 주요한의 시론(詩論)과 『문학강화』(文學講話)라고 이름 붙여진 이광수의 문학론 연재의 시작을 알리는 글이 실린다.

두 사람은 문학을 통해 무엇을 표현하고자 한 것일까. 우선 주요한의 경우부터 살펴보자. 그는 다음과 같이 이야기한다.

신시(新詩)운동의 내용은 어떠한 것이 되어야 할 것인가. 이것이 전에 말한 두 개의 목표 중 첫 번째이다. 즉 '민족적 정서와 사상을 올바르게 표현한다는 것'이다. (중략) 신시운동의 두 번째 목표는 우리들 언어의 미(美)를 표현하는 것이다. 국민문학이라는 언어로 무엇을 의미하는 것인지, 이는 국민적 사상을 담당하는 문학뿐 아니라 국민적 언어의 미를 가지는 문학이다.[58]

또한 이광수는 당시의 조선 문단을 걱정하며 다음과 같이 말했다.

이(종래의 의식)는 지금 새롭게 다시 태어나려고 하는 조선문학에 해(害)가 될 뿐 아니라 민족적 성격의 수련(修練)과 개조에 두려워할 만큼 지장을 준다.[59]

그들이 지향하고 있던 것이 문학을 통한 계몽, 민족 개조였던 점은 자명할 것이다. 즉 그들은 장래의 민족 발전을 위해 문학의 힘으로 민족의 '미와 힘'을 새롭게 만들어내려 했던 것이다. 즉 그들에게 문학이라는 것은 수단이며 그 자체가 목적은 아니었다.

그들은 이 때문에 적극적으로 대중에게 '뿌리내리게' 된다. 예를 들면 이광수는 이 시기에 수많은 소설을 발표한다. 작품들 중 대부분이 당시에 큰 인기를 얻었으나 오늘날 이 작품에 대한 평가는 결코 높다고 할 수 없을 것이다. 이 소설들은 조선 근대문학사에 찬란하게 빛나는 『무정』과 비교하면 매우 낮은 수준이며 모순에 가득 찬 작품들이라는 평가를 받는다.[60] 문학에 문외한인 필자는 이들 작품의 문학적 가치를 평할 능력은 없으나 적어도 이광수와 주요한 자신들은 이러한 후세의 비판을 받아들이지 않을 것이다. 왜냐하면 그들에게 문학은 단순한 '민족개조'의 수단 이상이 아니며 후세의 문학적 평가보다 당시 사회에 미치는 영향 쪽이 훨씬 중요했기 때문이다. 보다 많은 독자의 지지와 공감을 얻어 운동으로 이끈다. 그러기 위해서는 저속함도 때로는 필요했는지 모른다. 적어도 문학적 고상함과 같은 것들은 문제조차 되지 않았을 것이다.

이 점은 그 이후 이광수와 주요한의 행동을 살펴볼 때 주시해봐야 할 것이다. 그에게 중요한 것은 그들이 사는 '지금'이며 '현실'의 민족에게 어떠한 영향을 줄 것인가였다. 그 결과 그들의 행동은 때로는 기회주의자적인 것이었다. 이러한 그들의 입장이 가장 현저하게 나타난 것이 1930년대 이후의 대일협력이었다. 다음에 절을 바꾸어 그들의 대일협력과 그 논리에 대해 구체적으로 살펴보도록 하자.

제5절 보편과 특수의 사이

훼절—동우회사건

만주사변 이후 일본이 총력전 체제로 이행하는 가운데, 일본의 조선 지배는 점점 더 심해져간다. 1936년 부임한 미나미 지로(南次郎)

조선 총독은 '선만일여(鮮滿一如) 국체명징(國體明徵) 내선일체(內鮮一體)'를 내걸고, 조선인에 대한 동화정책을 한층 과격하게 추진한다.[61]

언론계도 예외는 아니었다. 이러한 가운데 한 사건이 일어난다. 동우회(同友會)사건이다. 동우회란 이광수와 주요한이 경영에 매진해온 수양동맹회의 한 후신에 해당하며 당시의 이사부장은 주요한이었다.[62] 1937년 6월 돌연 이광수와 주요한 등 동우회 관계자가 체포되기 시작한 사건[63]은 결국에는 181명에 달하는 체포자와 42명의 기소자를 냈다. 중요한 점은 동우회사건이 종래 '합법적인 수단의 민족강화'를 지향해온 이광수, 주요한의 운동에 큰 타격을 입혔다는 것이다. 총독부와의 대립을 회피하고 정치적 색채를 철저하게 배제한다. 그들은 운동의 탄압을 피하기 위해 가능한 한 주의를 기울였다. 그래서 사건의 타격은 더욱 컸다. 체포가 운동과 조직에 준 물리적인 영향은 물론 이는 그들이 주장해온 '합법적 운동'의 여지가 사실상 그 당시의 한반도에서는 불가능하게 됐다는 것을 의미했기 때문이다.

그들은 운동의 성격을 전환하지 않으면 안 됐고, 그들의 앞에 놓인 선택지는 크게 두 가지였다. 그들의 목적은 '민족개조'. 첫 번째는 '민족'과 '개조'의 두 가지 중 '민족'을 직접적으로 선택하고 어디까지나 일본과 대결하는 길을 선택하는 것이다. 그러나 당시의 상황을 되돌아보았을 때 이광수와 주요한의 눈에는 이는 매우 곤란한 길로 비쳐졌을 것이다. 그들에게 또 하나의 충격적인 사건이 일어난다. 안창호의 죽음이었다. 국내에 돌아온 뒤 이광수 일행과 가깝지도 멀지도 않은 거리를 두고 활동해온 안창호가 죽자 이광수와 주요한은 드디어 운동의 모든 책임을 진다.

이광수와 주요한이 선택한 것은 또 다른 하나의 길이었다. 즉 그들은 일본과 타협하여 운동에서 '민족'적 성격을 배제하는 대가로 '개조'를 계속하는 일에 모든 것을 걸었다. 이광수는 다음과 같이 말했다.

　　나는 시국이 불리하다는 점을 몰랐던 것이 아니다. 이번 검거가 없었다 하더라도 도산 안창호의 구상이 순조롭게 진행될 것이라고 생각지는 않았다. 가령 정치적인 색채를 완전히 배제하고 순수한 청년 수양, 농촌개발, 출판작업, 산업운동을 했다고 하더라도 일본 관헌은 반드시 우리들 속에 있는 의도를 의심하여 몇 번씩 신민회(新民會)사건, 동우회사건과 같은 사건을 일으킬 것이라는 점을 생각지 못한 것은 아니다. 그러나 어떠한 일이 있어도 위와 같은 사업은 조선민족의 생존을 위해서 절대로 필요하며, 그리고 도산 안창호라는 대인물의 역량이라면 이러한 곤란한 사업도 이룩할 수 있을 것이라고 믿고 있었다. 그랬기 때문에 나는 이러한 일을 해서라도 이 사건을 무죄로 하지 않으면 안 된다고 생각했다.[64]

　　결국 이광수와 주요한이 선택한 것은 일본에 협력함으로써 운동을 계속할 수 있는 길을 도모하는 것이었다. 1938년 6월 28일 전영택(田榮澤) 등 동우회의 간부는 전(全)동지들에게 전향성명서를 내고 대동민우회(大東民友會)로 구성된 친일단체에 가입했고 두 사람의 친일활동도 이 무렵부터 활발해진다. 같은 해 12월 24일 주요한은 전(前)수양동우회를 대표하여 400만 엔의 국방헌금을 경찰에게 맡기고 다음해 3월에는 드디어 이광수가 본격적인 친일활동을 한다. 황군(皇軍)위문작가단을 결성함과 동시에 스스로도 이에 참여한다.[65]

　　당연히 친일활동은 그들의 특기 분야였던 문학과 언론에서도 전개됐다. 1940년 3월 이광수는 다음과 같은 문장을 발표한다.

그러므로 조선에서 일어나고 있는 오늘날의 내선일체운동을, 일부에서는 혹은 관제(官制)라고 칭하며, 혹은 임시변통이라고 하여 의문시하는 경향이 있는 듯하다. 그러나 이는 인과의 이법(理法)을 무시한 견해이다. 누가 뭐라 하든 조선민중의 진로는 황민화(皇民化) 이외에는 없다는 엄연한 사실과 다른 국가에서도 조선민중에 대해 일체 평등한 신민의 자격을 허한다는 의사표시, 이 두 가지가 서로 합치하여 내선일체의 결실이 이루어질 것이니라.[66]

문학에 대해서도 말한다.

이상 서술했던 과거 30년 간에 걸친 조선문학의 태도는 청산해야만 한다. 세계주의나 개인주의가 일본의 국체 관념 속에 깃들어 있음은 말할 나위도 없으나 민족주의는 그러한 인식과 동정의 범위를 2천만에서 9천만으로 확대하고 그 향토애를 한반도에서 일본제국 전체로 넓혀나가야 할 것이다. 이는 단순히 조선인에 국한된 것은 아니며 내지인도 마찬가지라고 믿는다.[67]

주요한도 그 뒤를 잇는데 1940년 12월에 다음과 같은 시를 지었다.

천신(天神)을 바위굴(巖戶)로부터 나오시도록 빈다.
대왕을 신시(神市)에서 맞이한다.
모하메드의 백성

부처의 신도

라오스의 제자

그들의 어깨에

새로운 태양의 사명이 부여됐다.[68]

그들이 바야흐로 일본 이데올로기의 선동자였음은 분명했다.

우리의 눈에는 이러한 그들의 행동이 너무나도 안이하게 비친다.
그러면 그들은 왜 이러한 친일활동으로 치달았는가. 그리고 그들은
무엇을 지향했는가. 다음으로 그 점에 대해서 살펴보도록 하자.

민족주의의 '핵'

먼저 내적인 요인부터 생각해보자. 그들은 왜 친일활동을 하게 됐
는가. 이 점에 대해서는 예전부터 다양한 설명이 있다. 먼저 봐둬야
하는 점이 그들 자신의 해명이다. 이광수는 그들의 친일활동에 대해
다음과 같이 서술한다.

이 사건(동우회사건)이 유죄라면 수백 명의 관계자가 국내에서 행
동의 자유, 나아가 교육계나 종교계, 기타 분야에서 지도적인 활동
을 할 자유가 영원히 없어지고 만다. 그렇게 되면 흥사단이 힘써온
사업을 계속할 길이 없어진다. 나는 나 한 사람을 희생함으로써 이
자유를 유지할 수 있다면 그러한 수단에 호소해서라도 사업(事業)과
동지들을 구하고 싶었다.[69]

이광수는 자신의 회상록에서 이러한 발언을 반복하고 있다. 결국

그가 말하는 바는 이랬다. 일본은 강대하며 우리가 원하건 원하지 않건 조선에게서 원하는 것들을 탈취해갈 것이다. 저항운동에 승산이 있다고 생각지 않으며 미래를 생각하면 이는 유능한 인재들의 어이없는 희생일 뿐이다. 어쨌든 누군가가 일본에 협력해야만 한다. 다행히 나는 조금은 이름이 팔린 존재이다. 그러한 내가 일본에 협력한다면 일본의 분노도 조금은 사그라질지 모른다. 나는 일본에 협력함으로써 자신을 희생하고, 그 대신에 민족을 구하고자 하는 것이다.[70]

이러한 이광수의 회상이 그의 실제 행동을 얼마나 설명해주고 있을까. 한 가지 지적한다면, 그것은 이광수가 말하는 바와는 달리 현실적으로 이광수의 친일행동으로 일본의 탄압에 제동이 걸리지는 않았다는 것이다. 이는 이광수의 협력 이후 조선문학계의 명사들이 한꺼번에 대일협력으로 기운 점에서도 지적할 수 있다.[71] 적어도 이광수가 생각한(라고 회상하고 있는) 효과는 없었다.

오늘날 이광수의 행동을 이러한 친일활동을 설명할 때 이광수는 '민족주의'에 적극적이 아니었으며 원래가 평화지향적이고 타협적인 성격이어서 1930년대 말 이후의 가혹한 상황 속에서 당연히 일본에 무릎을 꿇었다는 견해가 자주 인용된다. 필자도 그러한 견해에는 공감하는 바가 크다. 젊은 시절 톨스토이에 심취한 것을 비롯하여 평화주의는 그의 사상에서 중요한 근간을 이루었다.[72] 그의 일생을 돌아볼 때, 오히려 이상한 것은 2·8선언 전후의 무력투쟁에 대한 적극성이며, 이는 윌슨의 민족자결주의에 고무된 그가 낙관적인 예측에서 주창한 일시적 일탈이라고 말할 수 있다. 그렇기에 그는 그토록 쉽게 자력의 무장투쟁에서 열강의 힘을 빌린 무력투쟁으로, 나아가 평화적 투쟁에서 합법적 운동으로, 자신의 사상과 운동을 후퇴시킨 것이다.

바꿔 말하면 이는 그의 사상에 비춰볼 때 '후퇴'가 아닌, 오히려 '정상으로의 복귀'였다.

동시에 이러한 견해는 이광수가 '민족주의'를 경시하고 있는 것처럼 보인다. 이광수는 다른 민족지도자, 가령 안창호나 이승만 등과 비교하면 그렇게 강한 민족의식이 있었던 것은 아니었다. 그래도 그들이 유년시절부터 '민족'에 대해 일정한 생각을 갖고, 이를 위해 행동해왔다는 점은 부정할 수 없다. 그들의 사상에 대해 사실상 민족독립을 포기하고 있었다고 말하기에는 지나침이 있다. 그들은 운동을 펼치면서 몇 번의 좌절을 맛보았기에 낙관적인 전망을 하지는 못했으나, 그래도 그 나름대로의 입장에서 민족을 위해 행동하고 있었다. 풍부한 문재(文才)와 교양을 지녔으니 그대로라도 생활에는 어려움이 없었을 그가 굳이 한국의 안팎을 뛰며 활동한 배경에, 민족에 대한 생각이 없었다고 할 수는 없을 것이다.

주요한도 마찬가지이다. 주요한은 이광수와 비교해도 훨씬 좋은 가정에서 태어나 한때는 한국인 최초의 일고생(一高生)으로서 명예를 얻을 정도의 수재였다. 문학적 재능도 풍부했던 그가 당시의 엘리트 코스를 버리고 운동에 뛰어든 배경에는 역시 민족에 대한 강렬한 염원이 있었다고 봐야 마땅하다. 그럼에도 불구하고 그들은 왜 결국 친일파로 전락했던 것일까. 필자는 그 원인으로 그들의 '민족주의' 그 자체가 갖는 결함에 대해 언급하고자 한다. 즉 그들의 강고한 민족주의는 결함이 있었기에 결국 내용을 잃고, 급기야는 대일협력과 민족에 대한 봉사가 동일시되기에 이르렀다고 생각한다.

그 결함이란 무엇인가. 필자는 그들이 결국 자신들의 민족주의에서 '핵'이 될, 바꿔 말하면 구체적인 형태로서의 민족적 자부심을 설명할 무엇인가를 발견하지 못한 데 결함이 있다고 생각한다. 즉 그들은 민족의 중요성을 반복해서 강조했으나 '민족'의 실체를 확신하지 못하고 공허한 존재라 생각했다. 이는 단적으로는 그들의 전통에 대한 견해에 드러나 있다. 가령 1932년 이광수는 조선의 문학에 대해 다음과 같이 말했다.

> 오늘날 조선의 문학은 아직 세계 시장에 내놓을 정도의 수준에 달하지 못했다. 작가나 작품도 양적인 면에서나 질적인 면에서 유감스럽지만 역사를 가진 민족의 문학으로 보기는 아직 어려운 수준이다. 단, 2천 3백만이라는, 결코 적은 규모가 아닌 한민족이 지금 소유하고 있는 문학으로서 소개할 만한 가치를 끌어낼 수는 있을 것인가.[73]

주요한 또한 비슷한 발언을 하고 있다.

> 그렇다면 과연 과거에 조선어의 아름다움을 표현한 조선의 시가 있었던가. 없었다고 할 수도 있고, 있기는 하나 매우 적다고 말할 수도 있다.[74]

그들의 입장에서 전통적인 조선, 나아가 그들이 살았던 시대 직전의 시대는 부정할지언정 긍정해야 할 것은 아니었다. 그들은 조선의 전통사회는 나태하고 비(非)민족적이라고 생각했다. 또한 그들이 지향해야 할 근대문명과는 거리가 먼 것이라 생각하고 있었던 듯하다. 그들의 '개조(改造)' 주장 또한 그러한 현상, 또는 과거 자신이 속한 민족에 대한 부정적인 견해에서 나온 것이었으며 그러한 점에서 그들은 초기부터 일관되어 있었다.

종래 민족의 전통에 대한 부정 위에 성립한 민족주의. 우리는 이광수나 주요한의 민족주의를 이처럼 파악할 수 있다. 그들의 사상을 더 명확하게 파악하기 위해 그들이 목표로 숭배한 인도의 간디나 러시아의 톨스토이와 비교해보는 것도 의미있을 것이다.

이광수는 유년시절에 톨스토이에게 큰 감화를 받았다. 그의 평화주의 원천의 하나가 여기에 있다는 사실은 지금까지 이루어진 다양한 연구에서도 지적된 대로이다. 그렇다면 톨스토이의 평화주의, 비폭력주의는 어떠한 것이었는지 생각해볼 때, 우리가 상기해야 하는 바는 톨스토이는 민족주의에 부정적인 의미만을 부여하고 있다는 점이다. 톨스토이는 자신의 평화주의 사상을 전개할 때, 그 근원을 보편적인 존재인 일신교(一神敎)적인 '신'에게서 추구했다. 그는 말한다. 우리는 절대 유일신 앞에서 모두 똑같은 대지의 주민이며, 모두 신의 절대적인 지배 아래에 있다. 그러한 절대적인 신 앞에서는 민족 따위, 인간과 인간을 구별하는 원리나 국가라는 존재를 들먹여 다투는 것은 무의미하며 신의 의지에 반하는 일이다. 신은 폭력을 원치 않으며 모든 피조물은 이러한 신의 의지에 따라야 한다. 폭력은 그 자체가 악이며 이는 결코 민족이나 국가 등으로 정당화될 수 없다.[75]

이는 한마디로 말하면 '신'이라는 보편적 원리에 의해 '민족'이라는 특수원리를 주장하는 이론이었다. 생각해보면 세계 만민에게 적용되는 보편적 이념인 '평화주의'나 '비폭력주의'를 특정의 개별적 가치를 예찬하는 '민족주의'와 합치시키기란 하늘의 별 따기이다. 톨스토이의 사상이 세계적으로 영향력을 갖은 것은 그가 이 보편적 원리에 따라 보기 좋게 특수원리를 버렸기 때문이다. 그 분리법은 사상적 의미에서의 논리적 정합성을 지니고 있다.

이에 대해 보편과 특수라는 두 가지 원리를 솜씨 좋게 정합화하는 데 성공한 인물이 바로 간디였다. 이광수는 그러한 간디를 본받아 합법적 운동으로 전환했다고 주장한 바 있다. 간디에 대한 그의 이해가 옳았는지에 대해서는 묻지 않겠다. 오히려 이광수와 간디가 말한 자신의 행동에 대한 해명, 특히 민족과의 관계에 대한 해명에는 차이가 있었다. 간디는 자신의 행동원리의 원천을, 직접 독립을 지도한 인도의 전통문화에서 추구하고자 했다. 즉 그가 제창한 비폭력불복종운동은 그 원천을 '평화적인' 인도의 전통문화와, 이를 구현하고 있는 본래 인도의 농촌에서 추구하고 있었다. 즉 간디는 비폭력불복종운동이라는 보편원리를 인도의 전통적 사회라는 특수한 환경에서 그 원천을 추구함으로써 설명한 것이다. 그 결과 간디는 민족이라는 특수가치를 지키면서도 새로운 보편적이고도 초근대적인 가치를 확립했다. 간디의 운동이 민족운동이었다 하더라도, 또한 하나의 보편적인 사상운동이었다 하더라도 그토록 세계를 동요케 했던 이유는 이러한 그의 사상 구성에 있었다.[76]

민족이라는 특수와 비폭력주의라는 보편. 톨스토이는 후자를 위해 전자를 희생함으로써 자신의 사상에 철저했으며, 간디는 양자를 정합화하는 데 힘써 성공했다. 그리하여 양자는 입장이 다르기에 더욱 풍부한 설득력을 지닌 사상으로 세계에 큰 영향을 미쳤다. 이렇게 생각할 때, 이광수나 주요한의 사상이 두 거인에 비해 철저하지 못했던 점이 명확해진다. 그들은 민족주의를 말하면서 자국의 민족적 전통을 크게 부정했다. 그들이 그려낸 '민족'은 결함만 두드러지는 존재이며 그들 자신 또한 그 안에서 민족의 '자부심'을 발견하기란 쉽지 않았다. 한편 그들이 주장한 '평화주의'나 '근대'라는 보편적인 가치를 조선의 전통적인 입장에서 설명하는 경우는 거의 없었다. 즉 그들이 주장하는 보편적 가치와 민족적 가치는 명확히 분리되어 있었던 것이다. 그들은 직접적으로 양자를 연결시키는 원리를 제시하지 않았다.

그들의 사상은 이러한 모순을 공격받고 붕괴됐다. 다음으로 그들이 일본 파시즘의 어떠한 점에 주목했는지를 살펴봄으로써 그들의 문제점을 한층 더 명확히 해보자.

'일본'이라는 이름의 근대

그들은 일본에 협력할 때 무엇을 주장했는가. 이러한 점에 대해 이광수는 가야마 미쓰로(香山光郎)라고 창씨개명한 이름으로 고바야시 히데오(小林秀雄)에게 보낸 유명한 공개문서에 다음과 같이 서술하고 있다.

"우리는 분기해야 한다. 자발적으로 모든 조선적인 것을 깡그리 버리고 일본인이 되자"라고 말하는 사람들이 있다. 내 젊은 벗 가운데는 그러한 생각을 갖는 이들이 점점 늘어갑니다.

(중략)

그들이 펼친 이러한 일본인 수행운동은 결코 정치적인, 또는 무언가 이익이 되는 것이 있어서 하는 것이 아닙니다. 그들은 첫째로 일본의 위대함과 아름다움, 그리고 고마움을 인식하고 있는 것입니다. 두 번째로 조선인을 일본인으로 만드는 외에 조선인의 살길은 없음을 간파한 것입니다. 그리고 세 번째로 조선인은 일본인이 될 수 있다고 믿게 된 것입니다. 그래서 그들은 자신들이 솔선수범하기로 결

심했습니다.[77]

비슷한 무렵, 마쓰무라 고이치(松村紘一)로 개명한 주요한도 이광수나 김동환과 한 팀을 이뤄 조선 전역에서 공연을 하는 동시에 각종 집필활동을 통해 적극적인 대일협력을 추진했다. 그들은 말한다.

우리는 모름지기 삼국통일 이전의 신라 정신으로 돌아가야 한다. 태양의 자손임을 자인하고 태양을 숭배하던 그 당시 동방민족적 사상은 고대 일본의 신도와 뿌리가 같음은 물론이다. 우리 일본의 유신 진전이 항상 복고의 대기치 아래에서 행해졌음은 이러한 동방 자주 정신의 힘이다. 신화시대의 내선동근(內鮮同根)으로 복귀하는 것은 내선이 이 세대에서 일치단결 동아(東亞)의 자유해방을 완수하는 것이다.[78]

또한 그는 조선의 지원병운동과 징병 실시에도 적극적이었다.

실로 전쟁이 결전단계에 들어가고 태평양에서 얻은 혁혁한 전쟁의 성과가 일억 국민의 감격을 새로이 하고 있는 이때, 우리 반도 청년들도 영광의 무적 해군의 일원이 되어, 흉적 영미를 격멸하기 위해 바다로 대륙으로 용맹하게 출전하게 됐다. (중략) 오늘날 한반도가 얻게 된 영광은 세계 역사의 대전환점에 해당······[79]

이러한 문장을 어떻게 해석해야 하는가. 우선 생각할 수 있는 것은 그들이 자신의 의지와는 관계없이 일본 정부와 총독부의 뜻대로 이데올로기를 제창했다는 견해이다. 당시 총독부가 조선과 일본이 하나라는 내선일체의 표어를 내걸고, 그 정책을 적극적으로 추진한 것은 확실하다. 이광수나 주요한의 발언의 배경에 그러한 일본의 의지가 있음은 부정할 수 없다.

동시에 우리가 주목해야 할 것은 이러한 그들의 발언이 대일협력 이전의 발언과 연속성이 있는지이다. 앞서 서술했듯이 그들은 역시 여기에서도 종래의 조선사회는 타락한 존재라는 전제 위에 그 개조를 제창하고 있다. 즉 그들의 주장은 지향점을 변화시켰을지라도 논리 구성은 바꾸지 않았다. 그들이 지향한 바는 여전히 조선사회의 '개조'였으며 '개조' 외에 '조선인의 살길은 없다'고 생각했다.

이는 다음과 같은 이야기이다. 그들에게 기존의 조선사회는 절망적이었으며 비난받아 마땅함은 시종일관 바뀌지 않았다. 그들의 입장에서 그러한 생각은 일본의 지배에 굴복함으로써 오히려 강해졌다고 생각한다. 일본의 지배에 대항하기 위해서는 더욱 큰 힘이 필요했다. 민족개조운동이 개시된 당초 그 목표는 보편적 근대라 여겨졌다. 그들은 서양 열강과 마찬가지로 '근대'를 달성하는 데 조선인의 미래가 있다고 한 것이다. 그러나 어떤 시점에서는 이도 불가능했다. 강대한 일본은 그들이 '근대'라는 목표를 향해 행동하는 것을 원하지 않았으며 그 운동을 탄압했다. 그러한 때에 그들의 눈앞에 새로이 등장한 것이 초근대적 존재이며 고로 '보편적 존재'라 주장되던 팔굉일우(八紘一宇)적 '일본'이었다. 그리하여 그들은 '근대'에서 '일본'으로 목표를 바꿔 운동을 계속했다. 적어도 '일본'은 '근대'에 비하면 뒤쳐지지만 종래 조선사회보다는 우수했으며 그러한 의미에서 이를 닮기 위해 개혁을 실시하는 것은 돌아가는 길이긴 하지만 장래의 독립과 이를 위

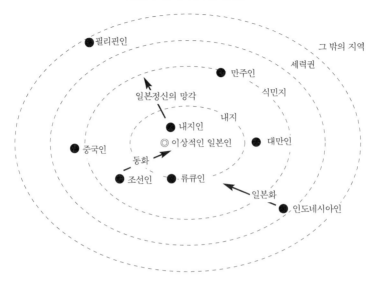

〔그림 7-1〕 외지에서 본 일본인

필리핀인

그 밖의 지역

세력권

만주인

식민지

일본정신의 망각

내지

내지인

◎ 이상적인 일본인

대만인

중국인

동화

조선인   류큐인

일본화

인도네시아인

한 실력 양성에 한발씩 다가가는 것임이 확실하다. 그들은 그러한 생
각을 갖고 있었다.

중요한 것은 당시의 일본의 내셔널리즘, 나아가 당시 조선에서 선
전되던 일본의 내셔널리즘에서의 '일본인' 개념의 특종성(特種性)이었
다. 이를 정리한다면 다음과 같다. 즉 당시에는 '일본'이라든지 '일본
인'이라는 존재는 민족적인 것임과 동시에 문화적인 요소하고 간주됐
다. 따라서 다른 민족이라 할지라도 일본 문화에 동화되면 일본인에
가까워질 수 있다. 보다 정확히 말하면 이는 민족적·문화적 양면에
서 '순수하고 이상적인' 일본인을 중심으로 동심원상에 구성되어 있
었다.(그림 7-1) 일본인이라고 해서 누구나 이러한 원의 중심에 있는
것은 아니다. 일본인 태생 가운데도 문화적으로는 '일본'을 망각한 자

가 있다. 식민지인은 핏줄상으로 순수한 일본인이 되기는 어렵지만, 그래도 노력하면 '문화적'인 면에서 이상적인 일본인에 가까워질 수 있다. 대만인보다는 일본인과 '선조를 같이하는' 조선인이 이상에 가깝다. 류큐인은 본토인과 식민지인의 중간이다. 직접적인 지배를 받지는 않았지만 본래 일본 신민이 될 수 있는 가능성조차 없었던, 만주나 인도네시아, 필리핀에서도 황민화정책이 추진됐다. 이는 단순히 그들에게 일본적인 가치관을 주입시키는 것만을 목적으로 하지는 않았으며, 그들로 하여금 더욱 '높고' 더욱 '이상적인 일본인'에 접근케 하고자 하는 것이었다.

문제는 이것이 현실적으로 그러했느냐의 여부가 아니라 적어도 이광수 등은 어떻게 이해하고 있었는가이다. 결국 그들은 '일본' 및 '일본인'으로서의 특질은 선천적으로만 부여되는 것이 아니며 후천적으로 학습 가능한 것이라 이해했다. 바꿔 말하면 '일본'은 그저 민족적·특종적인 것만이 아니라 누구나 추구할 수 있는 '보편적인 목표'로 여겼던 것이다. 이는 인종적인 개념임과 동시에 문화적인 개념이며, 그렇기에 본래 이민족도 추구 가능한 것이었다. 게다가 다른 민족과 비교했을 때, 조선인은 '이상'에 가장 가까운 곳에 있었다. 적어도 그렇게 선전되고 있었다.[80]

그들이 우려하고 있었던 것은 오히려 이러한 동화를 위한 노력이 진정으로 일본인에게 받아들여질 것인가 여부였다. 이광수는 말한다.

지금은 조국 일본에서 벗어나고자 꿈꾸고 있는 자는 한 명도 없을 것이다. 단지 우리가 정말로 일본인이 될 수 있을까, 정말로 우리를 일본인으로 인정해 줄 마음일까 불안해할 뿐이다.[81]

우리는 이 점을 이해할 때 비로소 이광수의 '무조건 따라가자'는 말의 의미를 알 수 있다. 이광수나 주요한은 '보편적인 목표'라는 말로 일본에 희망을 걸었다. 그리고 이에 따라 그들은 스스로의 '민족개조'를 계속할 수 있었다. 이러한 사실은 나치스 독일 지배 아래에 있던 프랑스에서는 불가능했던 것이다. 왜냐하면 독일에서 '독일인'이란 지위는 특정한 인종의 흐름을 잇는 인간만이 주장할 수 있는 특수한 지위이며, 인종적으로 독일인이 아닌 사람은 그게 몇 명일지라도 그들에게 '독일인이 되라고 강요'할 수는 없었기 때문이다.[82]

　'민족개조'와 보편적 개념으로서의 '일본'. 이 양자의 만남은 결과적으로 불행한 종말을 맞이한다. 결국 일본은 패전을 맞이했을 때 스스로 그 책임을 지지 않을 수 없었다.

　패전 후 그들은 어떠했을까. 에필로그로서 대한민국 독립 이후의 그들에 대해 살펴봄으로써 이 장을 매듭짓기로 한다.

제6절 해방과 민족개조

　지금까지 서술한 바를 정리해보자. 필자는 이광수나 주요한에 관한 기존의 연구를 들어 그들의 행동과 사상 편력에 대해 서술했다. 필자는 여기에서 그들이 운동을 전개하는 과정에서 자신들의 주장을 무장투쟁론에서 민족개조론으로, 결국 친일활동으로 후퇴시킨 점에 착안했다. 그러한 후퇴의 배경으로는 사상체계에서 민족주의가 결여됐기 때문이라기보다는 오히려 그들의 민족적 전통과 현상에 대한 부정적 의식이 작용하고 있었기 때문임을 지적했다. 즉 그들은 주관적으로 민족을 위해 운동을 전개했다. 그러나 그 민족이 무엇이며, 왜 칭송받아야 하는가에 대한 대답은 없었다. 그들은 본래의 민족에 대해서는 알지 못한 채, 종래의 조선민족이 부정될지언정 칭송받을 만한 존재가 아니라 생각했으며, 살아남기 위해서라도 '보편원리'에 따라 개조해야만 한다고 생각했다.

당초 개조 모델은 '근대'였다. 그러나 시국의 진전 속에서 근대라는 목표는 접근 불가능한 목표로 전환됐고 그들은 다른 목표를 추구하게 됐다. 그것이 바로 새로운 다른 민족도 학습할 수 있는, 이른바 유사 '보편원리'로 재편성된 '초근대적'인 '일본' 및 '일본인'이었다. 여기에서 중요한 것은 당시의 일본의 내셔널리즘이나 '일본인'관이 그들을 이렇게 이해시킬 수 있도록 재편성되어 있었다는 점이다. 이것이 필자가 지적한 두 번째 점이다. 이광수는 해방 후 자신의 대일협력에 대해 다음과 같이 서술한다.

징용이나 징병은 불행한 것이나 어차피 피할 수 없는 것이라면 이 불행을 우리에게 유리하도록 이용하는 것이 상책이다. 징용에서는 생산기술을 배우고, 징병에서는 군사훈련을 배우는 것이다. 우리 민족의 상황에서는 이러한 기회를 놓치면 군사훈련을 받는 일 따위가 불가능하다. 산업훈련과 군사훈련을 받을 동지가 많아지면 우리 민족의 실력 또한 커질 것이다.[83]

그들이 동화운동에 적극적으로 종사(從事)한 이유는 이 점을 파악해야 비로소 이해할 수 있다. 즉 그들에게 '일본'은 만족할 만한 목표는 아니었으나 기존의 조선보다는 훨씬 나은 존재였다. 그들은 이 목표를 추구할 때 민족의 '힘'은 강화된다고 생각했다. 이는 그들에게 목표 그 자체도 '개조'할 필요가 있음을 의미했다. 그들은 기존의 조선사회에 대한 부정적 인식이 너무 강한 나머지 이를 대체할 형태로 '일본'이라는 완벽하지 못한 목표를 감수하기에 이르렀던 것이다.

그들의 친일활동은 이렇게 실현됐다. 그러면 해방 후 그들은 도대체 어떻게 됐을까.

이광수에 대한 비난은 거셌다. 그는 해방 이후 다양한 형태로 일본 통치 말기의 대일협력에 대한 추궁을 받고, 급기야는 재판에 회부됐다.[84] 결국 이승만의 정치적 판단도 있어, 그가 직접적으로 처벌되지는 않았지만 이러한 사회적 역경과 악화되는 병마 속에서 그는 결국 6 · 25전쟁 당시 북한 쪽에 강제 연행됨으로써 그의 공적 생활을 마치게 됐다. 그리고 얼마 지나지 않아 사망했다.

주요한은 해방 이후 한국에서도 적극적으로 문필활동을 한다. 또한 해방 이후에도 흥사단운동을 계속했다. 1954년 흥사단은 시민을 위한 '금요 강좌' 첫 회를 열었는데, 그 주제가 「소련의 세계정책」이었다.[85] 주요한은 그 연속 강좌를 48회에 걸쳐서 한다. 6 · 25전쟁이 한창일 때, 그는 다음과 같이 말했다.

우리가 이 민족이라는 관념을 살리기 위해서 민족의 자아발견만을 고집하면 안 된다. 우리 민족을 개조하고, 결점을 제거해서 미래를 위한 발전시키고자 한다면 우리는 우리의 자아를 유지하는 것도 불가능할 것이다.

그는 계속해서 말한다.

우리 민족이 구식 발상을 버리고 새로운 마음을 갖기 위한 방법은 스스로 실천하는 방법밖에 없다. 자기부터 솔선수범하는 것. 그것이야말로 흥사단의 사고방식이다. (중략) 최근 신문지상에서 새 정당 결성에 흥사단이 관여했다는 억측이 나돌고 있으나 흥사단은 본디 정치에는 흥미를 갖고 있지 않다. 정당운동으로는 이 민족을 지킬 수 없다고 생각하기 때문이다.[86)

주요한의 생각은 광복 후에도 바뀌지 않았던 것이다. 그는 시종일관 변하지 않았다. 광복 후에도, 그리고 대일협력시대에도 말이다.

제5장 '소국의식'과 내셔널리즘

● 이승만에게서 보는 해방 후 한국 내셔널리즘

이광수, 주요한이 친일파로 전락한 것은 운동이 봉착상태에 빠진 나머지 자국의 소국성을 인식하고 운동방식의 전환을 모색한 결과의 산물이었다. 두 사람은 결국 소국의식 때문에 내셔널리즘에서 자국을 찬양하는 논리를 얻을 수 없었고 불필요하게 과장된 자국에 대한 비관적인 견해를 갖게 됐다.

그렇다면 한국은 어떻게 내셔널리즘의 자부심의 핵심인 자기상찬 논리를 획득했을까. 다음에서는 그 점에 대해 이승만을 예로 들어보자.

제1절 한국 내셔널리즘의 기본 문제

신흥국 국민은 동시에 두 종류의 동기를 부여받았으며, 그 두 가지 동기는 상호의존적이기는 하지만 전혀 개별적인 것으로 종종 대립했다—하나는 자신의 간절한 바람, 행위, 기대, 의견을 '중요시하는' 책임 있는 하나의 존재로서 인정받고자 하는 욕구, 다른 하나는 유능하고 활력 있는 현대 국가를 건설하고자 하는 욕구이다.[1]

조선/한국의 근대화와 내셔널리즘. 필자는 여기까지 이 문제에 대해 다양한 관점에서 고찰해왔다.[2] 고찰의 과정에서 많은 부분이 명확해졌다. 그 중에서도 중요한 것은 조선/한국에서 이들 두 가지의 전개 또한 다른 나라에서 그랬던 것처럼 결코 순조로운 여정이 아닌 각종 모순과 대립을 내포하며 진전됐다는 점이다. 필자가 주로 제시한 것은 두 가지였다. 하나는 조선/한국에서는 그 독특한 소국의식이 내셔널리즘의 형성과 나아가 민족의 핵인 네이션의 자부심 형성을 크게 저해했다는 점이다. 네이션의 형성과정에서 조선/한국은 내셔널리즘이 제창하는 '단일 민족, 단일 국가'의 원칙에 가까운 조건을 가진 특수한 국가였다. 그럼에도 불구하고 그 여정이 험난했던 원인은 이 소국의식을 빼놓고서는 논할 수 없을 것이다.

다른 하나는 소국의식이 조선/한국의 근대화, 클리포드 기어츠의 말을 빌리면 유능하고 활력 있는 근대국가를 건설하는 데 저해요인이 됐다는 것이다. 내셔널리즘의 핵을 발견하지 못한 인물들은 편의에 따라 대국을 이용했다. 또한 이도 석연치 않을 경우, 막다른 상황 속에서 오로지 침묵을 지켰다. 전자는 대국의 침략을 초래함으로써 국가를 건설하는 길과는 역코스를 밟게 됐으며, 후자는 단순한 사고 정지에 불과했다. 어쨌든 이러한 선택은 모두 한국의 근대화로 이어지지 않았다.

내셔널리즘과 근대화. 이는 기어츠의 말처럼 반드시 정합적인 관계에 있는 것은 아니다. 양자는 때로는 대립하고 때로는 서로 보완하는 복잡한 관계에 있었다. 그리하여 한국의 경우, 이 두 가지에 소국의식이라는 제3의 요소가 얽힘으로써 3자의 관계는 한층 더 복잡해졌다. 그렇다면 한국은 그 여정의 끝으로 어디에 도달했을까.

필자는 이 도달점의 하나가 한국의 초대 대통령 이승만의 내셔널리즘에 전형적으로 드러나 있다고 생각한다.[3] 그러면 지금부터 이승만의 사상 형성과정과 독립운동과정, 그리고 통치과정을 내셔널리즘, 근대화, 소국의식이라는 세 가지 축을 중심으로 정리해보고, 독립 한국의 사상에 대해 살펴보도록 하자. 이제 각 절에서 그의 기본적인 경력을 언급하고 특히 시간적 흐름에 구애받지 않고 각 절의 테마에 따라 이승만의 사상 및 정책에 대해 다루도록 하겠다.

제2절 전통과 근대

서양과의 접촉

일반적으로 문명의 조우(遭遇)에 있어 공격받은 쪽이 단 하나일지라도 침략해오는 문화의 선구적 요소가 그 사회 속에 파고드는 것을 막는 데 실패한 경우, 그 문명이 살아남을 유일한 기회는 심리적 혁명을 행하는 것이다.[4]

이승만은 1875년 황해도 평산에서 태어났다. 조선왕조가 강화도조약에 의해 일본에게 다시 문호를 개방한 것이 1876년이며, 조선/한국의 근대사가 이로써 시작된다면 그는 바로 조선/한국의 근대를 산 인물이라 할 수 있다. 그는 전주 이씨의 자손이었으며 '6대 독자'로 태어났기에 왕족의식의 보유자였다는 것은 잘 알려진 사실이다.[5]

이 절의 주제인 '전통과 근대'를 생각해보며 그와 서양의 만남을 살펴보자. 이승만이 서양과 처음 본격적으로 접한 것은 9세 무렵이었다고 한다. 그는 당시 조선에서 유행하던 천연두에 전염되어 한동안 실명됐다고 한다. 그때 그의 눈을 치료한 것이 서울에 단 한 곳 개설됐던[6] 서양식 의원의 미국인 의사 알렌[7]이었다. 알렌은 그때까지 서울의 많은 의사가 고치지 못했던 그의 눈을 치료했다. 그 경험이 그에게 깊은 인상을 심어주었던 것 같다.

이승만은 훗날에도 이 사건을 유년시절의 중요한 사건으로 기억했다. 또한 이승만은 같은 시기에 과거시험에 실패한 일이 있었다. 천연두 일화에서도 알 수 있듯이 그의 일가는 이미 그가 5세 때부터 서울로 이사와 살고 있었다.[8] 여기에서 이승만에 대한 일족의 기대를 엿볼 수 있는데, 그는 이에 부응할 수가 없었다. 그가 처음 과거시험을 본 것은 12~13세 무렵이었다고 추정되며 그 후 그가 몇 번 과거시험을 봤는지는 알 수 없다. 그러나 어쨌든 이승만은 과거시험에 합격하지 못했다.

배재학당과 기독교

연령과 그 후 경력 및 능력을 고려했을 때 그대로 면학을 계속했더라면 그는 과거에 합격했을지 모른다. 그러나 1894년 그가 응시해야 할 과거 자체가 갑오개혁의 소용돌이 속에서 폐지되고 만다. 그로서는 나아가야 할 길이 닫힌 셈이어서, 서양인 선교사들이 조선 초 서양식 교육의 장으로 설정한 배재학당에 진학한다. 이승만은 당초 그 학교에 진학하는 데 거부감이 있었던 듯하나 당시 이미 다니고 있던 친구의 권유와 실제 보고 들은 것이 있었기에 결국 입학을 한다.

이승만 사상의 첫 번째 전기는 바로 배재학당 입학이었다. 제2부

제3장에서 이완용에 대해서 언급했듯이[9] 당시 조선인의 입장에서 서양식 학교에 입학하는 경우는 대부분 자신의 적극적인 의지였다기보다는 위로부터의 명령이나 기존의 사회적 상승수단이 단절된 때 차선책으로 이루어졌다. 오랜 시간 과거준비를 해온 이승만으로서도 유교에 대한 사모(思慕)는 강했으며, 그의 부모는 더욱 그러했다. 그러나 배재학당에 입학한 이승만은 곧바로 서양식 교육의 포로가 됐으며 두각을 드러내게 된다.

배재학당에서 이승만이 어떠한 교육을 받고, 어떻게 서양문명에 감화됐는지에 대해 이쯤에서 상세히 서술할 필요가 있을 것 같다. 배재학당에 입학한 이후 이승만은 180도 변하여 열렬한 서양화=근대화의 주장자가 됐다. 그의 활동은 배재학당 재학시절부터 눈에 띄었다. 특히 잘 알려진 것이 신문기자로서의 활약이다. 배재학당은 당시 학교신문을 발행하고 있었는데, 그 주필이었던 이승만은 학교신문을 학내에서 일반으로까지 확산시킴으로써 일약 서울에서 가장 과격한 개화파계 신문『매일신문』의 논객으로 부상한다. 이로써 그의 사회활동이 시작됐다. 이후 협상회, 독립협회와 함께 그는 일관되게 조선의 계몽활동을 한다.

그렇다면 그는 서양화에 대해 어떤 자세를 보였을까. 이 문제에 참고가 되는 것이 그가 당시 신문에 집필했던 논설이다. 그 중에서도 이승만의 사상을 가장 단적으로 나타내고 있는 것은 예를 들면 다음과 같은 문장의 한 구절일 것이다.

현재 기독교 국가가 문명부강, 태평안락의 지위에 있는 것은 국내에 악인이 적은 나라가 많기 때문이다. 선한 일이 악한 일보다 더 많은 나라는 선인의 천국이며 악인의 지옥이다. 악한 일이 선한 일보다 많은 나라는 악인의 천국이며 선인의 지옥인 것이다.[10]

이승만은 이 문장에 「기독교야말로 대한 장래의 기초」라는 제목을 붙였다. 이승만에게 서양문명이란 기독교이며 그는 기독교적 정신을 한국에 도입해야만 한국의 근대화가 가능하다고 생각했다. "어느 하나의 고립된 문화요소가 공격받은 사회생활 속으로 파고들어가는 데 성공한다면 이에 이끌려 같은 곳에서 나온 다른 요소도 파고든다"[11]는 것은 아놀드 토인비가 한 말인데 간단히 말해서, 군사기술, 과학기술, 사회제도, 종교·철학의 순으로 진행되는 문화 전파과정에서 이승만은 한국의 서양화를 이루기 위한 개혁이 최종적으로는 정신문화의 전파로까지 진행되어야 한다는 것을 정확하게 간파했다. 이러한 의미에서 이승만은 같은 시대의 한국 개화론자들 중에서도 가장 과격한 태도를 취한 인물이었다.

그는 한국의 전통에 대해서는 어떻게 생각하고 있었을까. 제2부 제4장에서 필자는 이광수가 전통과 근대의 문제를 잘 정합하지 못한 것이 사상적으로 전락한 원인 중 하나가 됐다고 논했다.[12] 그렇다면 이승만은 어떠할까. 이에 대한 자료는 그다지 많지 않지만, 그의 논설 등으로 그 단면을 알 수 있다. 다음은 그의 「개화를 할 때에도 예(禮)를 잊어서는 안 된다」는 논설의 한 구절이다.

야만이란 음식이나 의복, 궁실이 더럽다는 것이 아니라 그곳에 윤리와 기강(倫紀)이 없다는 것을 의미한다. 개화라는 것도 또한 의복, 음식, 궁실이 깨끗하다는 의미가 아니라 인류의 떳떳한 도리를 지키

고 있다는 의미이다.[13]

여기서는 이광수에게서 볼 수 있었던 한국 전통에 대한 절망이 없다. 이광수는 유교에 대해서 적의에 가까운 반감을 가지고 있었지만 이승만에게서는 그와 같은 면을 찾아볼 수 없다. 한국의 전통은 근대 사회에서도 그 의미를 잃어버리지 않는다고 그는 생각했던 것이다. 그러나 그가 생각하는 전통의 의미도 어디까지나 근대화와 일치하는 부분에서만 발견된다. 즉 그에게 가장 중요하고 가치가 있었던 것은 서양문명과 그 근간이 되는 기독교였으며, 전통 그 자체에서 가치를 찾지는 않았다. 이승만은 전통과 근대의 사이에서 분명히 후자 쪽에 선 인물이었다. 왕조는 그를 과격한 개화론자로 여겼으며, 그 결과 그는 장기간에 걸친 옥중생활을 견뎌내야만 했다.

그의 개화사상을 논의할 때 주목해야 할 점이 한 가지 더 있다. 그 것은 서양문명을 기독교 중심으로 이해한 결과, 그의 개화론은 물질 적인 것보다도 정신적인 것이 강조되는 경향이 있었다는 점이다. 오늘날 남아 있는 많은 논설을 보더라도 대부분이 개화에 대한 '마음가 짐'이라고 할 수 있는 부분을 설명한 것이며 물질적·기술적·군사적 인 것에 관해 논한 것은 극히 적다. 한국의 한 연구자는 이 시대의 이 승만을 '기독교 전도자'이며 '교육 우선론자'였다고 말하는데, 이는 핵심을 찌르는 표현이다.[14] 이승만은 이러한 서양문명과 전통에 대한 자세를 대통령시절까지 일관했으며 그 후로도 바뀌지 않았다.

이승만의 전통과 근대에 대한 견해는 대략 지금까지 기술한 바와 같 다. 그렇다면 소국의식과 내셔널리즘에 대해서 그는 어떻게 생각하고 있었을까. 다음으로 이 점에 대해서 살펴보도록 하자.

제3절 개화와 소국의식

출발점

이와 같이 당신 편이 아닌 자가 중립을 요구해오거나 당신 편이 무기를 가지고 어서 일어서라고 요구하는 일은 언제든지 일어나는 일이다. 이때 결단력이 없는 군주는 대부분의 경우 눈앞에 닥친 위험을 피하기 위해 중립을 택한다. 그리고 대부분 그 군주는 망하고 만다.[15]

이승만은 한국의 '힘'을 어떻게 평가하고, 어떤 내셔널리즘을 구축했는가. 초기 이승만의 저서를 살펴보면, 그가 옥중에서 집필한『독립정신』의 한 구절이 눈길을 끈다.

일단 군사적 위기가 발생해서 적군이 노도와 같이 밀려들어도 우리들을 도와주는 국가는 없었다. 따라서 우리들은 홀로 적과 싸워야 했으나, 그럼에도 불구하고 우리만의 힘으로 매번 승리를 거둔 것은 위에서 말한 것으로부터도 알 수 있을 것이다. 우리 국가의 백성이 용감하지 않다든가 강해질 수 없다는 것은 잘못된 생각이다.[16]

이승만은 이 저서에서 열강에 의존하려는 정부 내부의 움직임을 강하게 비판하고 있다. 간단히 말해서 이 무렵 그는 한국의 독립은 한국의 힘만으로 유지, 달성할 수 있다는 생각을 했다.

김윤식과 이광수도 그랬듯이, 그 또한 운동을 전개해가는 과정 속에서 점점 변해간다. 즉 이승만도 역시 운동의 좌절을 몇 번 경험하면서 한국이 당시 국제사회에서 아주 작은 소국에 지나지 않는다는 점을 뼈저리게 느낀다. 초기 이승만의 활동에서 좌절의 과정은 크게 세 단계로 나눌 수 있을 것이다. 첫 번째는 주로 신문기자로서 개화운동에 종사해온 그가 왕조 당국에 체포·투옥된 과정이다. 이 단계에서 그의 관심은 국내에 있었으며 운동의 대상도 민중이었다. 이때 그를 절망시킨 것은 한국의 왕조정부였다.

시행착오

두 번째 단계는 러일전쟁 후 일본의 위협이 심각해진 시기이다. 이승만은 이 시절 고종에 의해 옥중에서 풀려나 밀사로 미국에 파견된다. 그가 선교사들과 친밀했다는 점과 영어 구사에 뛰어났다는 점 등 때문이었을 것이다. 그러나 일본의 횡포를 호소하기 위해서 미국으로 건너간 그가 경험한 것은 재미한국공사관의 비협조적인 태도와 냉담한 미국 정부 및 국민의 반응 등이었다.[17] 미국인 선교사에게 교육을 받고 미국을 존경했던 그에게 이는 큰 충격이었을 것이다. 그는 당시의 국제정치 속에서 열강은 한국의 주장에 거의 관심을 가지고 있지 않다는 것을 알게 된다.

세 번째 시기는 그 후 잠시 동안 학업에 전념하게 된 그가 학업을 마치고 한국에 귀국해 있던 때이다. 이때는 마침 한국이 일본의 식민지에서 벗어난 직후이다. 그가 귀국한 이유에 이승만의 측근이었던 로버트 올리버는 서울 YMCA의 초대로 이른바 '한국청년의 조직교육 및 전도를 목적으로 한 지위'에 취임했다고 밝히고 있다.[18] 이는 학업을 끝내고 사회로 복귀한 그가 다시 '기독교 전도자'임과 동시에 '교육 우선론자'라는 본래의 자리로 돌아가려고 했던 것을 의미하고 있다. 아마도 그는 열강의 지원이 끊긴 이상, 본의 아니게 국내에서 꾸준히 개혁을 추진할 수밖에 없다고 생각했을 것이다. 이것은 이광수가 선택한 길에 가깝다고 할 수 있다. 즉 그는 일단 좌절한 자신의 노선을 다시 실행에 옮기려 했다. 그러나 결론적으로 말하자면, 이 운동에서 그는 불과 1년 만에 좌절을 맛보게 된다. 이승만이 선택한 기독교 중심의 개화노선에 대해, 일본은 한편으로 일본과 교회가 친밀한 관계라는 점을 강조해 교회가 일본에게 복종해야 한다는 선전을 하고, 다른 한편으로는 105인 사건을 통해 반일적인 한국인 기독교 지도자들을 투옥해 교회의 위신과 기능을 파괴한다. 이승만이 그동안에 구체적으로 무엇을 했는지는 알 수 없지만 확실한 점은 그가 어쩔 수 없이 다시 미국으로 건너간다는 점이다.[19]

한국 정부, 열강, 그리고 일본통치 아래의 온건적 개혁. 이승만은 이 모든 것에 기대를 걸었고, 모든 것에 배신을 당한다. 이것은 이승만이 좌절하는 과정임과 동시에 당시 상황을 타개하기 위해 길을 모색하는 과정이었다. 이것은 한국 민족운동가의 대부분이 걸어가야 했던 길이었지만 그 중에서도 그는 이를 짧은 시간 안에 경험했다고 할 수 있다. 문제는 그가 여기서부터 어떤 사상을 생산해냈으며, 또한 어떤 독립운동을 했는가 하는 것이다.

개혁으로의 지향과 이것을 가로막는 '소국'의 한계. 여기서 생각할 수 있는 선택은 크게 세 가지였다. 하나는 이 딜레마 속에 묻혀 절망감으로 운동을 단념하는 것이다. 김윤식이 걸어간 길이었다. 다음으로 생각할 수 있는 것은 한국이 '소국'이며 이 때문에 열강의 지배와 간섭을 받는 것은 어쩔 수 없다고 생각하고 현실을 고통스럽더라도 받아들여 그 안에서 장래에 한국이 '소국'의 경지에서 빠져나가는 것을 목표로 삼고, 국내에 머무르면서 개혁을 위해 노력하는 선택이다. 이광수나 주요한이 걸어간 길이다. 세 번째는 이완용의 길이다. 이것은 한국이 소국인 점을 받아들이고 먼저 열강의 밑으로 들어가는 길이다. 물론 이것은 한국 식민지화로 향하는 길이었다.

선택

오해받는 것을 감안하고 말한다면, 이승만이 선택한 길은 김윤식이나 이광수보다 오히려 이완용에 가까운 길이었다. 즉 그는 이 딜레마 속에서 더 큰 절망을 느끼면서, 국내에서 개혁을 추진하는 것보다 해외에서 적극적으로 열강의 힘을 이용하는 길을 선택했다. 로버트 올리버가 쓴 이승만의 전기에 다음과 같은 글이 있다.[20]

> 안창호나 이승만과 같은 애국애족의 선비였으나 박용만(朴容晩)은 일본에 대한 폭력혁명 없이는 한국독립은 이룰 수 없다고 굳게 믿고 있었다. 그러나 그(이승만)의 신념에 비추어볼 때, 이러한 혁명은 성공할 수 없는 일이었으며, 한국인은 무엇보다도 서방 열강의 외교적 지지와 미국인의 동정을 얻기 위해 싸워야 했다.

이승만을 비롯해 당시 미국에는 많은 민족운동가가 망명해 있었다.[21] 그들 대부분은 조국의 당시 상황에 대해서도 그랬지만, 조국을 도우려고 하지 않는 미국 정부에게도 깊이 실망했다. 그럼에도 불구하고 그들이 미국에 머무른 이유는 그곳에 한국인 이민사회가 있었으며 이를 기반으로 다시 새롭게 민족운동을 계획하려고 했기 때문이었다. 안창호나 박용만은 그들 중 대표적인 인물이었지만 이승만은 그들과 일정한 차이가 있었다. 이승만은 재미한국인사회의 운동은 어디까지나 독립운동의 보조적인 수단에 지나지 않으며 한국의 독립을 실현하기 위해서는 무엇보다도 미국을 비롯한 열강의 지원이 필요하므로 이를 얻는 것이 중요하다고 생각했다.

그 결과 군사력 증강을 중시하는 박용만과 재미한국인사회 내부의 개혁을 중시하는 안창호는 이승만과 크게 대립한다. 이승만이 이러한 선택을 하면서 가장 중요하게 생각한 점은 개화에서 물질적·군사적인 면보다도 정신적·종교적인 면이 중요하다고 여긴 것이다. 즉 그는 처음부터 군사를 중요하다고 생각하지 않았다.

두 번째로 중요한 것은 그가 일찍이 여러 번의 좌절을 경험했다는 점이다. 1895년경 미국으로 건너간 것으로 알려진 박용만이나 만민공동회에서 활약한 후 미국으로 건너간 안창호와 비교해보더라도, 미국으로 건너가기 직전의 이승만은 경력 면에서 뛰어났으며 이 때문에 그는 한국 안에서 펼쳐졌던 운동과 그 한계를 잘 이해하고 있었다. 실제로 국내에서 운동경험이 적은 박용만, 안창호 두 사람은 이승만에게 위신 면에서 한 발 양보해야 하는 상황이 있었을 것이다. 거꾸로 이승만의 입장에서 보면 이 두 사람의 운동은 불충분하게 비쳐졌을 것이다. 그에게 박용만은 모험적인 혁명주의자였으며 안창호는 일본의 진정한 힘을 모르는 정신론자였다. 어쨌든 '이러한 혁명은 성공하지 못한다'는 것이 그의 주장이었다.

이러한 그의 입장은 가끔 외세의존파로 분류된다. 그렇다면 이승만의 노선은 정말 외세의존파에 지나지 않았을까. 다음으로 이 점에 대해서 살펴보도록 하자.

제4절 소국의식과 내셔널리즘

활동 재개

이러한 설들은 정확하지 않다고 카우틸랴는 말했다. 모든 일에 그 저 복종하는 자는 마치 무리 속의 어린 양과 같아서 살아 있어도 희 망 없는 생활을 보내게 된다. 또한 소수의 군대로 싸움에 임하는 자 는 마치 배도 없이 바다에 들어가는 것과 같아서 곧 침몰할 수밖에 없을 것이다. 이들은 자신보다 훌륭한 왕에게 보호를 청하든지, 혹 은 난공불락의 요새에 들어가야 할 것이다. [22]

이승만은 어떻게 좌절에서 빠져나와 다시 활동을 전개해간 것일까. 1915년 그는 "나는 종교적·교육적인 공작(工作)에만 관심이 있다"고 밝힌다.[23] 그의 말에서도 알 수 있듯이, 이 무렵의 이승만은 그야말로 좌절의 구렁텅이에 깊이 빠져 있었으며 거의 운동을 그만두었다. 이 는 김윤식에게서 볼 수 있었던 것과 같은 현상이다.

이러한 그가 다시 본격적으로 활동을 시작한 것은 1918년이었다.[24] 이미 알고 있는 바와 같이 이 해에는 윌슨의 「14개조 평화원칙」이 발 표됐다. 윌슨이 발표한 민족자결의 원칙은 한국의 독립운동에도 큰 자극이 됐다. 그 영향은 무엇보다도 동경의 2·8선언과 한국의 3·1 운동에 단적으로 나타나 있다. 당연히 이는 윌슨을 바로 옆에서 지켜 보던 재미한국인사회도 예외는 아니었다. 가장 먼저 일어선 것은 안 창호였다. 그는 11월 25일 재미한국인사회의 유력인사들을 모아 그 자리에서 한국대표를 파리평화회의에 파견하기로 결의한다. 그리고 그들이 대표자로 선출한 사람이 바로 이승만이었다. 그 이유는 윌슨이 재임 당시 이승만이 프린스턴대학에 재학중이어서 그가 대통령과 친할 것이라고 한국인사회는 생각했던 것이다. 또한 그는 고종의 밀사로 파견됐기에 외교적 수완에도 기대가 컸을 것이다. 어쨌든 그는 다시 독립운동의 무대에 서게 된다. 문제는 이러한 그가 이 자리에서 어떤 전략을 취했는가 하는 것이다.

결론부터 말하자면 이승만이 주장한 것은 국제연맹의 위임통치였다. 이승만과 합류하기 전에 안창호 등은 이미 평화회의에 대한 청원서 원문을 작성해놓았지만 하와이에서 늦게 도착한 이승만은 이 원문에 '장래의 완전독립 보장 아래에 국제연맹에 의한 위임통치'를 요구하는 한 문장을 새로 추가시킨다. 여기에는 분명한 그의 의지가 반영되어 있었다.[25] 미국 정부는 그들의 여권발급을 거부하고 이로 인해 사절파견 계획은 좌절되지만, 당연히 이러한 이승만의 태도는 무장봉기를 주장하는 다른 독립운동 지휘자들에게 강력한 반발을 산다. 즉 그들의 입장에서 보면 이승만은 일본이 아니라 미국을 비롯한 서양 열강에게 나라를 되파는 '제2의 이완용'이라고 여겨진 것이다. 상하이의 임시정부는 자신들이 대통령으로 뽑은 이승만[26]을 민족의 반역자로 강하게 비판했다. 그래서 한번은 이승만이 상하이에서 대통령으로서의 직무를 시작했으나 도망치듯 미국으로 돌아간 적도 있었다.[27]

여기서 한국이 일본에서 해방된 후에 이승만 일행이 전개한 '신탁통치반대운동'이 떠오를 것이다. 즉 이승만은 훗날 열강에 의한 위임통치를 반대하지만, 이 시대에는 찬성했던 것이다. 그렇다면 1919년과 1945년 사이에 이승만의 사상은 어떻게 변화해갔을까.

'인정해야만 하는 외교'

로버트 올리버는 이승만 전기에서 이 시절 이승만의 활동을 기술한 부분에 「인정해야만 하는 외교」라는 제목을 붙였다.[28] 이 시대 그의 활동은 그렇게 불리는 것이 정확했다. 열강은 이승만이 칭하는 '대한민국 임시정부 대통령'이라는 지위에 아무런 주의도 기울이려고 하지 않았다. 그의 외교를 인정하려고 하지 않았던 것은 열강뿐만이 아니었다. 이승만의 위임통치 노선과 독단적인 자세를 비난하는 임시정부는 마침내 1925년 이승만을 대통령직에서 파면한다. 계속해서 임시정부는 이승만이 장악했던 구미위원부 폐지령을 공포함으로써 이승만과의 관계를 단절하게 된다.[29]

이 시대의 이승만은 자신을 지지하던 재미한국인 외에는 억울함을 호소할 대상이 없었다. 곤란한 것은 이뿐만이 아니었다. 이러한 일들이 벌어진 결과 그가 주장해온 비무장노선과 대미의존노선 자체가 무너진 것이다. 비무장노선의 한계는 3·1운동에 대한 일본의 격렬한 탄압에 의해서, 그리고 대미의존노선의 한계는 미국의 무관심에 의해서 드러나게 된다.

그럼에도 불구하고 그는 이때 굴곡은 있었을지언정 운동을 계속했다. 그리고 그는 비무장노선과 대미의존노선이라는 자신의 입장을 바꾸지 않았다. 이것이 그가 자신의 주장에 대한 논리의 구성을 바꿀 필요가 없었다는 것을 의미하지는 않는다. 그가 운동의 성공을 결심한 이상 그는 자신의 설명원리를 바꿀 수밖에 없었던 것이다. 파리평화회의 당시에 이승만은 한국의 위임통치를 주장했다. 이것은 한국에게 곧바로 독립할 힘이 없으며 열강의 보호 없이는 '자치'를 유지하기 힘들다고 생각했기 때문이었다. 여기에는 한국이 열강에게 보호를 '간

청'할 수밖에 없는 약한 입장이라는 인식이 있었다. 한국이 약한 입장이라면 한국은 열강과 현실의 국제사회에 어느 정도 '양보'를 할 수밖에 없는 것이었다. 그러나 이승만은 이러한 인식을 서서히 변화시켜 갔다. 이 변화는 1930년대에 들어서 현저해진다. 처음으로 그가 역설한 것은 '한국을 돕는 것은 열강의 이익이 된다'는 것이었다. 그는 다음과 같이 말했다.[30]

연기하는 것은 해결이 아니다. 산불은 혼자서 끌 수 없다. 산불은 점점 다가오고 있다. 몇 년 전만 해도 소동은 아주 작은 속삭임으로밖에 들리지 않았다. (중략) 미국인은 이미 열기를 느끼고 있다. 평화롭고 한가롭게 지내지 못할 정도로 바짝 다가와 있다.

산불이란 일본의 위협을 의미한다. 이전에는 일본은 그리 강한 국가가 아니었으며 미국은 일본을 간단히 무너뜨릴 수 있었을 것이다. 그러나 일본이 점점 강해지고 있기에 이대로라면 이 위협이 마침내 미국에게도 미칠 것이다. 그리고 이것은 예전에 한국이 걸어온 길이었던 것이다. 일본을 동방의 야만국으로 경시했던 한국이 어느새 일본의 속국이 된 것처럼 이번에는 미국이 일본에게 편입될지도 모르는 일이었다. 미국이 일어서려면 기회는 지금밖에 없다. 일어서서 한국인 그리고 중국인과 함께 싸워야 한다.

여기서는 미국에게 아첨을 해야만 하는 한국의 모습이 존재하지 않는다. 미국에게 한국은 함께 싸워야 할 친구임과 동시에 경계해야 할 대상인 일본과 계속해서 싸우고 있는 존경스러운 베테랑이었다. 한국은 미국에게 그 위협을 '가르치는' 입장이었으며 오히려 미국보다 '높은' 위치에 서 있었다.

이승만의 논리는 여기서 끝나지 않았다. 분명히 이 논리에서도 미국이 '한국을 위해 싸워야 한다'고 충분히 주장할 수 있다. 그러나 이것만으로는 단순하게 이득을 노리고 미국인에게 접근했다고밖에 할 수 없다. 진정한 가치가 있는 운동으로 만들기 위해서는 논리적인 뒷받침이 필요하다.

이승만은 여기서 한국이 소국이라는 것을 반대로 이용한다. 예를 들면 이 논리는 다음과 같다.

한국민은 국가를 자율적으로 운영할 수 없기에 미국에게 중재권을 의뢰했으며, 미국이 한국을 위해 무슨 일을 하더라도 소용없다는 논법에는 전혀 근거가 없다. 만약 한국이 완벽하게 스스로를 방어할 수 있다면 그들은 미국이나 그의 국가에게 과연 무엇을 위해서 원조를 받았다는 말인가. 인간들에게 우호적인 원조를 가장 필요로 하는 경우란 과연 어떤 경우일까. 자신이 적보다 훨씬 강할 경우에도 필요로 한다고 생각하는가.[31]

여기서는 의뢰를 받는 쪽과의 입장이 역전됐다. 이를 설명하자면 다음과 같다. "분명히 한국은 소국이다. 소국인 이상 거대한 위협 앞에서는 스스로를 방어할 수 없지만 이것은 결코 부끄러운 일이 아니다. 이러한 것은 한국이 소국인 이상 처음부터 알고 있는 일이며 이것은 한국의 책임이 아니다. 오히려 나쁜 쪽은 이러한 소국을 못 본 체하는 대국이며, 이러한 대국은 침략자와 똑같이 나쁘다." 이러한 이승만의 논리를 로버트 올리버는 다음과 같이 정리한다.[32]

그는 양 국가들이 약소국가의 주장보다도 강대국의 주장을 당연한 듯이 중시하는, 그야말로 이해하기 힘든 논리에 대해서 항상 분노와 의구심을 가질 수밖에 없었다. (중략) 그의 견해에 따르면 역사는 이러한 논리가 전쟁을 초래할 뿐이라는 사실을 증명하고 있다고 한다.

이승만의 논리에 의하면 더이상 한국은 대국의 원조를 '간청'하지 않는다. 오히려 이것은 당연한 권리로서 요구하고 있는 것이며 대국이 이에 부응하는 것은 당연한 일이다. 여기서 한국은 대국보다 우월한 입장에 서 있다. 한국이 소국이라는 사실은 더이상 결점이 되지 않았다. 왜냐하면 국제사회에서 선악을 판단하는 권리가 한국 쪽에 있기 때문이다.

이렇게 해서 이승만은 자신의 사상을 방어해줄 수 있는 요새에 숨을 수 있었다. 해방 후 가끔씩 미국을 괴롭혔던 이승만의 독단적인 자세는 이 무렵부터 서서히 두드러지게 된다. 좀더 정확하게 말하자면 임시정부에 대한 태도에서 볼 수 있었던 것처럼 그때까지 이승만은 한국 정부와 동지들에게는 뻐딱한 태도를 보인 적도 많았으나 미국인이나 미국 정부에게는 정중한 태도를 보였다. 그러나 그는 이 논리를 확립하면서 미국에 대해서도 거만해질 수가 있었다.

이것이 가장 두드러지게 된 것은, 물론 그가 독립 한국의 초대 대통령에 취임했을 때부터이다. 그렇다면 독립 이후 이승만은 자신의 이념을 어떻게 현실로 옮겼을까. 다음으로 독립 후 이승만에 대해서 살펴보도록 하자.

제5절 대통령 이승만

'미국의 적'

그렇기에 그의 일상 시간은 낙천적인 미래에 대한 희망이나 낭만적인 회상으로 채워지지는 않았다. 오히려 그에게 중요한 것은 참고 기다리는 것이었다. 좋은 기회가 올 때까지 그저 차분히 기다리는 것이다. 사실 천년왕국론자에게 미래의 천년왕국 따위는 그리 중요치 않았다.[33]

미국에게 이승만은 항상 귀찮은 존재였다. 태평양전쟁 개전 후에도 그는 집요하게 '한국의 망명정권'에 대한 미국 정부의 원조를 계속해서 요구했으며, 미국 국무성은 이러한 요구를 전부 거절했다. 1943년에도 당시 미국의 코델 헐 국무장관이 이승만에게 "자국의 자유를 위해 전쟁을 하지 않는 국가는 미국의 원조 대상이 되지 않는다"[34]고 전한 사실이 알려져 있는데 여기에서도 미국이 이승만 일행의 운동을 어떻게 생각했는지 알 수 있다.

미국에게 더욱 귀찮았던 것은 이러한 미국의 태도에도 불구하고 이승만이 항상 '친미파'로 남아 있었다는 것이다. 이 상황은 광복 후에도 변하지 않았다. 임시정부 초대 대통령이 된 이승만은 미국과 다른 지역에서도 독립운동가로서 명성이 높았으며, 특히 박용만과 안창호가 실패한 후에는 재미한국인사회에서 그의 지위를 위협하는 사람이 없었다. 조만식(曺晚植)을 비롯한 한반도 북부의 지도자들은 이미 소련의 감독 아래에 있었으며, 중국에 본거지를 두고 있는 운동가들은 미국 입장에서 보자면 경계의 대상같이 보였다. 공산당을 제외한 국내 지도자들은 정도의 차이는 있었으나 일본과 관계를 맺고 있었으며 신생독립 한국을 떠맡기에는 적절치 않았다. 소련이 자신들이 숨겨놓은 무기로 전설적인 명장 '김일성'을 내세운 이상 미국으로서도 이에 대항할 카드가 필요했다.

'김일성'에게 대항하기 위해 미국이 빼든 카드는, 사실상 한국인의 첫 철학박사이자 임시정부의 초대 대통령이며 반공주의자35)를 자인하고 있는 '친미파'인 이승만밖에 없었다. 이승만은 광복 한국의 지도자로서 부상하게 되지만, 그렇다고 이로 인해 그가 미국에게 맹목적인 충성을 맹세한 것은 아니다. 아니, 현실에서는 1945년 귀국 후부터 6 · 25전쟁이 발발한 1950년까지도 미국에게 이승만은 항상 골칫거리였다. 그는 귀국하자마자 미영소 3대국이 모스크바에서 결정한 한국 신탁통치안에 반대운동을 했다. 한 논자는 이것을 '대미독립전쟁'이라고 부를 정도인데, 이는 그때까지만 해도 완전한 대소련 강경노선을 취하지 못하고 있었던 미국 정부를 필요 이상으로 자극하는 것이었다. 당시 한반도 군정의 최고책임자였던 존 하지는 이러한 이승만을 '미국의 적'이라고까지 평가했다고 한다.36)

미국과 이승만의 두 번째 대립은 '북벌(北伐)'을 둘러싼 문제이다. '북벌'이란 한국이 북한을 군사적으로 침공하는 것을 의미하는 것으로 이승만정권이 1949년에 들어서 강하게 주장한다. 이승만 일행이 이것을 어느 정도까지 신중하게 생각하고 있었는지는 의문이지만37) 어쨌든 이승만의 북벌 주장은 신생 중국에 대한 태도를 결정하다 지쳐버린 미국에게 결코 바람직한 것이 아니었다. 본래 전쟁개시 후에 밝혀지지만 당시 한국군에는 북한에 대항할 만한 힘이 전혀 없었다.

주장과 현실과 행운과

이승만은 6 · 25전쟁 후에도 대일강화(對日講和)나 경제원조를 둘러 싸고 미국과 번번이 격렬하게 대립한다. 존 포스터 덜레스는 이러한 이승만에 대해서 "귀하는 너무 제멋대로이다"라고 했다고 한다. 이러 한 상황을 볼 때 이승만은 대일전쟁시대와 같이 이때에도 당시의 한 미관계에서 보면 도저히 미국 쪽이 받아들이기 힘든 주장을 계속 했 다고 할 수 있다.[38] 그러나 중요한 점은 어떠한 경우일지라도 이승만 이 주장한 것이—어디까지나 결과론적이기는 하지만—실현됐다는 것이다. 한국의 독립을 가져온 것은 객관적으로 볼 때 무력에 의한 독 립투쟁이나 한반도 내부 재외한국인사회의 자력갱생이 아닌 미국의 군사력이었다. 미국이 한반도를 해방시키기 위해서 일본과 전쟁을 한 것이 아니어도 결과적으로 이렇게 됐다. 3대국이 정한 신탁통치에 대 한 반대운동은 한층 더 곤란한 문제라고 여겨졌지만 이것도 냉전화가 진행됨에 따라 이승만의 주장은 실현됐다. 북벌과 이를 위한 군사력 강화의 주장은 6 · 25전쟁의 발발로 인해 실현됐다.

이승만은 항상 '친미파'였다. 그러나 미국은 진정한 의미의 친이승 만적이었던 시기가 거의 없었다. 그럼에도 불구하고 그는 미국의 지 원을 이끌어냈으며, 한때 철수를 검토하던 미국을 다시 한국으로 불 러들였다. 이승만은 분명히 성공한 것이다.

그의 방식은 경제 면에서도 똑같았다. 이승만은 미국에게 노골적으 로 지원을 요청하지는 않았지만 한국재정에서 차지하는 미국 원조의 비중은, 6 · 25전쟁이라는 비상사태가 중간에 발생했다는 것을 감안 하더라도, 매년 꾸준히 상승해갔다.(표 8-1) 이것은 그 시대 대부분의 개도국 지도자들이 '자력갱생'을 목표로 삼았던 것과는 반대의 길이

회계 연도	조세	전매 이익금	세외 잡수입	특별회계 전입	국채	산복(産復) 국채	차입금	외국 원조	총세입	조세/ 세입	원조/ 세입
연도	백만원	백만원	백만원	백만원	백만원	백만원	백만원	백만원	백만원	%	%
1949	14	15	4	8	9			45	0.2	91	15.3	0.2
1950	43	16	6	18			153	13	248	17.3	5.2
1951	392	88	55	77	40				653	60	0
1952	966	293	139	386	120			307	2,212	43.6	13.8
1953	2,057	400	305	402	203	500	2,020	796	6,683	30.7	11.9
1954	5,143	585	550	223	334	1,294	2,320	4,470	14,920	34.4	29.9
1955	10,938	1,000	1,962	96	1,368	1,961		15,053	32,378	33.7	46.4
1957	11,590	1,620	1,348	13	1,523	2,964	950	22,451	42,459	27.2	52.8
1958	14,349	2,121	1,782		1,800	849	2,230	24,580	47,711	30	51.5
1959	21,598	2,270	1,412		500	210	640	18,910	45,540	47.4	41.5

* 재무부 이재과 편, 『우리나라 재정구조와 정책개관』, 재무부, 1967, 36~37쪽의 그림을 근거로 작성함. 또한 1956년도의 수치는 회계연도 개편으로 없고, 1955년도가 18개월 간으로 되어 있다. 각 수치는 결산 수치를 표시한 것이다.

었다. 이러한 미국의 원조에 대해서 이승만은 다음과 같이 밝히고 있다.[39]

기회가 있을 때마다 이 문제에 대해서 우리들의 입장을 알리는 것은 조금도 부끄러운 일이 아니라는 것에 대해 말해두고 싶다. 두 강대국이 현재와 같은 상황을 만들었기 때문에, 지금 우리는 세계 어느 나라보다도 무기와 군비가 필요하다. 동시에 미국은 우리들에 대해 책임이 있기 때문에 어떤 국민들보다도 우리들을 무장시켜야 할 많은 이유가 있다. 우리들에게는 세계의 어떤 나라보다도 더 많은 무기를 요구할 정당하고 충분한 이유가 있는 것이다. 왜냐하면 한반도 북부를 소련군이 점령하도록 한 것은 바로 미국이며 지금까지 우리들이 자위를 위해 방어를 강화하는 것을 방해한 것도 미국이기 때문이다.

또한 이승만은 다음과 같이 밝힌다.[40)]

이렇게 말하면 이것은 (원조국에 대한) 배은망덕한 일이라고 하는 사람도 있다. 그러나 우리에게 원조해 준 미국인의 목적은 우리 경제를 부흥시키는 것이었다. (중략) 이 때문에 명목적으로는 우리들이 실제적인 원조의 대상이지만 그 이익은 다른 나라로 돌아가버린다.

이승만은 미국 원조의 그 방법과 액수에 항상 불만을 드러냈다. 이것이 그가 미국을 배척한다는 의미는 아니다. 문장은 다음과 같이 끝맺고 있다.[41)]

그러나 우리 민중이 모두 알아야 할 사실은 이것이 미국 정부나 미국인의 행위에 의한 결과가 아니라 그 사이에 일본을 도우려는 사람의 자의가 개재해 있었기 때문이다. 우리들은 미국 정부 당국과 미국 국민에게 조금이라도 의혹을 품어서는 안 된다.

우리들은 지금까지 문제를 하나 남겨놓았다. 그것은 바로 이승만이 한국의 근대화를 어떻게 해석했으며, 무엇에 한국인의 자부심을 두었는지 하는 점이다. 이 문제의 열쇠는 바로 이 문장 속에 있다. 다음으로 절을 바꾸어 이 섬에 내애서 분식게보도록 하기.

제6절 비교의 내셔널리즘

'민족'의 결여

여기서 부자연스러운 우월감 문제로 들어간다. 모든 민족집단은 자신의 요구와 맞지 않는 요구를 가진 이웃 민족집단의 역사와 비교해서, 적어도 같은 길이와 같은 빛을 지닌 역사를 만들어내기 위해 노력해왔다.[42]

제1절에서 기술한 바와 같이 이승만은 근대화를 이루기 위한 물질적인 변화에는 관심이 적었던 반면 정신적으로는 계속해서 민족으로서의 한국인 개조를 역설했다. 그리고 그의 이러한 점은 대통령 취임 후에도 바뀌지 않았다. 이러한 그가 대통령 취임 후 제창한 것이 '일민주의(一民主義)' 사상이다. 쑨원(孫文)의 삼민주의를 의식해 이름지은 것이 확실한데, 이 사상의 주장은 간단하다. 한국인은 이때까지 독립운동이나 다른 경우에도 기회 있을 때마다 내부대립을 반복해왔는데 앞으로 그래서는 안 된다는 것이다. 즉 한국 국민들은 하나의 평등한 백성으로서 단결해야 한다고 하고 있다.[43]

대대적으로 선언된 이 독립 한국 최초의 공적 이데올로기 속에는 민족 고유의 요소가 놀랄 정도로 적었다. 여기서 그려진 전통적인 한국의 모습이란 지역이나 당파가 대립을 반복하는 것이었으며 칭찬이라고 볼 수 있는 표현은 찾을 수 없었다. 이외에 이 시대의 그가 자주 언급했던 '전통'으로는 유교를 들 수 있지만 이 경우에도 유교가 한국의 전통이었기 때문이라기보다는 그것이 근대적으로 적합했기 때문에, 그리고 서양문명에는 결여되어 있는 (한국문명의 것이 아니라) 동양문명 고유의 가치를 나타내고 있기 때문이지, 내셔널적인 것이라는 관점에서 논해진 것은 아니었다. 그의 연설에 대해서도 같은 이야기를 할 수 있다. 물론 예를 들면 전통예술이나 한글 등 찬양해야 할 일에 대해 이야기한 적이 없었던 것은 아니지만 이들은 단편적으로만 언급됐던 것이며 하나로 정리된 이데올로기로 통합되어 있지는 않았다.

한국의 한 논자는 이러한 이승만의 사상을 평가하면서 "그는 반공을 대신하는 어떤 이념이나 '비전'을 제시할 수가 없었다"고 밝힌다.[44] 여기서 우리가 간과해서는 안 되는 점은 적어도 이승만은—아니, 이승만도—한국 내셔널리즘의 축을 찾지 못했다는 것이다. 이것은 전쟁 전 일본의 경우와 비교해보면 분명하다. 제2차 세계대전 이전의 일본의 내셔널리즘은 두 개의 명확한 축을 가지고 있었다. 하나는 말할 나위도 없이 천왕이라는 축이다. 여기서 천왕이 중국의 황제를 모방해서 만든 개념이라는 것이 중요하다. 즉 신이며 황제인 천황이란 단순하게 국내적으로만 통용되는 가치가 아니라 그 신성함을 세계적으로도 주장할 수 있는 것이라고 생각하고 있었다. 그리고 이러한 성스러움은 '만세일계(萬世一系)'라는 말로 수식됐다. 두 번째 요소는 제국불패의 신화이다. 두 번째 요소는 일본이 군사 면에서 패배한 적이 없다는 메이지 이후의 역사적 경험에 의해서 강화된 것으로, 첫 번째 요소와 어우러져 일본의 내셔널리즘이 스스로를 세계에서 가장 뛰어난 민족이라고 주장할 때의 근거로써 사용됐다.

한국의 내셔널리즘에는 이러한 요소가 없었다. 한글의 위대함은 후에 크게 선전되기는 하지만, 이것 때문에 한국인이 세계에서 가장 뛰어나다는 말은 듣지 못했다. 한국의 내셔널리즘은 일본과는 달리 스스로를 세계 제일로 만드는 절대적인 논리를 가지고 있지 않았다. 이것은 어떤 의미에서 건전했다. 그러나 내셔널리즘이 스스로의 민족을 찬양한다면, 네이션도 스스로를 찬양하는 논리를 가져야 한다. 자신들을 찬양할 수 없는 네이션은 자신들이 국가를 가져야만 하는 이유를 설명할 수 없으며, 이 때문에 찬양 없는 네이션 의식을 바탕으로 하는 내셔널리즘은 약체가 될 수밖에 없다. 그렇다면 한국은 어떻게 스스로의 네이션에 대한 찬양의 기반을 찾아냈을까.

일본이라는 대체물

이승만은 이 점에 대해서도 대통령 재임 시절에 일관된 태도를 유지했다. 즉 그는 절대적인 논리를 제시해 민족의 위대함을 알릴 수는 없었다 할지라도 자민족을 끈질기게 다른 민족과 '비교'해가며 끝까지 일관된 태도를 취했다. 이 태도는 그의 초기 저서인 『독립정신』에도 나타나 있다. 이 책에서 그는 한국의 전근대사를 개관(槪觀)하고 있지만 여기서 한국이란 외적의 위협과 용감하게 싸우는 한국이며 또한 여기서 승리하는 한국이었다. 그 결과 그가 한국이 독립할 수 있는 힘을 가지고 있다는 결론에 도달했다는 것은 앞에서 이미 기술했다. 그는 '그렇기 때문에 한국은 세계 제일이다'라는 논리를 전개하지 않았다. 즉 한국이란 다른 나라와 비교해서 우월한 존재이지만 그 이상 다른 부분에서 초월한 존재는 아니었다.

한마디로 말하자면 이승만에게 한국의 위대함은 다른 나라와의 비교에 의해서 증명되는 것이었다. 이것을 '비교의 내셔널리즘'이라고도 할 수 있지 않을까. 당초 그 비교 대상은 특정 국가뿐만이 아니었다. 그러나 1940년경이 되자 대상은 명확하게 하나로 좁혀진다. 물론 그것은 일본이었다. 실제로 독립 뒤 이승만의 연설에서도 일본의 위협을 빈번하게 밝히고 있다. 앞절에서 언급한 연설은 그 예라고 할 수 있을 것이다. 그 결과 이승만에게 일본은 몹시 흉악한 이미지로 그려지게 됐다.

이승만의 반일사상을 평가하는 것은 이 장의 목적이 아니다.[45] 그렇지만 그가 민족단결을 역설하고 찬양하는 데 일본의 존재를 빼놓을 수는 없었다. 이승만 라인에게서 볼 수 있는 것처럼 그의 대일정책은 당시 필요 이상으로 도발적이었으며 이 때문에 이 시절의 한일관계는 험악해질 수밖에 없었다. 그러나 이승만에게는 일본과의 긴장감이야말로 한국의 국민통치의 필요성을 역설하는 최대의 근거이며 일본에 대한 투쟁의 역사야말로 한국인과 자신들을 찬양하기 위해서 필요한 것이었다. 그리고 이 논리가 의미를 가지기 위해서는 일본은 항상 악하며 강대할 수밖에 없었다. 일본이 강대해야만 한국인이 단결할 필요가 생겨난다. 그리고 이러한 일본에게 승리를 거둠으로써 네이션의 가치는 비약적으로 높아지는 것이다.

지금까지 이승만의 내셔널리즘에 대해서 간단하게나마 정리해보았다. 그렇다면 이러한 이승만의 사상을 어떻게 총정리해야 할 것인가. 마지막으로 이 점에 대해서 언급해보고 마무리 짓도록 하자.

제7절 '소국형 내셔널리즘'의 형성과 '성공'

이렇게 해서 마침내 충족되어야 할 것은 더이상 필요가 아니라 의견이 됐다.[46]

필자는 이 장에서 이승만의 내셔널리즘에 대해 다양한 각도에서 접근했다. 많은 독자들은 다음과 같이 물을 것이다. 소국이라는 점을 역으로 이용한 논의든, 반일사상을 중심에 놓은 것이든 이러한 점들은 대부분 조선/한국의 많은 사상가들에게서도 찾아볼 수 있는 현상이지 않은가. 이승만의 특수성은 대체 어디에서 찾을 수 있을까.

이러한 질문에 대해 다음과 같이 대답하고자 한다. 확실히 이러한 점들은 이승만에게서만 보이는 특징들은 아니다.[47] 대부분이 그의 발상이라기보다 아마도 그보다 앞선 사상가들이 시사했던 점들을 그가 받아들인 것이어서 이론의 구조도 실제로 비슷하다. 그러나 중요한 것은 그가 이러한 입장을 광복 때까지 일관되게 주장했다는 점이다.

광복 때까지 이승만의 주장은 그 현실 가능성을 생각한다면 돈키호테적인 면까지 보인다. 그러나 한국의 독립은 결과적으로 이승만이 주장한 대로 한국인의 힘으로가 아니라 열강, 그것도 그가 부탁한 미국의 힘으로 이루었다. 결과적인 이야기이기는 하나 그는 옳았던 것이며 독립 한국의 초대 대통령에 그가 취임한 것은 이러한 의미에서 당연했다고 볼 수 있다. 그는 이후에도 일관되게 행동한다. 이승만은 일이 있을 때마다 미국에 이의를 제기해 결국 미국은 이승만의 의도대로 움직이게 된다. 그러나 이는 최후의 한번을 제외했을 때의 이야기이다.

그의 성공은 그 자신의 힘만으로 이루어진 것이 아니다. 그의 주장이 현실 가능성 면에서 정말 의미를 가진 경우는 신탁통치반대운동 등 한정된 경우였으며 대부분의 결과는 국제정세에 의해 외부에서 우연히 흘러들어온 경우였다. 이러한 의미에서 그는 행운아였다. 그러나 동시에 중요한 점은 이렇게 행운아였던 점이야말로 이승만이 스스로 뜻을 굽히지 않고 민족의 자존심을 계속해서 주장할 수 있었다는 점이다. 예를 들면 이승만은 천동설(天動說)을 주장했다. 세계가 한국을 중심으로 돌고 있을 리 없었지만 그는 이렇게 설명함으로써 사람들의 의식 속에 한국을 세계의 중심에 놓았다. 사실과는 약간 다르긴 했지만 그의 학설은 적어도 1960년까지 깨어지지 않았다.

이승만의 내셔널리즘이 갖는 의미를 또 하나 언급하자면, 그의 내셔널리즘은 '외세의존형'의 귀결점이며, 그는 한국이 당시 개발도상국 노선의 주류였던 자력갱생의 길을 가지 않도록 이끌었다. 이승만정권 아래의 한국은 재정·경제 등 여러 면에서 미국에 크게 의존하고 있었으며, 이러한 체제는 인도와 중국, 이집트 등 이른바 개발도상국의 기수(旗手)를 자인하고 있던 나라들이 지향하던 것과는 대조적이었다. 중요한 점은 이러한 이승만 체제의 정치·경제가 1960년대 이후 한국의 정치·경제로 이어진다는 것이다. 이승만정권의 퇴진 후 장면정권과 박정희정권이 많은 외자를 필요로 하고, 한국인들이 그러한 정부의 방식에 의문을 갖지 않은 것은 이미 이승만시대부터 한국 경제는 외부와의 관계없이는 지탱할 수 없게 됐기 때문이다. 만일 이승만이 자력갱생노선을 걸었더라면 박정희정권이 외자도입을 단행하는 일은 없었을지도 모르며, 아마 그렇게 됐다면 더 곤란했을지 모른다.

이승만은 외부에서 원조받는 것을 당연시했으며 이를 정당화하는 데도 성공했다. 독립이 외부의 힘에 의해 실현된 것처럼, 한국의 경제발전도 외부의 힘을 이용하여 실현됐다. 너무 늦은 감은 있으나 다시 한번 이승만의 주장은 현실화됐다. 우리는 이것이 의미하는 바에 대해 생각해볼 필요가 있지 않을까.

맺음말을 대신하여

    여기에 절망에 빠진 한 사람이 있다고 하자. 이 사람은 자신의 절망을 알고 있을 것이므로 절망이라는 것이 마치 그의 몸을 뒤덮고 있는 것같이 이야기하지는 말자—이 시점에서 그는 전력을 다해 일어나 자신의 힘으로, 단 한 사람 자기 자신만의 힘으로 절망에서 벗어나려고 한다면, 이때 그는 정말 절망 속에 있게 될 것이며 자신은 전력을 다해 노력하려고 했더라도 노력하면 할수록 더욱 깊은 절망 속으로 빠져들게 될 것이다.[1]

    위의 글은 쇠렌 키에르케고르의 유명한 저작 『죽음에 이르는 병』의 제1절에 있는 내용이다. 그는 이렇게 이야기한다. 인간은 스스로가 스스로를 소유하고 있지 않다는 것을 자각하고 절망한다. 그러나 이는 아직 절망의 시작일 뿐이다. 절망이 진짜 깊어져 '죽음에 이르는' 것은 인간이 자기 자신을 소유하고 있지 못하다는 것을 알고 자신을 소유하고자 전력으로 노력하는 과정, 실로 그 과정에 있다.

    개인과 집단을 안일하게 동일시하는 것은 위험한 일이다. 그러나 이 책에서 지금까지 이야기해온 조선/한국 내셔널리즘의 형성과정은 실로 전근대로부터 계승한 것이나, 네이션이라는 이름의 '근대적'인 자아를 발견하고 확립해가는 과정이었다고도 할 수 있을 것이다. 이 과정은 개인에게 그러했듯이 네이션에게도, 자신을 발견하는 과정보다 자신을 확립해가는 과정에 더 많은 어려움이 따른다.

즉 조선/한국의 네이션은 세계적으로 거의 예를 찾아볼 수 없을 정도로 동질성을 보인다. 여기서 중요한 점은 우선 전근대사회에서 이미 국제적인 '세로벽'이 형성됐으며, 그 결과 주로 양반층을 중심으로 한 '세로벽' 내부에서 순례권이 성립됐다는 점이다. 두 번째로 '가로벽'은 근대 이후의 정치적 · 경제적, 그리고 사회적인 상황이 재지유력자가 정치세력으로 성장하는 것을 방해하는 한편, 마지막까지 남아있던 특권층 즉 구왕조 지배층이 항일운동과 자본주의의 진전 속에서 정치적 · 경제적 존재기반을 잃어버리게 한다. 이로써 새로운 조선/한국 '근대'사회는 다른 나라에 비해 특징적이고 유동적이면서도 비교적 균질적인 것이 된다.

네이션 의식의 형성도 그 모체 형성이 약간 늦기는 했으나 순조롭게 진행됐다. 여기서 중요한 점은 일본이라는 '적'의 존재였다. 일본의 존재는 종래 확실히 구별됐던 '신하(臣)'와 '백성(民)'을 우선 '사직'이라는 논리로 단결시켰으며, 구왕조 지배층이 일본에 굴복함으로 인해 이 '신민(臣民)'은 '왕조'에서 탈피한다. '우리들이야말로 네이션이며 그러므로 우리들이야말로 국가를 짊어져야 할 존재이다.' 조선/한국의 네이션은 이 시점에서 확실한 존재감을 드러내게 된다.

문제는 여기서부터 시작된다. 즉 근대화와 항일운동이라는 '내셔널리즘운동'이 대국의 억압과 스스로의 역량 부족으로 계속 좌절됐으며, 조선/한국인들은 이렇게 좌절할 때마다 조공시대부터 이어져온 자신들의 '소국의식'과 정면으로 부딪칠 수밖에 없다. 이렇게 계속해서 확인되는 '소국의식'은 조선/한국의 근대화에 찬물을 끼얹는 것이었음은 물론이며, 이 소국의식의 재확인과정에서 국민들은 강한 실망감을 느낀다. 이로 인해 그들은 현실에 안주하기보다는 일본의 주도 아래에서라도 '개혁'을 이루거나, 혹은 스스로가 중요하다고 생각하는 무언가만 지켜진다면 아무것도 안 하는 것보다는 나을 것이라 생각하게 된다. 때문에 친일파로 전락하는 사람들도 생겨났다. 소국의식이 네이션의 국가에 대한 열망을 약화시키고 자부심이 형성되는 것을 저해한 것이다. 이는 한 네이션이 내셔널리즘을 확립해가는 데에 자신을 상찬하는 논리를 어떻게 확보할 것인지가 얼마나 중요하며 동시에 얼마나 힘든 일인지를 보여준다. 친일파의 말로가 대변하고 있는 것처럼, 내셔널리즘의 커다란 흐름 속에서 자국에 대한 '절망', 이는 실로 그들을 정치적으로, 그리고 사회적으로 때로는 육체적으로 '죽음에 이르게' 한 것이다.

이승만의 예에서 단적으로 볼 수 있는 것처럼 조선/한국 내셔널리즘에서 '절망이라는 이름의 병'은 '한국이 소국이기 때문에 대국은 한국을 원조할 의무가 있다'라는 소국의식이었으나, 이는 국가로서의 자부심을 가질 수 있는 논리가 확보됨에 따라 우선 해소된다. 언뜻 보면 기묘하면서도 강력한 이 논리는 오늘날 한국인의 주장에서도 볼 수 있다. 예를 들면 한국은 독도 문제에 관해 정당성을 확신하면서도 국제사법재판소의 제소에 응하려 하지 않는다. 이러한 한국 정부의 태도는 국제무대에서 소국인 한국의 주장이 관철되기 쉽지 않다는 소국의식에 기반한 정치적 판단이라고 볼 수도 있다. 또한 해외로 수출 공세를 하면서도 자국의 외국산 자동차 수입에는 난색을 표하는 한국

자동차업계 및 노동계의 논리에서도 우리는 이승만의 생각과 유사한 점을 찾아볼 수 있다.

'소국의식'과 내셔널리즘의 사이에 가로막고 있는 '절망'을 한국적으로 '해결'한다. 이는 직접적으로 자국의 내셔널리즘에 상처를 입히지 않고 '대국'에서 원조를 받을 수 있게 했다. 정부 및 민간 쌍방이 외자 유치를 통해 실현한 1960년대 이후의 눈부신 경제발전은 한국 내셔널리즘의 독특한 논리로 이해할 수 있다. 바꾸어 말하면 이승만의 예에서 전형적으로 볼 수 있는 한국 내셔널리즘의 독특한 '소국' 논리야말로 한국이 중남미 국가들과는 달리, 한발 앞서 수입대체정책에서 수출지향정책으로 정책을 전환하여 NIES의 일원이 될 수 있게 한 것이다.

그러나 이러한 한국의 독특한 내셔널리즘은 오늘날 다시 기로에 서게 됐다. 한국의 내셔널리즘은 내셔널리즘이 형성되는 과정 속에서 근대화라는 과제, 자국의 '국가'로서의 능력의 한계, 열악한 국제환경, 그리고 스스로 부여한 '자의식'을 가로막고 있는 거대한 모순을 극복하고 눈부신 성공을 거둔 바 있다. 그 결과가 바로 앞서 말한 경제성장이며, 오늘날 OECD의 가입국으로 우뚝 선 한국이다. 그러나 이러한 경제성장의 성과, 즉 국제경제에서 한국경제가 차지하고 있는 중요성, 그리고 그 결과로 얻게 된 정치적 발언권의 확대야말로 오늘날 국제사회에서 한국이 종전과 같은 '소국의 논리'를 내세우기 힘들게 하고 있다. 한국은 진정한 선진국 대열에 합류하기 바로 직전에 있다. 국제사회에 좌지우지되던 '소국'에서 영향력 있는 '대국'으로 가고 있는 한국. 자국의 국제사회에서의 위치를 어떻게 바꾸어갈 것인가, 그리고 소국의식을 어떻게 극복하고 전환해갈 것인가. 한국은 지금 새로운 전환을 재촉받고 있다.[2]

필자에게 이 책의 핵심을 꼽으라 한다면, 다음과 같은 점을 말하고 싶다. 내셔널리즘의 형성과정에서 겪는 고뇌와 '절망'은 네이션이 사람들의 의식 속에서 생겨나고 또한 근대에 들어서서 새롭게 '발견'되는 것인 한, 그 정도의 차이는 있을지언정 다른 국가들과 공통된 것이 아닐까. 우리들이 여기서 잊어서는 안 될 점은 내셔널리즘의 형성과정에서 전근대와 상당히 동질적인 문화를 가지고 있던 한국은 세계의 다른 지역과 비교해 압도적으로 유리한 조건을 갖추고 있었다는 점이다. 그러나 이러한 한국에서도 내셔널리즘 형성에 이르기까지의 여정은 매우 험난했으며, 때문에 대부분의 다른 국가에서는 그 여정이 더욱 험난했을 것임을 알 수 있다. 사람이 '절망'하는 것은 스스로 실현하고자 하는 '진정한 자아'가 무한한 가능성을 가지고 있는 데 비해 실현 가능한 '실제 자아'는 항상 이를 이루기에 턱없이 부족한 '작은' 존재이기 때문이다. 이 점은 국가에서도 똑같다. '국가의 미래상'과 '국가의 현실'. 내셔널리즘시대에서는 전자가 빛나는 존재였으며 후자는 항상 문제에 가득 차 있었다. 사람들은 전자를 추구하여 후자에 결코 만족하지 않았다. 사람 즉 국민(nation)들은 자신들의 국가 (nation)에 '절망'한다.

국가(nation)도 또한 '절망'한다. 내셔널리즘시대가 종말을 고하고 있는 지금, 국가는 앞으로 어떻게 변화해갈 것인가. 새로운 시대의 도래는 우리가 맛본 '근대'의 네이션이 그러했던 것처럼 새로운 '자아'를 낳으며, 그 '자아'가 '자아를 찾는 것'을 운명으로 점지할 것인가. 우리들이 지금 할 수 있는 것은 우리가 앞으로 맞이할 시대가 어떤 시대이건 간에 그 시대와 정면으로 마주하는 것일 것이다.

마치며

　여기서 분명히 명심해두어야 할 점이 있다. 우연-적합의 대립에서 문제가 되는 것은 반드시 역사적 사건 및 모든 인과관계 흐름의 '객관적' 인과성의 차이가 아니라는 점이다. 오히려 문제는 늘 사건을 구성하는 요소들의 인과적 '의의'를 모든 경험법칙들의 힘을 빌려 이해하기 위해 우리들이 사건의 '소재'들에서 '모든 조건'의 일부분을 추상화함으로써 따로 떼어내어 '가능성 판단'의 대상으로 삼는 점이다.

● 에두아르트 마이어 · 막스 베버, 『역사는 과학인가』,
모리오카 히로미치 옮김, 미스즈서방, 1965, 208쪽

　역사는 '현재'가 그런 것처럼 '방대한 시간'을 가진다. 그렇기 때문에 역사란 결국, 무한한 존재인 '과거'라는 '소재'에서 역사가들이 '모든 조건'들을 추출하여 이를 추상화하고 배열함으로써 '비현실적 인과관계'를 구성하는 것에 지나지 않는다. 중요한 점은 개별 저자들이 제시하는 '비현실적 인과관계'와 '현실의 인과관계'를 고찰하는 데 얼마나 '타당성'을 갖는가이다. 우리는 이를 통해서만 역사연구의 가치

를 판단해야만 한다. 막스 베버의 유명한 어구를 인용하지 않더라도 이는 모든 역사연구에 언제나 따라다니는 문제이다. '비현실적'인 역사와 '현실'로서의 과거. 모든 역사가들은 이처럼 거대한 괴리 앞에서 길을 잃고 만다.

지금으로부터 10년 전 본격적으로 연구를 시작한 이래 필자가 늘 골머리를 썩혔던 것도 바로 이것이었다. 이 책은 이른바 이러한 10년간 계속되어왔던 시행착오의 결과이며 기록이기도 하다. 즉 이 책도 이러한 역사연구 특유의 문제에서 예외일 수 없다는 것이다. 바꾸어 말하면 이 책은 조선/한국 내셔널리즘이라는 거대한 역사의 모든 '소재'를 전부 기록한 것도 아니고 이를 지향하고 있지도 않다. 중요한 점은 필자가 제시한 '비현실적 인과관계'가 어느 정도의 '타당성'을 갖는가이며, 이 책은 그 타당성을 지향한 연구서라는 것이다. 물론 '비현실적 인과관계'의 추출과 구성을 막스 베버와 같은 대학자가 아닌 필자가 담당했다는 점이 이 연구의 '타당성'을 현저히 떨어뜨린다면 이는 어디까지나 필자의 책임이다. 이 점에 관해서는 독자들의 지적을 진지하게 기다려보고자 한다.

이 책은 필자가 그 동안 집필한 조선/한국 내셔널리즘에 관한 다양한 논문을 재정리하고 편집한 것이다. 참고를 위해 개별 논문을 발표할 당시 게재한 잡지 등을 소개하도록 하겠다.

제1부 한국 내셔널리즘의 형성

제1장 '덕치'의 논리와 '법치'의 논리
· 유교문화권의 국가와 정치에 관한 고찰
『愛媛法學會雜誌』20-3 · 4합병(1994년 3월 22일)

제2장 국가의 '강력함'과 사회의 '강력함'
· 한국근대화에서의 국가와 사회

『비교법사연구』 5(1996년 6월 25일)

제3장 '신민'에서 네이션으로
· 한국의 네이션 의식형성에 관한 고찰

『愛媛法學會雜誌』 23-2 합병(1996년 9월 17일)

제2부 소국의식과 내셔널리즘

제1장 '유교적 레세페르'와 조공체제
· 근대조선에서 나타난 '위로부터의 개혁'을 둘러싼 고찰

『法學論叢』 131-6 (1992년 9월 1일), 133-4(1993년 7월 1일)

제2장 근대조선의 자유인식과 소국론
· 김윤식을 통해서 본 조선 내셔널리즘 형성의 한 전제

『愛媛法學會雜誌』 21-2 합병(1994년 10월 10일), 21-3(1995년 10월 15일)

제3장 '매국'의 논리
· 이완용을 통해서 본 한일합방의 한 측면(원제 「李完用に見る韓國併合の一側面」)

『政治經濟史學』 351(1995년 9월 1일), 351(1995년 10월 1일)

제4장 평화주의에서 친일파로
· 이광수와 주요한을 통해서 본 일제통치 아래 한국지식인들의 단면

『愛媛法學會雜誌』 22-3(1995년 9월 18일)

제5장 '소국의식'과 내셔널리즘
· 이승만을 통해서 본 한국 내셔널리즘의 귀결

『愛媛法學會雜誌』 22-3 · 4 합병(1996년 3월 21일)

이 책의 각 장은 이들 논문을 바탕으로 그 후 필자 및 학회 전체의 연구 진전이나 각 방면의 비판과 의견 등을 종합해 보필하고 개정한 것이다. 그리고 각 장의 연결과 관련 등은 하나의 연구서로 묶기 위해 나름대로 정리는 했으나 그럼에도 불구하고 난해하고 읽기 어렵다면 이도 필자의 탓이다. 이 자리를 빌려 독자들에게 사죄하고 싶다.

마지막으로 이 책을 출판하는 데 필자는 실로 많은 분들의 도움을 받았다. 미네르바서방의 스기타 게이조(杉田啓三) 사장님은 신출내기 연구자에 지나지 않은 필자의 연구성과를 이처럼 훌륭한 책으로 발표할 수 있는 귀중한 기회를 주셨다. 출판계의 불황이 이어지는 가운데 이처럼 훌륭한 책을 만들어주신 데 대해 스기타 사장님과 편집부의 고노 나호(河野菜穗) 씨를 비롯한 미네르바서방 여러분들의 학문에 대한 열정에 머리 숙여 감사의 말을 전하고 싶다. 교토대학의 기무라 마사아키(木村雅昭) 교수님께서는 학부시절부터 가르침을 주신 이래 연구 방향을 잘 놓쳤던 필자에게 항상 적절한 조언과 격려를 아끼지 않으셨다. 공사 모든 면에서 교수님이 지도해주시지 않았다면 이 책은 물론 오늘날의 필자는 없었으리라 생각한다. 도자와 겐지(戶澤健次) 교수님을 비롯한 에히메(愛媛)대학 법학부의 모든 교수님들께서는 대학원에서 공부할 때 귀중한 연구를 위한 '장'을 마련해주셨다. 이 책의 기초가 된 대부분의 논문들은 필자가 에히메대학 재임중에 쓴 것들로 이 대학의 뛰어난 연구환경 없이는 탄생할 수 없었으리라 생각한다. 또한 이 책을 완성하기 위해 한국 체재의 기회를 주신 유인선 교수님을 비롯한 서울대학교 인문대학 동양사학과의 교수님들과 한국국제교류재단의 여러분들께도 감사의 말씀을 드리고 싶다. 에히메대학 법학연구과 졸업생인 가토 다이케이(加藤太啓) 군, 구메 아쓰이

(久米厚) 군, 나카무라 마코토(中村誠) 군, 그리고 고베대학 대학원 법학연구과 대학원생인 미야모토 사토루(宮本悟) 군과 같은 대학 국제협력연구과 대학원생인 요시카와 준(吉川淳) 군에게도 이 책을 완성하기 위해 교정 작업을 도와주어 정말로 고맙다는 말을 전하고 싶다. 그 이외에도 가타야마 유타카(片山裕) 교수님을 비롯해 필자가 현재 소속되어 있는 고베대학의 모든 교수님들과 에즈바 보겔 교수님을 비롯한 하버드대학의 모든 교수님들의 조력도 잊을 수 없다. 연구자로서 발을 내디딘 이후 10년 동안을 돌아보면 많은 분들의 도움을 받았다. 필자가 얼마나 운이 좋았는지 실감하게 된다.

마지막으로 이 책은 필자의 10년 동안의 연구생활을 정리한 것이며 동시에 지금까지 걸어온 34년 동안의 집대성이기도 하다. 옆에서 필자에게 버팀목이 되어준 아내, 그리고 정신적으로 미성숙한 필자를 따뜻하게 바라봐 준 부모님들께도 감사의 말을 전하고 싶다.

이 책은 필자의 힘만으로 완성된 것이 아니다. 위의 분들께서 주신 따뜻한 마음과 도움에 다시 한번 감사드리며 이 책을 마치고자 한다.

2000년 5월

초여름 연구실에서

기무라 간

옮긴이의 말

    지금 이 시각에도 한국에서는 한국학 연구서적이 많이 출판되고 있을 것이다. 그 중에는 외국 학자들의 출판물도 다수이다. 하지만 일본인 학자의 연구서적은 학술적 가치로 평가되기보다 반일감정이 앞서는 경우가 있다. 기무라 간의 《조선/한국의 내셔널리즘과 소국의식》도 그럴 가능성을 배제할 수 없지만 이 책의 번역출판은 한국의 독자에게 나름의 의미가 있을 것으로 기대한다.

    한국의 내셔널리즘이란 어떠한 것인가. 사람이 자기 자신의 의식을 객관적으로 보는 것이 어렵듯이 민족 또한 스스로의 '마음'을 객관적으로 보는 것이 어렵다. 게다가 민족주의는 우리 자신의 '자부심'과 결속되어 있기 때문에 더욱 그렇다. 사람들은 그 누구도 자신의 '자부심'이 부정되는 것을 바라지 않는다. 이는 민족 또한 다르지 않다.

    이 책이 한국에서 출판되는 것의 의미는 이런 데에 있다고 본다. 다름아닌 '타자' 즉 외국인의 눈에 의해 그려진 민족주의론이라는 것이다. 사람들이 자신을 객관적으로 보기 위해 '타자'의 눈을 필요로 하듯이 민족 또한 스스로를 객관적으로 보기 위해서는 '타자'의 시각을 필요로 하기 때문이다.

이 책의 저자는 한국을 보는 데 가끔은 냉정하고 가끔은 가혹한 것처럼 보인다. 어느 부분에서 저자의 시점은 '그야말로 일본인답다'라고 생각될 수 있으며 한국에 대한 부당한 편견이 가득 차 있는 것처럼 보이기도 한다.

그럴지도 모르겠다. 그러나 잠시 생각해볼 필요가 있다. 중요한 것은 우리가 이 책의 저자에게 감정적인 반발을 가지는 것이 아니라 정말 한국인의 민족주의에 대해 저자가 말하고 있는 것이 타당한지 아닌지를 철저하게 따져보는 것이다. 그런 뒤에 이 책에 대한 객관적인 평가가 가능할 것이다.

또한 혹자는 이 책에서 저자가 한국의 내셔널리즘에 대해 '소국의식'이라 하여 부당하게 폄하하는 듯이 느낄지도 모르겠다. 저자가 말하는 '소국의식'이란 어떤 민족이 자신을 스스로가 '소국이라고 생각한다'라고 하는 '민족의 주관적 인식'을 가리키는 것이며 이러한 주관적 인식의 차이로서 예를 들어 저자는 "한일 양국의 선택이 나뉘게 됐다"라고 주장하고 있는 것이다. 그리고 '소국의식'의 반대에 있는 '대국의식'이 오히려 일본을 무모하고 어리석은 전쟁으로 몰고 갔다라고 하는 저자의 지적에 주목해야 한다. 저자가 말하고 싶은 것은 '소국의식'과 '대국의식' 또는 '소국인 것'과 '대국인 것'이 좋다 나쁘다라고 말하는 것이 아니다. 우리 각자가 개인으로서의 아이덴티티를 가지듯이, 민족에게도 중요한 것은 스스로를 지탱해주는 '아이덴티티'를 가지는 것이지 불필요하게 비굴하거나 오만한 것은 무모하다는 것을 말하고 있는 것이다.

이 책에서 내셔널리즘을 분석하는 '소국의식'과 '대국 의식'이라고 하는 골격은 민족이 놓여진 '객관적 상황'과 그 상황과 괴리되는 '주관적 상황'을 나누어 분석한 것으로 어느 한 국가의 민족의식을 분석하는 하나의 이론적 논리를 제시했다고 하여 일본에서 책이 처음 출판됐을 때 높게 평가받은 바 있다. 그런 의미로 이 책은 한국과 관련된 책 이상으로 내셔널리즘에 관한 이론서이기도 한다.

이 책을 번역 출판하는 동안 한국과 일본의 학자들이 비평과 추천의 말을 보내주었다. 이 책에 대한 좀더 구체적인 정보가 되기를 바라며 몇 가지를 소개하자면 다음과 같다.

먼저 박철희 서울대 교수는 이 책에 대해 다음과 같은 서평을 해주었다. "이 책은 조선왕조부터 현대에 이르기까지 한국역사를 민족주의의 발전이라는 관점에서 조망하고 있다. 김윤식, 이완용, 이광수, 이승만 등 구체적인 인물들의 사상과 행동을 통해 한국사를 조망해보는 미시적 방식은 다분히 일본적이다. 하지만 민족주의의 저변에 흐르는 '소국의식'을 거시적이고 비교사회학적 관점에서 조망하는 점은 국제적 시각을 확보했음을 보여준다. 한국인들이 점차 소국의식을 털어내려 노력하고 있는 현 상황에서 한국민족주의의 '소국의식적 기원'을 살펴보는 것은 학문적으로도 의미있는 일이다."

그리고 김태기 호남대 교수가 보내온 서평의 내용은 다음과 같다. "일본사람의 입장에서 보면, 한국은 미국이나 일본에 대해서 정치적으로는 민족주의적인 자세를 취하면서도, 경제적으로 어려울 때는 적극적으로 지원을 받으려 하는 등 모순된 태도를 취해왔다. 달리 말하면, 민족주의의 자존심을 버리고 미국이나 일본에 손을 벌려온 한국은 자신들을 어떻게 정당화해왔는가 하는 것에 저자는 의문을 느꼈다. 그리고 이를 수년 간 연구해온 결과를 집대성한 것이 이 책이다. 저자는 한국의 민족주의가 형성되어온 과정을 역사적으로 고찰하고,

'소국'의식이라는 한국 민족주의의 특성 속에서 한국의 대외적인 행동을 이해하는 실마리를 찾는다. 저자의 연구방법과 시각 그리고 해석이 많은 이의 지지를 얻느냐 그렇지 않느냐를 떠나, 한국의 민족주의에 대하여 학문적인 시각에서 냉정하게 조망하려는 일본 중진학자의 노력은 우리에게 신선한 감동을 준다. 한국에서도 이러한 연구가 보다 많이 나오면, 양국의 민족주의에 대한 이해도 깊어지지 않을까 싶다."

또한 남기정 국민대 교수는 "'소국의식'이야말로 조선/한국 내셔널리즘의 근원이라는 문제제기는 한국인이라면 누구나 내심 어디선가 의식하고 있었으면서도 내놓고 말하지는 않았기에, 진부하면서도 참신하며 또한 도전적이다"라는 평을 해주었다.

이 책은 학술적·이론적 배경을 바탕으로 쎄어졌지만 오류가 있을 수도 있고 오해를 불러일으킬 수도 있다. 이러한 부분은 반론과 비판을 통해 한국학 지역연구 발전에 도움이 되기를 바라마지 않는다. 그리고 한국 사람에 의한 자국 연구의 한계를 극복하고 '외국연구'로서의 한국연구로 이 책이 인정받았으면 싶다. 한국과 불편한 관계에 있는 특정 '일본인'이 쓴 책이 아닌 젊은 외국인 한국지역 연구자가 쓴 책으로 받아들였으면 하는 마음인 것이다.

이 책을 한국에서 출판하는 데 많은 분들의 도움을 받았다. 북코스모스에이전시의 한유키코 차장은 앞뒤 사정도 모르고 여기저기 한국의 출판사들을 찾아다니고 있을 때 한국 출판계의 사정 등에 대해 적절한 조언을 해주었다.

도서출판 산처럼의 윤양미 사장님은 어려운 출판 환경에도 불구하고 번역 출간을 결정해주어 이 책이 한국에 소개될 수 있게 됐다. 일본인 학자가 쓴 한국에 관한 연구서라 곤란하다거나 학문적 가치는 높지만 한국인의 정서에 거스를 수 있다거나 상업적으로 수지타산이 맞지 않는다는 등 몇 번에 걸쳐 거절을 당해 낙심하고 있을 때 산처럼 출판사를 만나 전화위복이 됐다. 번역서로 책이 만들어지기까지 고생한 편집 관계자들께 머리숙여 고마움을 전한다.

이 책을 번역하면서 좋은 파트너를 만난 것도 잊지 못할 큰 행운이었다. 전성혜 씨와 그의 학우들이다. 바쁜 대학원 수업과 적은 보수에도 불구하고 꼼꼼한 자료조사 등 마치 자기 일처럼 열정적으로 신경써서 도움을 준 점에 대해 이 기회를 빌려 감사한 마음을 전하고 싶다.

여러 일정으로 분주한 가운데에도 흔쾌히 이 책에 대한 서평을 보내주셨던 박섭 인제대 교수님, 야마우치 마사유키(山內昌之) 동경대 교수님, 오코노기 마사오(小此木政夫) 게이오대 교수님, 기미야 다다시(木宮正史) 도쿄대 교수님, 나가시마 히로키(永島廣紀) 사가대학 교수님과 박철희 서울대 교수님, 김태기 호남대 교수님, 남기정 국민대 교수님께도 정중히 머리 숙여 감사의 말씀을 올린다. 더불어 이 책의 출간은 산토리문화재단의 해외출판 지원을 받아 빛을 보게 됐음을 밝힌다. 산토리문화재단의 사지 노부타다(佐治信忠) 이사장님을 비롯한 관계자 여러분께 감사를 드린다.

마지막으로 번역을 맡겨주신 저자 기무라 간 교수님께 감사의 말씀을 드려야 할 것 같다.

2007년 10월

김세덕

지은이 주

서장 | **전제로서의 근대와 내셔널리즘**
1) J. S. ミル, 「代議政體論」, 水田洋他 譯, 『ミル』, 河出書房新社, 1974.
2) 어네스트 겔너의 내셔널리즘에 관해서는 Ernest Gellner, *Nations and Nationalism*, Basil Oxford : Blackwell Ltd., 1983 등 겔너의 일련 저작들. 그리고 木村幹, 「産業社會における分業と政治」, 『愛媛法學會雜紙』 20-2, 1993.
3) ベネデイック アンダーソン, 『想像の共同體』, 白石隆 · 白石さや 譯, リブロポート, 1987. 그 외 베네딕트 앤더슨의 다른 저작들.
4) Liah Greenfeld, *Nationalism*, Cambridge, MA : Harvard University Press, 1992 등.
5) C. ギアツ, 『文化の解釋學』 2, 吉田禎吾 · 柳川啓一 · 中牧弘允 · 板橋正美 譯, 岩波書店, 1987, 116쪽.

제1부 한국 내셔널리즘의 형성

제1장 | **'덕치'의 논리와 '법치'의 논리**

1) ヘーゲル, 「法の哲學」, 岩崎武雄 編譯, 『ヘーゲル』, 中央公論社, 1967, 589쪽.
2) 木村雅昭, 『ユートピア以後の政治』, 有斐閣, 1993, 224쪽.
3) 早房長治, 『歐州合衆國ができる日』, 德間書店, 1990, 155쪽.
4) 같은 책, 157쪽.
5) 金谷治 譯註, 『孟子』 상, 朝日新聞社, 1978, 125쪽.
6) 이 장에서는 '조공(朝貢)'이라는 용어를 중화제국에게서 책봉을 받은 국가가 중화제국에게 하는 의례행위라는 의미뿐만 아니라, 보다 넓게 토관(土官)과 호시국(互市國)의 조공을 포함한 의미로 사용한다. 이 점은 '조공국'이라는 용어에 대해서도 마찬가지이다.
7) 津田左右吉, 「王道政治思想」, 『儒敎の硏究』 3, 津田左右吉全集 18, 岩波書店, 1965, 133쪽.
8) 金谷治, 『秦漢思想史硏究』, 平樂寺書店, 1960, 45〜46쪽.
9) 津田左右吉, 위의 책, 133〜177쪽.
10) 金谷治, 위의 책, 46쪽.

11) 貝塚茂樹 編譯, 『韓非』, 講談社, 1982, 157~158쪽.

12) 津田左右吉, 「儒教の禮樂說」, 『儒教の研究』 1, 津田左右吉全集 16, 岩波書店, 1965, 299쪽.

13) 西嶋定生, 『中國古代國家と東アジア世界』, 東京大學出版會, 1983, 61~62쪽

14) 金谷治, 위의 책, 51~56쪽.

15) 西嶋定生, 위의 책, 21~40쪽.

16) 金谷治, 위의 책, 58~60쪽.

17) 西嶋定生, 위의 책, 63쪽.

18) 양자의 중간 형태도 있으며, 때로는 조공국이 병합되기도 했다. 그 예로는 뒤에 서술하고 있는 남월국(南越國)이 있다.

19) 桓寬, 『鹽鐵論』, 佐藤武敏 譯註, 平凡社, 1970.

20) 栗原朋信, 「漢帝國と周邊諸民族」, 『岩波講座·世界歷史』 4, 岩波書店, 1970, 470쪽. 또한 같은 논문의 여러 곳을 참조.

21) 물론 도가와 묵가 등도 중요하나, 이 장에서는 이에 대해 논의하지 않는다.

22) 이춘식, 「조공의 기원과 그 의미」, 『중국학보』 10, 1969, 16쪽.

23) 木村幹, 「近代における分業と政治」, 『愛媛法學雜誌』 20-2, 1993, 153~166쪽.

24) 이 책, 제2부 제1장.

25) 이는 '법치의 영역'과 '덕치의 영역'의 관점에서, 구리하라(栗原)의 일련의 연구에서 시사하고 있는 바를 참조했다. 栗原朋信, 위의 책.

26) 浜下武志, 『近代中國の國際的契機』, 東京大學出版會, 1990, 25~48쪽 ; 浜下武志, 「朝貢と移民」, 梅棹忠夫·松原正毅 編, 『統治機構の文明學』, 中央公論社, 1986, 177~180쪽 ; 谷川道雄, 「東アジア世界形成期の史的構造」, 唐代史研究會 編, 『隋唐帝國と東アジア世界』, 級古書院, 1979 등 참조.

27) 西嶋定生, 위의 책, 78~83쪽. 물론 현실적으로는 흉노족과 같이 중화제국의 지배를 거부한 세력도 있으나, 여기서는 조공에 대한 해석을 달리하여 발생할 수 있는 모순을 배제했다.

28) 木村幹, 「産業社會における分業と政治」, 『愛媛法學會雜誌』 20-2, 1993, 180쪽.

29) 仲尾宏, 『朝鮮通信使と江戶時代の三都』, 明石書店, 1993, 154~155쪽 ; 西嶋定生, 위의 책, 594~602쪽.

30) 뒤에 서술하겠으나, 李東陽 等, 『大明會典』, 江蘇廣陵刻印社(중국), 1989. 그리고 『淸會典』, 中華書局(중국), 1991. 이는 한나라시대부터 변하지 않았다.

31) 「北史倭國傳」, 井上秀雄他 譯注, 『東アジア民族史』 2, 平凡社, 1976, 370쪽.

32) 堀敏一, 「隋代東アジアの國際關係」, 唐代史研究會 編, 『隋唐帝國と東アジア世界』 등을 참조.

33) 增村宏, 「日出處天子と日沒處天子」, 『史林』 51-3, 1968 ; 田中武夫, 「東アジア通交關係の形成」, 『岩波講座·世界歷史』 9, 岩波書店, 1970, 523쪽.

34) 「新唐書渤海傳」, 『東アジア民族史』 2, 428, 433쪽. 신라, 고구려, 고려에 대해서는 金富軾, 『三國史記』 1~4, 井上秀雄·鄭早苗 譯註, 平凡社, 1980 ; 한국사연구회 편, 『고대한중관계사의 연구』, 삼지원, 1987 ; 坂元義種, 「古代東アジアの日本と朝鮮」, 『史林』

51-3, 1968.

35) 주지하듯이 송나라는 자신이 천하를 지배하는 유일한 제국임을 주변국에게 인정받지 못
했다. 오히려 요나라나 금나라에게는 '아우' 취급을 받기도 했다.

36) 고려의 왕자를 인질로 삼아 원 왕실의 왕녀와 강제 혼인시키는 한편 '정동행중서성(征東
行中書省)'을 설치하여 직접적인 내정간섭을 실시했다. 한우근, 『한국통사』, 을유문화
사, 1970. 이는 티베트의 경우에도 마찬가지이다. 山口瑞鳳, 『チベット』하, 東京大學出
版會, 1993, 70~81쪽.

37) 양국이 전술한 송나라만큼 약체는 아니었으므로, 북방민족에 대해 비교적 우위를 유지
하고 있었다는 점은 중요하다.

38) 李東陽 等, 위의 책.

39) 중화제국은 일방적으로 일본을 '조공국'으로 인식하고 있었다. 또한 뒤에 서술하는 것과
같이 명나라시대는 일본이 왜오(倭五)왕조와 함께 중화제국에 조공을 바치고 책봉을 받
던 예외적인 시대였다.

40) 화교에 대해서는 浜下武志, 위의 글, 181~183쪽. 또한 '중국인'이라는 호칭은 松山大學
의 增野仁의 말에 따름.

41) 명청시대의 과거합격자에 대해서는 朱保烱·謝沛霖, 『明淸進士題名碑錄索引』상·중·
하, 上海戶籍出版社(중국), 1963에서 호적 등을 조사했다. 이에 따르면 명·청대의 조공
국 출신 합격자는 다음과 같다.

연도	이름	호적	향관	성적	호적의 종류
1371년	김도	고려		제3갑제 5명	
1454년	여용	베트남 북부		제3갑제 52명	민적
1454년	원근	베트남 북부		제3갑제 80명	민적
1460년	원문영	베트남 북부		제2갑제 17명	군적
1469년	왕경	강서 신풍(중국 중부내륙지역)	베트남인	제3갑제 108명	관적

명청시대의 과거 총 합격자 51,624명 중 조공국 출신임을 확인할 수 있는 인물은 위의 6
명이다. 여기서 조공국 출신 합격자가 명대 전기에 집중되어 있음을 알 수 있다. 또한 조
공국 출신 이외 과거합격자의 지리적 배분에 대해서는 何炳棣, 『科學と近世中國社會』,
寺田隆信·千種眞一 譯, 平凡社, 1993, 특히 제5장, 제6장에서 참조함. 또한 베트남이
1427년 이전 명의 직할통치 아래에 있었던 점에 유의.

42) 朱保烱·謝沛霖, 위의 책 상, 189쪽 및 위의 책 하, 2,465쪽. 표 이외에도 향관의 경우는
조공국인이 있었을 가능성도 있다.

43) 何炳棣, 위의 책, 172쪽 이하.

44) 大隅晶子, 「明代洪武帝の海禁政策と海外貿易」, 明代史硏究會 編, 『明代史論叢』상, 汲古
書院, 1990.

45) 예를 들어 명나라는 조선이 명나라의 허가 없이 다른 나라와 접촉하는 것을 꺼렸다. 또

한 청나라는 조선이 일본에 대한 정보를 북경에 가져오도록 요구했다. 이와 같이 조공국에 대한 내정불간섭의 원칙은 어디까지나 내정에만 한정됐을 뿐이다. 전해종,『한중관계사연구』, 일조각, 1970, 108쪽 ; 中村榮孝,『日鮮關係史の研究』상, 吉川弘文館, 1965, 373쪽.

46) '법치의 영역'과 '덕치의 영역' 즉 '법이 미치는 영역'과 '법이 미치지 않는 영역'의 경계가 명확한 것에 비해 '덕이 미치는 영역'과 '덕이 미치지 않는 영역'의 경계는 확실하지 않았다. 예를 들면 조공을 바치지 않은 일본과 영국 두 나라에 대해서도 '호시(互市)' 무역 등으로 비공식적이기는 하나 일정한 접촉을 유지했다. 중화제국 쪽은 이들 두 나라를 일방적으로 이념적 '조공국'이라 간주하고 있었다. 浜下武志, 위의 글, 29~33쪽. 중화제국이 그들을 동등한 존재로 인정했다고 볼 수는 없다. 植田捷雄,『東洋外交史』상, 東京大學出版會, 1969, 11~15쪽.

47) 小峰和夫,『滿州』, 御茶の水書房, 1991, 3~34쪽. 이 절의 내용은 이 책에 의거하고 있다. 또한 이 장의 만주(滿州)라는 말은 지리적이 아닌 역사적 의미로 사용한 것이다.

48) 같은 책 ; 旗田巍,「淸朝の異民族統治策より見たる朝鮮」, 東亞研究所 編,『淸朝の邊彊統治政策』, 至文堂, 1944, 218쪽.

49) 小峰和夫, 위의 책, 10쪽.

50) 같은 책.

51) 旗田巍, 위의 논문, 226~230쪽. 금나라에 대해서는 河內良弘,「金王朝の成立とその國家構造」,『岩波講座·世界歷史』9, 岩波書店, 1970, 56쪽.

52) 小峰和夫, 위의 책, 22쪽.

53) 永原慶二,『下克上の時代』, 中央公論社, 1965, 207쪽 등.

54) 木村幹,「産業社會における分業と政治」제4장. 위와 같은 '국경'에는 때때로 예외가 있었다. 예를 들면 베트남은 古田元夫,「ベトナム人の'西方關興'の史的考察」, 土屋健治·白石隆 編,「東南アジアの政治と文化」, 東京大學出版會, 1984, 2~4쪽 ; 坪井善明,『近代ベトナム政治社會史』, 東京大學出版會, 1991, 88~91쪽 참조.

55) James G. Kellas, The Politics of Nationalism and Ethnicity, Basingstoke : Macmillan Education Ltd., 1991, p. 25.

56) 坪井善明, 위의 책, 92쪽.

57) 같은 책, 105쪽. 이는 '봉금(封禁)'도 마찬가지이다. 旗田巍, 위의 글 ; 田川孝三,「近代北鮮農村社會と流民問題」,『近代朝鮮史研究』1, 1944, 475~486쪽, 中央研究院近代史研究所 編,『淸季中日韓關係資料』2, 中央院近代史研究所(대만), 1971. 조공국이 중화제국에 예를 다하기 위한 수단으로뿐만 아니라 자국의 국민을 통제하기 위해서도 필요로 했기 때문이다.

58) 여진족과 조선이 그 전형적인 예이다. 같은 '왕'이더라도 중화제국은 그들에게 다양한 순위를 매겼으며, 조공국이 서로 상대를 '오랑캐(夷狄)'라 부르며 경멸하는 경우도 드물지 않았다.『대전회통』(大典會通), 경인문화사, 1985 ; 朴趾源,『熱河日記』1, 今村與志雄 譯註, 平凡社, 1978, 165~171쪽.

59)『仁祖實錄』1·2, 學習院東洋文化研究所, 1962.

60) 旗田巍, 위의 글, 224쪽.

61) 『仁祖實錄』 2, 인조 15년 1월.

62) 이는 후에 청조 쇠퇴기에 한인관료에 대한 과도한 기대와 집착으로 이어진다. 김윤식, 『음청사』(陰晴史), 탐구당, 1971 ; 송병기, 「이유원·이홍장의 교유와 이홍장의 서양각 국과의 수교권고」, 『근대 한중관계사 연구』, 단대출판부, 1985 등.

63) 李東陽 等, 위의 책.

64) 조선의 '소중화화(小中華化)' 자체는 명대부터 시작됐다. 「萬曆 2年 朝鮮使節の '中華' 國 批判」, 『明代史論爭』 상 등 참조. 그러나 이 시점에서는 자신이 중화제국보다도 우월한 존재라는 논리는 갖고 있지 않았다.

65) 坪井善明, 위의 책, 87~114쪽.

66) 같은 책, 89쪽.

67) 山本達郎 編, 『ベトナム中國關係史』, 山川出版社, 1975, 제8장 제7절.

68) 이 책, 제2부 제1장.

69) 황준헌, 「조선책략」, 국사편찬위원회 편, 『수신사기록』(修信史記錄) 전, 탐구당, 1971, 165쪽.

70) 藤間生大, 『近代東アジア世界の形成』, 春秋社, 1976, 169~170쪽.

71) 국사편찬위원회 편, 『고종순종실록』 중, 탐구당, 1979, 고종 19년 6월 ; 김윤식, 위의 책, 179쪽 ; 坪井善明, 위의 책, 224쪽.

72) 田保橋潔, 『近代日鮮關係の硏究』 상·하, 宗高書房, 1972.

73) 坪井善明, 위의 책, 216~218쪽.

74) 같은 책, 137쪽.

75) 白壽彛의 말임. 小林一美, 「中國史における國家と民族」, 中本信幸·尹建次·橋本侃·岡島千幸·桶舍典男·小林一美·橘川俊忠·黑澤惟昭 共著, 『'民族と國家'の諸問題』, 神奈川新聞社出版局, 1991, 213쪽.

76) 이는 전형적으로 문화대혁명이 준 영향이라 할 수 있다. 당시의 중국은 군사적·경제적으로 보았을 때, 중국 역사에서는 드물게 '작은' 존재였음에도 불구하고 각국에 일정한 영향력을 가지고 있었다.

제2장 | 국가의 '강력함'과 사회의 '강력함'

1) G. ミュルダール 著, S. キング 編, 『アジアのドラマ』 상, 縮刷版, 板垣與一 監譯, 東洋經濟新報社, 1974, 179~180쪽.

2) Joel S. Migdal, *Strong Societies and Weak States*, Princeton, NJ : Princeton University Press, 1988.

3) 武田幸男, 「高麗·李朝」, 三上次男·神田信夫 編, 『東北アジアの民族と歷史』, 山川出版社, 1989, 400쪽.

4) 전근대적 정치시스템의 능력의 한계에 대해서는, 木村幹, 「産業社會における分業と政治」, 『愛媛法學會雜誌』 20-2, 1993.

5) 지주와 소작농(佃主佃戶)의 관계에 대해서는 宮嶋博史, 『朝鮮土地調査事業史の硏究』, 汲

〔그림 2-4〕 혈연의 지연화

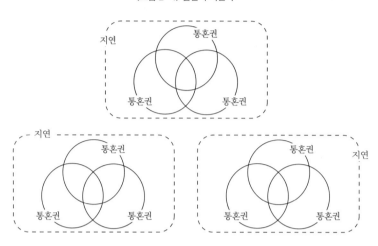

　　古書院, 1991, 194쪽 이하.

6) 이 책, 제1부 제1장.

7) 이 절은 武田幸男, 위의 글 : 宮嶋博史, 「朝鮮 '土地調査事業' 硏究序說」, 『アジア硏究』
　　19-9, 1978 : 宮嶋博史, 위의 책, 1991 등 참조. 여기서 이야기하는 재지양반과 재경양반
　　을 이어주는 유대가 단절된 시기에 대해서는 양자가 주장하는 시기가 미묘하게 다르다.

8) 武田幸男, 위의 글, 394쪽 이하.

9) 송준호, 「이조후기 무과(武科)의 운영실태에 대해서」, 『전북사학』 1, 1977.

10) 武田幸男 , 위의 글, 415쪽.

11) 유림에 대한 예는 수없이 많다. 또한 이 절의 내용은 趙景達 씨의 연구를 참고한 점이 많
　　기에 감사를 표하고자 한다.

12) 그림에는 국가 쪽의 변화도 함께 기재했다. 이 시대 재경양반은 권력의 과점화가 진행되
　　어 일부의 세도씨족을 제외한 일족들은 세력이 크게 감소되어 있었다.

13) 橫山十四男, 『百姓一揆と義民傳承』, 敎育社, 1977. 단 일본도 막부 말기에 가까워짐에
　　따라 체제는 서서히 무너지기 시작한다. 막부 말기의 민란은 그 전형적인 예일 것이다.
　　그러나 이 시점에서도 일본이 촌 단위로 움직였던 데에 비해 한반도는 그렇지 않았다는
　　점에 주의해야 할 필요가 있다.

14) 加地伸行, 『沈默の宗敎一儒敎』, 筑摩書房, 1994.

15) 服部民夫, 『韓國』, 東京大學出版會, 1992, 146쪽 이하 ; 服部民夫, 「朝鮮社會の一つの見
　　方」, 『朝鮮史硏究會論文集』 31, 1994, 17쪽. 단, 服部民夫는 이러한 네트워크의 역사적
　　형성과정과 시대적인 차이를 사상(捨象)하고 있다.

〔그림 2-5〕 혈연의 네트워크화

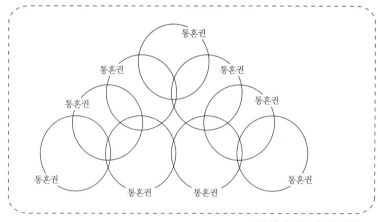

통혼권 네트워크의 전국 확대

16) 혈연과 지연에 관한 服部民夫의 주장의 최대 문제점은 개개의 혈족에서 혼인 가능 범위가 "가까이에 존재하는 다른 집락과의 사이에서 누적된다"고 할 수도 있겠으나, 이것만으로는—적어도 논리적으로는—각 지역에 분산된 다른 혈족들이 지연을 형성하지는 못한다(그림 2-4). 오늘날 현대인의 눈으로 보면 한국의 혈연집단들은 정해진 특정 집단과의 혼인관계를 맺기보다는 스스로 접할 수 있는 모든 범위 안에서, 될 수 있는 한 많은 다른 혈족과 혼인관계를 맺음으로써 그 네트워크를 확대하고 있는 것으로 보인다.(그림 2-5) 조선왕조의 많은 유력양반의 계보를 보면 대부분은 적대관계를 넘어선 복잡한 혼인관계를 갖고 있었으며 특정 일족이 블록을 만드는 현상은 보이지 않는다. 김영모,『조선지배층 연구』, 일조각, 1977, 143쪽.

17) 이 책, 제2부 제1장, 같은 제2장.

18) 山縣有朋의 말임. 大山梓 編,『山縣有朋意見書』, 原書房, 1966, 196~197쪽.

19) 갑오개혁이 얼마만큼 조선왕조의 독자적인 발상에 의해 이루어졌는지에 대해서는 현재에도 논의가 계속되고 있다.(유영익,『갑오경장 연구』, 일조각, 1990) 그러나 적어도 조선왕조의 주류가 개혁에 적극적이었다고는 생각되지 않는다. 예를 들어 市川正明 編,『日韓外交史料』9, 原書房, 1981, 32쪽에 의하면 당시「宮中秘密會議」는 다음과 같았다고 한다. "목하 미력한 우리 정부의 끝을 성취하기 위해서는 해야 할 논의가 너무 많다." 당시 조선왕조가 개혁에 대해 비관적이었다는 점을 알 수 있다. 이 책, 제2부 제2장.

20) 메기디 개혁에 간체서눈 宮嶋博史, 위의 책 293쪽 이하, 森山茂德,『近代日韓關係史硏究』, 東京大學出版會, 1987, 203쪽 등.

21) 宮嶋博史, 위의 책, 297쪽.

22) 같은 책, 309쪽.

23) 이 숫자는 다음 호구수의 차이와 비교하면 의외로 적다. 그러나 이 점은 조선왕조가 총체적으로 토지를 정확히 파악하고 있었다고 할 것이 아니라 오히려 왕조에 의해 부풀려진 양과 토지의 신규 발견이 거의 없었다는 점을 의미한다고 봐야 할 것이다. 같은 책, 503쪽 이하.

24) 조선왕조의 인구에 대해서는, 四方博, 「李朝人口に關する一研究」, 「李朝人口に關する身分階級的觀察」, 『朝鮮社會經濟史研究』 중, 國書刊行會, 1976 ; 馬淵貞利, 「李朝後期の戶口動態」, 『東京學藝大學紀要 第3部門 社會科學』 30, 1979 외.

25) 인구 수치에 관해서는, 1904년은 馬淵貞利, 「李朝後期」, 1910년 이후는 大道弘雄 編, 『日本經濟統計總觀』, 朝日新聞社, 1930 참조.

26) 재정상 수치에 관해서는 大道弘雄 編, 위의 책.

27) 宮嶋博史, 위의 책, 551쪽.

28) 같은 책, 550쪽.

29) 해방 직후 한국의 정국에 대해서는, 尹景徹, 『分斷後の韓國政治』, 木鐸社, 1986, 21~95쪽 ; 金浩眞, 『韓國政治の研究』, 李健雨 譯, 三一書房, 1993, 42~46쪽.

30) 친일파의 온존 문제에 관해서는 林鍾國 著, 反民族問題研究所 編, 『親日派』, コリア研究所 譯, 御茶の水書房, 1992 외.

31) 尹景徹, 위의 책, 97쪽.

32) 김영모, 『한국지배층연구』, 일조각, 1982, 120~121쪽에는 일본 식민지통치시대의 지주가 해방 이후에 몰락한 이유가 나와 있는데, 그 이유의 반 이상은 농지개혁에 관한 것이다. 특히 부재지주의 비율이 많았다.

33) 같은 책, 118쪽. 3세대 이상 계속 소유한 경우는 3분의 1에도 못 미친다.

34) 이러한 세력을 대표한 것이 한국민주당이었다. 尹景徹, 위의 책, 42~44쪽.

35) グレゴリー・ヘンダーソン, 『朝鮮の政治社會』, 鈴木沙雄・大塚喬奎 譯, サイマル出版會, 1973, 311쪽.

36) 흥미로운 것은 해외거주자가 우위를 차지하는 현상은 정치가뿐만 아니라 관료들 사이에서도 나타났다는 점이다. 안청시 편, 『현대한국정치론』, 법문사, 1986, 331쪽 이하.

37) 武田幸男, 위의 글.

38) 김영모, 위의 책.

39) 木村幹, 위의 글.

40) グレゴリー・ヘンダーソン, 위의 책.

41) 大西裕와 木宮正史 등 일련의 연구를 참조.

42) 尹景徹, 위의 책, 231쪽 ; 金浩眞, 위의 책, 189쪽.

43) 大西裕가 1994년도 일본 정치학회 C문화에서 보고한 내용에 의거함.

44) グレゴリー・ヘンダーソン, 위의 책, 241쪽. 이 부분에서 헨더슨은 한국의 경우, 도시에 가까이 사는 인간의 관계는 공동생활에 중심이 있지 않았다고 지적하고 있다.

45) 같은 책, 241쪽.

46) 같은 책, 368쪽.

47) 그러면 한국에서 나타나는 전라도 대 경상도의 극심한 대립은 어떻게 보아야 할까. 필자는 혈족의 통혼권(通婚圈)과 밀접하게 관련이 있는 '군(郡)'의 단위가 아니라 '도(道)'의 단위인 점에 주목하면 해답을 찾을 수 있다고 생각한다. 즉 이러한 지역대립은 한국 사회가 일단 유동화되기 시작하고 지연과 혈연이 분리된 이후의 산물인 것이다. 현실 선거에서 지역 간의 파벌 대립이 뚜렷이 나타난 것은 경상도 출신의 박정희가 대통령이 된 뒤부터였으며, 그 후 김대중이 야당의 거물로 부상하면서 더욱 대립 양상이 분명해졌다.

제3장 │ '신민'에서 네이션으로

1) Liah Greenfeld, *Nationalism*, Cambridge, MA : Harvard University Press, 1992, pp. 27~28.

2) Ernest Gellner, *Nations and Nationalism*, Oxford : Basil Blackwell Ltd., 1983 ; 木村幹, 「産業社會における分業と政治」, 『愛媛法學會雜誌』 20-2, 1993.

3) 諸橋轍次, 『大漢和辭典』, 大修館書店, 1956.

4) 尾形勇, 『中國古代の'家'と國家』, 岩波書店, 1979, 264쪽 ; 小倉芳彦, 「補論 國家と民族」, 『講座 現代中國』 2, 大修館書店, 1969 등.

5) 尾形勇, 위의 책, 166쪽 이하.

6) 小川環樹 監譯, 『史記列傳』, 築摩書房, 1969, 5쪽 이하.

7) 사직의 의미에 대해서는 『六典條例』, 京都大學法學部藏 ; 李東陽 等, 『大明會典』, 江蘇廣陵刻印社(중국), 1989 ; 『淸會典』, 中華書局(중국), 1991 등을 참조했다.

8) 尾形勇, 위의 책.

9) 原武志, 『直訴と王權』, 朝日新聞社, 1996 외.

10) 이 책, 제1부 제2장.

11) 국사편찬위원회 편, 『승정원일기』 고종 1~고종·순종 15, 탐구당, 1971, 고종 9년 12월 4일.

12) 『승정원일기』 같은 날. 고종은 호포세 자체는 옹호하고 있으나 이 제도가 양반 경시로 이어져서는 안 된다는 생각에는 동의하고 있다.

13) 국사편찬위원회 편, 『고종순종실록』 상, 탐구당, 1970, 고종 3년 9월 12일.

14) 이중에서도 가장 극단적인 것이 박규수의 개국론 주장이다. 그는 몽골의 유럽원정 사실에 빗대어 서양도 중화문명에 감화되어 있어 결코 오랑캐는 아니라는 주장을 했다. 한국학문헌연구소 편, 『박규수전집』 상, 아세아문화사, 1978, 621쪽.

15) 이러한 위정척사사상에 대해서는 原田環, 「朴珪壽の對日開國論」, 『人文學報』 46, 1979 ; 原田環, 「朴珪壽と洋援」, 旗田先生古希記念會 編, 『朝鮮歷史論集』 하, 龍溪書舍, 1979 ; 原田環, 「19世紀の朝鮮における對外的危機意識」, 『朝鮮史研究會論文集』 21, 1984 ; 姜在彦, 「李恒老における衛正斥邪思想」, 飯沼二郎·姜在彦 編, 『近代朝鮮の社會と思想』, 未來社, 1981 ; 姜在彦, 『朝鮮の攘夷と開化』, 平凡社, 1977, 208~211쪽.

16) 동학농민전쟁백주년 기념사업추진위원회 편, 『동학농민전쟁사료대계』 1, 여흥출판회, 1994, 385쪽.

17) 原武志, 위의 책, 149쪽 이하. 이 장, 제2절. 이 책에서 原武志는 영조와 정조, 그 중에서

도 특히 정조의 일련의 정책을 동학 중에서도 비주류파인 '남접파'와 상통하는 '일군만
민적(一君萬民的)' 사상으로 보고 있다. 사실 정조의 일부 정책에는 '왕'이 적극적으로
'민(民)'과 접하고자 하는 자세가 드러나 있는데, 이에는 조선왕조의 영·정조시대 왕권
이 비교적 안정된 축에 있었던 탓으로 보인다. 그러나 그렇다고 해서 당시 조선왕조의
'신민(臣民)'도 이러한 감정을 공유했다고는 할 수 없다. 책의 서장에서 말한 것과 같은
'네이션(nation) 의식'을 중시하는 입장에서 이러한 영·정조시대를 네이션 의식의 일
보 전진으로 볼 것인가에 대해서는 조금 신중해지고 싶다. 실제 '신(臣)'은 이러한 정조
의 자세에 대해 일관된 반대의 뜻을 비치고 있으며(같은 책, 61쪽 이하) 정조의 사후 왕권
은 다시 쇠퇴했기 때문이다.

위와 같은 영·정조의 왕권강화가 근대로 향하는 첫걸음이었는지는 아직 동아시아사에
비추어볼 때 확실치 않으며, 그렇다면 왕권과 신권의 알력다툼에 지나지 않았는지 또한
앞으로 논의해야 할 필요가 있다. 이에 대해 덧붙이자면 세종조에서도 왕권강화의 수단
인 경연(經筵)은 중시됐으며 세조조에서는 그 경연조차 신권의 온상이라며 폐지됐다.

18) 동학에 대해서는 金義季, 『近代東學農民運動史の研究』, 和泉書店, 1986 ; 姜在彦, 『近代
朝鮮の變革思想』, 日本評論社, 1973, 55쪽 이하 ; 趙景達, 「東學における正統と異端」,
溝口雄三·浜下武志·平石直昭·宮嶋博史 編, 『世界像の形成』, 東京大學出版會, 1994.
그 밖에 위 인물들의 일련의 연구를 참고했다. 뛰어난 선학에 감사를 표한다.

19) 국사편찬위원회 편, 『동학난기록』하, 국사편찬위원회, 1959, 383~384쪽.

20) 金義季, 위의 책, 265쪽. 위의 저작물은 『동학난기록』하, 379쪽의 '척왜척화'라는 표현
을 바탕으로 씌어졌다. 동학에서는 이를 '척왜척화(斥倭斥華)'로 읽어 '화(華)'를 배척했
다고 했는데, 이 '화'가 '華'인지 '和'인지는 보다 심도있는 검토를 해봐야 할 것이다. 또
한 이 점에 대해서는 히로시마(廣島)여자대학의 하라타 다마키(原田環) 씨에게 조언을
받았으므로 감사의 뜻을 전한다.

21) 국사편찬위원회 편, 위의 책 하, 384쪽.

22) 金義季, 위의 책, 247쪽.

23) 「朝鮮の保護及倂合」, 韓國史料研究所 編, 『韓日合邦』1, 宗高書房, 1970, 433쪽.

24) 동학의 초대 교주 최제우는 이른바 몰락 양반 출신이었다. 金義季, 위의 책.

25) 의병에 관한 저작으로는 김호성, 『한말의병운동사연구』, 고려원, 1987 ; 한국민족운동
사연구회 편, 『의병전쟁연구』상, 지식산업사, 1990 ; 홍순권, 『한말 호남지역의병운동
사 연구』, 서울대학교출판부, 1994.

26) 糟谷憲一, 「初期義兵運動について」, 『朝鮮史研究會論文集』14, 1977.

27) 국사편찬위원회 편, 『한국독립운동사』2, 자료편, 국사편찬위원회, 1969, 680쪽.

28) 같은 책, 684쪽의 격문.

29) 같은 책, 705쪽

30) 국사편찬위원회 편, 『기려수필』(騎驢隨筆), 탐구당, 1971, 163쪽 이하. 또한 일본 쪽도
이러한 운동을 '백이와 숙제'의 경우와 같다고 생각하고 있었다. 김윤식, 『속 음청사』(續
陰晴史), 국사편찬위원회, 1960, 494쪽.

31) 국사편찬위원회 편, 위의 책, 211쪽 이하.

32) 이른바 친일파에 대해서는 임종국, 『일제침략과 친일파』, 청사, 1982. 이 책의 저자인 임종국의 다른 저작도 참조함.

33) 의병의 격문들 참조.

34) 합방 직후부터 3·1운동경까지 조선귀족에 대해서는 차문섭, 「3·1운동을 전후한 수작자(受爵者)와 친일한국인의 동향」, 『3·1운동 50주년기념론집』, 동아일보사, 1969.

35) 이 책, 제2부 제3장.

36) 김윤식, 위의 책, 493쪽.

37) 김윤식에 대한 고종과 순종의 전언(傳言), 「조선귀족령」, 통감부 편, 『한국병합전말서』, 통감부, 1910.

38) 이러한 당시의 귀족생활에 대해서는 이완용, 『일당(一堂) 선고일기』 1, 대한민국국립중앙도서관에 자세히 나와 있다.

39) 중추원, 이왕직 등에 관해서는 차문섭, 위의 글, 387쪽 ; 『朝鮮總督府官報』, 1910년 9월 30일, 10월 1일, 10월 7일.

40) 김윤식, 위의 책, 494쪽.

41) 『독립신문』(중국), 上海 발행.

42) 姜德相 編, 『3·1運動』 2, みすず書房, 1967, 512, 538쪽.

43) 김윤식, 위의 책, 500쪽. 김윤식에게 '독립'이란 '복국(復國)'을 의미했다.

44) 「중추원의 각성」, 『독립신문』, 1919년 10월 2일. 또한 「배은(背恩)의 조선귀족」, 같은 신문, 1919년 3월 30일.

45) 「합병조약폐기」, 『독립신문』, 1919년 8월 21일.

46) 「중추원의 각성」.

47) 「헌법초안재독」, 『독립신문』, 1919년 9월 6일.

48) 「대한민국임시헌법」, 『독립신문』, 1919년 9월 16일. 이 한 절은 수정 동의(動議)가 제기되어 가결됐다. 「헌법초안재독」.

49) 당시 김가진의 입장에 대해서는 「조선현상의 연구자료」, 한국학문헌연구소 편, 『구한말 일제침략사료 총서』, 정치편 9, 아세아문화사, 1984, 156쪽 ; 姜德相 編, 위의 책 2, 288쪽.

50) 「의친왕과 임시정부」, 『독립신문』, 1920년 1월 8일.

51) 같은 글.

52) 原奎一郎 編, 『原敬日記』 5, 福村出版, 1981. 1919년 11월 12일에 의친왕의 국외 탈출 미수사건이 발각되기 전후에는 이은의 혼인을 서둘러 실행하자는 논의가 있었으며, 12월 1일에는 이은 자신이 요청하는 형식으로 혼인을 추진하게 된다. 이때 이은은 "이강공의 처분과 고려를 바란다"고 말한 바 있다.

53) 「최후의 정죄(定罪)」, 『독립신문』, 1920년 5월 8일.

54) 오늘날 왕공족과 조선귀족의 자손들은 해외에 거주하는 경우가 많다. 이 점에 대해서는 강용자 편, 『왕조의 후예』, 삼인사, 1990.

제2부 소국의식과 내셔널리즘

제1장 | '유교적 레세페르'와 조공체제

1) 필자가 '소국의식'이라는 말을 사용하게 되기까지는 趙景達 씨 등 일련의 선행 연구자들에게 많은 시사점을 얻었다. 趙景達,「朝鮮における大國主義と小國主義の相克」,『朝鮮史研究會論文集』22, 1985. 뛰어난 선학에 감사드린다.

2) 이 장을 집필할 때 사용한 주요 사료는 국사편찬위원회 편,『승정원일기』고종 1~5, 탐구당, 1971 ; 국사편찬위원회 편,『고종순종실록』상·중·하, 탐구당, 1970 ; 朝鮮史編修會 偏,『朝鮮史』6-3·4, 東京大學出版會, 1986.

3) 한국재정40년사편찬위원회 편,『한국재정40년사』2, 한국개발연구원, 1990, 667~678쪽. 전두환 당시 대통령이 한국의 제128회 본회의에서 시정방침을 역설한 연설의 일부분이다.

4) '내재적 발전론'에 대해서는 史學會 編,『日本歷史學會の回顧と展望』16, 朝鮮, 山川出版社, 1988.

5) 제2차 세계대전 이전 대부분의 일본인들은 동일한 관점에서 에도시대를 '정체'의 시대라고 생각했다. 예를 들어 北島正元,『日本近世史』, 三笠書房, 1939.

6) 필자가 이러한 조어를 사용하는 이유는 '고종친정정권'은 임오군란 이후와 구별이 어려우며, '여흥 민씨 세도정권'의 경우 아직 여흥 민씨가 절대 권력을 확립하지 못한 시대여서 적절하지 못하다고 생각하기 때문이다. 原田環,「1880年代の閔氏政權と金允植」,『朝鮮史研究會論文集』22, 1985, 93~94쪽 ; 糟谷憲一,「閔氏正權上層部の構成に關する考察」,『朝鮮史研究會論文集』24, 1988 ; James B. Palais, *Politics and Policy in Traditional Korea*, Cambridge, MA : Harvard University Press, 1975, pp. 218~251을 참조.

7) 이 절에 대해서는 James B. Palais, "Political Leadership in the Yi Dynasty," Dae-Sook Suh and Chae-Jin Lee eds., *Political Leadership in Korea*, Seattle : University of Washington Press, 1976 등을 참고.

8) 양반의 계층분화에 대해서는 武田幸男,「高麗·李朝」, 三上次男·神田信夫 編,『東北アジアの民族と歷史』, 山川出版社, 1989.

9) 이러한 경향은 고위 관료 등에서 현저하게 나타났다. 김영모,『조선지배층연구』, 일조각, 1977. 그리고 송준호,「이조 후기 무과의 운영실태에 대해서」,『전북사학』1, 1977.

10) 이 점은 丁若鏞,『牧民心書』상·중·하, 大村友之丞 編輯, 朝鮮硏究會, 1911.

11)『조선사』6-3, 철종 12년 1월 29일. 이 장에서는 자료와의 관계상 특별히 언급하지 않는 한 음력을 사용하고 있다.

12) 原田環,「晉州民亂と朴珪壽」,『史學硏究』126, 1975 ; 망원한국사연구실19세기농민운동사분과 편,『1862년 농민항쟁』, 동녘선서, 1988 등을 참조.

13)『승정원일기』, 고종 즉위년 12월 7일.

14)「興宣大院君略傳」,『會余錄』1, 亞細亞協會, 1888, 10~12쪽.

15) 당시의 위기적 상황에 대해서는 성대경,「대원군집정의 원인적 제 상황에 대해서」,『인

문과학』10, 1981 등을 참조하길 바란다. 그리고 지배층의 자각에 대해서는 『승정원일기』, 고종 원년 2월 10일의 김좌근의 말을 참조. 또한 Palais, 위의 책, 1975, pp. 58~85 ; 성대경, 「대원군정권의 정책」, 『대동문화연구』18, 1984, 317~321쪽 ; 성대경, 『대원군정권 성격 연구』, 성균관대학교 박사학위논문, 1985, 97~99쪽 등을 참조.

16) 참고로 이 장에서는 무신이라는 말을 무과(군인채용시험)를 통해 등용된 관료라는 의미로 사용하여 군사직책에 앉은 모든 사람들을 가리키는 무관과는 구별하고 있다.

17) Palais, 위의 책, 1975, pp. 23~42 ; 성대경, 「대원군 초기집정기의 권력구조」, 『대동문화연구』15, 1982, 91~96쪽 ; 精谷憲一, 「大院君政權の權力構造」, 『東洋史研究』49-2, 1990.

18) 황현, 『매천야록』, 국사편찬위원회, 1957.

19) 예를 들어 한국학문헌연구소 편, 『조선정감』(朝鮮政鑑), 아세아문화사, 1983.

20) 표 4-1 및 精谷憲一, 위의 글 ; 성대경, 「대원군정권의 과거운영」, 『대동문화연구』19, 1985 ; 김세은, 「대원군집권기의 군사제도의 정비」, 서울대학교 인문대학 국사학과 『한국사론』19, 1988, 23쪽 ; 황현, 위의 책, 10쪽.

21) 신헌(申櫶)에 대해서는 다음에 논의하겠으나 다른 예로는 『승정원일기』, 고종 7년 2월 30일, 6월 29일(李景夏), 11년 9월 16일, 10월 5일(李周喆) 등 무신의 발언을 참조.

22) 1866년(고종 3) 이후. 최병옥, 「고종시대의 삼군부연구」, 『군사』(軍史) 19, 1990, 8~50쪽 등을 참조.

23) 신헌에 대한 연구는 박찬식, 「신헌의 국방론」, 『역사학보』117, 1988이 있을 뿐이다. 참고로 신헌의 옛이름은 신관호(申觀浩)로 대원군정권 중기 무렵 신헌으로 개명했으나 혼란을 피하기 위해 이 장에서는 일관적으로 신헌이라는 이름을 사용하고 있다.

24) 『승정원일기』, 고종 원년 6월 26일. 그리고 표 4-1.

25) 『승정원일기』, 고종 8년 3월 18일.

26) 그의 일련의 군사관계에 대한 상소문은 한국학문헌연구소 편, 『신헌전집』하, 아세아문화사, 1990에 수록되어 있다. 그리고 박찬식, 위의 글, 59쪽.

27) 성대경, 「대원군정권의 서원훼철」, 『천관우선생환력기념 한국사학논총』, 정음문화사, 1985를 비롯한 성대경의 일련의 논문 및 최병옥, 위의 글 ; 최병옥, 『개화기의 군사정책연구』, 홍익대학교 박사학위 논문, 1987 ; Palais, 위의 책, 1975. 그러나 그 실행 정도에는 여러 가지 의문이 남는다. 예를 들어 『승정원일기』, 고종 11년 11월 18일 홍만식(洪萬植)의 발언이나 『고종실록』, 고종 16년 11월 15일을 참조.

28) 『승정원일기』, 고종 원년 2월 10일. 그리고 같은 해 1월 13일.

29) 고종 즉위 당시의 상황에 대해서는 『승정원일기』, 고종 원년 정월 10일의 조대비(趙大妃)의 말을 참조.

30) Palais, 위의 책, 1975, pp. 43~46.

31) 최병옥, 위의 글, 8~50쪽. 그리고 조선왕조의 군사제도에 대해서는 차문섭, 『조선시대군제연구』, 단대출판부, 1973을 참조하길 바란다.

32) 일각에서 강조되는 '새로운 형태의 민란'을 당시의 정권이 심각하게 받아들인 모습은 찾아볼 수 없다. 예를 들어 신헌, 「진군무소」(陳軍務疏), 152쪽.

33) 예를 들어 신헌의 「논병사소」(論兵事疏), 「진군무소」, 「의론병무소」(擬論兵務疏) 등과 같은 군사관계의 상소문은 이 시기에 집중적으로 쓰여졌다.

34) 물론 대원군정권도 때로는 열강의 위협을 줄이기 위해 '속국'이라는 입장을 이용하기도 했다. 예를 들어 原田環, 「朝鮮の近代化思想」, 『大東文化研究』 18, 1984, 308~310쪽.

35) 신헌의 「의재진군무소」(擬再陳軍務疏)를 참조. 그리고 丁若鏞, 『牧民心書』 중.

36) 호포제에 대해서는 한우근, 「대원군정권의 세원확장책의 일단」, 『김재원박사 회갑기념 논총』, 김재원박사회갑기념논총발간위원회, 1969 ; Palais, 위의 책, 1975, pp. 86~109 ; 성대경, 위의 논문, 1985, 121~127쪽 ; 성대경, 위의 글, 1984, 321쪽 등을 참조했으면 한다. 그리고 신헌, 「의재진군무소」, 243쪽.

37) 예를 들어 『승정원일기』, 고종 9년 12월 4일, 고종 16년 11월 15일.

38) 신헌, 「의재진군무소」을 참조했으면 한다.

39) 위정척사사상에 대해서는 原田環, 「朴珪壽の對日開國論」, 『人文學報』 46, 1979 ; 原田環, 「朴珪壽と洋擾」, 旗田先生古希記念會 編, 『朝鮮歷史論集』 하, 龍溪書舍, 1979 ; 原田環, 「19世期の朝鮮における對外的危機意識」, 『朝鮮史研究會論文集』 21, 1984 ; 姜在彦, 「李恒老における衛正斥邪思想」, 飯沼二朗・姜在彦 編, 『近代朝鮮の社會と思想』, 未來社, 1981 ; 姜在彦, 『朝鮮の攘夷と開化』, 平凡社, 1977, 208~211쪽.

40) 『승정원일기』, 고종 3년 7월 30일.

41) 韓國問題研究會 編, 『朝鮮外交事務書』 7, 成進文化社, 1971, 445~450쪽 ; 韓國問題研究會 編, 『朝鮮外交事務書』 6~9, 成進文化社, 1971 을 참조하길 바란다.

42) 『승정원일기』, 고종 13년 2월 26일 ; 박찬식, 위의 글, 73쪽.

43) 한국학문헌연구소 편, 위의 책, 1983, 29쪽 ; 『승정원일기』, 고종 4년 9월 9일.

44) 표 4-2 및 『승정원일기』, 고종 10년 3월 5일, 고종 11년 3월 20일.

45) Palais, 위의 책, 1975, pp. 174~201.

46) 「興宣大院君略傳」, 17~18쪽, 그리고 外務省調査部 編, 『大日本外交文書』 9, 日本國際協會, 1940, 95~96쪽.

47) 『승정원일기』, 고종 10년 10월 10일.

48) 고종에 대해서는 Palais, 위의 책, pp. 202~219 ; 최병옥, 위의 논문, 214쪽을 참조. 그리고 『승정원일기』, 고종 11년 1월 13일, 3월 5일, 4월 5일, 6월 25일.

49) 황현, 위의 책, 25~26쪽.

50) 같은 책 7, 18~19쪽 ; 『조선외교사무서』 8, 436쪽.

51) 청전(淸錢) 철폐가 미친 영향에 대해서는 표 4-2 및 Palais, 위의 책, 1975, pp. 202~219.

52) 外務省調査部 編, 『大日本外交文書』 4, 日本國際協會, 1938, 300쪽.

53) 『승정원일기』, 고종 11년 1월 23일, 26일, 4월 5일 등.

54) 『승정원일기』, 고종 11년 1월 23일, 3월 20일, 26일.

55) 『승정원일기』, 고종 11년 7월 29일.

56) 『승정원일기』, 고종 11년 7월 30일.

57) 『승정원일기』, 고종 11년 1월 13일, 3월 5일, 4월 5일, 29일, 6월 25일, 7월 15일 등.

58) Palais, 위의 책, 1975, pp. 202~219. 그리고 原田環, 「朴珪壽の對日開國論」, 97쪽 ; 이완재, 『초기 개화사상 연구』, 민족문화사, 1989, 118쪽.

59) 표 4-2 및 『승정원일기』, 고종 14년 12월 14일.

60) 이 그림의 작성 때 姜在彦, 『朝鮮の開化思想』, 岩波書店, 1980, 117쪽 ; 김현기, 「강위의 개화사상」, 『경희사학』 12 · 13, 1986, 97쪽 등을 참고했다.

61) 貝塚茂樹, 『中國の歷史』 중, 岩波書店, 1969, 204쪽. 그리고 주자학에 대해서는 島田虔次, 『朱子學と陽明學』, 岩波書店, 1967.

62) 조선의 주자학과 허학화(虛學化)에 대해서는 三浦國雄, 『朱子』, 講談社, 1979, 353~391 쪽 ; 姜在彦, 위의 책, 1980, 1~28쪽.

63) 실학에 대해서는 姜在彦의 저작이나 朴忠錫, 「李朝後期における政治思想の展開」, 『國家學會雜誌』, 88-9 · 10 · 11 · 12, 1975 ; 같은 책, 89-1 · 2, 1976.

64) 박규수의 경력과 학통에 대해서는 이완재, 위의 책, 43~100쪽 ; 原田環, 위의 글, 1985, 80~84쪽.

65) 신헌의 경력과 학통에 대해서는 박찬식, 위의 글, 41~55쪽을 참고했다. 그리고 신헌과 정약용의 관계에 대해서는 국방부전사편찬위원회 편, 『민보의(民堡議) · 민보집설(民堡輯說. 附漁樵問答)』, 국방부전사편찬위원회 , 1989 ; 정경현, 「19세기의 새로운 국토방위론」, 서울대학교 인문대학 국사학과 『한국사론』 4, 1978도 참조하길 바란다.

66) 한국문헌연구소 편, 『박규수전집』 상, 아세아문화사, 1978, 8쪽.

67) 황현, 위의 책, 28~29쪽.

68) 이 점에 대해서는 原田環, 「朴珪壽の對日開國論」, 100~101쪽에 따랐다.

69) 황현, 위의 책, 10쪽.

70) 『승정원일기』, 고종 13년 1월 29일.

71) 신헌, 「의논병사소」, 29쪽.

72) 그의 일련의 상소는 모두 군비강화와 이를 위한 재정적 개혁을 호소하는 것이었다.

73) 신헌, 위의 글, 35쪽.

74) 국사편찬위원회 편, 『임술록』, 국사편찬위원회, 1971, 1~3쪽.

75) 신헌의 일련의 상소문을 참조. 그리고 박찬식, 위의 글.

76) 정경현, 위의 글, 348쪽.

77) 신헌, 「의재진군무소」, 241~242쪽. 군역면제자늑요민(饒民)이라는 도식이다.

78) 예를 들어 김윤식이 군비강화비용을 용병정리로 충분하다고 주장했던 것과 대조해보길 바란다. 한국학문헌연구소 편, 『김윤식전집』, 아세아문화사, 1980, 289쪽.

79) 신헌, 위의 글, 233쪽.

80) トインビ, 「世界と西歐」, 吉田健一 譯, 『トインビ著作集』 6, 社會思想社, 1967, 25쪽. 단, 신헌과 그들 사이에는 서양을 모델로 했는지의 여부에서 큰 차이가 있다.

81) 『승정원일기』, 고종 11년 1월 13일. 그리고 박규수가 이러한 시책을 단순히 계유정변 직후의 재정 파탄 상황을 타파하기 위한 긴급 피난책으로 주장하지 않았다는 점은 『승정원일기』, 고종 11년 7월 15일에 보이는 군사비 갹출을 둘러싼 이유원과의 대립을 보더라도 명백하다. 그리고 Palais, 위의 책, 1975, pp. 213~214 참조.

82) 당시 조선지식인들이 인정(仁政)을 주장한 예로는, 앞서 서술한 고종이나 신헌의 「민유
   방본」(民惟邦本)이나 대원군의 「한고법삼장」(漢高法三章), 박규수의 「한문경지세」(漢文
   景之世)를 들 수 있다. 신헌, 「의재진군무소」, 242쪽 ; 外務省調查部 編, 『對日本外交文
   書』27-1, 日本國際協會, 1942, 26쪽 ; 『승정원일기』, 고종 11년 3월 5일.
83) 原田環, 위의 글, 1975을 참조. 그리고 한국문헌연구소 편, 위의 책 하, 970쪽.
84) 原田環, 위의 글, 1985, 89~94쪽 ; 이완재, 위의 책, 43~122쪽.
85) 한국문헌연구소 편, 위의 책 상, 526쪽 ; 原田環, 위의 글, 1975, 38쪽.
86) 한국문헌연구소 편, 위의 책 상, 466~469쪽의 김윤식에 관한 글.
87) 小倉芳彦 譯註, 『春秋左氏傳』상, 岩波書店, 1988, 298쪽.
88) 한국문헌연구소 편, 위의 책 상, 558쪽.
89) 같은 책, 755쪽, 그리고 같은 책, 749~768쪽의 「答上大院君」을 참조.
90) 화이적 세계관에 대해서는 姜在彦의 일련의 저작들을 참조하길 바란다.
91) 이 점에 관해서는 姜在彦, 『朝鮮近代史硏究』, 日本評論社, 1970, 19~40쪽 등 姜在彦의
   저작들 및 이완재, 위의 책, 120~122쪽.
92) 강위, 「대신대관상환재박상국」(代申大官上桓齋朴相國), 한국학문헌연구소 편, 『강위전
   집』상, 아세아문화사, 1976, 521쪽. 대필이긴 하나 신헌의 뜻이 선명히 드러나 있다고
   볼 수 있다.
93) 原田環, 위의 글, 1985, 88~89쪽.
94) 『승정원일기』, 고종 13년 1월 20일. 기존에는 이 시점부터 박규수가 메이지시대의 일본
   처럼 부국강병을 주장했다는 의견이 지배적이었으나 단지 '부국강병'이라는 글자가 보
   일 뿐 자세한 내용은 알 수 없다. 게다가 그가 말하는 '병강(兵强)'이란 즉 '군심' = '민
   심'을 잡기 위한 것이었다. 그러나 그처럼 낙관적 개국론을 펼치던 지식인들은 당시 혼
   했다. 김현기, 「강위」를 참조. 그리고 강위, 위의 글, 519쪽 ; 原田環, 「朴珪壽の對日開國
   論」, 100쪽도 참고하길 바란다.
95) 『승정원일기』, 고종 13년 2월 6일. 동화모(銅火帽)의 모방을 진언한 부분과 같다.
96) 표 4-1.
97) 原田環, 위의 글, 1985 ; 최병옥, 위의 논문, 190~193쪽.
98) 김옥균에 대해서는 우선 古筠記念會 編, 『金玉均傳』을 참조하길 바란다.
99) 「치심유서」(致沁留書) 1, 한국학문헌연구소 편, 『김옥균전집』, 아세아문화사, 1979, 124
   쪽 ; 김하원, 「김옥균의 쿠데타 재기운동과 『갑신일록』집필」, 『조선사연구회논문집』
   28, 1991을 참조했다. 여기서 김옥균은 국책의 첫 번째 목표로서 "외국 중에서도 가장
   공정하고 강한 나라와 깊은 관계를 맺어 시종일관 그 나라의 보호에 기대야 한다"고 주
   장하고 있다.
100) 물론 김윤식 등과 김옥균 등 사이에는 전자가 전면적으로 '공평한 나라'의 원조를 바란
   것에 반해 후자는 개화파 정권수립의 과정에서만 이를 바랐다는 차이가 있다.
101) 나가사키에 대해서는 姜在彦, 위의 책, 1977, 14~20쪽.
102) 아편전쟁 이후 각국이 보인 대응에 대해서는 일본이 藤田覺, 『幕藩制國家の政治史的硏
   究』, 校倉書房, 1987 ; 津田秀夫, 『封建社會解體過程硏究序說』, 塙書房, 1970, 173~254

쪽. 중국이 堀川哲男, 『中國近代の政治と社會』, 法律文化社, 1981, 25~29쪽. 조선이 崔
震植, 「大院君執政期의 禦洋論研究」, 『嶠南史學』4, 1989, 175~180쪽; 原田環, 「19世
紀の朝鮮における對外的危機意識」, 『朝鮮史研究會論文集』21, 1984, 73~88쪽을 참조.

103) 有馬成甫, 『高島秋帆』, 吉川弘文館, 1958, 35~39쪽.

104) 藤田覺, 『幕藩制國家』, 190~315쪽.

105) 같은 책, 218쪽.

106) 같은 책, 219쪽.

107) 같은 책, 262쪽; 津田秀夫, 위의 책, 241~242쪽.

108) 니노미야 손도쿠에 대해서는 津田秀夫, 위의 책, 215~216쪽의 정리를 따랐다.

109) 같은 책, 243쪽.

110) 각 번의 번정개혁(藩政改革)에 대해서는 堀江英一 編, 『藩政改革の研究』, 御茶の水書
房, 1955; 藤野保 編, 『九州と藩政改革』, 國書刊行會, 1985 등을 참조.

111) 예를 들어 균전정책을 시행한 히젠(肥前)의 예가 있다. 北島正元, 『幕藩制の苦悶』, 中央
公論社, 1966, 500~503쪽.

112) 穗積文雄, 『先秦經濟思想史論』, 有斐閣, 1942, 57~103쪽(儒家), 164~247쪽(法家)을
참조했다. 柿村峻 譯註, 『管子』, 明德出版社, 1970, 225~233쪽; 金谷治 譯註, 『孟子』
상, 朝日新聞社, 1978, 128~129쪽; 같은 책 하, 272~273쪽 등. 그리고 金谷治 譯
註, 『管子の研究』, 岩波書店, 1987.

113) 제2절의 주15)를 참고할 것.

114) 原田環, 위의 글, 1975, 37쪽.

115) 이영훈, 『조선후기 사회경제사』, 한길사, 1988, 제6장을 참조.

116) Thomas C. Smith, *Native Source of Japanese Industrialization*, Berkeley, CA :
University of California Press, 1988, p. 133~147; 遠山茂樹, 『明治維新』, 岩波書
店, 1951.

117) 당시의 '백성일규(百姓一揆)'와 '민란'에 대해서는 鹿野正直·由井正臣 編, 『近代日本
の統合と抵抗』1, 日本評論社, 1982, 41~76쪽; 深谷克己, 『百姓一揆の歷史的構造』,
校倉書房, 1979; 橫山十四男, 『百姓一揆と義民傳承』, 教育社, 1977; 原田環, 위의
글, 1975; 망원한국사연구실, 『1862년』; 윤대원, 「이필제 난의 연구」, 서울대학교 인
문대학 국사학과 『한국사론』16, 1987.

118) 예를 들어 藤間生大, 『近代東アジア世界の形成』, 春秋社, 1977, 218쪽.

119) 일본에서도 에도 초기의 '백성일규'는 부농층이 지도하는 경우가 많았다. 深谷克己, 위
의 책 참조.

120) G. ミュルタール 著, S. キング 編, 『アジアのドラマ』상, 縮冊版, 板垣興一 監譯, 東洋
經濟新報社, 1974, 179~181쪽.

121) 佐藤誠三郎, 「西歐の衝擊への對應」, 篠原一·三谷太一郎 編, 『近代日本の政治指導』,
東京大學出版會, 1965, 28쪽.

122) 예를 들어 渡部學, 「韓國思想史における'內と'外」, 『韓』96, 1980.

123) 조공체제에 대해서는 原田環, 「朝·中'兩截體制' 體制成立前史」, 飯沼二郎·姜在彦 編,

『近代朝鮮の社會と思想』, 未來社, 1981 ; 浜下武志, 『近代中國の國際的契機』, 東京大學出版會, 1990, 25~47쪽.

124) 渡部學, 위의 글.

125) 북벌과 그 좌절에 대해서는 차문섭, 위의 책, 254~341쪽.

126) 필자와 입장은 다르나 荒野泰典, 『近世日本と東アジア』, 東京大學出版會, 1988, 4~28쪽도 참조하길 바란다.

127) 일본인의 자기상에 대해서는 百瀬宏, 『小國』, 岩波書店, 1988, 46~51, 105~119쪽 ; 矢澤康祐, 「江戸時代'における日本人の朝鮮觀について」, 『朝鮮史研究會論文集』6, 1969.

128) 일본의 경우 지배층은 항상 '무사'였다. 예를 들어 篠原一・三谷太一郎編, 『近代日本の政治指導』, 東京大學出版會, 1980을 참조. 그러나 조선과 비슷한 문무의 대립이 전혀 없었던 것도 아니다. 예를 들어 메쓰게가타(目付方)와 간죠가타(勘定方)의 대립에 대해서는 松岡英夫, 『岩瀬忠震』, 中央公論社, 1981, 45~65쪽.

129) 일본의 양이사상에 대해서는 會澤正志齋, 「新論」, 高須芳次郎 編, 『會澤正志集』, 日東書院, 1933 ; 山崎益吉, 『横井小楠の社會經濟思想』, 多賀出版, 1981, 57~87쪽.

130) 姜在彦, 위의 책, 1977, 45쪽.

131) 예를 들어 原田環은 이 입장에 서 있다고 생각할 수 있다. 原田環, 「19世紀の朝鮮における對外的危機意識」, 1984, 99쪽.

132) シュモラ, 『重商主義とその歴史的意義』, 正木一夫 譯, 伊藤書店, 1944, 52~53쪽. 그리고 근대국가형성과 전쟁의 관계에 대해서는 ポール ケネディー, 『大國の興亡』상, 鈴木主税 譯, 草思社, 1988, 120~121쪽.

133) 근대화에서 차지하는 국가의 역할에 대해서는 シュモラー, 위의 책 ; ゾンバルト, 『近世資本主義』1~2, 岡崎次郎 譯, 生活社, 1943, 488~665쪽 ; ゾンバルト, 『高度資本主義』, 梶山力 譯, 有斐閣, 1940, 79~128쪽.

134) シュモラー, 위의 책, 76쪽.

제2장 | 근대조선의 자국의식과 소국론

1) 近藤釰一編, 『萬歳騷擾事件(三・一運動)』2, 巖南堂書店, 1964, 22쪽.

2) 정경현, 「19세기의 새로운 국토방어론」, 서울대학교 인문대학 국사학과 『한국사론』4, 1978, 348쪽. 또한 국방부전사편찬위원회 편, 『민보의(民堡議)・민보집설(民堡輯說. 附漁樵問答)』, 국방부 전사편찬위원회, 1989 참조.

3) 이 책, 제2부 제1장.

4) 예를 들면 原田環, 「1880年代の閔氏政權と金允植」 ; 趙景達, 「朝鮮における大國主義と小國主義の相克」, 『朝鮮史研究會論文集』22, 1986. 한국에서는 최진식, 『한국근대의 온건개화파 연구』, 영남대학 박사학위논문, 1991 참조.

5) 청풍 김씨와 김윤식의 성장에 대해서는 최진식, 위의 논문을 비롯해 만성대동보발행소(萬姓大同譜發行所) 편, 『만성대동보』(萬姓大同譜)상, 만성대동보발행소, 1983, 391~397쪽.

6) 김육에 대해서는 최진식, 위의 논문, 13쪽. 그리고 차문섭, 『조선시대 군제연구』, 단국대학출판부, 1973, 254쪽 이하 참조.

7) 김윤식,『속 음청사』(續陰晴史) 상, 국사편찬위원회, 1960, 33쪽.

8) 최진식, 위의 논문, 13~14쪽.

9) 한국학문헌연구소 편,『김윤식전집』상, 아세아문화사, 1980, 460쪽.

10) 유신환(兪莘煥)과 그의 문하에 대해서는 최진식, 위의 글, 14~16쪽 ; 이상일,『운양 김 윤식의 개량주의적 개혁론연구』, 동국대학교 석사학위논문, 1989, 5~7쪽 참조.

11) 이상일, 위의 논문, 5쪽.

12) 이 책, 제2부 제1장, 그리고 原田環의 일련의 저서, 이완재,『초기 개화사상 연구』, 민족 문화사, 1989 참조.

13) 자세한 내용은 이 책, 제2부 제4장 참조.

14) 편홍기,『한국과거사』, 명의회, 1987, 200쪽. 또한 이 장에서는 이하 역사자료 관계상 별다른 이유가 없을 경우에는 음력으로 표시한다. 대략 고종 늑 원년 1864년.

15) '계유정권(癸酉政權)'이라는 단어를 사용하는 이유에 대해서는 이 책, 제2부 제1장.

16) 이 장에서는 편의상 서양적 질서에 편입되기 이전 단계인 동아시아 국가들의 국제체제 안에서의 모습을 나타내는 말로 '쇄국(鎖國)'을 사용한다. 이 말의 가부(可否)에 대해서 는 荒野泰典,『近世日本と東アジア』, 東京大學出版會, 1988,「서장」참조. 그리고 이 책, 제1부 제1장 참조.

17) 이 책, 제2부 제1장.

18)『김윤식전집』하, 288~291쪽.

19) 같은 시기에 신헌도 같은 상소문을 썼다. 한국학문헌연구소 편,『신헌전집』상, 아세아 문화사, 1980, 29, 35쪽.

20) 이 외에 기독교 신앙의 확산을 간언했다.

21) 이 책, 제2부 제1장.

22)『김윤식전집』하, 289쪽.

23) 이광린,『한국개화사연구』, 일조각, 1969, 2~30쪽.

24) 박규수와 김윤식 그리고『海國圖志』의 관계에 대해서는 姜在彦,『朝鮮の開化思想』, 岩波 書店, 1980, 76, 111쪽.

25) 엄밀하게 말하면 김윤식은 문과 합격 이전에도 숙부인 김익정(金益鼎)의 힘에 의해서였 는지 음직(蔭職)에 의해 관직을 얻었지만 그가 계속 관계의 일원이 되어 순조롭게 관인 으로서의 길을 걷기 시작한 것은 역시 과거에 합격했기 때문이다.

26) 김윤식,「음청사」(陰晴史), 국사편찬위원회 편,『종정연표(從政年表)·음청사』, 국사편 찬위원회, 1961, 35쪽.

27) 朝鮮史編輯會 編,『朝鮮史』6-4, 東京大學出版會, 1986, 595쪽. 또한 원문에 대해서는 『김윤식전집』하, 31쪽.

28) 김윤식, 위의 책 하, 1960, 부록.

29) 김윤식, 위의 글, 1961, 87쪽. 그리고『朝鮮史』6-4권, 603~605쪽.

30) 송병기,『근대 한중관계사 연구』, 단국대학출판부, 1985, 12쪽 이하. 中央研究院近代史 研究所 編,『淸季中日韓關係史料』2, 中央研究院近代史研究所(대만), 1972, 360쪽 이하 의 사료를 참조.

31) 中央研究院近代史研究所 編, 위의 책, 363쪽.

32) 장건(張騫)은「朝鮮前後事宜六策」에서 다음과 말하고 있다. "於朝鮮則援漢元菟樂浪郡例　廢爲郡縣 援周置監國 或置重兵守其海口 而改革其內政 或令自改而剌練新軍 聯我東三省　爲一氣". 秋月望,「朝中間の三貿易章程の締結經緯」,『朝鮮學報』115, 1985 참조.

33) 中央研究院近代史研究所 編, 위의 책, 440쪽. 주일청국공사 하여장(何如璋)은 조선에　몽골이나 티베트와 똑같은 정령을 제정하고 중국이 내정·외교를 주관하도록 하는 한　편, 현실적인 배려 차원에서 조선에 만국의 세력균형 체제를 만들자고 주장하고 있다.　송병기, 위의 책, 제4장.

34) 中央研究院近代史研究所 編, 위의 책, 366~369쪽.

35) 따라서 이홍장이 당초부터 조청관계를 '근대적 지배와 종속관계에 묶어두려고 했다'는　것은 적절치 않다. 金文子,「三·一運動と金允植」,『寧樂史苑』29, 1984. 또한 原田環,　「朝·中'兩截體制'成立前史」, 飯沼二郎·姜在彦 編,『近代朝鮮の社會と思想』, 未來社,　1981. 그러나 이홍장에게 조선의 자강은 부수적인 것이었으며, 중심은 세력균형책으로　안전을 보장하는 것이었다. 송병기, 위의 책.

36)『김윤식전집』하, 299쪽 ; 김윤식, 위의 글, 1961, 24~26쪽.

37) 송병기, 위의 책, 32쪽 이하.

38) 김윤식, 위의 글, 1961, 30쪽.

39) 같은 글, 39쪽.

40) 같은 글, 40쪽.

41) 같은 글, 49쪽.

42) 같은 글, 55쪽.

43) 같은 글, 176쪽.

44) 같은 글, 83쪽.

45) 같은 글, 75, 169쪽.

46) 같은 글, 57쪽.

47) 같은 글, 79쪽.

48) 여기서 그가 청에 의지해야 하는 이유로 이홍장의 존재를 든 사실은 흥미롭다. 본디 조　선에서는 만주인보다도 한인(漢人)을 중시하는 경향이 있어서, 한인 관료들은 한인이라　는 이유만으로도 큰 기대를 받았다.

49) 김윤식, 위의 글, 1961, 88~89쪽.

50) 같은 글, 54쪽.

51) 같은 글, 88쪽.

52) 같은 글, 89쪽.

53) 박규수의 표현이다. 한국학문헌연구소 편,『박규수전집』상, 아세아문화사, 1978, 754쪽.

54) 국사편찬위원회 편,『승정원일기』, 국사편찬위원회, 1971, 고종 19년 3월 29일.

55)『朝鮮史』6-4, 고종 19년 6월 5일.

56)『승정원일기』, 고종 19년 12월 25일.

57) 김윤식, 위의 글, 1961, 181쪽.

58) 같은 글, 182쪽.

59) 김윤식이나 당시 그와 함께 행동하던 어윤중에게는 청나라 군의 움직임이 알려지지 않았다. 같은 글, 184쪽.

60) 田保橋潔,『近代日鮮關係史の硏究』상, 宗高書房, 1972, 873쪽.

61) 국사편찬위원회 편,『비변사등록』(備邊司謄錄) 27, 국사편찬위원회, 1960, 695쪽. 또한 木村幹,「備邊司謄錄'座目'に見る朝鮮王朝末期官僚制の一硏究」,『國際協力論集』7-2, 1999.

62) 田保橋潔, 위의 책, 861~868쪽. 앞서 언급했던 장건(張謇)의 말은 이때 한 말이다.

63)『승정원일기』, 고종 19년 9월 24일.

64) 김윤식, 위의 글, 1961, 168쪽에 따르면 김윤식이 사용할 수 있는 비용은 '銀子一萬五六千兩'밖에 되지 않았다. 또한 같은 책, 101, 205~211쪽. 청의 양무관료들은 결코 비용을 과대하게 말하지 않았다. 예를 들면, 1893년 청은 약 1,700만 냥을 영국을 위해서 지출하기도 했다. 浜下武志,『中國近代經濟史硏究』, 汲古書院, 1989, 47쪽.

65) 김윤식, 위의 글, 1961, 221~222쪽.

66) 같은 글, 222쪽.

67) 같은 글, 176쪽.

68) 같은 글, 172, 209~210쪽.

69) 청에 대해서는 浜下武志, 위의 책 ; 최진식, 위의 논문, 53~56쪽 참조.

70) 김윤식, 위의 책 하, 1960, 565쪽.

71) 일본에게서 차관을 얻기 위한 시도에 대해 김윤식, 위의 글, 1961, 226~227쪽 ; 古筠記念會 編,『金玉均傳』, 龍溪書舍, 1986, 249쪽 이하 참조. 그리고 청으로부터의 차관에 대해서는 김정기,「조선정부의 청 차관 도입」, 서울대학교 인문대학 국사학과『한국사론』3, 1976 참조.

72)『김윤식전집』하, 35쪽.

73)『승정원일기』, 고종 11년 8월 20일. 그리고 이 책, 제2부 제1장 참조

74)『김윤식전집』하, 37쪽 이하

75) 한국학문헌연구소 편,『조선정감』(朝鮮政鑑), 아세아문화사, 1983.

76) 급진개화파와 온건개화파에 대해서는 최진식, 위의 논문, 149쪽 이하, 그리고 姜在彦·이광린 등 일련의 저서를 참조.

77) 김윤식, 위의 책 하, 1960, 577쪽 이하.

78) 같은 책, 566쪽 이하 참조.

79) 예를 들면 앞서 언급했던 金文子, 위의 글. 이것과는 다른 시점에서 바라본 것으로 趙景達의 일련의 연구가 있다. 그의 연구는 김윤식의 사상이 유교적인 영향을 남겼기에 근대에 안티테제로서의 의의를 남기고 있다고 서술하고 있다.「朝鮮における大國主義と小國主義の相克」,『朝鮮史硏究會論文集』22, 1985 외에 일련의 趙景達의 연구.

80) 姜在彦, 위의 책과 같은 입장일 것이다.

81) 김윤식, 위의 책 하, 1960, 577쪽.

82)『만성대동보』그리고『한국과거사』참조.

83) 이 점에 대해서 필자는 국사편찬위원회 편, 『비변사등록』, 국사편찬위원회, 1960에서 철종 14년부터 고종 29년까지 조정의 명부를 데이터 베이스해서 검색했다. 이 모든 조사 결과에 대해서 언급하는 것은 불가능하지만 그 결과 조정 서열의 상하 이동에서 '시원임대신(時原任大臣)등급', '상호군(上護軍)등급', '대호군(大護軍)등급', '호군(護軍)등급', 그리고 '공사관(公事官)등급' 등 5가지 등급이 있으며 각각의 등급을 살펴보면, 그 등급의 취임기간이 서열과 거의 일치한다. 이와는 대조적으로 등급 간의 상하 이동은 재직기간이나 연령보다도 오히려 '파격적인 발탁'에 의한 것이라는 사실이 밝혀졌다. 바꾸어 말하면 단순하게 그 직위에 장기간 재직한 것만으로는 상위 등급으로의 이동이 보장되지 않는다는 것이다. 이러한 의미에서 박영효와 같이 처음부터 높은 위치에서 출발하는 것은 당연히 유리하다. 자세한 사항은 木村幹, 앞의 글.

84) 조선왕조에서 등급이 내려가는 경우는 극히 드물다.

85) 『고종실록』 참조.

86) 이 점에 대해 필자의 견해와 비슷한 선행연구로 山邊健太郎, 『日本の韓國倂合』, 太平出版社, 1966, 99쪽. 이 점에 대해서는 趙景達 씨의 도움을 받았다. 감사하는 바이다.

87) 이 건에 대해서는 김정기, 「서로전선(西路電線)의 가설과 반청의식의 형성」, 『김철준박사 화갑기념사학논총』, 지식산업사, 1983 참조.

88) 田保橋潔, 위의 책 하, 4쪽. 또한 조·러 밀약에 대해서도 같은 책을 참조.

89) 『朝鮮史』 6-4권, 816쪽 이하. 조청 대립에 대해서도 같은 책을 참조.

90) 『승정원일기』, 고종 23년 4월 13일. 그리고 같은 해 7월 23일.

91) 『승정원일기』, 고종 24년 5월 28일.

92) 『김윤식전집』 상, 470쪽 이하.

93) 최진식, 위의 논문, 203쪽 이하.

94) 『김윤식전집』 상, 481~482쪽.

95) 같은 책 상, 482쪽.

96) 같은 책 상, 496~498쪽.

97) 金文子, 위의 글. 이 외에도 이와 같은 견해를 가진 사람들은 많다.

98) 김윤식, 위의 책 상, 1960, 234~235쪽.

99) 조선왕조의 재정은 본디 국가가 통계를 일원적으로 관리했던 것이 아니라, 각각의 관청, 지방관아가 따로따로 관리하고 있었다. 이것이 바뀌어 요즘과 같은 재정 데이터가 만들어진 것은 갑오개혁 이후의 일이다. 이 점에 대해서는 김옥근, 『조선왕조 재정사 연구』 4, 근대편, 일조각, 1992 및 堀和生, 「日本帝國主義の植民地過程における財政變革」, 『日本史研究』 217, 1980 참조.

100) 표 5-5 작성 때 조선에 대해서는 앞서 언급했던 김옥근, 堀和生의 저서, 일본에 대해서는 山崎龍三, 『近世物價史研究』, 塙書房, 1973 ; 大口勇次郎, 「幕府の財政」, 新保博·齋藤修 編, 『近代成長の胎動』, 岩波書店, 1989 ; 新保博, 『近世の物價と經濟發展』, 東洋經濟新報社, 1978 ; 大道弘雄 編, 『日本經濟統計總觀』, 朝日新聞社, 1930을 참고했다. 쌀가격에 대해서는 일본은 에도(江戶)·동경의 경우, 조선은 수출가격을 표시했다. 또한 에도시대 쌀가격에 대해서는 편의상 '張紙值段(장지가격. 에도시대에 국고미

를 방출할 때 성 내에 방을 붙여 게시한 가격)을 채용했다.

101) 5냥(兩)＝1원(元)이다. 또한 김윤식이 영선사였던 당시 화폐교환율은 10냥＝2엔(円)
　　 80전(錢. 부산)이었다. 대략 1881년경부터 1896년경에 걸쳐서 냥의 엔에 대한 가치는
　　 반감했다. 앞서 언급한 김옥근 참조.
102) 『승정원일기』, 고종 31년 6월 21, 22일.
103) 市川正明 編, 『日韓外交史料』9, 原書房, 1981, 96쪽.
104) 대조적인 입장으로 같은 책, 91쪽 이하의 김가진. 여기서 소장 실무관료였던 김가진이
　　 개혁에 의욕적이었던 점을 이전의 김윤식과 비교해보면 흥미롭다.
105) 김윤식, 위의 책, 1960 참조.
106) 市川正明 編, 위의 책 9, 204쪽.
107) 김윤식, 위의 책 하, 1960, 499쪽, 그리고 330쪽.
108) 같은 책, 493쪽.
109) 원문은 한문이다. 김윤식, 위의 책 하, 1960, 607~608쪽. 이 번역은 朝鮮總督府 編,
　　 『鮮人の騷擾觀』, 朝鮮總督府, 1919, 41쪽에 의한 것이다.
110) 김윤식, 위의 책 하, 1960, 500쪽.
111) 국력에 대해서는 モーゲンソー, 『國際政治』, 現代平和硏究會 譯, 福村出版, 1986.

제3장 │ '매국'의 논리

1) 林鍾國, 『親日派』, コリア硏究所 譯, 御茶の水書房, 1992, 502~503쪽. 한국에서는 '친
　 일파'라는 말은 일본의 지배에 협력한 자라는 특수한 의미로 쓰이고 있으며 이 장의 '친
　 일파' 또한 원칙적으로 이와 같은 의미로 쓰였다. 그리고 木村幹, 「朝鮮/韓國における近
　 代と民族の相克」, 『政治經濟史學』403, 2000 참조.
2) 예를 들면 『중앙일보』, 1994년 8월 29일, 28일, 15일, 3월 5일, 3월 1일. 이완용과 관련
　 해서는 자식들의 재산반환청구소송과 관련하여 같은 신문 1993년 9월 1일, 2월 16일, 9
　 일, 1일, 1월 28일, 14일, 12일. 또한 1991년에는 반민족연구소가 발족하여 오늘날까지
　 『친일파총서』 전 10권과 『친일파사전』을 출판하기 위해 활발하게 활동하고 있다. 『친일
　 파』 등. 당연히 김윤식, 大村益夫, 波多野節子 등 내재적인 설명을 지향하는 문학 부문의
　 우수한 연구자도 결코 적지 않다. 그러나 여전히 이들이 다수파라고는 할 수 없다.
3) 이 장에서는 이완용의 정책과 그의 이권추구 관계에 대해서는 논의하지 않았다. 이 점에
　 대해서는 뒤에 서술하는 이완용과 관련된 다양한 논문을 참조. 이 책에서는 이들 연구를
　 많이 참고했다. 뛰어난 선학에 감사하는 바이다.
4) 이완용의 성장과정에 대해서는 박영석, 「이완용연구」, 『국사관논총』 32, 1992 ; 임대식,
　 「이완용의 변신과정과 재산축적」, 『역사비평』 23, 1993 및 만성대동보발행소 편, 『만성대
　 동보』 상, 만성대동보발행소, 1983, 295쪽.
5) 국사편찬위원회 편, 『승정원일기』, 국사편찬위원회, 고종 19년 11월 2일.
6) 김명수 편, 『일당기사』(一堂記事), 일당기사출판소, 1927, 483쪽. 또한 『승정원일기』, 고
　 종 20년 4월 16일.
7) 김명수 편, 위의 책, 344쪽 이하. 『승정원일기』, 고종 23년 4월 12일 및 임대식, 위의 글,

144~145쪽.

8) 김명수 편, 위의 책, 487쪽 이하.

9) 같은 책, 488~490쪽. 또한 육영교원(育英校院)에 대해서는 이광린, 「육영학원의 설치와 그 변화」, 『한국개화사연구』 개정판, 일조각, 1990.

10) 김명수 편, 위의 책, 496쪽 이하. 또한 『승정원일기』, 고종 24년 7월 20일 및 임대식, 위의 글, 145쪽.

11) 이 점에 대해서는 채중묵, 『한국외교사』, 형설출판사, 1986, 212~213쪽 및 문일평, 『한미외교사』, 과학정보사, 1977, 173쪽 이하.

12) 문일평, 위의 책, 202쪽 이하.

13) 田保橋潔, 『近代日鮮關係史の硏究』 하, 宗高書房, 1972, 1~52쪽.

14) 조선왕조정부는 이로써 주미 외교단을 해산시킨 것이 아니라, 그 대신에 대리공사인 주미서리공사를 설치했다. 문일평, 위의 책, 217~230쪽. 또한 박정양의 귀국에 대해서는 같은 책, 205쪽 이하.

15) 김명수 편, 위의 책, 501쪽 이하. 또한 『승정원일기』, 고종 25년 5월 27일.

16) 김명수 편, 위의 책, 507쪽 이하. 또한 문일평, 위의 책, 225쪽.

17) 黑龍會 編, 『日韓合邦秘史』 하, 原書房, 1966, 750~755쪽.

18) 김명수 편, 위의 책, 507쪽 이하.

19) 같은 책, 517쪽 이하. 또한 『승정원일기』, 고종 31년 8월 16일.

20) 『승정원일기』, 고종 31년 11월 21일.

21) Spencer J. Palmer, ed, *Korean-American Relations : Documents Pertaining to the Far Eastern Diplomacy of the United States Vol. Ⅱ : The Period of Growing Influence, 1887~1895*, Berkeley, CA : University of California Press, 1963, p. 349. 또한 이 자료에 대해서는 한철호, 「갑오경장중 정동파의 개혁활동과 그의 의의」, 『국사관논총』 36, 1992, 36쪽을 참조했다.

22) 市村正明 編, 『日韓外交史科』 9, 原書房, 1981, 223쪽.

23) 한철호, 위의 글, 35~36쪽.

24) 杉村濬, 「재한고심록」(在韓苦心錄), 한국학문헌연구소 편, 『구한말 일제침략사료 총서』 정치편 7, 아세아문화사, 1984, 171쪽.

25) 市村正明 編, 위의 책 9, 256쪽. 또한 市村正明 編, 『日韓外交史料』 6, 原書房, 1980, 365쪽. 또한 임대식, 위의 글, 146쪽.

26) 김명수 편, 위의 책, 520쪽 이하.

27) 이 경위에 대해서는 예를 들면 姜在彦, 『近代朝鮮의 思想』, 未來社, 1984, 195쪽 이하.

28) 독립협회에 관한 저작은 셀 수가 없을 정도로 많다. 예를 들면 姜在彦, 『近代朝鮮の變革思想』, 日本論評社, 1973, 141쪽 이하.

29) 같은 책, 166쪽.

30) 이완용과 독립협회의 관계에 대해서는 김행선, 『친미·친로파로서의 이완용 연구』, 고려대학교 석사학위논문, 1985에 상세히 나와 있다.

31) 『독립신문』, 고종 34년 9월 4일.

32) 김행선, 위의 논문, 68, 73쪽.

33) 姜在彦, 위의 책, 172∼179쪽.

34) 김명수 편, 위의 책, 18쪽.

35) 『승정원일기』, 광무 2년 3월 13일.

36) 『독립신문』, 광무 2년 3월 29일.

37) 姜在彦, 위의 책, 170쪽.

38) 김명수 편, 위의 책, 523쪽 이하.

39) 제2차 한일협약에 이르는 과정에 대해서는 예를 들면「保護より倂合に至る日本側の記錄」,「朝鮮の保護及倂合」,「倂合以前における朝鮮問題の推移」. 모두 韓國史料研究所 編, 『韓日合邦』, 宗高書房, 1970에서 각각 참조했다.

40) 森山茂德, 『近代日韓關係史研究』, 東京大學出版會, 1987, 204쪽 이하.

41) 市村正明 編, 위의 책 6, 1980, 539쪽.

42) 그들의 동향에 대해서는 같은 책, 29∼30, 34, 99쪽.

43) 김명수 편, 위의 책, 530쪽. 또한『승정원일기』, 광무 9년 9월 18일.

44) 송병준은 이 시점에서 이완용을 친러파라 간주하고 있다. 市村正明 編, 위의 책, 365쪽. 동시에 송병준은 이완용 등의 기용에 일본공사관의 추천이 있었음도 시사하고 있다. 이를 어떻게 해석할지는 향후 과제일 것이다.

45) 市村正明 編, 위의 책, 409쪽.

46) 金正明 編, 『日韓外交資料集成』 6 상, 巖南堂書店, 1964, 27쪽 이하.

47) 같은 책, 31쪽.

48) 같은 책, 46쪽.

49) 같은 책, 49∼51쪽.

50) 같은 책, 41∼49쪽.

51) 『승정원일기』, 광무 9년 11월 17일.

52) 森山茂德, 위의 책, 208쪽.

53) 김명수 편, 위의 책, 51∼53쪽.

54) 같은 책, 530쪽 이하.

55) 헤이그밀사사건에 대해서는 예를 들면 森山茂德, 위의 책, 207쪽 이하.

56) 같은 책, 205쪽.

57) 메이지 39년 12월 9일자,「統監代理謁見始末」; 森山茂德, 위의 책, 208쪽을 참조했다.

58) 森山茂德, 위의 책, 209쪽.

59) 예를 들면 종래 친일파로서 주목되어온 박영효는 이 시기에 일본 반대파의 핵심이 됐다. 韓國史料研究所 編, 위의 책 1에 수록된 일련의 자료.

60) 이 장에서는 이러한 이완용의 만년에 대해서는 언급하지 않으나, 만년의 행적에 관해서는 김명수 편, 위의 책, 592쪽 이하. 또한 대한민국 국립중앙도서관에는 이완용 일지의 일부도 남아 있다. 이완용, 『일당선고일기』 1. 우리는 이를 통해 이완용의 교우관계 등을 구체적으로 알 수 있다.

61) 김명수 편, 위의 책, 279∼291쪽.

62) 金文子,「三一運動と金允植」,『寧樂史苑』29, 1984, 47쪽 등.

63) 이완용이 대한제국 말기에 근대화를 위해 펼쳤던 노력에 대해서는 김명수 편, 위의 책, 531쪽 이하. 또한 그 적극성에 대해서는 金正明 編,『日韓外交資料集成』6중, 巖南堂書店, 1964, 516쪽 등.

64) 같은 책, 47∼48쪽. 이「양보」의 내용에 대해서는 다음 절을 참조.

65) 후술함.

66) 후술함.

67) 일진회에 대해서는 조항래,『일진회연구』, 중앙대학교 박사학위논문, 1985 ; 이연섭,『원한국 일진회 역사』, 문명사, 1911 등을 참조할 것.

68) 이토(伊藤)의 한국 정책에 대해서는 森山茂德, 위의 책, 200쪽 이하.

69) 같은 책, 215∼239쪽. 또한 黑龍會 編,『日韓合邦秘史』상, 原書房, 1966, 613쪽 이하.

70)『資料集成』6上, 46쪽.

71) 近衛文麿의 '선수론(先手論)'에 대해서는 우선 林茂,『太平洋戰爭』, 中央公論社, 1967, 7쪽 등.

72) 黑龍會 編,『日韓合邦秘史』상, 296쪽

73) 저자와 같은 입장으로, 예를 들면 森山茂德, 위의 책, 209쪽.

74) 김명수 편, 위의 책, 368쪽 이하.

75) 黑龍會 編,『日韓合邦秘史』상, 266∼267쪽.

76) 金正明 編, 위의 책, 516쪽.

77) 친일파 이전의 이완용과 열강의 관계에 대해서는 김행선, 위의 논문, 46쪽 이하.

78) 일진회가 한일합방의 즉시 실현을 호소한 상소문에 대해서는 李寅燮, 위의 책 7, 42쪽 이하.

79) 당시 이완용의 합방 반대운동에 대해서는「朝鮮の保護及倂合」, 445쪽 이하.

80) 1909년 3월 시점에서도 합방은 '적당한 시기에 도래할 것'이라고 보고 있었다. 金正明 編, 위의 책, 1,254쪽. 또한「保護より倂合に至る日本側の記錄」, 710쪽 ; 黑龍倶樂部 編,『國士內田良平傳』, 原書房, 1967, 497쪽의 소네 아라스케(曾根) 통감 견해.

81) 일진회의 합방성명이 발표된 것이 1909년 12월 4일, 일본 정부가 정식으로 합방을 통고한 것은 1910년 8월 16일이다. 金正明 編, 위의 책, 140, 395쪽.

82) 이 시점에서는 이완용과 대립한 일진회 세력은 조정에서 추방됐다. 黑龍倶樂部 編, 위의 책, 441쪽 이하.

83) 森山茂德, 위의 책, 222쪽 이하.

84)「保護より倂合に至る日本側の記錄」, 712∼719쪽.

85) 김명수 편, 위의 책, 241쪽.

86) 동시에 일진회 가운데는 '한일합방' 이후 한국의 국권이 회복될 것이라고 생각하는 인물도 있었다. 李亮,「對韓政策の一側面」,『九州史學』84, 1985, 74쪽. 이처럼 일진회 내부의 합방에 대한 견해가 반드시 일치하지는 않았으며 이 점은 향후 검토 과제이다.

87)「朝鮮の保護及倂合」, 430∼431쪽.

88)「保護より倂合に至る日本側の記錄」, 715∼716쪽.

89) 이 점에 대해서는 James B. Palais, "Political Leadership in the Yi Dynasty", Dae-Sook Suh & Chae-Jin Lee ed., *Political Leadership in Korea*, Seattle : University of Washington Press, 1976.

90) 모리야마(森山)는 이러한 세력을 '皇帝側近派'라고 부르고 있다. 森山茂德, 위의 책, 각 부분.

91) 최후까지 보호조약에 반대한 무신 출신의 한규설은 그 전형적인 예이다.

92) 같은 책, 16~22쪽 등.

93) 이 책, 제1부 제2장을 참조할 것. 또한 Palais, 위의 글.

94) 우선 이 책, 제1부 제1장.

95) 고종의 세력균등정책에 대해서는 森山茂德, 위의 책, 19쪽 이하.

96) 이완용은 재차 청나라의 조공국 당시 조선의 모습을 보호국 한국의 증거로 내세우고 있다.

97) 浜下武志, 『近代中國の國際的契機』, 東京大學出版會, 1990, 제1장 참조.

98) 黑龍會 編, 『日韓合邦秘史』 하, 原書房, 1966, 754쪽.

99) 早稻田大學編輯部 編, 『禮記』, 早稻田大學出版部, 1914, 351쪽.

100) 『朝鮮總督府官報』, 1911년 2월 20일.

제4장 | 평화주의에서 친일파로

1) 이광수, 「나의 고백」, 『이광수전집』 13, 삼중당, 1962, 269쪽.

2) 이 책, 제2부 제3장.

3) 해방 당시 한국의 정황에 대해서는 川村湊, 『ソウルの憂愁』, 草風館, 1988, 15쪽 이하로 당시를 그린 대표적인 문학작품을 언급하며 인상 깊게 기술하고 있다.

4) 예를 들면 초기 개화운동의 지도자 박영효는 귀족원 의원이 됐다. 105인사건의 윤치호는 친일단체의 단체장이 됐다. 3·1운동 당시의 지도자들 중에서는 최린 등이 친일파로 돌아섰다.

5) 이광수와 주요한에 대해서는 다음과 같은 점이 대표적이다. 이광수는 김윤식, 『이광수와 그의 시대』 1~3, 한길사, 1976 ; 이동하, 『이광수』, 동아일보사, 1992 ; 김형 편, 『이광수』, 문학과지성사, 1977 ; 구인환, 『이광수소설연구』, 삼영사, 1983 등. 일본에서도 하타노 세츠코(波田野節子)를 비롯하여 이에 대해서는 많은 연구가 있었다. 또한 주요한은 이건청, 『초창기 한국현대시에 끼친 상징주의의 영향』, 한양대학교 석사학위논문, 1978 ; 김병택, 『한국근대시론 연구』, 민지사, 1988 ; 任展慧, 『日本における朝鮮人の文學の歷史』, 法政大學出版局, 1994. 이 장을 집필하는 데에 위의 저작들을 많은 부분 참고했다. 뛰어난 선학에 감사하고자 한다.

6) 이광수, 「나의 고백」, 『이광수전집』 별권, 삼중당, 1971. 이 절은 위의 저작들을 많은 부분 참고했다.

7) 같은 글, 178~179쪽.

8) 같은 글, 179쪽.

9) 같은 글, 184쪽.

10) 같은 글 ; 波田野節子, 「李光洙の自我」, 『朝鮮學報』 139, 1991, 89쪽.

11) 이광수의 초기 문학활동에 대해서는 波田野節子, 위의 글, 72쪽.

12) 이광수, 위의 글, 194쪽.

13) 같은 글.

14) 같은 글, 201쪽.

15) 같은 글, 208쪽.

16) 『무정』에 대해서는 많은 연구 사례가 있다.

17) 김윤식, 위의 책 2, 648쪽. 또한 주요한의 경력에 대해서는 주로 이건청, 위의 논문, 61 쪽 이하.

18) 이건청, 위의 논문, 69쪽.

19) 姜德相 編, 『3 · 1運動』 2, みすず書房, 1967, viii~ix쪽.

20) 같은 책, 13쪽. 또한 자료로는 「朱約翰(一高生)」을 참고했으나, 이는 朱耀翰을 잘못 표기한 것 같다. 김윤식과 이건청은 주요한의 제일고 입학을 1919년이라고 기술한 바 있으나 1920년 이전 고등학교의 시작 학기는 9월이며, 1919년 여름에 상하이로 옮겨간 그가 1919년 입학했을 가능성은 없다. 김윤식, 위의 책 2, 648쪽 ; 이건청, 위의 논문, 62쪽.

21) 「朝鮮民族代表宣言」, 近藤釰一 編, 『萬歲騷擾事件(3 · 1運動)』, 嚴南堂書店, 1964, 10쪽.

22) 姜德相 編, 위의 책 2, 25~26쪽.

23) 任展慧, 『日本における朝鮮人の文學の歷史』, 92~103쪽.

24) 조동걸, 「대한민국 임시정부의 조직」, 국사편찬위원회, 『한국사론』 10, 1981.

25) 이광수, 위의 글, 1971, 238쪽. 이하 임시정부의 전말은 위의 책들과 이동하, 위의 책, 83쪽 이하. 또한 李光洙, 『至性, 天を動かす』, 具末謨 譯, 現代書林, 1991, 240쪽 이하.

26) 앞서 서술한 것과 같이 양자에는 명확한 차이가 있었다. 이동하, 위의 책, 86쪽.

27) 『독립』(중국) 1919년 8월 21일. 『독립』 및 『독립신문』(중국)에 대해서는 독립기념관 건설 추진위원회의 1985년 재판본을 참조.

28) 이광수, 위의 글, 1971, 242~243쪽.

29) 『독립』, 1919년 8월 21일.

30) 『독립』, 1920년 1월 8일.

31) 『독립』, 1920년 2월 7일.

32) 이광수, 위의 글, 1971, 243쪽.

33) '독립군'은 조금 더 유지됐으며, 활동의 정점은 1920년 10월경이었다. 이재 · 강성문 · 이연수 · 백기인 · 김대중 · 강석화, 『한민족전쟁사 총론』, 교육학연구사, 1988, 300~302 쪽. 따라서 독립군에 관한 보도가 줄어든 것은 독립군 쪽보다는 『독립신문』과 임시정부 쪽의 문제인 것으로 보인다.

34) 이 점에 대해서는 당시의 『독립신문』 및 신재호, 「대한민국 임시정부와 구미와의 관계」, 『한국사론』 10, 국사편찬위원회 참조.

35) 1920년 5월 8일자 『독립신문』은 다음과 같이 이야기하고 있다. "윌슨이 국제연맹을 제의하자 많은 약소국가 및 민족은 커다란 희망을 가지게 됐다. 그러나 대부분의 강대국은 야심을 버리지 못하고 자신들의 이기(利器)와 기득권을 포기하지 않았다."

36) 『독립신문』, 1920년 4월 20일.

37) 『독립신문』, 1920년 4월 22일.

38) 『독립신문』, 1920년 4월 24일.

39) 『독립신문』, 1920년 6월 5일.

40) 제1차 혼춘(琿春)사건에 대해서는 姜德相 編, 『獨立運動』 2, みすず書房, 1972, viii~xi 쪽 및 61쪽 이하 참조.

41) 이광수, 위의 글, 1971, 246쪽.

42) 같은 글, 247쪽.

43) 같은 글, 245쪽.

44) 홍사단에 대해서는 李光洙, 위의 책, 1991.

45) 이광수, 위의 글, 1971, 248쪽.

46) 같은 글, 248쪽.

47) 같은 글, 249쪽.

48) 같은 글, 248~249쪽.

49) 그에 따르면 독립협회운동의 실패는 정치적 활동에 너무 치우친 탓이라고 한다. 이광수, 「민족개조론」, 『이광수전집』 13, 삼중당, 1978, 177쪽.

50) 같은 글, 170쪽.

51) 같은 글, 169쪽.

52) '선 실력양성, 후 독립론'에 대해서는 박찬승, 『일제하 '실력양성운동론' 연구』, 서울대학교 박사학위논문, 1990, 52쪽. 이 절에 대해서는 앞서 언급한 김윤식의 일련의 저작과 위의 박사논문을 참고로 했다.

53) 사실 간디의 운동이 모두 합법적인 것은 아니었다. 특히 蠟山芳郎 編, 『ガンジー ネル―』, 中央公論社, 1979.

54) 이광수, 위의 글, 1978, 198쪽.

55) 같은 글, 199~200쪽.

56) 주요한은 이광수에 상당히 심취해 있었던 것으로 보인다. 한 예로 그는 이광수 전집의 발간을 위해 힘썼으며, 이광수와 계속 행동을 함께하며 그를 변호하고 있다. 『이광수전집』 별권 ; 주요한, 「춘원의 인간과 생애」, 『사상계』 6-2, 1958.

57) 이 시기 수양동맹회의 활동에 대해서는 김윤식, 위의 책 3, 830쪽 이하 및 박찬승, 위의 논문 등.

58) 주요한, 「노래를 지으시려는 이에게」 2, 『조선문단』 2, 1924, 149쪽 ; 주요한, 「노래를 지으시려는 이에게」 3, 『조선문단』 3, 1924, 43쪽.

59) 이광수, 「문학강화」 1, 『조선문단』 1, 1924, 56쪽.

60) 예를 들면 김동인, 『춘원연구』, 신구문화사, 1955. 이 절의 이광수 해석은 김동인이 쓴 위의 저작을 참고한 것이다. 또한 앞에서 언급한 김윤식 등의 연구를 참조했다.

61) 동화정책에 대해서는 姜在彦, 『日本による朝鮮支配の40年』, 大阪書籍, 1983, 123쪽.

62) 당시 주요한의 직책에 대해서는 「나의 고백」에서 인용했다. 단, 홍사단사편찬위원회, 『홍사단50년사』, 대성문화사, 1964에 의하면 당시 임원은 공석이었다.

63) 동우회사건에 대해서는 김윤식, 『이광수와 그의 시대』 3 ; 고려대학교 민족문화연구소

편, 『한국문화사대계』1, 민족·국가사, 고려대학교 민족문화연구소, 1970, 814쪽 이하. 또한 이광수, 위의 글, 1971, 255쪽 이하.

64) 이광수, 위의 글, 1971, 262~263쪽.

65) 林鍾國, 『親日文學論』, 大村益夫 譯, 高麗書林, 1976, 373쪽 ; 이광수, 위의 글, 1971, 264쪽.

66) 李光洙, 「內鮮一體と朝鮮文學」, 『朝鮮』, 1940년 3월, 66쪽.

67) 같은 글, 69쪽.

68) 주요한, 「동양해방」, 『삼천리』, 1940년 12월. 이에 대해서는 임종국, 위의 책을 참고했다.

69) 이광수, 위의 글, 1971, 263쪽.

70) 이광수의 변명과 그에 대한 평가는 앞서 말한 김윤식과 이동하의 연구에 자세히 나와 있다.

71) 林鍾國, 위의 책.

72) 앞서 언급한 하타노 세츠코(波田野節子), 김윤식, 이동하 등의 저작을 참조했다.

73) 이광수, 「조선의 문학」, 『개조』, 1932년 6월, 204쪽.

74) 주요한, 「노래를 지으시려는 이에게」3, 『조선문단』3, 1924, 43쪽.

75) 톨스토이에 대해서는 주로 昇曙夢, 『トルストイ 12講』, 新潮社, 1918 ; トルストイ, 「永生の道」, 『大トルストイ全集』18, 中央公論社, 1936을 참조했다.

76) 간디에 대해서는 주로 Bhikhu Parekh, *Gandhi's Political Theory*, NY : Macmillan Press, 1989 ; 木村雅昭, 「マハトマ ガンデイ―」, 『日本政治學會年報』, 1992.

77) 香山光郎(李光洙), 「行者」, 『文學界』, 1941년 3월, 82~83쪽.

78) 松村纊一, 「敵, 美國の思想謀略」, 『新時代』, 1944년 10월 ; 林鍾國, 위의 책, 377쪽.

79) 민족정경문화연구소 편, 『친일파군상』, 삼성문화사, 1946, 76쪽.

80) 이러한 일본의 식민지정책과 일본인의 문화적 특질에 대해서는 鈴木隆史, 「大東亞共榮圈における民衆支配の特質」, 日本現代史硏究會 編, 『國民統合と大衆動員』, 大月書店, 1982 ; 竹山護夫, 「日本ファシズムの文化史的背景」, 淺沼和典·河原宏·柴田敏夫 編, 『比較ファシズム硏究』, 成文堂, 1982 등을 참조.

81) 李光洙, 『內鮮一體隨想錄』 ; 金允植, 『傷痕と克服』, 大村益夫 譯, 朝日新聞社, 1975, 111쪽.

82) 프랑스에서도 많은 독일군 협력자가 나왔으나 그들은 프랑스인으로서 독일에 협력하려고 한 것이며 스스로 독일인이 되려고 한 것은 아니었다. 나치 지배 아래의 프랑스에 대해서는 渡邊和行, 『ナチ占領下のフランス』, 講談社, 1994.

83) 이광수, 위의 책, 1971, 268쪽.

84) 해방 후의 친일파에 대해서는 三枝壽勝, 「8·15における親日派問題」, 『朝鮮學報』108, 1983 ; 이헌종, 「8·15 이후 친일파 처리 문제에 관한 연구」, 연세대학교 박사학위논문, 1988 ; 이영혜, 『8·15해방 직후 언론계 동태에 관한 연구』, 이화여자대학교 석사학위논문, 1980.

85) 『국민일보』, 『세계일보』 모두 1992년 6월 6일.

86) 주요한, 『자유의 구름 다리』, 문선사, 1956, 187~188쪽. 사실 이승만체제에서 흥사단

은 유력한 정치세력이었으며, 주요한도 이후에는 직접 정치활동에 참가하게 된다. 이 점에 대해서는 다른 책을 통해 논할 예정이다.

제5장 | '소국의식'과 내셔널리즘

1) C. ギアツ, 『文化の解釋學』2, 吉田禎吾・柳川啓一・中牧弘允・板橋作美 譯, 岩波書店, 1987, 116쪽.

2) 필자의 연구로서는 이 책에 수록된 일련의 논문 및 「産業社會における分業と政治」, 『愛媛法學會雜誌』 20-2, 1993 ; 「朝鮮/韓國のナショナリズムと小國主義」, 『あうろーら』 2, 1996 등을 참조.

3) 이승만에 관한 연구로서는 고정휴, 『개화기 이승만의 언론·정치 및 집필활동』, 고려대학교 석사학위논문, 1984 ; 오성진, 『이승만정권의 정치충원에 관한 연구』, 연세대학교 석사학위논문, 1985 : 전진호, 『이승만 단정노선에 관한 연구』, 서울대학교 석사학위논문, 1987 :「특집─이승만·이승만주의·이승만시대」,『신동아』1965년 9월 등 일련의 논문. 佐々木春隆, 「李承晩の思想と鬪爭」, 『防衛大學校紀要』 46~51, 1989~90 등.

4) 蠟山正道 編譯, 『トインビー』, 中央公論社, 1979, 464쪽.

5) 이승만의 일생에 대해서는 ロバートT., オリバ, 『美大學教授が見た人間李承晩』, 抽久保號一 譯, 日本觀光株式會社出版部, 1958 ;「인간 이승만 백년」, 『한국일보』, 1975년 3월 11일~8월 14일 ; 이원순 편, 『인간 이승만』, 신태양사출판국, 1965 등을 참조했다.

6) 이승만 자신의 회상에 따르면 당시 서울에는 서양식 의원이 없었다고 한다. 그가 치료를 받은 것은 비공식적인 의원이었던 것일까. 어쨌든 적어도 그의 기억은 사실과 다른 점이 있다고 판단된다.

7) 이후 한국에 거주하는 미국인 사회의 중심적 인물이다.

8) 당시 양반들은 과거시험을 위해 자식들을 어렸을 때부터 서울에 유학 보내는 일이 많았다.

9) 이 책, 제2부 제3장.

10) 원영희·최정태 편, 『뭉치면 살고』, 조선일보사, 1995, 149쪽.

11) 蠟山正道 編譯, 위의 책, 460쪽.

12) 이 책, 제2부 제4장.

13) 원영희·최정태 편, 위의 책, 285쪽.

14) 방선주, 『재미한인의 독립운동』, 한림대학교출판부, 1989, 189쪽 이하.

15) マキァヴェリ, 『君主論』, 中央公論社, 1988, 126쪽.

16) 『독립정신』, 정동출판사, 1993, 135쪽. 이 책의 47쪽 이하에는 중립론을 바탕으로 "외국인에게 기대서는 안 된다"는 주장이 나와 있다.

17) 이 시기에 대해서는 市村正明 編, 『日韓外交史料』 6, 原書房, 1980, 509쪽 등.

18) ロバートT., オリバ, 위의 책, 119쪽.

19) 이 시기의 상황은 李承晩, 『私の日本觀』, 中村慶守 譯, 産業貿易新聞社, 1956, 96쪽 이하.

20) ロバートT., オリバ, 위의 책, 129쪽 이하.

21) 박용만에 대해서는 방선주, 위의 책, 11쪽 이하. 안창호에 대해서는 李光洙, 『至誠, 天を動かす』, 具末謨 譯, 現代書林, 등을 참조.

22) カウティリヤ,『實理論』, 上村勝彦 譯, 岩波書店, 1988, 250쪽.

23) 방선주, 위의 책, 206쪽.

24) 같은 책, 208쪽 이하.

25) 이승만은 이러한 판단을 내리기에 앞서 당시 블라디보스토크와 간도에서 무장봉기를 계획하던 세력과 연락을 취하는 등의 노력을 했다. 같은 책.

26)『독립신문』, 독립기념관건립추진위원회, 1985.

27)『독립신문』, 1921년 5월 31일.

28) ロバート T., オリバ, 위의 책, 157쪽 이하.

29) 조동걸,「대한민국의 조직」, 신재홍,「대한민국 임시정부의 구미인과의 관계」, 국사편찬위원회 편,『한국사론』10, 대한민국임시정부, 1981 등에 근거했다.

30) 李承晩, 위의 책, 6쪽.

31) 같은 책, 227쪽.

32) ロバート T., オリバ, 위의 책, 156쪽.

33) マンハイム,『イデオロギーとユートピア』, 鈴木三郎 譯, 未來社, 1968, 225~226쪽.

34) ロバート T., オリバ, 위의 책, 189쪽.

35) 이승만은 임시정부 초기부터 스스로를 '반공주의자'로 부르기 시작했다.『독립신문』.

36) ロバート T., オリバ, 위의 책, 243쪽.

37) 이승만은 북한의 위협에 대비하기 위해 군사적인 태세를 강화하는 것에는 반대했다. 佐々木春隆,『朝鮮戰爭 : 韓國篇』중, 原書房, 1976.

38) 李鍾元,『東アジア冷戦と韓美日關係』, 東京大學出版會, 1996, 201쪽. 대일강화를 둘러싼 이승만과 덜레스의 격론. 당시의 한미관계에 대해서는 위 책의 여러 곳을 참고로 했다.

39) 이호재,『한국외교정책의 이상과 현실』, 법문사, 1969, 248쪽.

40)『대통령 이승만 박사 담화집』2, 공보실, 1956, 143~144쪽.

41) 같은 책, 145쪽.

42) P. F. シュガー, I. J. レデラー 編,『東歐のナショナリズム』, 東歐史研究會 譯, 刀水書房, 1981, 42쪽.

43) 안호상 편술,『일민주의의 본바탕』, 일민주의연구원, 1950.

44)『동아일보』특집.

45) 이승만의 반일사상에 대해서는 中村均,「李承晩政權の反日政策」,『アジア研究所紀要』15, 1988.

46) ヘーゲル,「法の哲學」, 岩崎武雄 編譯,『ヘーゲル』, 中央公論社, 1967, 424쪽.

47) 原田環,「朝鮮近代ナショナリズムの形成」,『朝鮮民族運動史研究』3, 1986.

맺음말을 대신하여

1) キルケゴール,「死にいたる病」, 桝田啓三郎 編譯,『キルケゴール』, 中央公論社, 1979, 436~437쪽.

2) 이 점에 대해서는 木村幹,「サッカー日韓戰を通じて見た韓國ナショナリズム」,『體育の科學』48-3, 1998.

인명 찾아보기

조선/한국의 내셔널리즘과 소국의식

조공국에서 국민국가로

지 은 이　　기무라 간
옮 긴 이　　김세덕
펴 낸 이　　윤양미
펴 낸 곳　　도서출판 산처럼

등　　록　　2002년 1월 10일 제1-2979호
주　　소　　서울시 종로구 내수동 72번지
　　　　　　경희궁의 아침 3단지 오피스텔 412호
전　　화　　725-7414
팩　　스　　725-7404
E - m a i l　　sanbooks@paran.com

제1판 제1쇄 2007년 12월 5일

값 28,000원

ISBN 978-89-90062-23-9 93910
*잘못된 책은 서점에서 바꾸어 드립니다.